El patrón Bitcoin

Empresa y Talento

Saifedean Ammous

El patrón bitcoin

La alternativa descentralizada a los bancos centrales

Traducción de Mercedes Vaquero Granados

DEUSTO

Título original: *The Bitcoin Standard*
Publicado por John Wiley & Sons

Deusto, un sello editorial de Centro de Libros PAPF, SLU.
Avda. Diagonal, 662-664, 08034 Barcelona (España)
www.edicionesdeusto.com
www.planetadelibros.com

Adaptación de la cubierta: Booket / Área Editorial Grupo Planeta
Primera edición en Colección Booket: noviembre de 2025
Segunda impresión: enero de 2026

Depósito legal: B. 18.422-2025
ISBN: 978-84-234-3970-6
Impreso en España

Biografía

Saifedean Ammous es profesor de Economía en la Escuela de Negocios Adnan Kassar en la Universidad Americana de Beirut. Tras graduarse en Ingeniería Mecánica en el mismo centro en 2003, Ammous continuó su formación con un posgrado en Gestión del Desarrollo en la London School of Economics en 2004, para después doctorarse en Desarrollo Sostenible por la Universidad de Columbia, en Estados Unidos. Especialista en criptomonedas, realiza trabajos de investigación y consultoría para distintas organizaciones y es un asiduo conferenciante y formador en gestión económica de profesionales del sector privado, así como de altos funcionarios. Deusto ha publicado en español su bestseller internacional *El patrón Bitcoin* (2022).

@saifedean

@saifedean

Para mi mujer y mi hija, que
me dan una razón para escribir.

Y para Satoshi Nakamoto, que
me proporcionó algo sobre
lo que valía la pena hacerlo.

Sumario

Prefacio del autor a la edición actualizada de 2021

Tres años después de la publicación de *El patrón Bitcoin* en 2018, el interés en el libro ha seguido aumentando de manera constante, registrando un récord de ventas cada uno de los meses de 2021, siendo las de marzo igual a las de todo el año 2019. Esto me hizo considerar la publicación de una nueva edición del libro en el que corregir algunos desafortunados pequeños errores, actualizar el texto con los datos y novedades de los tres años transcurridos y agregar dos nuevos capítulos para analizar más a fondo el escalamiento y el consumo de energía de Bitcoin. Muchas cosas han cambiado en los últimos tres años en el mundo de Bitcoin, e introducir todos los datos y novedades requeriría revisar el manuscrito y algunos de sus análisis, y alterarlo a partir de su forma original. Pero *El patrón Bitcoin* —y sus análisis y conclusiones— es producto de su tiempo. Una instantánea de un momento específico en la historia de Bitcoin después de que las polémicas guerras de tenedores duros se resolvieran de manera decisiva de modo tal que cimentó la propuesta de valor de Bitcoin de una política monetaria dura e inmutable, cuando el valor total de la red de Bitcoin se asentó en torno al hito de los cien mil millones de dólares, justo antes de que la red entrara en su segunda década y madurara hasta convertirse en una clase de activo de grado de inversión que atrajo la atención de las principales instituciones y corporaciones financieras del mundo. Aunque los acontecimientos de los últimos tres años no han invalidado el análisis y las conclusiones del libro, su actualización requeriría cambios significativos para incorporar las importantes novedades ocurridas, hasta el punto de que daría lugar a la escritura de un segundo libro.

En lugar de una segunda edición, y tras consultar con mi editor, he decidido sólo corregir algunos errores evidentes, aunque en gran medida intrascendentes, así como errores tipográficos y lingüísticos. En su lugar, incluiré nuevos avances y análisis en una secuela, *The Fiat Standard: The Debt Slavery Alternative to Human Civilization*. La secuela analizará el surgimiento de Bitcoin mediante el análisis del funcionamiento del sistema monetario fiduciario empleando el mismo enfoque, métodos y terminología utilizados en el estudio de Bitcoin en *El patrón Bitcoin*.

De forma inesperada para mí en el momento de escribir el libro, *El patrón Bitcoin* ha resultado ser muy popular entre las empresas e instituciones financieras que ingresan en el espacio Bitcoin. El más asombroso cumplido que ha recibido el libro fue el momento en que Michael Saylor, presidente ejecutivo de la empresa de *software* de inteligencia y cotizada en bolsa, Microstrategy, decidió pasarla a un patrón Bitcoin, convirtiendo el bitcoin en su principal activo de reserva de tesorería. Saylor no sólo respaldó su convicción en Bitcoin invirtiendo importantes cantidades de su patrimonio personal y de la tesorería de la empresa en Bitcoin, sino que se ha convertido, en muy poco tiempo, en uno de los principales pensadores y analistas de Bitcoin, así como en uno de sus divulgadores más eficaces. La convicción, el valor y la claridad de Saylor en la búsqueda de un patrón Bitcoin ha sido una inspiración, y me siento honrado de que haya accedido a escribir el prólogo a esta reimpresión y contextualizar así la importancia de este libro para la continua aparición de un patrón Bitcoin global.

Una vez completadas las revisiones, y con un nuevo prólogo para presentar el libro del líder pionero mundial en la adopción del patrón Bitcoin, espero que los lectores encuentren esta versión del libro digna de ocupar un lugar en sus estanterías, y en sus recomendaciones a los amigos, por mucho tiempo.

Ammán, Jordania
27 de abril de 2021

Prólogo

por Michael J. Saylor

En marzo de 2020, el mundo se vio afectado por una pandemia que paralizó segmentos enteros de nuestra economía e interrumpió patrones de comportamiento a los que nos habíamos acostumbrado a lo largo de cientos de años. Las oficinas y las escuelas cerraron, cesaron los encuentros públicos, se suspendieron los viajes comerciales y recreativos y las reuniones presenciales se volvieron imposibles o impracticables. Las tiendas permanecieron cerradas, las fábricas paradas, los aviones quedaron inmovilizados, los barcos anclados, las carreteras bloqueadas y las fronteras blindadas.

La respuesta monetaria de los responsables políticos a esta crisis económica no tenía precedentes. La oferta de divisas se expandió al ritmo más rápido de la historia moderna, y todos los países emprendieron agresivas compras de activos, estímulos fiscales, incrementaron el gasto público y suprimieron los tipos de interés. El resultado fue una recuperación en forma de K: aquellas compañías con muchos activos se recuperaron rápido y consiguieron los mejores resultados anuales del siglo, mientras que las empresas operadoras vieron cómo se desplomaron sus ingresos y se disiparon sus ganancias.

La disonancia cognitiva fue desconcertante, como también lo fue la redistribución masiva de la riqueza. Las empresas estrictamente digitales observaron cómo se disparaba su demanda y sus ingresos. Los sectores de la venta al por menor, viajes, hostelería y entretenimiento tuvieron dificultades para seguir siendo solventes. MicroStrategy estaba posicionado en medio de este panorama económico, y pasamos todo el segundo trimestre transformando nuestras operaciones para ser digitales en primer lugar, mediante la reconstrucción de las operaciones de ventas, marketing y servicios en torno a nuestro sitio web, y la implementación de videoconferencias, automatización, servicios en la nube y trabajo a distancia.

En junio, habíamos hecho bastante trabajo y obtenido suficiente información para concluir que el fondo de reserva de quinientos millones de dólares que guardábamos para una época de vacas flacas no serviría de nada en el nuevo mundo virtual, y que lo más probable era que fuésemos a generar otros quinientos millones en flujo de caja debido a nuestra transformación digital. La buena noticia era que teníamos mucho dinero en efectivo y muchas perspectivas de generar más con el tiempo. La mala, era que la tasa de inflación monetaria se había triplicado, y el precio de otros activos estaba explotando al ritmo más rápido en una generación. Nuestra tesorería era un cubo de hielo que se derretía a toda velocidad y teníamos que actuar con rapidez si no queríamos ver cómo perdía todo el valor que representaba.

Esto catalizó una desquiciada carrera por encontrar una solución a nuestro problema. ¿Cómo puede una empresa moderna proteger su balance en un entorno de inflación monetaria en el que la moneda pierde un 15 por ciento de su poder adquisitivo cada año mientras que los rendimientos después de impuestos de los instrumentos de tesorería tradicionales son prácticamente nulos? Una empresa que genera setenta y cinco millones al año de flujo de caja y mantiene quinientos millones de dólares en saldos de tesorería con un rendimiento real negativo del 15 por ciento está destruyendo tanto valor para el accionista como el que está creando. Básicamente, estábamos corriendo todo lo rápido que podíamos para quedarnos quietos.

Después de considerar y descartar el dinero en efectivo, los bonos, los bienes inmuebles, las acciones, los derivados, el arte, las materias primas y las piezas de colección como activos de tesorería, sólo nos quedaban los metales preciosos y las criptomonedas. Fue en este punto de mi búsqueda de una solución cuando descubrí *El patrón Bitcoin*, de Saifedean Ammous, y fue este libro, más que ningún otro, el que me proporcionó el marco económico holístico que necesitaba para interpretar las fuerzas macroeconómicas que están reconfigurando nuestro mundo, distorsionando nuestros mercados y golpeando a las empresas.

El patrón Bitcoin debería ser de lectura obligatoria para todos los miembros de la sociedad moderna. Ofrece un relato conciso y coherente sobre la teoría monetaria, la historia del dinero, la economía práctica y el impacto de la política en los negocios, la cultura y la economía. El libro contiene la que puede que sea una de las mejores articulaciones de las virtudes del dinero fuerte y los peligros de una moneda débil de la actual literatura empresarial. *El patrón Bitcoin* también echa por tierra con maestría los mitos de la teoría monetaria moderna y las inservibles ideas que han dominado la escuela de pensamiento económico del dinero fíat desde principios del siglo XX.

En mayo de 2020, este libro fue fundamental a la hora de concluir que Bitcoin era la solución a nuestro problema de tesorería corporativa. Nuestra empresa eligió invertir nuestro activo disponible en Bitcoin en agosto de 2020, adoptándolo finalmente como principal activo de reserva de tesorería y comprando 2.200 millones de dólares en BTC durante los seis meses siguientes. *El patrón Bitcoin* nos ayudó a entender que la mejor estrategia de negocio para nuestra empresa era mantener sólo un pequeño saldo del capital circulante en monedas fiduciarias y que debíamos tomar el resto de movimientos de efectivo de nuestra tesorería y convertir esas sumas en Bitcoin tan pronto como fuera práctico. Mientras escribo estas palabras, el 99 por ciento de nuestros activos están guardados en Bitcoin, y el 1 por ciento restante en las monedas locales necesarias para operar en diferentes mercados. En esencia, MicroStrategy ha adoptado el patrón Bitcoin.

El patrón Bitcoin es mi principal recomendación para aquellos que buscan una valoración holística de la teoría económica, la historia política y las innovaciones tecnológicas que han impulsado el crecimiento de la red Bitcoin y definen su trayectoria futura. Resulta adecuado para personas particulares, inversores, ejecutivos, tecnólogos, políticos, periodistas e intelectuales por igual, sin importar su agenda. Bitcoin es la primera red monetaria digital del mundo. Bitcoin es también el primer activo monetario diseñado del mundo. Juntas, estas características representan la tecnología más disruptiva del planeta, la mayor oportunidad disponible en la actualidad para aquellos que desean crear algo nuevo y maravilloso, y la solución al problema de la reserva de valor al que se enfrentan 7.800 millones de personas, más de cien millones de empresas y cientos de miles de millones de dólares de capital inversor.

Espero que disfrutéis de este libro tanto como yo y que aprovechéis las ideas contenidas en estas páginas.

Michael J. Saylor,
presidente ejecutivo de MicroStrategy
Miami Beach, Florida
24 de marzo de 2021

Introducción

El 31 de octubre de 2008, un programador informático que usaba el seudónimo Satoshi Nakamoto envió un correo electrónico a una lista de correo de criptografía para anunciar que había estado trabajando en un «nuevo sistema de dinero electrónico que utiliza por completo una red *peer-to-peer* (P2P), sin un tercero de confianza».[1] Copió el resumen del documento donde se explicaba el diseño, así como un vínculo al mismo en internet. Básicamente, el sistema Bitcoin ofrecía una red de pago con su propia moneda autóctona, y utilizaba un sofisticado método para que los miembros pudieran verificar todas las transacciones sin tener que confiar en ningún componente de la red. La moneda se emitió a una frecuencia predeterminada para recompensar a los integrantes que destinaban su potencia de procesamiento a verificar las transacciones, premiando así su trabajo. Lo sorprendente de esta invención fue que, a la inversa que otros intentos previos de establecer una moneda electrónica, éste funcionó. Si bien contaba con un diseño inteligente y cuidado, nada sugería que semejante peculiar experimento fuese a interesar a nadie fuera de los círculos de expertos en criptografía. Y eso fue

1. El correo electrónico completo puede encontrarse en el archivo de la web Satoshi Nakamoto Institute. Disponible en: <www.nakamotoinstitute.org>. [Consulta: 27/04/2018]

lo que sucedió durante meses, en los que apenas algunas decenas de usuarios de todo el mundo se unieron a la red, minaron e intercambiaron entre sí monedas, las cuales comenzaron a adquirir el estatus de artículos de colección, aunque en formato digital.

Pero, en octubre de 2009, una casa de cambio en internet[2] vendió 5.050 bitcoins por 5,02 dólares (a un precio de 1 dólar por cada 1.006 bitcoins), y registró así la primera compra de un bitcoin con dinero.[3] El precio se calculó mediante el cómputo del coste de la electricidad que se necesitaba para producir un bitcoin. En términos económicos, se puede afirmar que este momento trascendental fue el más significativo en la trayectoria de Bitcoin, que dejó de ser un simple juego digital con el que se divertía una comunidad marginal de programadores para convertirse en un bien comercializable y con un precio; y esto indicaba que alguien, en algún lugar, había elaborado una valoración positiva sobre el mismo. El 22 de mayo de 2010, otra persona pagó con 10.000 bitcoins dos *pizzas* que costaban 25 dólares, lo cual supuso la primera vez que los bitcoins se utilizaban como medio de intercambio. El código había necesitado siete meses para pasar de ser un producto de consumo a un instrumento de cambio.

Desde entonces ha crecido el número de usuarios y de transacciones de la red Bitcoin, así como la capacidad de cómputo dedicada a la misma, al mismo tiempo que el valor unitario de su divisa subió deprisa: excedió los 7.000 dólares en noviembre de 2017, superó vertiginosamente los 19.000 dólares el mes siguiente y, también con rapidez, volvió a situarse en torno a los 7.000 dólares en marzo-abril de 2018.[4] Tras nueve años, resulta evidente que esta invención ya no es sólo un juego online, sino una tecnología que ha superado la prueba del mercado y que muchos utili-

2. El desaparecido New Liberty Standard.

3. Nathaniel Popper, *Digital gold*, Harper, Nueva York, 2015.

4. En otras palabras, en los algo más de ocho años que el bitcoin lleva siendo un bien de mercado, su valor unitario se ha multiplicado por unos ocho millones, es decir, ha crecido aproximadamente un 793.500.000 por ciento, desde su primer precio de 0,000994 dólares hasta su valor de 7.876 dólares del 27 de marzo de 2018.

zan con miras al mundo real, y cuyo tipo de cambio aparece con regularidad en la televisión, los periódicos y las páginas web al lado de las cotizaciones de otras divisas nacionales. Se puede entender mejor la red Bitcoin como un sistema de software distribuido que permite transferir fondos utilizando una moneda protegida de una inflación imprevista, sin necesidad de terceros de confianza. En otras palabras, Bitcoin automatiza las funciones de un moderno banco central y las convierte en predecibles y prácticamente inmutables mediante la programación de un código descentralizado entre miles de miembros de la red, ninguno de los cuales puede modificarlo sin el consentimiento del resto. Esto convierte a Bitcoin en el primer ejemplo operativo manifiestamente seguro de *dinero electrónico* y de *moneda fuerte electrónica*. Si bien Bitcoin es una nueva creación de la era digital, los problemas que tiene por objeto resolver —a saber, proporcionar un tipo de divisa que esté por completo a las órdenes de su dueño, y de la que se espera que conserve su valor a largo plazo— son tan antiguos como la humanidad misma. Este libro plantea una concepción de dichos problemas basada en años de estudio de esta tecnología y de los problemas económicos que solventa, y de cómo diversas sociedades han encontrado soluciones a los mismos con anterioridad a lo largo de la historia. Puede que mi conclusión sorprenda a quienes tachan a Bitcoin de estafa o de artimaña de sus promotores y de los especuladores para ganar dinero rápido. De hecho, Bitcoin mejora los sistemas anteriores como «reserva de valor», y su idoneidad en tanto que moneda sólida de la era digital tal vez pille por sorpresa a sus detractores.

La historia puede prefigurar lo que está por venir, en particular cuando se analiza con detenimiento. Y el tiempo dirá lo sólidos que son los argumentos de este libro. La primera parte del mismo explica el dinero, su función y sus propiedades. En tanto que economista con conocimientos de ingeniería, siempre he procurado entender una tecnología en función de los problemas que pretende solucionar, lo que permite la identificación de su esencia funcional, así como la separación de sus características secundarias, superfluas e insignificantes. La comprensión de los problemas que intenta solventar el dinero permite elucidar por qué una moneda es sólida o no lo es, y, además, posibilita aplicar este marco conceptual para entender cómo y por qué bienes diversos —tales como conchas marinas, abalorios, metales, monedas y billetes respaldados por el Estado (el llamado «dinero de curso legal»)— han desempeñado la función de dinero, así como comprender cómo y por qué éstos han podido tanto fracasar en su intento como servir a la sociedad como reserva de valor e intercambio.

La segunda parte del libro examina las repercusiones individuales, sociales y globales de formas de monedas más sólidas o menos sólidas a través de la historia. Una divisa sólida permite a la gente pensar a largo plazo y ahorrar e invertir de cara al futuro. El ahorro y la inversión a largo plazo constituyen la clave para la acumulación de capital y para el progreso de la civilización. La moneda es el sistema de medición e información de una economía, y una divisa sólida es lo que permite que el comercio, la inversión y la iniciativa empresarial procedan sobre una base estable, mientras que una moneda poco sólida aboca todos esos procesos al caos. Una divisa sólida es también un elemento fundamental de una sociedad libre, ya que garantiza un baluarte efectivo contra gobiernos o Estados despóticos.

La tercera parte del libro se centra en analizar en tono crítico los usos posibles de Bitcoin como forma de moneda sólida, y lo hace examinando tanto algunos de sus usos que no resulta útil como abordando algunos de los más comunes malentendidos e ideas equivocadas que suscita.

Este libro está escrito para ayudar al lector a comprender los aspectos económicos de Bitcoin y su utilidad como iteración digital de las numerosas tecnologías empleadas para desempeñar las funciones de dinero en el transcurso de la historia. Este libro no es un anuncio publicitario de Bitcoin y tampoco una invitación a comprar bitcoins. Nada más lejos de mi intención. El valor del bitcoin es probable que permanezca volátil, al menos por un tiempo. La red Bitcoin todavía puede triunfar o fracasar, y puede hacerlo por cualquier razón, tanto previsible como imprevista. Además, su utilización requiere conocimientos técnicos y conlleva riesgos, lo cual la hace inadecuada para muchas personas.

Este libro no ofrece asesoramiento en materia de inversión, si bien tiene por objetivo ayudar a dilucidar las propiedades económicas de la red Bitcoin y su funcionamiento, para que el lector disponga de mayor información sobre el bitcoin antes de decidir si quiere utilizarla o no.

Sólo con este grado de conocimiento, y sólo tras un amplio y arduo estudio sobre los aspectos prácticos y operacionales de usar y poseer bitcoins, debería considerarse la posibilidad de depositar valor en el Bitcoin. Aunque el aumento de su valor de mercado puede hacer que parezca una obviedad como inversión, un examen más detenido de la multitud de «hackeos», ataques, timos y fallos de seguridad que han costado a la gente sus bitcoins constituye un serio aviso para cualquiera que crea que tener bitcoins proporciona un beneficio garantizado. Si al acabar de leer este libro pensaras que merece la pena tener bitcoins, tu primera inversión no tendría que consistir en adquirirlos, sino que deberías invertir tiempo en intentar comprender cómo comprarlos, guardarlos y poseerlos de forma segura. El carácter intrínseco de Bitcoin hace que este tipo de conocimiento no pueda delegarse o subcontratarse. No hay opciones diferentes a la de la propia responsabilidad personal respecto al uso de Bitcoin, y afianzar el conocimiento de esta red es la verdadera inversión que hay que hacer para entrar en ella.

Capítulo 1

Dinero

Bitcoin es la más reciente tecnología en cumplir la función de moneda, un invento que aprovecha las posibilidades tecnológicas de la era digital para solucionar un problema que persiste desde que la humanidad existe: cómo mover valor económico a través del tiempo y del espacio. Para entender Bitcoin, primero hay que asimilar qué es el dinero, y para ello no hay más opción que estudiar su función y su historia.

La forma más sencilla que tiene la gente de intercambiar valor es permutar objetos valiosos entre sí. Este proceso de *intercambio directo* se denomina trueque, pero sólo es práctico en círculos pequeños donde se producen algunos bienes y servicios. No hay mucho margen para la especialización y para el comercio en una hipotética economía de una docena de personas aisladas del resto del mundo, donde cada uno de los individuos podría dedicarse a la producción de uno de los elementos más básicos de supervivencia e intercambiárselos entre sí de manera directa. Siempre ha existido el trueque en las sociedades humanas, y su práctica continúa hasta nuestros días; pero se trata de algo poco versátil y que sólo permanece en uso en circunstancias excepcionales, por norma general, entre personas bien familiarizadas entre sí.

Una economía más grande, compleja y sofisticada hace posible que los individuos se especialicen en la producción de más mercancías diversas, así como intercambiarlas entre muchas más personas; gente con la que no se mantiene ninguna relación personal, extraños con quienes es muy poco práctico mantener un recuento actualizado de bienes, servicios y favores. Cuanto más grande es el mercado, mayores son las posibilidades de especialización e intercambio, pero también lo es el problema de la *coincidencia de deseos*; es decir, el problema de que aquello que se quiere adquirir lo produce alguien que no desea lo que tenemos para vender o intercambiar. La raíz del problema va mucho más allá del hecho de que haya requisitos distintos para diferentes bienes, y tiene tres dimensiones.

En primer lugar está la falta de coincidencia en las escalas: puede que el bien que uno quiera no tenga el mismo valor que el que uno tenga, y puede que no sea práctico dividir uno de ellos en unidades más pequeñas. Imagina que quisieras intercambiar zapatos por una casa; no puedes comprar la casa en pequeños pedazos equivalentes cada uno de ellos al valor de un par de zapatos, y tampoco el dueño de la casa querría poseer todos los zapatos cuyo valor conjunto equivaldría al de la casa. En segundo lugar está la falta de coincidencia en la línea temporal: tal vez lo que uno tenga para vender sea perecedero, pero lo que quiera comprar sea más duradero y valioso, lo cual hace difícil acumular suficientes productos perecederos para intercambiarlos por el bien duradero en un momento dado. No es fácil acumular suficientes manzanas para trocarlas de golpe por un coche, porque se estropearán antes de poder cerrar el trato. Y, en tercer lugar, existe la falta de coincidencia de ubicación: quizá uno quiera vender una casa en un lugar para comprar otra en otro sitio, y las casas (o la mayoría de ellas) no son transportables. Estos tres problemas hacen que el intercambio directo sea muy poco práctico, lo que se traduce en que la gente tenga que recurrir a varios niveles de intercambio para satisfacer sus necesidades económicas.

La única manera de evitarlo es a través del *intercambio indirecto*: uno intenta encontrar algún producto que otra persona quiera, y a alguien que lo intercambiará contigo por lo que tú quieras vender. Este bien intermedio es un *instrumento de cambio*, y si bien cualquier producto podría servir como tal, a medida que el alcance y la magnitud de la economía crecen, no resulta muy práctico buscar sin parar bienes diferentes que una contraparte esté buscando, lo cual podría obligar a llevar a cabo varios canjes por cada intercambio que uno quiera realizar. Una solución mucho más eficaz surgirá de manera natural, aunque sólo sea porque quienes la utilicen serán mucho más productivos que quienes no lo hagan: surge un único instrumento de cambio (o, a lo sumo, un número más pequeño de medios de intercambio) para que todos canjeen sus bienes por el mismo. Un bien al que se dota del papel de instrumento de cambio ampliamente aceptado se denomina dinero.

Ser un instrumento de cambio es la función por excelencia que define el dinero; en otras palabras, no se trata de un bien adquirido para ser consumido (un bien de consumo) ni para ser empleado en la producción de otros bienes (una inversión, o bien de capital), sino sobre todo para ser intercambiado por otros bienes. Aunque una inversión también tiene por objeto generar ingresos que se puedan intercambiar por otros artículos, se diferencia del dinero en tres aspectos: primero, ofrece un retorno, que el dinero no brinda; segundo, siempre implica un riesgo de fallo, mientras que se supone que el dinero conlleva el menor riesgo; y tercero, las inversiones siempre disfrutan de un menor grado de liquidez que el dinero, y requieren considerables costes de transacción cada vez que se utilizan. Esto nos puede ayudar a comprender por qué siempre habrá demanda de dinero, y por qué poseer inversiones nunca podrá sustituir del todo al dinero. La vida humana se vive con incertidumbre como un hecho, y no podemos saber con seguridad cuándo necesitaremos cierta cantidad de dinero.[5] Es algo de sentido común, y que forma parte de

5. Véase Ludwig von Mises, *Human action: a treatise on economics*, Ludwig von Mises Institute, Auburn (Alabama), 1998, p. 250 (versión castellana, *La acción humana: tratado de economía*), para un análisis sobre cómo la incertidumbre sobre el futuro es el principal impulsor que alimenta la demanda de acumulación de dinero. Sin la incertidumbre del futuro, los seres humanos podrían saber todos sus ingresos y gastos por adelantado y planificar de forma óptima, con lo cual nunca tendrían que ahorrar dinero. Pero como la incertidumbre forma parte inevitable de la vida, la gente debe seguir economizando para mantener la capacidad de gastar sin tener que conocer el futuro.

una sabiduría milenaria en casi todas las culturas humanas, que alguien quiera guardar parte de su riqueza en forma de dinero, ya que es la propiedad más líquida posible, lo que permite que el dueño pueda liquidar con rapidez en caso de necesitarlo, y porque, además, implica menor riesgo que cualquier inversión. El precio de la conveniencia de guardar dinero se expresa en que conlleva una renuncia al consumo que se podría haber llevado a cabo con él, y también una renuncia al retorno que se podría haber conseguido si se hubiera invertido. Tras examinar dichas elecciones humanas en situaciones de mercado, a Carl Menger, padre de la escuela austríaca de economía y fundador del análisis marginal en economía, se le ocurrió cuál era la propiedad esencial que lleva a que un bien sea adoptado con libertad como moneda en el mercado, y ésta es la *vendibilidad*, la facilidad de venta de un producto en el mercado siempre que lo desee su titular, con el menor perjuicio en su precio.[6]

En principio, no hay nada que estipule qué debería ser utilizado como dinero y qué no. Cualquier persona que decida adquirir alguna cosa no por ella misma, sino con la intención de intercambiarla por otra, está convirtiéndola de hecho en dinero; y como los individuos evolucionan, también lo hacen sus opiniones y elecciones sobre qué constituye o no dinero. A lo largo de la historia de la humanidad, muchas cosas han cumplido la función de moneda: el oro y la plata, sobre todo, pero también el cobre, las conchas marinas, piedras de gran tamaño, sal, ganado, valores del Estado, piedras preciosas e incluso alcohol y cigarrillos bajo ciertas circunstancias. Las elecciones de la gente son subjetivas, de modo que no hay una opción de moneda «correcta» o «equivocada». No obstante, las decisiones que se tomen sí que deparan consecuencias.

La relativa *vendibilidad* de un producto se puede evaluar en función de lo bien que aborden las tres facetas del problema de la falta de coincidencia de deseos antes mencionada: su *vendibilidad* en diversas escalas, en el espacio y en el tiempo. Un bien

6. Carl Menger, «On the origins of money», *The Economic Journal*, vol. 2, n.º 6, junio de 1892, pp. 239-255.

vendible en diversas escalas se puede fragmentar de manera conveniente en unidades más pequeñas, o bien ser agrupado en unidades más grandes, lo cual permite que el dueño lo venda en la cantidad que desee. La *vendibilidad* en el espacio indica la facilidad de transportar el producto o de llevarlo consigo cuando la persona viaje, lo que ha propiciado el uso de medios monetarios que, por norma general, poseen un alto valor por unidad de peso. Hay un gran número de bienes que podrían cumplir la función de dinero y contar fácilmente con ambas características. Es el tercer elemento, la *vendibilidad* en el tiempo, la más importante.

La *vendibilidad* de un bien en el tiempo hace referencia a su capacidad de conservar valor en el futuro, cosa que permitiría a su propietario almacenar riqueza a partir del mismo, lo cual constituye la segunda función del dinero: reserva de valor. Para que un bien sea vendible en el tiempo tiene que ser inmune al deterioro, a la corrosión y a otras clases de degradación. Se puede afirmar con seguridad que todo aquel que alguna vez creyó poder preservar su riqueza de forma duradera en pescado, manzanas o naranjas aprendió esta lección a las malas, y es probable que esa persona tuviera pocos motivos para atesorar riqueza durante una buena temporada. No obstante, la integridad física a través del tiempo, aunque condición necesaria, es insuficiente para la *vendibilidad* en el tiempo, ya que es posible que un producto pierda notablemente su valor aunque su condición física permanezca inalterada. Para que un bien conserve su valor es también necesario que la oferta del mismo no aumente de forma radical durante el período en que el dueño lo posea. Una característica común a las diferentes modalidades de moneda a través de la historia es la presencia de alguna clase de mecanismo para limitar la producción de nuevas unidades del bien en cuestión y mantener así el valor de las unidades existentes. La relativa dificultad que entraña producir nuevas unidades monetarias determina la solidez del dinero: una moneda cuya oferta es difícil de aumentar es conocida como moneda fuerte, mientras que una moneda débil es aquella cuya oferta se presta a grandes incrementos.

Podemos entender el concepto de fortaleza de una moneda mediante la comprensión de dos indicadores diferenciados relativos a la oferta del bien: 1) las existencias (o el stock), que es la oferta existente integrada por todo lo que ha sido producido en el pasado, menos todo lo que ha sido consumido o destruido, y 2) el flujo, que es la producción adicional que se llevará a cabo en el siguiente período. La ratio entre las existencias y el flujo es un buen indicador de la fortaleza de una moneda, así como de su adecuación para desempeñar una función monetaria. Un bien con una baja ratio existencias/flujo es aquel cuya oferta existente puede aumentar de manera radical si la gente comienza a utilizarlo como reserva de valor. Es poco probable que dicho bien conservara su valía si fuera escogido como reserva de valor. Cuanto mayor es la ratio de las existencias con respecto al flujo, mayor es la probabilidad de que un bien mantenga su valor en el tiempo y, por tanto, sea más vendible a la larga.[7]

Si la gente escoge una moneda fuerte como reserva de valor, con una elevada ratio existencias/flujo, la adquisición de la misma para acumularla incrementaría su demanda, provocando un aumento del precio, lo que incentivaría a sus productores a hacer más de la misma. Pero, como el flujo es pequeño comparado con la oferta existente, resulta poco probable que incluso un gran aumento en la nueva producción provoque una caída significativa de su valor. Por otro lado, si la gente decide atesorar su riqueza en una moneda débil, con una baja ratio existencias/flujo, sería fácil para los productores de este bien (esa moneda) crear grandes cantidades del mismo, lo que provocaría una caída del precio del bien y lo devaluaría, lo cual supondría una expropiación de la riqueza de los ahorradores y reduciría la *vendibilidad* del bien en el tiempo.

Me gusta llamar a esto la trampa del dinero fácil: cualquier cosa utilizada como reserva de valor verá incrementada su oferta, y todo aquello de lo que se puede acrecentar la oferta con facilidad

7. Antal Fekete, «Whither gold?», 1997, ensayo ganador del International Currency Prize de 1996, patrocinado por Bank Lips. Disponible en: <http://professorfekete.com/articles/AEFWhitherGold.pdf>. [Consulta: 27/04/2018]

destruirá la riqueza de quienes lo hayan utilizado como reserva de valor. El corolario a esta trampa es que todo lo que sea empleado con éxito como moneda contará con algún mecanismo natural o artificial que tienda a limitar el nuevo flujo del bien en el mercado, manteniendo así su valor en el tiempo. De ello se desprende que, para que algo asuma un rol monetario, ese algo debe ser costoso de producir; de lo contrario, la tentación de hacer dinero a bajo coste acabará con la riqueza de los ahorradores, así como con el aliciente de cualquiera a acumular por esos medios.

Siempre que un acontecimiento natural, tecnológico o político se ha traducido en un rápido incremento de la oferta de un bien monetario, éste ha perdido su estatus de moneda y ha sido reemplazado por otro instrumento de cambio con una ratio existencias/flujo más segura, como se analizará en el próximo capítulo. Conchas marinas de cierto tipo fueron utilizadas como dinero cuando era difícil encontrarlas; los cigarrillos sueltos se utilizan como forma de pago en las prisiones porque es complicado obtenerlos o elaborarlos; y, respecto a las divisas nacionales, cuanto menor sea el ritmo de aumento de su oferta, mayores serán las posibilidades de que las personas las conserven, manteniendo así su valor en el tiempo.

Cuando las nuevas tecnologías lograron que la importación y la captura de conchas marinas fuera fácil, las sociedades que las utilizaban como monedas se pasaron al dinero de metal o de papel; y cuando un gobierno aumenta la oferta de su moneda, sus ciudadanos acaban por comprar divisas extranjeras, oro u otros activos monetarios más fiables. El siglo xx nos ha brindado un lamentable y enorme número de trágicos ejemplos de ello, en particular en países desarrollados. Los medios monetarios que sobrevivieron por más tiempo son aquellos que contaron con mecanismos de toda confianza para restringir el crecimiento de la oferta; en otras palabras, las monedas fuertes. La competencia está viva en todo momento entre los medios monetarios, y los resultados de ello pueden predecirse mediante los efectos de la tecnología sobre las diferentes ratios existencias/flujo de la competencia, como se mostrará en el siguiente capítulo.

Si bien por lo general la gente tiene libertad para utilizar el bien que le plazca como instrumento de cambio, la realidad es que quienes utilicen una moneda fuerte se beneficiarán más con el tiempo al perder muy poco valor frente a una nimia nueva oferta de su instrumento de cambio. Es probable que quienes elijan una moneda débil pierdan valor cuando su oferta crezca con rapidez y haga así caer su precio de mercado. Ya sea mediante un eventual cálculo racional prospectivo como a través de las duras lecciones retrospectivas de la realidad, la mayoría del dinero y de la riqueza se concentrará en quienes escojan las formas de moneda más fuertes y vendibles. No obstante, la fortaleza y *vendibilidad* de un bien no es algo estático en el tiempo. Del mismo modo que ha variado la capacidad tecnológica de diferentes sociedades y en diferentes épocas, también lo ha hecho la fortaleza de diversas formas de moneda y, con ello, su *vendibilidad*. En realidad, la elección de qué hace que una moneda sea mejor que otra siempre ha estado determinada por la realidad tecnológica de las sociedades que configuraban la *vendibilidad* de los diferentes bienes. Por consiguiente, los economistas de la escuela austríaca rara vez son dogmáticos u objetivistas en su definición de moneda sólida. La definen no como un bien o producto específico sino como cualquier moneda que surge en el mercado, escogida con libertad por la gente que realiza operaciones con la misma. No les es impuesta por ninguna autoridad coercitiva, y su valor viene determinado mediante la interacción del mercado y no a través de una imposición gubernamental.[8] La competencia monetaria del libre mercado es implacablemente eficiente a la hora de producir una moneda sólida, ya que sólo permite que mantengan su riqueza en el tiempo aquellas personas que elijan la moneda correcta. No es necesaria la intervención del gobierno para imponer a la sociedad la moneda más fuerte, ya que la sociedad lo descubrirá por sí misma mucho antes que su gobierno; y cualquier imposición gubernamental, si fuera a tener algún efecto, sólo serviría para obstaculizar el proceso de competencia monetaria. Todas las repercusiones individuales y sociales de las monedas fuertes y débiles

8. Joseph Salerno, *Money: sound and unsound*, Ludwig von Mises Institute, Auburn (Alabama), 2010.

son mucho más profundas que la mera pérdida o ganancia financiera, y constituyen un tema central en este libro, razón por la cual son examinadas a fondo en los capítulos 5, 6 y 7. Aquellos que están en condiciones de ahorrar su riqueza en una buena reserva de valor tienden a planificar más el futuro que quienes cuentan con malas reservas de valor. La solidez del medio monetario, en función de su capacidad de conservar valor en el tiempo, es un factor clave de cuánto valoran las personas el presente sobre el futuro, o de su preferencia temporal, otro de los conceptos centrales de este libro.

Más allá de la ratio existencias/flujo, otro aspecto importante de la *vendibilidad* de un medio monetario es su aceptabilidad por parte de otras personas. Cuanta más gente lo acepte, más líquido es, y más probabilidad tiene de ser comprado y vendido sin demasiada pérdida. En contextos sociales con muchas interacciones P2P, como demuestran los protocolos informáticos, es normal que surjan algunas normas para dominar el intercambio, ya que los beneficios derivados de unirse a una red crecen de forma exponencial cuanto mayor sea el tamaño de la misma. Por eso, Facebook y unas cuantas redes sociales dominan el mercado a pesar de que se hayan creado y promovido cientos de otras redes casi idénticas. Del mismo modo, cualquier dispositivo que utilice el correo electrónico debe usar un protocolo IMAP/POP3 para recibirlos, y un protocolo SMTP para enviarlos. Se han inventado muchos otros protocolos que podrían haber sido utilizados a la perfección, pero nadie los emplea, porque si algún usuario lo hiciera no podría interactuar prácticamente con nadie que utilice el correo electrónico en la actualidad, ya que están en IMAP/POP3 y SMTP. Lo mismo sucede con el dinero. Fue inevitable que un bien o algunos bienes emergieran como principal instrumento de cambio, porque la propiedad de poder ser intercambiado con facilidad es la que más importa. Como ya se ha señalado, un medio de intercambio no se adquiere por sus características propias, sino por su *vendibilidad*.

Más aún, la amplia aceptación de un instrumento de cambio posibilita que todos los precios se expresen en sus términos, lo cual le permite desempeñar la tercera función del dinero, la de ser una unidad de cuenta. En una economía que no tuviera un medio de intercambio reconocido, cada bien se expresaría en función de otro, lo que llevaría a un enorme número de precios y haría sumamente difíciles los cálculos económicos. En una economía con un instrumento de cambio, todos los precios de todos los bienes se expresan con arreglo a la misma unidad de cuenta. En esta sociedad: el dinero sirve de parámetro con el que medir el valor interpersonal; recompensa a los productores en la medida en que aportan valor a los demás; e indica a los consumidores cuánto necesitan pagar para obtener el bien deseado. Sólo con un instrumento de cambio uniforme que actúe como unidad de cuenta, los cálculos económicos se vuelven posibles, y con ello se manifiesta la posibilidad de especialización en tareas complejas, de acumulación de capital y de creación de grandes mercados. El funcionamiento de una economía de mercado depende de los precios, y éstos, para ser precisos, dependen de un instrumento de cambio común que refleje la relativa carestía de diferentes bienes. Si éste es una moneda débil (dinero fácil), la capacidad del emisor de incrementar constantemente su cantidad le impedirá reflejar con precisión los llamados costes de oportunidad. Cada cambio imprevisible en la cantidad de dinero desvirtuará su papel como medida de valor interpersonal y conducto para la información económica.

Contar con un único medio de intercambio permite tanto que crezca el tamaño de la economía como el número de gente dispuesta a utilizar dicho instrumento. Cuanto mayor sea el tamaño de una economía, mayores serán las oportunidades de obtener ganancias del intercambio y la especialización, y, quizá más importante aún, más prolongada y sofisticada puede llegar a ser la estructura de producción. Los productores tienen ocasión de especializarse en producir bienes de capital que sólo producirán bienes de consumo final después de intervalos más largos, lo que posibilita productos de mayor calidad y más productivos. En las primitivas economías pequeñas, la estructura de producción del pescado consistía en que las personas se acercaban a la orilla y atrapaban un pescado con las manos, proceso que podía durar unas horas, desde el principio hasta el final. A medida que la economía crece, se utilizan herramientas y bienes de capital más sofisticados, y la producción de estas herramientas extiende significativamente la duración del proceso de producción, a la vez que incrementa su productividad. En el mundo moderno, los peces se pescan con embarcaciones muy avanzadas que se tardan años en construir y que operan durante décadas. Estos barcos están en condiciones de navegar por mares a los que botes más pequeños no llegan, así como de producir pescado que de otro modo no estaría disponible. Dichos barcos pueden desafiar las inclemencias meteorológicas y continuar operando en condiciones muy difíciles y en situaciones en las que otras embarcaciones que requieren una menor inversión de capital tendrían que quedar atracadas improductivamente. Como la acumulación de capital ha hecho que el proceso sea más largo, éste se ha vuelto más productivo por unidad de trabajo, y puede producir productos de mejor calidad, algo que no era posible en las economías primitivas con herramientas básicas y en las que no existía la acumulación de capital. Nada de esto hubiera sido factible sin que el dinero jugase tres papeles: el de instrumento de cambio, para permitir la especialización; el de reserva de valor, para proporcionar orientación futura e incentivar a las personas a dirigir los recursos a la inversión en vez de al consumo; y el de unidad de cuenta, para permitir el cálculo económico de los beneficios y las pérdidas.

La historia de la evolución del dinero ha registrado varios bienes que han asumido la función de moneda, con distintos grados de fortaleza y solidez, en función de las capacidades tecnológicas de cada época. Desde las conchas marinas, la sal y el ganado, pasando por la plata, el oro y el dinero gubernamental respaldado por el oro, y hasta la actual moneda de curso legal proporcionada por los gobiernos, de uso prácticamente universal, cada paso de los avances tecnológicos nos ha permitido utilizar una nueva forma de dinero con ventajas adicionales, pero, también como siempre, con nuevos inconvenientes. Mediante el examen de la historia de las herramientas y los materiales que han sido empleados para hacer la función de moneda a lo largo de los siglos, somos capaces de discernir qué características hacen que una moneda sea buena y cuáles hacen que no lo sea. Sólo teniendo presentes estos antecedentes podremos pasar a entender cómo funciona la red Bitcoin y cuál es su papel en tanto que medio monetario.

El próximo capítulo examina el historial de extraños artefactos y objetos que han sido utilizados históricamente como moneda: desde las piedras rai de la isla de Yap, a las conchas marinas en América, las cuentas de vidrio en África y el ganado y la sal en la Antigüedad. Cada uno de estos instrumentos de cambio desempeñó la función de dinero por un período durante el cual tales instrumentos tuvieron una de las mejores ratios existencias/flujo disponibles para su población, pero dejaron de ser usados como dinero al perder dicha propiedad. Entender cómo y por qué sucedió esto resulta fundamental para comprender la futura evolución del dinero y cualquier papel probable que vaya a de sempeñar Bitcoin. El capítulo 3 se centra en el análisis de los metales monetarios y en cómo el oro llegó a ser el principal en todo el mundo durante la época del patrón oro, a finales del siglo XIX. El capítulo 4 analiza el paso al dinero gubernamental y su trayectoria. Tras repasar las implicaciones económicas y sociales de diferentes tipos de monedas, que se analizan en los capítulos 5, 6 y 7, el capítulo 8 presenta la invención de Bitcoin y sus propiedades monetarias.

Capítulo 2

Dinero primitivo

De todas las formas históricas de dinero con las que me he topado, la que más se asemeja al funcionamiento de Bitcoin es el antiguo sistema basado en las piedras rai, en la isla de Yap, que en la actualidad forma parte de los Estados Federados de Micronesia. Entender cómo las piedras rai, unos grandes discos de caliza, funcionaban a modo de dinero nos ayudará a explicar el funcionamiento de la red Bitcoin en el capítulo 8. Comprender la singular historia acerca de cómo las piedras rai perdieron su rol monetario supone una perfecta demostración de cómo el dinero pierde su estatus monetario una vez malograda su solidez.

Las piedras rai usadas como dinero eran de distintos tamaños, llegando a ser hasta grandes discos circulares con un agujero en medio y que podían incluso pesar cuatro toneladas. No eran originarias de Yap, donde no había piedra caliza, sino que todas ellas procedían de las vecinas islas Palaos (o Palau) y de Guam. La belleza y el exotismo de estas piedras hizo que fueran deseables y veneradas en Yap, aunque conseguirlas resultaba muy difícil, ya que implicaba un arduo proceso de explotación de la cantera y su posterior transporte en balsas y canoas. Hacían falta cientos de hombres para trasladar algunas de ellas hasta Yap. Allí eran colocadas en emplazamientos preeminentes desde donde todos pudieran verlas. El propietario de la piedra podía utilizarla como método de pago sin tener que moverla: lo único que tenía que hacer era anunciar a todos los vecinos que la titularidad de la piedra había pasado a un nuevo beneficiario. Todo el pueblo reconocía la propiedad de la piedra, y el nuevo dueño podía entonces utilizarla para efectuar un pago cuando quisiera. No había modo de robar las piedras rai, ya que todo el mundo sabía a quiénes pertenecían.

Durante siglos, y tal vez incluso milenios, este sistema funcionó bien para los habitantes de Yap. Si bien las piedras nunca se movían, tenían *vendibilidad* en el espacio ya que podían utilizarse para efectuar un pago en cualquier lugar de la isla. Los diferentes tamaños proporcionaban cierto grado de *vendibilidad* en diversas escalas, así como la posibilidad de pagar con fracciones de una piedra. La *vendibilidad* de las piedras en el tiempo estuvo garantizada durante siglos por la dificultad y alto coste de adquirir una nueva, ya que no existían en Yap, y extraerlas y transportarlas desde Palaos no resultaba nada fácil. El mismo elevado coste de obtener nuevas piedras en Yap significaba que la oferta de piedras existente siempre era mucho mayor que la oferta que pudiera producirse en un determinado período, lo que hacía prudente aceptarlas como forma de pago. En otras palabras, las piedras rai tenían una ratio existencias/flujo muy elevada, y no importaba lo deseables que fueran, a nadie le era fácil inflar la oferta de piedras llevando nuevas rocas. O así fue al menos hasta 1871, cuando un capitán estadounidense de origen irlandés llamado David O'Keefe naufragó en la orilla de Yap, donde lo reanimaron los lugareños.[9]

O'Keefe vio la oportunidad de obtener beneficios a través de la venta de cocos de la isla a los productores de aceite de coco, pero carecía de medios para atraer a los nativos a fin de que trabajasen para él, ya que éstos estaban satisfechos con su vida tal como era, en su paraíso tropical, y no les interesaba ningún tipo de moneda extranjera que pudiera ofrecerles. Pero O'Keefe no

9. La historia de O'Keefe inspiró una novela titulada *His Majesty O'Keefe* (1952), de Lawrence Klingman y Gerald Green, que en 1954 se convirtió en una superproducción de Hollywood titulada *Su majestad de los mares del Sur*, protagonizada por Burt Lancaster.

estaba dispuesto a aceptar un no por respuesta; zarpó en dirección a Hong Kong, y allí consiguió un barco grande y explosivos, los cuales llevó a Palaos, donde utilizó los detonantes y herramientas modernas para extraer varias piedras rai enormes y puso rumbo a Yap para dárselas a los habitantes a cambio de cocos. En contra de lo que O'Keefe había esperado, los habitantes de la isla no mostraron interés en recibir las piedras; además, el jefe de la aldea prohibió trabajar a cambio de las piedras, decretando que las de O'Keefe no tenían ningún valor, ya que las había reunido con demasiada facilidad. Sólo podían aceptarse piedras obtenidas de la forma tradicional, con el sudor y la sangre de los yapenses. Otros en Yap expresaron su desacuerdo, y suministraron a O'Keefe los cocos solicitados, lo que dio lugar a un enfrentamiento en la isla y, con el tiempo, a la desaparición de las piedras rai como moneda de cambio. Hoy día, las piedras desempeñan un papel ceremonial y cultural en la isla, y el moderno dinero gubernamental es el medio monetario más utilizado.

Si bien la historia de O'Keefe es sumamente simbólica, él no fue más que el precursor del inevitable fin de las piedras rai como moneda tras la irrupción de la moderna civilización industrial en Yap y entre sus habitantes. A medida que las herramientas modernas y la capacidad industrial llegaban a la zona, fue inevitable que la producción de piedras pasara a ser mucho menos costosa que antes. Existirían muchos O'Keefe, nacionales y extranjeros, capaces de suministrar a Yap un flujo cada vez mayor de nuevas piedras. Con la nueva tecnología, la ratio existencias/flujo para las piedras rai disminuyó radicalmente: era posible producir muchas más piedras cada año, lo que devaluaba considerablemente la reserva existente en la isla. Cada vez se volvió menos prudente utilizar dichas rocas como reserva de valor, por lo que perdieron su *vendibilidad* en el tiempo y, con ello, su función como instrumento de cambio.

Los pormenores pueden variar, pero la dinámica subyacente de un descenso de la ratio existencias/flujo ha sido la misma para toda aquella divisa que ha perdido su rol monetario (incluso para el bolívar venezolano, cuyo desplome se agudizó en 2017).

Algo parecido sucedió con las cuentas de vidrio *aggry* utilizadas como moneda durante siglos en África occidental. Su historia no está del todo clara, y hay indicios de que se hicieron a partir de rocas de meteoritos o de que las llevaron los comerciantes egipcios y fenicios. Lo que sí se sabe es que eran valiosas en una zona donde la técnica de trabajo del vidrio era costosa y no muy común, lo que les confería una elevada ratio existencias/flujo, haciéndolas vendibles en el tiempo. Al ser pequeñas y valiosas, las cuentas eran vendibles en diversas escalas ya que podían agruparse en cadenas, collares o pulseras; aunque eso distaba de ser lo ideal, ya que había muchas clases diferentes de cuentas y no una sola unidad estándar. También eran vendibles en el espacio ya que resultaban fáciles de transportar de un lado a otro. En cambio, las cuentas de vidrio no eran caras ni tenían ningún rol monetario en Europa, ya que la proliferación de las vidrierías significaba que, en caso de ser utilizadas como unidad monetaria, sus productores podían inundar el mercado con ellas; en otras palabras, tenían una baja ratio existencias/flujo.

En el siglo XVI, cuando los exploradores y comerciantes europeos llegaron a África occidental se dieron cuenta del elevado valor conferido a dichas cuentas, de modo que comenzaron a importarlas en cantidades masivas desde Europa. Lo que siguió fue parecido a la historia de O'Keefe, pero, dado el diminuto tamaño de las cuentas y el tamaño mucho mayor de la población, fue un proceso más lento y encubierto, y de mayores y más trágicas consecuencias. De forma pausada pero segura, los europeos pudieron adquirir muchos de los preciosos recursos de África a cambio de las cuentas de vidrio que adquirían en casa por muy poco.[10] La incursión de los europeos en África provocó que poco a poco las cuentas de vidrio pasaran de ser una moneda fuerte a una débil, acabando con su *vendibilidad* y provocando el debilitamiento a la larga del poder de compra de los abalorios en manos de los africanos que las poseían, empobreciéndolos al transferir su riqueza a los europeos que podían adquirirlas sin dificultad. Las

10. Para maximizar las ganancias, los europeos solían llenar los cascos de sus barcos con grandes cantidades de cuentas, lo que a su vez les servía para estabilizar la embarcación durante el viaje.

cuentas *aggry* pasaron a conocerse más tarde como «cuentas de vidrio esclavas» por el papel que desempeñaron al alimentar el comercio de esclavos africanos en Europa y Estados Unidos. El colapso repentino del valor de un medio monetario es una tragedia, pero al menos se trata de algo que termina deprisa, y sus propietarios pueden empezar a comerciar, ahorrar y calcular con otro nuevo. Pero un descenso lento en el tiempo de su valor transferirá de forma paulatina la riqueza de sus propietarios a manos de quienes puedan producir el medio a bajo coste. Vale la pena recordar esta lección cuando pasemos al análisis de la solidez del dinero gubernamental en la última parte del libro.

Las conchas marinas fueron otro medio monetario muy extendido en muchas partes del mundo, tanto en América del Norte como en África y Asia. Relatos históricos muestran que las conchas más vendibles solían ser las más escasas y difíciles de encontrar, ya que conservaban más su valor que las que resultaban fáciles de obtener.[11] Los nativos americanos y los primeros colonos europeos utilizaban mucho las conchas marinas por las mismas razones que se usaron las cuentas de cristal: eran difíciles de encontrar, lo que les proporcionaba una elevada ratio existencias/flujo, posiblemente la más alta entre los bienes duraderos disponibles por entonces. Las conchas también compartían con las cuentas de cristal la desventaja de no ser unidades uniformes, lo que significaba que no se podían medir con facilidad ni expresaban precios y ratios de manera uniforme, algo que creaba grandes obstáculos al crecimiento de la economía y al grado de especialización. Los colonos europeos adoptaron las conchas como moneda de curso legal a partir de 1636, pero a medida que cada vez más oro y monedas británicas comenzaron a fluir a Norteamérica, prefirieron éstas como instrumento de cambio debido a su uniformidad, la cual permitía una mejor y más estable determinación de precios y les concedía una *vendibilidad* más elevada. Es más, a medida que se empleaban embarcaciones y tecnologías más avanzadas para recoger conchas ma-

11. Nick Szabo, «Shelling out: the origins of money», 2002. Disponible en: <http://nakamotoinstitute.org/shelling-out/>. [Consulta: 27/04/2018]

rinas, la oferta se infló mucho, lo que llevó a una caída de su valor y a la pérdida de *vendibilidad* en el tiempo. Hacia 1661, las conchas dejaron de ser moneda de curso legal, y a la larga perdieron todo rol monetario.[12]

No sólo las conchas moneda corrieron esta suerte en América del Norte; cada sociedad que utilizaba conchas y que tuvo acceso a monedas de metal uniformes acabó por adoptar estas últimas y beneficiarse del cambio. Además, la llegada de la civilización industrial con embarcaciones impulsadas por combustibles fósiles facilitó la exploración del mar en busca de conchas, aumentando así el flujo de su producción y haciendo caer con rapidez su ratio existencias/flujo.

Otra forma de moneda antigua fue el ganado, apreciado por su valor nutritivo, puesto que era una de las pertenencias más preciadas que alguien pudiera poseer, resultando a su vez vendibles en el espacio gracias a su movilidad. En la actualidad, el ganado vacuno sigue desempeñando un papel monetario en un gran número de sociedades que lo utilizan para efectuar pagos, sobre todo en forma de dote. No obstante, al ser voluminosos y no poder dividirse con facilidad, el ganado no resultaba muy útil a la hora de resolver el problema de divisibilidad en diversas escalas, de modo que coexistía con otra forma de moneda: la sal. Era fácil almacenarla durante largo tiempo y podía dividirse fácilmente y agruparse en la cantidad que fuera necesaria. Estos hechos históricos son todavía evidentes en el lenguaje, ya que la palabra «pecuniario» deriva de *pecus*, la palabra latina para ganado, mientras que la palabra «salario» deriva de «sal».[13] A medida que la tecnología avanzaba, en particular la metalurgia, los seres humanos desarrollaron formas de moneda superiores a estos artilugios o utensilios, a los cuales empezaron a reemplazar deprisa. Ciertos metales demostraron ser mejores instrumentos de cambio que las conchas marinas, las piedras, las cuentas de cristal, el ganado o la sal porque podían conver-

12. Ibídem.

13. Antal Fekete, «Whither gold?», ensayo ganador del International Currency Prize de 1996, patrocinado por Bank Lips.

tirse en pequeñas unidades uniformes muy valiosas que se trasladaban de un lado a otro con mayor facilidad. La utilización masiva de los combustibles de hidrocarburos dio la puntilla al dinero «artefacto», ya que incrementó nuestra capacidad productiva de forma significativa permitiendo un rápido incremento de nueva oferta (flujo) de estos artilugios. Es decir, las formas de moneda que dependían de la dificultad de producción para proteger su elevada ratio de existencias/flujo, ya no se beneficiaban de tal dificultad. Con los modernos combustibles de hidrocarburos, las piedras rai se podían extraer de las canteras con facilidad, las cuentas de cristal se podían fabricar a un coste muy bajo y las conchas marinas podían ser recogidas por grandes barcos de manera masiva. Los dueños de estas monedas sufrieron una significativa expropiación o enajenación forzosa de riqueza en cuanto éstas perdieron su solidez, y, como consecuencia, toda la estructura de su sociedad se vino abajo. Los jefes de la isla de Yap que rehusaron las piedras baratas de O'Keefe entendían bien algo que la mayoría de los economistas modernos no logran captar: que una moneda fácil de producir no es una moneda, y que el dinero fácil (o débil) no vuelve más rica a una sociedad; al contrario, la empobrece, ya que pone toda su duramente ganada riqueza a la venta a cambio de algo fácil de producir.

Capítulo 3

Metales monetarios

A medida que la capacidad técnica necesaria para la producción de bienes se volvía más sofisticada y que aumentaba nuestra utilización de productos básicos y metales, muchos de estos últimos comenzaron a producirse en cantidades lo bastante grandes y a tener la suficiente demanda como para que resultasen muy vendibles y aptos para ser utilizados como medio monetario. La densidad y el valor relativamente alto de estos metales hacía que fuera fácil llevarlos de un lado a otro, más fácil que la sal o el ganado, lo que los volvía muy vendibles en el espacio. Al principio, la producción de metales no fue algo sencillo, lo cual dificultó que se pudiera aumentar su oferta con rapidez y les proporcionó una buena *vendibilidad* en el tiempo.

Debido a su durabilidad y a sus propiedades físicas, así como a su relativa abundancia en la tierra, algunos metales eran más valiosos que otros. El hierro y el cobre, gracias a su abundancia relativamente elevada y a su susceptibilidad a la corrosión, se produjeron en cantidades cada vez mayores. Las reservas existentes, que se agotaban constantemente por la corrosión y el consumo, se vieron eclipsadas por la nueva producción, destruyendo su valor. Estos metales desarrollaron un valor de mercado relativamente bajo, y se utilizaron para realizar pequeñas transacciones. Por otro lado, los metales más raros, como la plata y el oro, eran más duraderos y menos propensos a corroerse o estropearse, lo que los hacía ser más vendibles en el tiempo, y también más útiles como reserva de valor en el futuro. En particular, la práctica indestructibilidad del oro permitió que las personas atesoraran valor a través de varias generaciones, de manera que pudieron desarrollar un horizonte temporal orientativo más prolongado.

Al principio, los metales se compraban y vendían en función de su peso,[14] pero con el tiempo, a medida que la metalurgia avanzaba, fue posible acuñarlos en monedas uniformes y marcarlas con su peso, volviéndolos más vendibles al ahorrar a la gente el tener que pesarlos y valorarlos cada vez. Los tres metales más utilizados para desempeñar este rol fueron el oro, la plata y el cobre. Su utilización en forma de monedas constituyó la principal forma de dinero durante unos 2.500 años, desde la época del rey lidio Creso —que fue el primero en acuñar monedas de oro—, hasta inicios del siglo XX. Las monedas de oro resultaron ser los bienes más vendibles en el tiempo, ya que conservaban su valor sin deteriorarse. Eran también los bienes más vendibles en el espacio, ya que contenían mucho valor en muy poco peso, lo que permitía transportarlas con facilidad. Por otra parte, las monedas de plata tenían la ventaja de ser los bienes más vendibles en diversas escalas, ya que su menor valor por unidad de peso comparado con el oro les permitía servir de manera conveniente como instrumento de cambio para pequeñas transacciones; mientras que las de cobre eran útiles para las transacciones de menor valor. Al normalizar valores en unidades estándar fáciles de identificar, las monedas permitieron la creación de grandes mercados, aumentando el ámbito de especialización y el comercio mundial. Si bien resultaba ser el mejor sistema monetario tecnológicamente posible en aquel momento, todavía llevaba aparejado dos grandes inconvenientes: el primero era que la existencia de dos o tres metales como patrón monetario provocó problemas económicos derivados de la fluctuación de su valor con el tiempo debido a los altibajos de la oferta y la demanda, lo

14. Nick Szabo, «Shelling out: the origins of money», 2002. Disponible en: <http://nakamotoinstitute.org/shelling-out/>. [Consulta: 27/04/2018]

que generó problemas a los dueños de estas monedas, en particular a los de las de plata, que experimentaron disminuciones de su valor debido al aumento de la producción y a la bajada de la demanda. La segunda y aún más grave desventaja era que los gobiernos y los falsificadores podían reducir el contenido del metal precioso en dichas monedas, algo que hicieron con frecuencia, logrando que disminuyera el valor de las mismas al transferir una pequeña parte de su poder adquisitivo a los falsificadores o al gobierno. La reducción del contenido del metal comprometió la pureza y solidez de la moneda.

Sin embargo, en el siglo XIX, con el desarrollo de la banca moderna y la mejora de los medios de comunicación, las personas pudieron efectuar transacciones con papel moneda y cheques respaldados por el oro atesorado en las arcas de sus bancos y de los bancos centrales. Esto permitió transacciones respaldadas por oro a cualquier escala, eliminando así la necesidad del rol monetario de la plata y reuniendo todas las propiedades monetarias esenciales de *vendibilidad* en el patrón oro. Este patrón permitió una acumulación mundial de capitales y una expansión del comercio sin precedentes mediante la unión de la mayor parte de la economía del planeta bajo una elección de moneda sólida basada en el mercado. No obstante, su trágico defecto radicaba en que el hecho de centralizar el oro en las cajas fuertes de los bancos, y después en las de los bancos centrales, facilitó que bancos y gobiernos incrementaran la oferta de papel más allá de la cantidad de oro que poseían, lo cual devaluaba la moneda y transfería parte del valor del dinero desde sus legítimos propietarios hacia los gobiernos y bancos.

¿Por qué el oro?

Para comprender cómo surge el dinero mercancía, volvamos a examinar con más detalle la *trampa del dinero fácil* que introdujimos en el capítulo 1, y empecemos por diferenciar entre *demanda del mercado* (demanda de consumir o tener el bien por sí mismo) y su *demanda monetaria* (demanda de un bien como instrumento de cambio y reserva de valor). Cada vez que una persona elige un bien como reserva de valor, en realidad está aumentando la demanda del mismo más allá de la habitual demanda del mercado, lo que incrementará su precio. Por ejemplo, la demanda del mercado de cobre en sus diversos usos industriales es de unos 20 millones de toneladas al año, a un precio de unos 5.000 dólares por tonelada, con lo que su mercado total está valorado en unos 100.000 millones de dólares. Imagina que un multimillonario decidiera invertir 10.000 millones de su riqueza en cobre. No hay duda de que, a medida que sus banqueros fuesen de un lado a otro intentando comprar un 10 por ciento de la producción mundial de cobre en un año, el precio de dicho metal subiría. En un principio, parece una confirmación de la estrategia monetaria del multimillonario: el activo que ha decidido adquirir se ha apreciado antes incluso de completar su compra. Y, seguramente, razona el multimillonario, esta revalorización empuje a más gente a comprar más cobre como reserva de valor, lo cual hará que suba aún más el precio.

Pero, aunque más gente participe en la monetización del cobre, nuestro hipotético multimillonario estará metido en un aprieto. La subida del precio hace del cobre un negocio lucrativo para trabajadores y capitales de todo el mundo. No tenemos modo de saber la cantidad de cobre que hay bajo tierra, por no hablar de que es preciso extraerlo mediante la minería, de modo que, en términos prácticos, la única restricción vinculante con respecto a cuánto cobre puede producirse es cuánto trabajo y capital se dedique a su extracción. Siempre se puede producir más cobre a un mayor coste. El precio y la cantidad continuarán subiendo hasta satisfacer la demanda monetaria por parte de los inversores. Supongamos que esto ocurre a los 10 millones de toneladas extra y a 10.000 dólares por tonelada. En algún momento, la demanda monetaria remitirá, y algunos propietarios de cobre querrán librarse de parte de sus existencias para adquirir otros bienes ya que, después de todo, para eso lo compró.

Tras la bajada de la demanda monetaria, en igualdad de condiciones, el mercado de cobre volverá a su escenario habitual de oferta y demanda, con 20 millones de toneladas anuales, a un precio de 5.000 dólares la tonelada. Pero a medida que los dueños comiencen a vender sus *existencias* de cobre acumulado, el precio caerá de forma considerable por debajo de eso. El multimillonario perderá dinero en el proceso, ya que, cuando estaba haciendo subir el precio, compró la mayor parte de sus *existencias* a más de 5.000 dólares la tonelada, pero ahora todas sus existencias están valoradas por debajo de esa cantidad. Los otros que se unieron a él más tarde compraron a un precio aún más alto, y perderán incluso más dinero que el multimillonario.

Este modelo es aplicable a todas las materias primas como el cobre, el zinc, el níquel, el latón o el petróleo, que sobre todo se consumen y destruyen, no se almacenan. En algún momento del tiempo, sus reservas mundiales son de la misma magnitud que la nueva producción anual. Se genera de continuo nueva oferta para ser consumida. Si los ahorradores deciden depositar su riqueza en una de estas mercancías, su riqueza sólo comprará una mínima parte de la oferta mundial antes de elevar el precio lo suficiente como para absorber toda su inversión, ya que compiten con los consumidores de dicha materia prima, que la utilizan de manera productiva en la industria. A medida que aumentan los ingresos de los productores de este bien, éstos pueden invertir en el incremento de su producción, haciendo que vuelva a bajar el precio, privando a los ahorradores de su riqueza. El efecto neto de este episodio es la transferencia de la riqueza de los desacertados ahorradores a los productores de la mercancía que habían adquirido.

Ésta es la anatomía de una burbuja del mercado: el aumento de la demanda provoca una pronunciada subida de precios, lo que conduce a una mayor demanda, incrementando más aún los precios e incentivando una mayor producción y oferta, lo que de forma inevitable hace bajar los precios sancionando a todo aquel que compró cuando el precio estaba más alto de lo que era normal. Los inversores en la burbuja acaban desplumados, mientras que los productores del activo se benefician. Esta dinámica ha sido válida durante la mayor parte de la historia conocida, y tanto para el cobre como para casi cualquier mercancía en el mundo, castigando de manera sistemática a quienes eligieron estos productos como moneda al devaluar su riqueza y empobrecerlos a la larga, y devolviendo el bien a su papel natural de producto de consumo, y no de instrumento de cambio.

Para que una cosa funcione como buena reserva de valor debe sortear esta trampa: tiene que apreciarse cuando la gente la solicite como reserva de valor, pero hay que restringir la posibilidad de que sus productores inflen tanto la oferta como para hacer que baje el precio. Un activo semejante recompensará a cualquiera que lo elija como reserva de valor, aumentando su riqueza a la larga a medida que se convierta en la principal reserva de valor, porque quienes escogieron otros productos, o bien cambiarán de rumbo y copiarán la elección de quienes han obtenido mayor éxito, o bien sólo perderán su patrimonio.

El claro vencedor de esta carrera a lo largo de la historia de la humanidad ha sido el oro, que mantiene su rol monetario gracias a la singularidad de dos características físicas que la distinguen de otras materias primas: en primer lugar, el oro es químicamente tan estable que es casi imposible destruirlo; y, en segundo lugar, no se puede sintetizar a partir de otros materiales (a pesar de lo que afirmen los alquimistas), y sólo puede extraerse de su mineral no refinado, que es muy raro en nuestro planeta.

La estabilidad química del oro implica que casi todo el extraído a lo largo del tiempo por el hombre todavía pertenece a gente en algún lugar del mundo. La humanidad ha ido incrementando crecientemente su acopio de oro en joyas, monedas y lingotes, un oro que nunca se consume, oxida o desintegra. La imposibilidad de sintetizar oro a partir de otras sustancias químicas significa que la única forma de incrementar su oferta es extrayéndolo de la tierra, un proceso costoso, tóxico e incierto al que el hombre se ha dedicado desde hace miles de años, con cada vez menos retornos. Todo esto significa que las reservas actuales de oro en manos de la gente de todo el mundo es el producto de miles de años de extracción del mineral, y es varias veces mayor que la nueva producción anual. Durante las últimas siete décadas con estadísticas relativamente estables, esta tasa de crecimiento siempre ha sido de un 1,5 por ciento, sin exceder nunca un 2 por ciento. (Véase el gráfico 1.)

GRÁFICO 1 **Existencias mundiales de oro y tasa de crecimiento de las existencias**

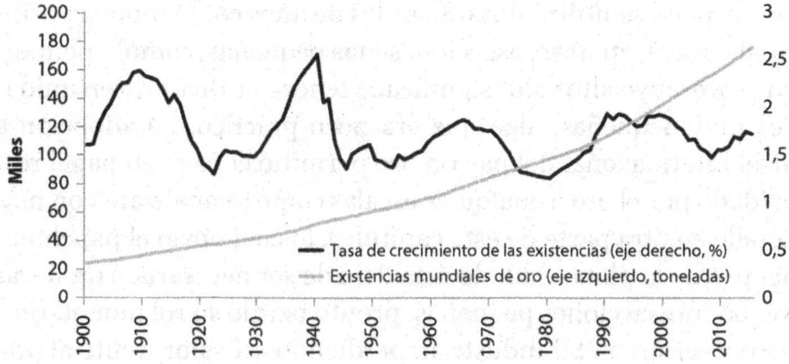

Fuente: Servicio Geológico de Estados Unidos.

Para entender la diferencia entre el oro y cualquier otro producto de consumo, basta imaginar el efecto de un importante incremento en la demanda del mismo como reserva de valor que hace que el precio suba y la producción anual se doble. Para cualquier mercancía o producto consumible, esta duplicación de la producción eclipsará cualquier reserva existente, provocando que los precios se desplomen y perjudicando a los propietarios. Para el oro, un encarecimiento de su precio que haga que se doble la producción anual sería insignificante, aumentando las reservas un 3 por ciento en vez de un 1,5 por ciento. Si el nuevo aumento del ritmo de producción se mantuviera, las reservas crecerían con mayor rapidez, haciendo que los nuevos incrementos fueran menos importantes. Sigue siendo casi imposible para los mineros de oro extraer suficiente cantidad como para deprimir el mercado de forma significativa.

Sólo la plata se acerca al oro a tal efecto, con una tasa histórica de crecimiento anual de en torno al 5-10 por ciento, que en la actualidad llega más o menos a un 20 por ciento. Esta cifra es más elevada que la del oro por dos motivos: en primer lugar, la plata sí se corroe y se puede consumir en procesos industriales, lo que significa que las reservas existentes en relación con su producción anual no son tan grandes como lo son las de oro con respecto a la suya. En segundo lugar, la plata es más común en la corteza terrestre y más fácil de refinar. Al tener la segunda mayor ratio existencias/flujo, e inferior valor por unidad de peso que el oro, la plata se utilizó durante miles de años como moneda principal para efectuar transacciones más pequeñas, complementando el oro, cuyo alto valor significaba tener que dividirlo en unidades muy pequeñas, algo que era poco práctico. La adopción a nivel internacional del patrón oro permitió el pago en papel respaldado por el oro a cualquier escala (como se analizará con más detalle en otra parte de este capítulo), lo cual obvió el papel monetario de la plata. Cuando ésta dejó de ser necesaria para llevar a cabo transacciones pequeñas, pronto perdió su rol monetario y pasó a ser un metal industrial, perdiendo así valor frente al oro. Puede que la plata aún conserve su connotación deportiva para determinar la segunda posición, pero, a medida que la tecnología del siglo XIX permitió la realización de pagos sin tener que mover la unidad monetaria en sí misma, el segundo puesto en la competición monetaria equivalía a perder.

Esto explica por qué la burbuja de la plata ya ha explotado antes, y volverá a hacerlo si vuelve a inflarse de nuevo: tan pronto como una importante inversión monetaria fluye hacia la plata, a sus productores no les resulta muy difícil aumentar la producción de forma significativa, desplomando así los precios y llevándose por delante la riqueza de los ahorradores. De todas las mercancías, el ejemplo actual más conocido de la trampa del dinero fácil nos llega de la misma plata. Hacia finales de la década de 1970, los pudientes hermanos Hunt decidieron lograr la remonetización de la plata y comenzaron a comprar ingentes cantidades del metal, haciendo que su precio subiera. La justificación para ello fue que, en la medida en que el precio subía, más gente querría comprar, lo que haría que el precio siguiera aumentando, lo cual a su vez llevaría a que la gente querría que le pagasen en plata. Sin importar cuánta plata compraron los hermanos Hunt, su fortuna no pudo competir con la capacidad de los mineros y los propietarios de plata para continuar vendiendo el metal en el mercado. El precio de la plata acabó por derrumbarse, y los hermanos Hunt perdieron más de mil millones de dólares, acaso el más alto precio jamás pagado para aprender la importancia de la ratio existencias/flujo y el porqué de la frase «no es oro todo lo que reluce».[15] (Véase el gráfico 2.)

GRÁFICO 2 **Existencias expresadas como múltiplo de la producción anual**

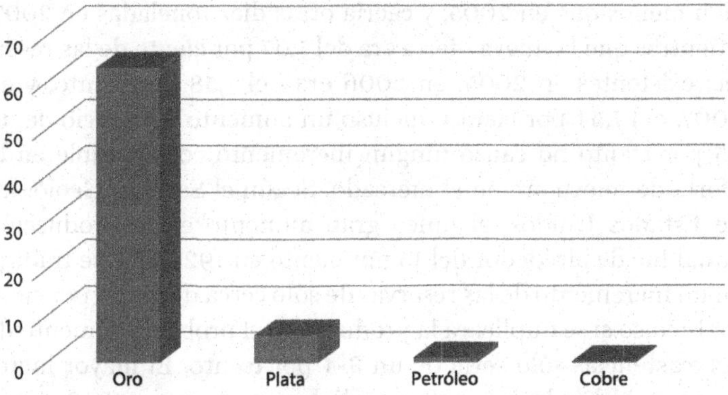

Fuente: Datos del Servicio Geológico de Estados Unidos para el oro; datos del Silver Institute para la plata; datos de BP Statistical Review of World Energy para el petróleo; estimaciones del autor a partir de la información de varios medios de comunicación para el cobre.

Esta oferta de oro sistemáticamente baja es la razón fundamental por la que ha conservado su rol monetario a lo largo de la historia de la humanidad, papel que continúa desempeñando en la actualidad, ya que los bancos centrales siguen guardando notables provisiones de oro para proteger su papel moneda. Las reservas de los bancos centrales giran en torno a las 33.000 toneladas, o una sexta parte de todo el oro existente por encima del nivel del suelo. La alta ratio existencias/flujo del oro la convierte en la mercancía con la más baja *elasticidad precio de la oferta*, que se define como el aumento porcentual en la cantidad ofrecida ante el incremento porcentual en su precio. Dado que la oferta actual de oro que tiene la gente en todas partes es el resultado de miles de años de producción aurífera, un aumento del precio

15. «Big Bill for a Bullion Binge», *Time*, 29 de agosto de 1989.

de un equis por ciento puede provocar un incremento de la producción mineral, pero éste será insignificante comparado con las reservas existentes. Por ejemplo, el año 2006 presenció una subida del 36 por ciento en el precio del oro. Para cualquier otra materia prima, cabría esperar un incremento significativo de la producción aurífera para inundar los mercados y bajar el precio. En cambio, la producción anual en 2006 fue de 2.370 toneladas, cien menos que en 2005, y caería otras diez toneladas en 2007. Mientras que la nueva oferta era del 1,67 por ciento de las reservas existentes en 2005, en 2006 era del 1,58 por ciento, y en 2007, del 1,54 por ciento. Incluso un aumento del precio de un 35 por ciento no causó ningún incremento considerable en la oferta de nuevo oro en el mercado. Según el Servicio Geológico de Estados Unidos, el único gran aumento en la producción anual fue de alrededor del 15 por ciento en 1923, que se tradujo en un incremento de las reservas de sólo cerca de un 1,5 por ciento. Incluso si se duplicara la producción, el probable aumento de las existencias sólo sería de un 3-4 por ciento. El mayor incremento anual en las reservas mundiales tuvo lugar en 1940, cuando las reservas aumentaron cerca de un 2,6 por ciento. Ni una sola vez el incremento anual de las reservas superó esa cifra, y ni una sola vez desde 1942 ha excedido el 2 por ciento.

Como empezó a proliferar la producción de metales, las antiguas civilizaciones en China, la India y Egipto comenzaron a utilizar cobre y, después, plata como moneda, ya que ambos metales eran relativamente difíciles de producir en la época y proporcionaban buena *vendibilidad* en el tiempo y el espacio. El oro era muy apreciado en estas civilizaciones, pero su escasez significaba que su *vendibilidad* para la realización de transacciones era limitada. Fue en Grecia, la cuna de la moderna civilización occidental, donde el oro se acuñó por primera vez en forma de monedas para el comercio, durante el mandato del rey Creso. Esto fortaleció el comercio internacional, ya que la atracción mundial hacia el oro logró que la moneda se propagara por todas partes. Desde entonces, los giros de la historia de la humanidad han estado estrechamente vinculados a la solidez del dinero. La civilización humana prosperó en momentos y lugares donde se adoptó ampliamente una moneda sólida, mientras que demasiado a menudo la adopción de una moneda poco sólida coincidió con el declive de la civilización y el colapso social.

La edad de oro del Imperio romano y su declive

El denario era la moneda de plata con la que se operaba en la época de la República romana, y contenía 3,9 gramos de plata; mientras que el oro pasó a ser la moneda más valiosa en las zonas del mundo civilizado de ese momento, y el uso del mismo era cada vez más generalizado. Julio César, el último dictador de la República romana, creó el áureo, moneda que contenía unos 8 gramos de oro, ampliamente aceptada en toda Europa y el Mediterráneo, ampliando la magnitud del comercio y la especialización en el viejo mundo. La estabilidad económica reinó durante 75 años, incluso con la crisis política provocada por su asesinato, que vio cómo la República se transformaba en Imperio bajo su sucesor, Augusto. Esto continuó hasta el gobierno del infame emperador Nerón, el primero en participar de la costumbre romana de «recorte de monedas», mediante la cual el César recaudaba las monedas de la población y luego acuñaba unas nuevas con menor contenido de oro o plata.

En tanto que Roma pudo conquistar nuevas tierras con considerables riquezas, sus soldados y emperadores pudieron disfrutar de su botín; estos últimos incluso decidieron comprarse cierta popularidad al fijar por mandato precios artificialmente bajos de cereales y otros productos básicos, a veces hasta garantizándolos gratis. En lugar de trabajar para ganarse la vida en el campo, muchos campesinos abandonaron sus granjas para mudarse a Roma, donde podían llevar una vida mejor de balde. Con el tiempo, el viejo mundo dejó de tener disponibles tierras prósperas para ser conquistadas, al mismo tiempo que el cada vez más lujoso estilo de vida y el creciente poder militar precisaban de una nueva fuente de financiación y que aumentaba el número de improductivos ciudadanos que vivían de la generosidad y el control de precios del emperador. Nerón, que gobernó entre el año 54 d. C y el 68 d. C., encontró la fórmula para solucionar la cuestión, muy parecida a la propuesta por Keynes para solventar los problemas de Gran Bretaña y Estados Unidos después de la primera guerra mundial: la devaluación de la moneda reduciría al mismo tiempo los salarios de los trabajadores, aliviaría la carga del gobierno en la subvención de productos básicos y proporcionaría más dinero para financiar otros gastos administrativos.

El áureo se redujo de 8 a 7,2 gramos, mientras que el contenido de plata del denario pasó de 3,9 a 3,41 gramos. Ello proporcionó cierto alivio transitorio, pero puso en marcha el muy destructivo círculo que se retroalimenta de la furia popular, del control de precios, la degradación de la moneda y la subida de los precios, sucediéndose uno al otro con la previsible regularidad de las cuatro estaciones.[16]

Bajo el gobierno de Caracalla (211-217 d. C.), se redujo aún más el contenido de oro, hasta los 6,5 gramos, y bajo el de Diocleciano (284-305 d. C.), otra vez, hasta los 5,5 gramos, antes de introducir una moneda sustituta denominada sólido, con sólo 4,5 gramos de oro. Bajo la vigilancia de Diocleciano, el denario sólo tenía vestigios de plata que cubría su alma de bronce, y esa plata desaparecía bastante rápido con el desgaste por el uso cotidiano, por lo que el denario dejó de ser una moneda de plata. A medida que la inflación se intensificó en los siglos III y IV, con ésta llegó el fallido intento de los emperadores de ocultarla al instaurar un sistema de control de precios en los productos de primera necesidad. Mientras las fuerzas del mercado procuraban adaptar los precios al alza en respuesta a la devaluación de la moneda, los precios máximos fijados impidieron estos ajustes de precios, lo que provocó que a los productores no les resultara rentable producir. La producción económica llegó a un punto muerto, hasta que un nuevo edicto permitió la liberalización de los precios hacia arriba.

Con esta disminución del valor de la moneda, el largo proceso de la decadencia irreversible del Imperio romano dio lugar a un ciclo que puede resultar familiar al lector actual: el recorte de

16. Véase el entretenido libro de Schuettinger y Butler, *Forty centuries of wage and price controls*, Ludwig von Mises Institute, Auburn (Alabama), 1979.

monedas redujo el auténtico valor del áureo, que incrementó su oferta, algo que a su vez permitió al emperador continuar con su imprudente exceso de gasto, y que al final dio lugar a la inflación y a la crisis económica, que los desacertados emperadores intentaron paliar mediante más recorte de monedas. Ferdinand Lips sintetiza este proceso con una lección para los lectores modernos:

> Debería ser de interés para los economistas keynesianos modernos, así como para la generación actual de inversores, que aunque los emperadores de Roma intentaron desesperadamente «gestionar» su economía, lo único que consiguieron fue empeorar las cosas. Dictaron leyes con el fin de controlar precios y salarios, así como las monedas de curso legal, pero fue como intentar contener un diluvio. Los disturbios, la corrupción, el desgobierno y una insensata obsesión por la especulación y el juego engulleron el imperio como una plaga. Con una divisa tan poco fiable y degradada, especular con productos básicos se volvió algo mucho más atractivo que producirlos.[17]

Las consecuencias a largo plazo para el Imperio romano fueron devastadoras. Aunque no es hasta el siglo II d. C. cuando puede calificarse a Roma de economía capitalista de libre mercado desarrollada por completo (puesto que aún tenía muchas restricciones gubernamentales a la actividad económica), no por ello dejó de establecer con el áureo lo que entonces fue el mayor mercado en la historia de la humanidad, con la más importante y productiva división del trabajo que el mundo había conocido hasta entonces.[18] Los ciudadanos de Roma y de las principales ciudades satisfacían sus necesidades básicas mediante el comer-

17. Ferdinand Lips, *Gold wars: the battle against sound money as seen from a Swiss perspective*, Foundation for the Advancement of Monetary Education, Nueva York, 2001. Versión castellana de Isabel Pérez Garmendia, *Las guerras del oro: una visión detrás de los hilos del poder de un banquero privado de Suiza*, Unión Editorial, Madrid, 2012.

18. Ludwig von Mises, *Human action: a treatise on economics*, 1998. Versión castellana de Joaquín Reig Albiol, *La acción humana: tratado de economía*, 11.ª ed., Unión Editorial, Madrid, 2015.

cio con los rincones más remotos del Imperio, lo que contribuye a explicar el crecimiento del nivel de prosperidad, pero también el devastador colapso que padeció el Imperio cuando esta división del trabajo se vino abajo. A medida que los impuestos fueron subiendo y la inflación hizo que el control de precios fuera inviable, los habitantes de las ciudades comenzaron a huir hacia parcelas de tierra vacías donde por lo menos tenían la oportunidad de ser autosuficientes y eludir el pago de impuestos debido a su falta de ingresos. La intrincada estructura de la civilización del Imperio romano y la gran división del trabajo en Europa y el Mediterráneo comenzó a desmoronarse, y sus descendientes pasaron a ser campesinos autónomos dispersos de forma aislada, que pronto se transformarían en siervos viviendo bajo el amparo de señores feudales.

Bizancio y el besante

Siempre se ha vinculado el nombre del emperador Diocleciano a las argucias fiscales y monetarias, y el Imperio alcanzó su punto más bajo durante su mandato. No obstante, un año después de su abdicación, Constantino el Grande tomó las riendas del mismo y revirtió su fortuna mediante la adopción de políticas y reformas económicamente responsables. Constantino, que fue el primer emperador cristiano, se comprometió a mantener el sólido en 4,5 gramos de oro sin llevar a cabo recortes ni devaluación de la moneda, y en el año 312 d. C. comenzó a acuñarlo en grandes cantidades. Constantino se trasladó al este y refundó la ciudad de Bizancio, a la que llamó Constantinopla, en el punto de confluencia de Asia y Europa, originando el Imperio romano de oriente o Imperio bizantino, que adoptó el sólido como moneda. Mientras continuaba el deterioro económico, social y cultural de Roma, derrumbándose por fin en el 476 d. C., Bizancio sobrevivió durante 1.123 años, y el sólido pasó a ser la moneda más antigua en la historia humana.

El legado de Constantino respecto al mantenimiento de la integridad del sólido hizo de ella la moneda más reconocible y de mayor aceptación, fue conocida como *besante.* Mientras Roma se consumía bajo el peso de los emperadores en quiebra que ya no tenían medios suficientes para pagar a sus soldados a medida que se derrumbaban sus monedas, Constantinopla creció y prosperó durante muchos siglos más con responsabilidad monetaria y fiscal. En tanto que los vándalos y los visigodos arrasaron Roma, Constantinopla permaneció próspera y libre de invasiones durante siglos. Como sucedió con Roma, la caída de Constantinopla acaeció sólo después de que sus dirigentes comenzaran a devaluar su moneda, proceso que los historiadores creen que comenzó durante el reinado de Constantino IX Monómaco (1042-1055).[19] Junto con el declive monetario llegó la decadencia fiscal, militar, cultural y espiritual del Imperio, mientras se arrastraba con dificultad, cada vez con más crisis, hasta que la invadieron los otomanos en 1453.

Incluso después de ser devaluado el besante y de la caída del Imperio bizantino, dicha moneda sirvió de inspiración a otra forma de moneda sólida que continúa circulando de manera amplia hasta el día de hoy a pesar de no ser ya moneda oficial en ningún país: el dinar islámico. Como el Islam surgió durante la época dorada de Bizancio, el besante y otras monedas similares en peso y tamaño circulaban por las regiones en las que se había extendido el islamismo. El califa omeya Abdal-Málik ibn Marwán definió el peso y el valor del dinar islámico, y en el año 697 d. C. grabó en una de sus caras la profesión de fe islámica, o *shahada.* La dinastía Omeya cayó, y tras ella otros Estados islámicos, pero, aun así, el dinar continúa en circulación por vastas zonas musulmanas con las mismas especificaciones de peso y tamaño originales del besante, y hasta la actualidad se utiliza en dotes, regalos y varias costumbres religiosas y tradicionales. A diferencia de los romanos y los bizantinos, el colapso de las civilizaciones árabes no estuvo vinculado a la quiebra de su moneda, ya que mantuvieron la integridad de sus divisas durante siglos. El sólido, acuñado por primera vez por Diocleciano en el año 301 d. C., que cambió su

19. David Luscombe y Jonathan Riley-Smith, *The new Cambridge medieval history: volume 4, C, 1.024-1.198*, Cambridge University Press, 2004.

nombre por el de besante y el de dinar islámico, continúa en circulación hasta la fecha. Diecisiete siglos de personas de todo el mundo han utilizado esta moneda para realizar transacciones, subrayando la vendibilidad del oro en el tiempo.

El Renacimiento

Tras el derrumbe económico y militar del Imperio romano, el feudalismo se extendió como la principal forma de organización de la sociedad. La destrucción de la moneda sólida fue esencial a la hora de convertir a los antiguos ciudadanos del Imperio romano en siervos a merced de los señores feudales. El oro se concentraba en sus manos, y las principales modalidades de dinero disponibles para la clase campesina europea en aquel momento eran monedas de cobre y bronce, cuya oferta era fácil de aumentar, ya que la producción industrial de estos metales se hizo más sencilla gracias a los avances de la metalurgia, lo que las convertía en pésimas reservas de valor; al igual que las monedas de plata que solían devaluarse, se hacían trampas con ellas y no estaban estandarizadas en todo el continente, lo que les confería una baja *vendibilidad* en el espacio y limitaba la magnitud del comercio en Europa.

Los impuestos y la inflación habían acabado con la riqueza y los ahorros de los habitantes de Europa. Nuevas generaciones de europeos llegaban al mundo sin la posibilidad de que sus mayores les transmitieran ninguna riqueza acumulada, y la ausencia de un sólido patrón monetario de amplia aceptación restringía gravemente el ámbito de la actividad comercial, aislándose así las comunidades unas de otras y potenciándose el provincianismo, a medida que unas sociedades otrora volcadas en el comercio, prósperas y civilizadas caían en el oscurantismo de la servidumbre, de las enfermedades, de la estrechez de miras y de la persecución religiosa.

Si bien se reconoce en general que la aparición de las ciudades-Estado sacó a Europa del oscurantismo de la Edad Media y la abocó al Renacimiento, es menos admitido el rol que cumplió la existencia de una moneda sólida en este auge. Fue en las ciudades-Estado donde los seres humanos pudieron vivir con libertad para trabajar, producir, negociar y prosperar, y esto fue en gran medida consecuencia de que éstas adoptaran un patrón monetario sólido. Todo empezó en Florencia, en 1252, cuando la ciudad acuñó el florín, la primera gran acuñación sólida en suelo europeo desde el áureo de Julio César. El auge de Florencia hizo de ella el centro comercial de Europa, y su florín pasó a ser el principal instrumento de cambio del continente, algo que permitió que sus bancos crecieran con fuerza a lo largo del mismo. Venecia fue la primera ciudad en seguir el ejemplo de Florencia, y en 1270 acuñó el ducado, con las mismas especificaciones que el florín; después, a finales del siglo XIV más de ciento cincuenta ciudades y Estados europeos habían acuñado monedas con las mismas especificaciones que el florín, lo que permitió a sus ciudadanos la dignidad y libertad de acumular riqueza y comerciar con una moneda sólida muy vendible en el tiempo y en el espacio, y fraccionada en pequeñas monedas que permitían una fácil divisibilidad. Con la liberación económica del campesinado europeo llegó la prosperidad política, científica, intelectual y cultural de las ciudades-Estado italianas, que más tarde se propagaría por todo el continente europeo. Ya se trate de Roma, Constantinopla, Florencia o Venecia, la historia muestra que un patrón monetario sólido es condición previa para la prosperidad del ser humano, algo sin lo cual la sociedad se sitúa al borde del precipicio de la barbarie y la destrucción.

El período posterior a la introducción del florín presenció una mejora de la solidez del dinero; cada vez había un mayor número de europeos capaces de adoptar el oro y la plata para ahorrar y negociar, y el alcance de los mercados se expandía por toda Europa y el mundo. Sin embargo, a pesar de todo ello, la situación distaba de ser perfecta. Continuaron los períodos en los que distintos soberanos devaluaron la moneda de su pueblo para financiar la guerra o sus exorbitantes gastos. Puesto que se utilizaban físicamente, la plata y el oro se complementaban de manera recíproca: la alta ratio existencias/flujo del oro significaba que era ideal como reserva de valor a largo plazo y como medio de afrontar grandes pagos, mientras que el menor valor por unidad de la plata hacía que fuera más fácil dividirla en cantidades convenientes para efectuar transacciones más pequeñas y para ser guardada durante períodos más breves. Si bien estas disposiciones conllevaban ventajas, tenían un gran inconveniente: la fluctuación de la tasa de cambio entre el oro y la plata planteaba problemas de cálculo. Las tentativas de fijar el precio de ambas monedas, la una respecto de la otra, siempre fueron contraproducentes, aunque se impuso la ventaja monetaria del oro.

Cuando los soberanos establecían un tipo de cambio entre las dos materias primas, los incentivos para que sus dueños las conservaran o las gastaran también variaban. Este incómodo bimetalismo continuó durante siglos en Europa y el mundo, pero igual que ocurrió con el paso de la sal, el ganado y las conchas a los metales, el inexorable avance de la tecnología se encargó de aportar una solución.

Dos avances tecnológicos en particular apartarían a Europa y al mundo de las monedas físicas y, a su vez, serían el principio del fin del rol monetario de la plata: el telégrafo, usado por primera vez en 1837, y la creciente red de trenes que permitía el transporte por toda Europa. Con estas dos innovaciones se hizo cada vez más factible para los bancos comunicarse entre sí, enviando pagos con eficacia en el espacio cuando procedía y cargando ciertas cantidades en las cuentas en vez de enviar pagos físicos. Ello condujo a un mayor uso de billetes, cheques y comprobantes en papel como medio monetario en lugar de las monedas físicas de oro y plata.

Cada vez más naciones empezaron a pasarse al patrón monetario de papel plenamente respaldado por metales preciosos guardados en cajas fuertes, así como canjeable en el acto por éstos. Algunas naciones eligieron como metal de respaldo el oro, y otras, la plata; y ello constituyó una fatídica decisión que traería enormes consecuencias. Gran Bretaña fue el primer país en adoptar el patrón oro en 1717, bajo la dirección del físico Isaac Newton, por entonces director de la Casa de la Moneda inglesa; el patrón oro desempeñaría un importante papel en el fomento del comercio a través del Imperio británico por todo el mundo. Gran Bretaña permanecería bajo el patrón oro hasta 1914, aunque lo suspendería entre 1797 y 1821, lo cual incluyó todo el período de las guerras napoleónicas. La superioridad económica de Gran Bretaña estaba estrechamente vinculada al hecho de contar con un patrón monetario superior, de modo que otros países europeos empezaron a seguirlo. El fin de las guerras napoleónicas supuso el comienzo de una edad dorada en Europa, a medida que, una tras otra, las principales naciones europeas adoptaron el patrón oro. Cuantos más países se pasaban de manera oficial al patrón oro, más comercializable se hacía el metal, y mayor era el incentivo para que otras naciones se unieran al mismo.

Además, las personas ya no tenían que cargar monedas de oro y plata para realizar, respectivamente, transacciones grandes y pequeñas; ahora podían depositar su riqueza en oro en los bancos, y utilizar recibos en papel, billetes y cheques para abonar pagos de cualquier cantidad. Los dueños de comprobantes en papel podían utilizarlos para efectuar pagos; los bancos descontaban los billetes y los utilizaban como autorización, y los cheques podían cobrarse en los bancos que los emitían. Esto solucionaba el problema de la *vendibilidad* del oro en varias escalas, haciendo del mismo el mejor medio monetario; siempre y cuando los bancos que atesoraban el oro de la gente no incrementasen la oferta de papeles que emitían como recibos.

Disponer de este medio de pago, respaldado por el oro físico depositado en las cajas fuertes y que permitía el pago de cualquier cantidad, hacía en realidad innecesario el rol de la plata para realizar pequeños pagos. El golpe de gracia al rol monetario de la plata sobrevino con el fin de la guerra franco-prusiana, cuando Alemania obtuvo de Francia una indemnización de 200 millones de libras en oro, que utilizó para pasarse al patrón oro. Una vez Alemania se unió al patrón oro, junto a Gran Bretaña, Francia, Holanda, Suiza, Bélgica y otras naciones, el fiel monetario se inclinó decisivamente a favor del oro, lo que condujo a las personas y naciones de todo el mundo que utilizaban la plata a presenciar una pérdida progresiva de su poder adquisitivo, y un mayor incentivo para pasarse al oro. La India se pasó por fin al oro en 1898, mientras que China y Hong Kong fueron las últimas economías del mundo en abandonar el patrón plata, en 1935.

Durante todo el tiempo que se utilizó el oro y la plata para realizar pagos directos, ambos metales tuvieron un papel monetario que desempeñar, y el precio del uno respecto del otro permaneció relativamente constante en el tiempo, a una ratio entre doce y quince onzas de plata por onza de oro, en el mismo rango que su relativa escasez en la corteza terrestre y la relativa dificultad y coste de su extracción. Pero, a medida que el uso del papel y de los instrumentos financieros respaldados por estos metales se volvió más popular, no hubo justificación alguna que apoyara la función monetaria de la plata. Las personas y las naciones se pasaron al uso del oro, algo que condujo a un significativo colapso del precio de la plata, del cual no se recuperaría. La proporción media entre ambos metales durante el siglo xx fue de 47:1, y en 2017, estaba en 75:1. Si bien el oro aún tiene un rol monetario que desempeñar, como lo demuestra la acumulación del mismo por parte de los bancos, podría decirse que la plata lo ha perdido. (Véase el gráfico 3.)

GRÁFICO 3 **Precio del oro en onzas de plata (1687- 2017)**

Fuente: Lawrence H. Officer y Samuel H. Williamson, «The price of gold, 1257-present», *Measuring Worth*, 2017. Disponible en: <https://www.measuringworth.com/gold/>. [Consulta: 27/04/2018.]

La desmonetización de la plata tuvo un efecto notablemente negativo sobre los países que en ese momento la utilizaban como patrón monetario. La India presenció una continua devaluación de su rupia con respecto a los países europeos basados en el patrón oro, lo cual llevó al gobierno colonial británico a subir los impuestos para financiar su funcionamiento, provocando así un creciente clima de malestar social y resentimiento contra el colonialismo británico. En 1898, cuando la India cambió el aval de su rupia a la libra esterlina respaldada por el oro, la plata que había garantizado su rupia había perdido el 56 por ciento de su valor en los 27 años transcurridos desde el final de la guerra franco-prusiana. Para China, que permaneció en el patrón plata hasta 1935, su plata (bajo diferentes denominaciones y formas) perdió un 78 por ciento de su valor en el mismo período. A juicio del autor, la historia de China y la India, así como su incapacidad para alcanzar a Occidente durante el siglo XX, está inextricablemente vinculada a esta destrucción masiva de riqueza y capital provocada por la desmonetización del metal monetario que utilizaron ambos países. En efecto, la desmonetización de la plata dejó a chinos e indios en la misma situación que aquellos africanos occidentales que utilizaban cuentas de cristal cuando llegaron los europeos: la sólida divisa interna resultó ser una moneda débil para los extranjeros, y fue sustituida por la moneda fuerte foránea, lo que permitió a los forasteros controlar y poseer crecientes cantidades de capital y recursos de China y la India durante esos años. Se trata de una lección histórica de gran importancia, que debería tener presente cualquiera que crea que su rechazo al Bitcoin significa no tener que lidiar con el mismo. La historia demuestra que no es posible aislarse de las consecuencias de que otras personas cuenten con una moneda más fuerte que la tuya.

Con el oro en manos de bancos cada vez más centralizados, éste obtuvo *vendibilidad* en el tiempo, en la escala y en la ubicación, pero perdió su propiedad como dinero en efectivo, haciendo que los pagos en oro estuvieran sujetos al acuerdo de las autoridades financieras y políticas que emitían comprobantes, liquidaban cheques y acumulaban oro. Por desgracia, el único modo en que el oro pudo resolver el problema de la *vendibilidad* en diversas escalas, en el espacio y en el tiempo, fue mediante su centralización y, por ende, cayendo presa del principal problema del dinero sólido en el que tanto insistieron los economistas del siglo XX: la soberanía individual sobre el dinero y su resistencia al control descentralizado gubernamental. Así pues, podemos entender por qué los economistas del siglo XIX defensores de una moneda fuerte, como Menger, centraron su comprensión de la solidez del dinero en su *vendibilidad* en tanto que bien de mercado, mientras que los del siglo XX, como Mises, Hayek, Rothbard y Salerno, centraron su análisis sobre la solidez del dinero en su resistencia a someterse al control de un soberano. Como el talón de Aquiles del dinero del siglo XX fue su centralización en manos de los gobiernos, más tarde veremos cómo la divisa inventada en el siglo XXI, Bitcoin, se ha concebido sobre todo para evitar dicho control centralizado.

La *Belle époque*

El final de la guerra franco-prusiana, en 1871, y el consiguiente paso de las principales potencias europeas al mismo patrón monetario, a saber, el oro, abrió un período de auge y prosperidad que no deja de parecer más asombroso con el tiempo y desde la perspectiva actual. Hay argumentos para decir que el siglo XIX —en especial la segunda mitad del mismo— fue el período de mayor prosperidad, innovación y logros que el mundo haya presenciado jamás, y el papel monetario del oro fue un factor decisivo para ello. Con la plata y otros medios de cambio cada vez más desmonetizados, la mayor parte del planeta utilizaba el mismo patrón monetario basado en el oro, lo que permitió las mejoras en las telecomunicaciones y el transporte para fomentar la acumulación mundial de capital y el comercio como nunca antes.

Las diferentes divisas no eran más que distintas medidas de peso de oro físico, y el tipo de cambio entre la divisa de un país y la de otro era la sencilla conversión entre diferentes unidades de peso, algo tan simple como convertir pulgadas en centímetros. La libra británica se tipificaba como 7,3 gramos de oro, mientras que el franco francés era 0,29 gramos de oro, y el marco alemán, 0,36 gramos, lo que quería decir que la tasa de cambio entre ellos era por necesidad de 26,28 francos franceses, y de 24,02 marcos alemanes por libra. Del mismo modo que las unidades imperiales y métricas no son más que un modo de medir la longitud subyacente, las divisas nacionales sólo eran una manera de medir el valor económico representado en el reserva de valor universal, el oro. Las monedas de oro de algunos países eran bastante vendibles en otros, habida cuenta de que eran oro. La masa monetaria de cada país no dependía de un sistema de medición determinado por comités de planificación central llenos de doctorados, sino del funcionamiento natural del sistema de mercado. La gente podía acumular tanto dinero como quisiera y gastar cuanto desease en producción local o extranjera, y la verdadera masa monetaria no resultaba fácil de medir.

La solidez del dinero quedó reflejada en el libre comercio en todo el mundo, pero lo que tal vez sea más importante es que incrementó la tasa de ahorro en las sociedades más desarrolladas que funcionaban con el patrón oro, lo que permitió la acumulación de capital para financiar la industrialización, la urbanización y los avances tecnológicos que han configurado nuestra vida moderna. (Véase la tabla 1.)

TABLA 1 **Período bajo el patrón oro de las principales economías europeas**

Moneda	Período bajo el patrón oro	Años
Franco francés	1814-1914	100 años
Florín holandés	1816-1914	98 años
Libra esterlina	1821-1914	93 años
Franco suizo	1850-1936	86 años
Franco belga	1832-1914	82 años
Corona sueca	1873-1931	58 años
Marco alemán	1875-1914	39 años
Lira italiana	1883-1914	31 años

Fuente: Lips, 2001.

En 1900, alrededor de cincuenta países estaban oficialmente bajo el patrón oro, incluidas todas las naciones industrializadas, mientras que las que no lo estaban de manera oficial también utilizaban monedas de oro como principal instrumento de cambio. Algunos de los más importantes logros humanos tecnológicos, médicos, económicos y artísticos se consiguieron durante la época del patrón oro, que en parte explica por qué se la conoció como *Belle époque* («Bella época») en toda Europa. Gran Bretaña presenció los años de apogeo de la *Pax Britannica*, período en el que el Imperio británico se expandió por todo el mundo y no participó en grandes conflictos militares. En 1899, cuando la escritora estadounidense Nellie Bly emprendió su viaje sin precedentes alrededor del mundo en 72 días, llevaba consigo monedas de oro británicas y billetes del Banco de Inglaterra.[20] Era posible circunnavegar el globo y utilizar sólo una forma de dinero donde quiera que Nellie fuera. Este período fue conocido en Estados Unidos como la *Gilded Age* («edad dorada»), en la cual el crecimiento económico prosperó tras la restauración del patrón oro en 1879, después de la guerra de Secesión. Este período tan sólo fue interrumpido por un episodio de insensatez monetaria (que se examina en el capítulo 6), el cual no fue más que el acto de los últimos coletazos de la plata como moneda, cuando el Tesoro de Estados Unidos intentó la remonetización de la plata ordenando su uso como divisa. Esto provocó un gran incremento de la masa monetaria y una retirada masiva de depósitos bancarios de quienes trataban de vender bonos del tesoro y plata a cambio de oro. El resultado fue la recesión de 1893, tras la cual se reanudó el crecimiento de la economía estadounidense.

Con la mayoría del mundo operando en una misma unidad monetaria, nunca se presenció un período de tanta acumulación de capital, comercio mundial, limitaciones a los gobiernos y transformación de las condiciones de vida en todo el mundo. No sólo la economía de la civilización occidental era mucho más li-

20. Nellie Bly, *Around the world in seventy-two days*, The Pictorial Weeklies, Nueva York, 1890. Versión castellana de Rosa M. Salleras Puig, *La vuelta al mundo en 72 días*, Buck, Barcelona, 2010.

bre por aquel entonces, las propias sociedades lo eran. Los gobiernos contaban con muy poca burocracia centrada en microgestionar la vida de sus ciudadanos. Como lo describe Mises:

> El patrón oro fue el patrón mundial de una época de capitalismo, creciente bienestar para todos, libertad y democracia, tanto en la esfera política como en la económica. Para los librecambistas, la principal virtud del sistema consistía precisamente en que era un patrón internacional, tal como exigía un comercio universal con un mercado monetario y de capitales que abarcaba todo el mundo. El patrón oro fue el medio de intercambio gracias al cual pudo el industrialismo y el capital de Occidente llevar la civilización hasta los más escondidos rincones de la tierra, destruyendo supersticiones y prejuicios arcaicos, sembrando la semilla de una vida nueva y un nuevo bienestar, liberando mentes y almas y produciendo riquezas nunca soñadas. Acompañó el patrón oro al progreso triunfal del liberalismo occidental, que aspiraba a unir a todas las naciones en una comunidad de pueblos libres que cooperan pacíficamente en mutuo beneficio.[21]

Este mundo se vino abajo el desastroso año 1914, que no sólo fue el del estallido de la primera guerra mundial, sino también el año en que las principales economías abandonaron el patrón oro y lo sustituyeron por moneda gubernamental poco sólida. Sólo Suiza y Suecia, que se mantuvieron neutrales durante la guerra, permanecieron bajo el patrón oro hasta la década de 1930. Después de eso, a nivel mundial, comenzaría la era del dinero controlado por los gobiernos, con desastrosas e inexcusables consecuencias.

Si bien puede decirse que el patrón oro del siglo XIX supuso posiblemente lo más parecido a una moneda sólida ideal que había visto el mundo, no por ello dejaba de tener sus imperfecciones. En primer lugar, los gobiernos y bancos siempre estaban

21. Ludwig von Mises, *Human action* (pp. 472-473). La cita de esta edición procede de la versión castellana de Joaquín Reig Albiol, *La acción humana*, pp. 564-565. *(N. de la t.)*

creando medios de intercambio que excedían la cantidad de oro en sus reservas. En segundo lugar, muchos países no sólo utilizaban simplemente oro en sus reservas, también contaban con monedas de otros países. Gran Bretaña, en tanto que potencia mundial incontestable por aquel entonces, se benefició de que su papel moneda fuera utilizado como divisa de reserva en todo el mundo, con lo cual sus depósitos de oro acabaron siendo una ínfima parte de su excepcional masa monetaria. Con el creciente comercio internacional dependiendo de pagos de grandes cantidades de dinero en todo el mundo, los billetes del Banco de Inglaterra pasaron a ser, en la mente de muchos, «tan buenos como el oro». Si bien el oro era una moneda muy fuerte, los instrumentos utilizados para liquidar pagos entre bancos centrales, aunque en teoría eran convertibles en oro, en la práctica terminaron siendo más fáciles de producir que el oro.

Estos dos defectos evidenciaban que el patrón oro siempre era vulnerable a una demanda masiva de oro en cualquier país donde las circunstancias podrían dar lugar a que un porcentaje lo bastante amplio de población solicitara el canje de su papel moneda en oro. El gran fallo del patrón oro que subyace en el fondo de estos dos problemas es que pagar en oro físico es complicado, caro e inseguro; lo que implicaba que había que recurrir a la centralización de las reservas de oro físico en unos pocos lugares —la banca y los bancos centrales—, quedando éstos expuestos a que los gobiernos se apoderaran de ellos. Si bien el número de pagos y liquidaciones realizadas en oro físico pasó a ser una parte muy pequeña de todos los pagos, la banca y los bancos centrales que atesoraban el oro pudieron crear dinero no respaldado por oro físico y utilizarlo para liquidar pagos. La red de acuerdos adquirió el suficiente valor para que el crédito de sus dueños fuera efectivamente monetizado. A medida que la habilidad para dirigir un banco empezó a entrañar la creación de dinero, los gobiernos tendieron naturalmente a hacerse con el sector bancario a través de los bancos centrales. La tentación siempre fue demasiado fuerte, y la riqueza económica casi infinita que esto aseguraba no sólo silenciaba la disidencia, sino que también financiaba a los propagandistas para promocionar dichas ideas.

El oro no ofrecía ningún mecanismo para frenar a los soberanos, y se tenía que contar con que éstos no abusarían del patrón oro, así como con que la población permanecería siempre alerta para que no lo hicieran. Esto podía haber sido viable cuando el pueblo tenía un alto nivel de educación y estaba bien informado sobre los peligros del dinero poco sólido, pero, dado que cada nueva generación mostraba la típica complacencia intelectual que suele acompañar a la opulencia,[22] el canto de sirena de estafadores y de bufones economistas iba a resultar cada vez más irresistible para una mayor parte de la población, quedando sólo una minoría de expertos economistas e historiadores librando una ardua batalla para convencer a la gente de que no se puede generar riqueza mediante la alteración de la masa monetaria, de que el hecho de permitir que un soberano controle el dinero sólo puede conducir a que éste incremente el control de la vida de todo el mundo y de que la misma vida civilizada de los seres humanos depende de esa integridad del dinero que proporciona una sólida base para el comercio y la acumulación de capital. La centralización del oro lo hizo vulnerable a que sus enemigos usurparan su rol monetario; y el oro, simplemente, tenía demasiados enemigos, como bien entendió Mises:

> Ataca el patrón oro el nacionalismo porque pretende aislar al país del mercado internacional, implantando la autarquía en la mayor medida posible. El intervencionismo y los grupos de presión luchan contra el patrón oro porque es un grave obstáculo que impide manipular los precios y los salarios. Las embestidas más fanáticas contra el oro provienen, sin embargo, de quienes propugnan la expansión crediticia. Para sus partidarios, la expansión crediticia es la panacea que cura todas las dolencias económicas.[23]

El patrón oro sustrae a la política la determinación del poder

22. Véase John Glubb, *The fate of empires and search for survival,* Blackwood, Edimburgo, 1978.

23. Ludwig von Mises, *Human action,* p. 473. La cita de esta edición procede de la versión castellana de Joaquín Reig Albiol, *La acción humana,* p. 565. *(N. de la t.)*

adquisitivo del dinero en lo atinente a las mutaciones de origen monetario del mismo. La común aceptación del sistema exige aquiescencia previa a aquella verdad según la cual no es posible, mediante la simple impresión de billetes, enriquecer a toda la comunidad. El odio hacia el patrón oro brota de la superstición de creer que el Estado omnipotente puede generar riqueza lanzando al mercado meros trozos de papel. [...] Los gobernantes quieren suprimirlo porque creen aquellos mitos según los cuales la expansión crediticia permite rebajar el tipo de interés y «mejorar» el saldo de la balanza comercial. [...] Se ataca al oro porque la gente pretende reemplazar el comercio libre por la autosuficiencia nacional, la paz por la guerra y la libertad por la omnipotencia totalitaria.[24]

El siglo XX comenzó con el control del oro de los ciudadanos por parte de sus gobiernos mediante la invención de los modernos bancos centrales sobre la base del patrón oro. Con el comienzo de la primera guerra mundial, la centralización de estas reservas permitió a los bancos centrales incrementar la masa monetaria por encima de sus reservas de oro, reduciendo con ello el valor de sus divisas. Pero los bancos centrales continuaron confiscando y acumulando más oro hasta la década de 1960, cuando comenzó a perfilarse la transición hacia un patrón dólar mundial. Aunque se supone que el oro fue desmonetizado del todo en 1971, los bancos centrales continuaron conservando importantes reservas del preciado metal, y sólo se desprendieron de él poco a poco, antes de volver a comprar oro en la última década. Aun cuando los bancos centrales declararon repetidas veces el final del papel monetario del oro, el hecho de que se decantaran por mantener sus reservas parecía responder a una postura más sincera. Desde la perspectiva de una competencia monetaria, atesorar reservas de oro es una decisión perfectamente racional. Tener reservas en dinero débil de gobiernos extranjeros sólo hará que se devalúe la divisa del país junto con la moneda de

24. Ludwig von Mises, *Human action*, p. 474. La cita de esta edición procede de la versión castellana de Joaquín Reig Albiol, *La acción humana*, pp. 567-568. *(N. de la t.)*

reserva, mientras que el derecho de señoreaje recae sobre el emisor de la moneda de reserva, y no sobre el banco central del país en cuestión. Además, si los bancos centrales vendiesen todas sus reservas de oro (estimadas en alrededor de un 20 por ciento de las existencias de oro mundiales), el impacto más probable sería que el oro, siendo muy apreciado por su uso industrial y estético, se adquiriría muy rápido con poca depreciación del precio, y los bancos centrales se quedarían sin ninguna reserva del mismo. Es probable que la competencia monetaria entre una moneda débil regulada por el gobierno y el oro tenga como resultado un ganador a largo plazo. Incluso en un mundo de dinero gubernamental, los gobiernos no han sido capaces de decretar el final del rol monetario del oro, como indican a las claras sus acciones, más elocuentes que sus palabras. (Véase el gráfico 4.)

GRÁFICO 4 **Reservas oficiales de oro de los bancos centrales (en toneladas)**

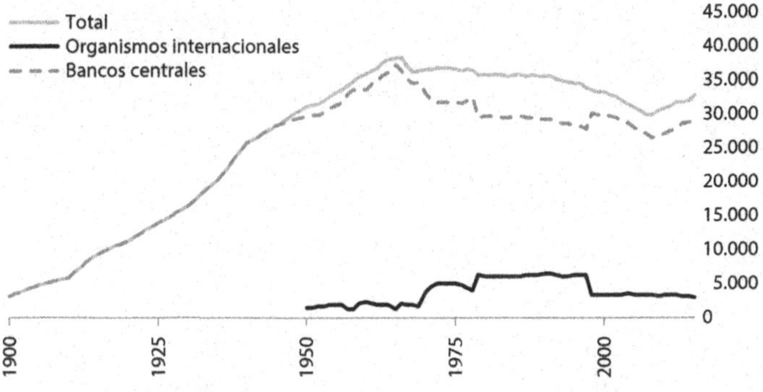

Fuente: Estadísticas de reservas del Consejo Mundial del Oro (World Gold Council). Disponible en: <https://www.gold.org/data/gold-reserves>. [Consulta: 27/04/2018.]

Capítulo 4

Moneda regulada por el gobierno

La primera guerra mundial supuso el final de la era en la que el libre mercado decidía los medios monetarios, así como el principio de la época del dinero regulado por los gobiernos. Aunque el oro siga apuntalando el sistema monetario mundial hasta la fecha, los decretos y las decisiones de los gobiernos, así como sus políticas monetarias, configuran la realidad pecuniaria del mundo más que cualquier aspecto de índole individual.

El nombre común para la moneda regulada gubernamentalmente es *dinero fiat*, de la palabra latina *fiat* («hágase»), en alusión a su carácter de dinero creado por decreto, orden o autorización. Hay que comprender desde el principio dos importantes hechos sobre la moneda gubernamental. En primer lugar, existe una gran diferencia entre el dinero gubernamental convertible en oro y el irredimible (no convertible), aunque ambos los administre el gobierno. Bajo un patrón oro, el dinero es oro, y el gobierno sólo asume la responsabilidad de acuñar unidades estándar del metal o de imprimir billetes respaldados por el oro. El gobierno no tiene ningún control sobre la oferta de oro en la economía, y la gente puede canjear su papel moneda por oro físico en cualquier momento, y utilizar otras formas y figuras de oro, como lingotes y monedas extranjeras, en sus tratos recíprocos. Por otro lado, con una moneda gubernamental irredimible, la deuda del gobierno y/o el papel se utiliza como moneda, y el gobierno tiene la capacidad de incrementar su oferta como estime conveniente. Si alguien utiliza otras formas de dinero para realizar intercambios, o bien trata de crear más dinero del gobierno, corre el riesgo de recibir un severo castigo.

El segundo hecho, que con frecuencia se pasa por alto, es que, pese a lo que su nombre podría dar a entender, ningún dinero fiat ha entrado en circulación sólo a través de un mandato gubernamental; en principio, todo ese dinero era convertible en oro o plata, o bien en divisas que fueran convertibles. Sólo mediante la convertibilidad en formas vendibles de dinero el papel moneda gubernamental adquiere su *vendibilidad*. El gobierno puede emitir decretos que ordenen que la gente utilice su papel moneda para realizar pagos, pero ningún gobierno ha impuesto dicha *vendibilidad* en estos billetes sin que éstos hayan sido primero canjeables en oro o plata. Hasta el día de hoy, todos los bancos centrales gubernamentales mantienen reservas para respaldar el valor de su divisa nacional. La mayoría de los países custodian cierta cantidad de oro en sus reservas, y aquellos que no las tienen atesoran existencias en forma de dinero fiat de otros países, que a su vez están respaldadas por reservas de oro. No existe ninguna divisa fiat pura en circulación que no tenga algún tipo de garantía. De manera contraria al principio más clamorosamente erróneo y fundamental de la teoría estatal del dinero, no fueron los gobiernos los que decretaron el oro como dinero; más bien es por el hecho de poseer oro que los gobiernos consiguen que se acepten sus divisas. El más antiguo ejemplo registrado de dinero fiat fue el *jiaozi*, un papel moneda emitido por la dinastía Song en China, en el siglo X. Al principio, el *jiaozi* no era más que un pagaré a cambio de oro o plata; sin embargo, luego, el gobierno controló su emisión y suspendió su convertibilidad, aumentando la cantidad de moneda impresa hasta que se hundió. La dinastía Yuan también emitió dinero fiat en 1260, denominado *chao*, y su oferta excedió en mucho el respaldo que tenía en metal, con desastrosas consecuencias, como era de esperar. Como el valor del dinero se derrumbó, la gente acabó en la miseria, y muchos campesinos tuvieron incluso que vender a sus hijos como esclavos para saldar sus deudas.

El dinero gubernamental es entonces parecido a las formas primitivas de dinero, de las que ya hemos hablado en el capítulo 2, y a materias primas diferentes del oro, caso éste en que su oferta es susceptible de aumentar con rapidez en comparación con sus reservas, lo que lleva a una rápida pérdida de *vendibilidad*, a la destrucción de su valor adquisitivo y al empobrecimiento de sus poseedores. En este sentido se diferencia del oro, cuya oferta no se puede incrementar debido a sus fundamentales propiedades químicas señaladas antes. El hecho de que un gobierno exija que se paguen impuestos en su unidad monetaria tal vez garantice una vida más larga a dicha divisa, pero sólo si el gobierno es capaz de impedir la rápida expansión de la oferta podrá proteger su valor y evitar que se devalúe deprisa. Al comparar diferentes divisas nacionales, vemos que las principales y las más utilizadas tienen un menor incremento anual de la oferta que aquellas menores y menos vendibles.

Nacionalismo monetario y el final del mundo libre

Los muchos enemigos de una moneda sólida a los que Mises nombra en la cita a la que se hace referencia al final del último capítulo iban a celebrar su triunfo sobre el patrón oro con el comienzo de una pequeña guerra en Europa central en 1914, que se descontroló y acabó por convertirse en la primera guerra mundial de la historia de la humanidad. Sin duda, cuando el conflicto empezó, nadie imaginó que duraría tanto tiempo ni que provocaría tantas víctimas. Por ejemplo, los periódicos británicos la proclamaron «la guerra del día festivo de agosto», esperando que se tratara de una simple y triunfante excursión veraniega para sus tropas. Se creía que sería un conflicto acotado. Y, tras décadas de paz relativa en Europa, existía toda una nueva generación de europeos que no había aprendido a calibrar las probables consecuencias que comporta el desencadenamiento de una guerra. Hasta hoy, los historiadores no consiguen ofrecer una explicación estratégica o geopolítica convincente sobre por qué un conflicto entre el Imperio austrohúngaro y los separatistas serbios pudo provocar una guerra mundial que se llevó por delante la vida de millones de personas y redefinió la mayoría de las fronteras del mundo de forma radical.

En retrospectiva, la principal diferencia entre la primera guerra mundial y las anteriores guerras limitadas no fue ni geopolítica ni estratégica, sino más bien monetaria. Cuando los gobiernos estaban bajo el patrón oro, tenían control directo sobre grandes depósitos del mineral, mientras que su gente lidiaba con recibos en papel del mismo. La facilidad con la que un gobierno podía emitir más papel moneda era demasiado tentadora en pleno conflicto bélico, y mucho más sencillo que subir impuestos a sus ciudadanos. Al cabo de unas pocas semanas de que empezara la guerra, los principales contendientes habían suspendido la convertibilidad en oro, saliendo de forma efectiva del patrón oro y poniendo a su población bajo un patrón fiat, en que el dinero que utilizaban era papel moneda emitida por el gobierno y que no era canjeable por oro.

Con la simple suspensión de la convertibilidad en oro, los esfuerzos de guerra de los gobiernos ya no se limitaban al dinero que tuviesen en sus arcas, sino que se hacían extensivos a prácticamente toda la riqueza de la población. Durante el tiempo en que el gobierno pudo imprimir más dinero, y mientras sus ciudadanos y los extranjeros aceptaron dicha divisa, se pudo seguir financiando la guerra. Antes, bajo un sistema monetario en el que el oro, en tanto que moneda, estaba en manos de la gente, los gobiernos sólo contaban con sus propios activos del tesoro para sustentar sus operaciones bélicas, junto con cualquier impuesto o emisión de bonos. Esto limitaba los conflictos, y es un aspecto central de los períodos de paz más o menos prolongados que se experimentaron en todo el mundo antes del siglo XX.

Si las naciones de Europa hubieran mantenido el patrón oro, o si sus ciudadanos hubieran conservado el oro en sus propias manos, forzando a los gobiernos a recurrir a los impuestos en vez de a la inflación, la historia podría haber sido muy diferente. En ese caso, es muy probable que la primera guerra mundial se hubiera resuelto militarmente en cuestión de pocos meses de conflicto, ya que una de las facciones aliadas habría comenzado a quedarse sin financiación, y habría tropezado con dificultades a la hora de obtener dinero por parte de una población que no estaba dispuesta a desprenderse de su riqueza para defender la supervivencia de su régimen. Pero, con la suspensión del patrón oro, quedarse sin financiación no bastaba para terminar la guerra; un Estado soberano tenía que quedarse sin la riqueza acumulada de su pueblo expropiada mediante la inflación.

La devaluación de su moneda por parte de los países europeos permitió que el sangriento bloqueo continuara durante cuatro años, sin ninguna resolución ni avance. Lo absurdo de todo esto no pasó desapercibido ni para la población de dichos países ni para los soldados en el frente, los cuales arriesgaban y perdían sus vidas sin otra razón aparente más que la vanidad y ambición sin límites de monarcas que, por lo general, estaba emparentados y tenían vínculos matrimoniales entre sus casas reales. Como muestra gráfica de la absoluta insensatez de esa guerra, la Nochebuena de 1914, los soldados franceses, ingleses y alemanes dejaron a un lado la orden de combatir, depusieron sus armas y cruzaron la línea de batalla para socializar y relacionarse entre sí. Muchos de los soldados alemanes habían trabajado en Inglaterra y hablaban inglés, y la mayoría de los reclutas eran aficionados al fútbol, de modo que improvisaron varios partidos entre los distintos equipos.[25] El asombroso hecho que puso de manifiesto esta tregua es que los soldados no tenían nada los unos contra los otros, no ganaban nada combatiendo en la guerra y no veían ninguna razón para continuarla. Una salida preferible para la rivalidad de sus naciones sería el fútbol, un juego universalmente popular en el que las afiliaciones tribales y nacionales pueden representarse de manera pacífica.

La guerra continuaría otros cuatro años con apenas progresos apreciables, hasta que Estados Unidos intervino en 1917 e inclinó la contienda a favor de una de las partes, y en detrimento de la otra, mediante la aportación de una gran cantidad de recursos que sus enemigos no pudieron afrontar. Si bien todos los gobiernos financiaban su maquinaria bélica con inflación, Alemania y el Imperio austrohúngaro comenzaron a experimentar una

25. Malcolm Brown y Shirley Seaton, *Christmas truce: the Western Front, December 1914*, Macmillan, Londres, 2014.

GRÁFICO 5 **Tipo de cambio de las principales naciones frente al franco suizo durante la primera guerra mundial (tipo de cambio en junio de 1914 = 1)**

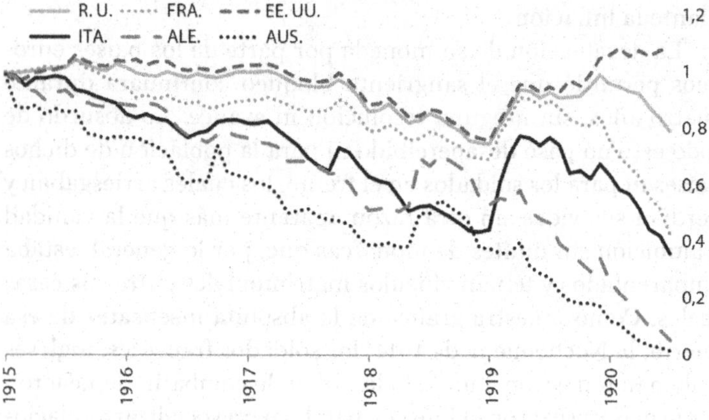

Fuente: George Hall, «Exchange rates and casualties during the First World War», *Journal of Monetary Economics*, vol. 51, n.° 8, noviembre de 2004, pp. 1711-1742.

grave pérdida del valor de su divisa en 1918, lo que hizo que su derrota fuera inevitable. Comparar la tasa de cambio de las monedas de los combatientes en relación con el franco suizo, que entonces seguía estando bajo el patrón oro, proporciona una medida útil de la devaluación que experimentaron las diferentes divisas, como se muestra en el gráfico 5.

Después de que se calmaran las cosas, las monedas de las principales potencias europeas habían disminuido en valor real. En noviembre de 1918, las naciones perdedoras, Alemania y Austria, vieron caer el valor medio de sus monedas a un 51 por ciento y a un 31 por ciento de su valor en 1913, respectivamente. La divisa italiana experimentó una caída al 77 por ciento de su valor previo, mientras que la francesa sólo bajó a un 91 por ciento, la libra inglesa a un 93 por ciento y la divisa estadounidense sólo al 96 por ciento de su valor original.[26] (Véase la tabla 2.)

26. Me pregunto si la proximidad de Alemania y Austria a Suiza, así como la estrecha relación entre sus poblaciones, pudo haber dado lugar a que mu-

TABLA 2 **Cambio de valor de las monedas nacionales frente al franco suizo durante la primera guerra mundial**

País	Depreciación de la moneda en la primera guerra mundial
Estados Unidos	+9,21
Reino Unido	-20,78
Francia	-56,85
Italia	-63,9
Alemania	-94,6
Austria	-98,2

Fuente: George Hall, «Exchange Rates and Casualties During the First World War», *Journal of Monetary Economics*, vol. 51, n.º 8, noviembre de 2004, pp. 1711-1742.

No valió la pena tanta carnicería para los cambios geopolíticos provocados por la guerra, ya que la mayoría de las naciones ganaron o perdieron sólo una mínima cantidad de terreno, y ningún vencedor pudo alegar haber tomado grandes territorios por los que hubiera valido la pena el sacrificio. El Imperio austrohúngaro se dividió en pequeñas naciones, pero éstas permanecieron gobernadas por sus propios ciudadanos, y no por los ganadores de la contienda. El principal cambio surgido del conflicto fue la supresión de muchas monarquías europeas, que fueron sustituidas por regímenes republicanos. Determinar si esta transición fue para mejor es insignificante en comparación con la destrucción y devastación que la guerra infligió en los ciudadanos de los países contendientes.

Con el canje del oro por parte de los bancos centrales y la circulación del oro suspendida o restringida a escala internacional en las principales economías, los gobiernos pudieron mantener la apariencia de que el valor de la divisa había conservado la paridad con el oro que tenía antes de la guerra, pese a que los precios subían. Cuando terminó el conflicto, el sistema monetario internacional que giraba alrededor del patrón oro dejó de es-

chos alemanes y austríacos cambiaran sus monedas por francos suizos, acelerando así la caída de esas divisas, extendiendo los recursos económicos de los gobiernos y jugando un papel decisivo en el desenlace de la primera guerra mundial. Nunca me he topado con ninguna investigación sobre el tema, pero si tú sí lo has hecho, querido lector, por favor, ponte en contacto conmigo.

tar vigente. Todos los países habían abandonado el patrón oro, y tuvieron que enfrentar el gran dilema de si debían regresar al mismo y, de ser así, cómo revalorizar sus divisas frente al metal. Haber hecho una justa valoración de mercado de sus *existencias* vigentes de moneda en relación con su verdadero stock de oro habría supuesto un muy impopular reconocimiento de la devaluación que la moneda había experimentado. Una vuelta a los antiguos tipos de cambio podría provocar que los ciudadanos exigieran tener oro en vez de los omnipresentes recibos en papel, y también que se produjera una fuga del metal a otros países donde estuviera lo bastante valorado.

Este dilema «retiró» el dinero del mercado y lo convirtió en una decisión económica controlada por la política. En lugar de que fueran los participantes del mercado quienes eligieran de manera libre el bien más vendible como instrumento de cambio, el valor, la oferta y el tipo de cambio del dinero pasaron a estar centralmente planificados por los gobiernos nacionales, creándose así un sistema monetario que Hayek denominó nacionalismo monetario en un breve y brillante libro con el mismo título:

> Por nacionalismo monetario se entiende aquella doctrina según la cual la participación de cada país en la oferta mundial de dinero no debería dejarse determinar por los mismos principios y los mismos mecanismos por los que se determinan las cantidades relativas de dinero entre las diferentes regiones o localidades de un país. Un verdadero sistema monetario internacional permitiría que todo el mundo poseyera una divisa homogénea, como la que se tiene en países distintos y cuyo flujo entre regiones se dejó determinar por los resultados de la acción de todos los individuos.[27]

El oro no volvería a ser jamás la divisa uniforme del mundo, y se extendieron tanto las posiciones de monopolio de los bancos

27. Fiedrich A. von Hayek, *Monetary nationalism and international stability*, Augustus Kelley, Fairfield (Nueva Jersey), 1989. (Este libro fue publicado por vez primera en 1937.) Versión castellana de José Antonio de Aguirre, *El nacionalismo monetario y la estabilidad internacional*, Aosta, Madrid, 1996.

centrales como las restricciones a ostentar la propiedad del oro, lo cual obliga a la gente a utilizar el dinero gubernamental nacional. La introducción del Bitcoin, como divisa originaria de internet que desborda los límites nacionales y permanece fuera del ámbito del control gubernamental, ofrece una interesante posibilidad de que aparezca un nuevo sistema monetario internacional, lo cual se examinará en el capítulo 9.

El período de entreguerras

Bajo el patrón oro internacional, el dinero fluía con libertad entre los países a cambio de mercancías, y la tasa de cambio entre diferentes divisas no era más que la conversión entre diferentes pesos de oro; sin embargo, bajo el nacionalismo monetario, la oferta de dinero de cada país, así como el tipo de cambio entre ellas, se determinarían en acuerdos y reuniones internacionales. Alemania sufrió hiperinflación después de que el Tratado de Versalles le impusiera grandes indemnizaciones y de que el país quisiera pagarlas utilizando la inflación. Gran Bretaña se enfrentaba a importantes problemas debido al flujo de su oro hacia Francia y Estados Unidos en un intento de mantener el patrón oro, pero con una tasa que sobrevaloraba la libra inglesa e infravaloraba el oro.

El primer tratado importante del siglo del nacionalismo monetario fue el de Génova, en 1922. En el marco de dicho acuerdo, el dólar estadounidense y la libra británica debían considerarse monedas de reserva parecidas al oro en su posición en las reservas de otros países. Con esta medida, Gran Bretaña esperaba aliviar los problemas que afrontaba con la sobrevalorada libra, haciendo que otros Estados adquirieran grandes cantidades de la misma para depositarlas en sus reservas. Las principales potencias mundiales marcaron su abandono de la solidez del patrón oro hacia el inflacionismo como solución a los problemas económicos. La insensatez del acuerdo radicaba en que estos gobiernos querían inflar la masa monetaria y, al mismo tiempo, mantener estable el precio de su divisa en relación con el oro a niveles de antes de la guerra. Se buscaba así obtener seguridad en las cifras: si todo el mundo devaluaba su divisa, el capital no tendría donde esconderse. Pero esto no funcionó, ni podía hacerlo, y el oro siguió fluyendo desde Gran Bretaña hacia Estados Unidos y Francia.

La sangría de oro procedente de Gran Bretaña es una historia poco conocida y con enormes consecuencias. El libro de Liaquat Ahamed titulado *Los señores de las finanzas*, se centra en este episodio, y realiza un buen trabajo al examinar a los individuos involucrados, así como el drama que tuvo lugar, aunque adopta la reinante interpretación keynesiana de la cuestión, culpando de todo el episodio al patrón oro. A pesar de su amplia investigación, Ahamed no parece comprender que el problema no estribaba en el patrón oro, sino en que, después de la primera guerra mundial, los gobiernos quisieron regresar a las tasas de cambio del patrón oro de antes de la contienda. Si hubieran admitido frente a sus ciudadanos la magnitud de la devaluación que había tenido lugar por librar la guerra y hubiesen vinculado de nuevo sus divisas al oro con tasas actualizadas, lo más probable es que se hubiera registrado una recesión tras la cual la economía se hubiera recuperado sobre una sólida base monetaria.

Un mejor modo de abordar este episodio y sus espantosas repercusiones puede encontrarse en el libro *La gran depresión*, de Murray Rothbard. A medida que las reservas de oro de Gran Bretaña abandonaban sus costas hacia lugares en los que estaba mejor valorado, el gobernador del Banco de Inglaterra, sir Montagu Norman, se apoyó en que sus homólogos francés, alemán y estadounidense incrementaran la masa monetaria en sus países, devaluando sus papeles moneda, con la esperanza de que detuviera el flujo de oro que abandonaba Inglaterra. Si bien los banqueros franceses y alemanes no quisieron cooperar, Benjamin Strong, presidente de la Reserva Federal de Nueva York, sí lo hizo, y participó en la política monetaria inflacionaria durante la década de 1920. Puede que esto lograra reducir la salida de oro de Gran Bretaña hasta cierto punto, pero la consecuencia más importante es que provocó una burbuja más grande en el mercado inmobiliario y bursátil de Estados Unidos. La política inflacionista de la Reserva Federal estadounidense terminó hacia finales de 1928, momento en que la economía de Estados Unidos estuvo lista para el inevitable colapso que siguió a la suspensión del inflacionismo; esto es, el derrumbe de la bolsa en 1929, que gracias a la reacción del gobierno estadounidense dio lugar a la más prolongada recesión de la historia.

El más frecuente relato sobre la Gran Depresión postula que el presidente Hoover decidió permanecer inactivo frente a la fase descendiente del ciclo económico, debido a su injustificada fe en la capacidad del libre mercado para lograr la recuperación y a su apego al patrón oro. Sólo cuando fue sustituido por Franklin Delano Roosevelt, que pasó a desarrollar un papel gubernamental activo y suspendió el patrón oro, se produjo la recuperación de Estados Unidos. Esto, por decirlo con suavidad, es una tontería. Hoover no sólo incrementó el gasto estatal en proyectos de obras públicas para combatir la depresión, sino que, además, se apoyó en la Reserva Federal para ampliar el crédito y adoptó una política centrada en la loca misión de mantener los salarios altos frente a la disminución de la escala de salarios. Es más, se estableció el control de precios para mantener el valor de los productos a precios elevados, en particular de los agrícolas, precios parecidos a los que se consideraban justos y correctos en la situación previa a la depresión. Estados Unidos y todas las principales economías del mundo empezaron a aplicar políticas comerciales proteccionistas, lo que agravaría aún más las cosas en la economía a escala mundial.[28]

Es un hecho poco conocido, retocado con esmero en los libros de historia, que, en las elecciones generales estadounidenses de 1932, Hoover se presentó como candidato con un programa muy intervencionista, mientras que Franklin Delano Roosevelt lo hizo con uno de responsabilidad monetaria y fiscal. En realidad, los estadounidenses votaron en contra de las políticas de Hoover,

28. Es posible encontrar una exhaustiva relación de las políticas intervencionistas de Hoover en el libro de Murray Rothbard, *America's Great Depression*, 5.ª ed., Ludwig von Mises Institute, Auburn (Alabama), 2000. Versión castellana de Iván Carrino, *La gran depresión*, Unión Editorial, Madrid, 2013.

pero cuando F. D. Roosevelt llegó al poder, creyó más conveniente seguir la corriente de los intereses que habían influido en Hoover y, como consecuencia de ello, las políticas intervencionistas de Hoover se desarrollaron en lo que llegó a conocerse como el New Deal. Es importante darse cuenta de que no había nada extraordinario o nuevo en ese «nuevo acuerdo». No era más que una ampliación de las políticas fuertemente intervencionistas que Hoover había establecido.

Una preliminar comprensión del mundo económico dejará claro que el control de precios siempre es contraproducente, y que da como resultado excedentes y escasez. Los problemas que afrontaba la economía estadounidense en la década de 1930 estaban vinculados de manera inextricable a la fijación de salarios y precios. Los salarios se habían establecido en un nivel demasiado alto, lo que provocó una tasa de paro muy elevada, de hasta un 25 por ciento en determinados momentos, mientras que el control de precios había generado escasez y excedente de varias mercancías. Llegaron incluso a quemarse algunos productos agrícolas para mantener así sus elevados precios, lo que llevó a la demencial situación en que la gente padecía hambre y estaba desesperada por trabajar, mientras que los productores no podían contratarlos porque no podían permitirse sus salarios; y aquellos que podían producir cosechas tuvieron que quemar algunas para mantener el precio elevado. Todo esto se hizo para mantener los precios a los niveles de la más próspera situación previa a 1929, aferrándose a la ilusión de que el dólar seguía manteniendo su valor frente al oro. La inflación de la década de 1920 había provocado importantes burbujas especulativas en el mercado inmobiliario y bursátil, así como un incremento artificial de los salarios y precios. Tras el estallido de la burbuja, los precios del mercado procuraron readaptarse a través de una bajada del valor del dólar frente al oro y de un descenso en los salarios y precios reales. La testarudez de los ilusos encargados de la planificación central que querían evitar que esto sucediera fue lo que paralizó la economía: el dólar, los salarios y los precios estaban sobrevalorados, lo que condujo a que la gente quisiera deshacerse de sus dólares y cambiarlos por oro; y eso llevó también a un desempleo generalizado y a una disminución de la producción.

Por supuesto, nada de esto hubiera sido posible con una moneda sólida, y sólo inflando la masa monetaria surgieron estos problemas. Y, aun después de la inflación, las consecuencias hubieran sido mucho menos desastrosas si hubieran revalorizado el dólar frente al oro a un precio determinado por el mercado, y dejado que los salarios y los precios se ajustaran con libertad. En vez de aprender la lección, los economistas del gobierno de la época decidieron que la culpa no fue del inflacionismo, sino más bien del patrón oro, que restringía el inflacionismo del gobierno. Con el fin de retirar los grilletes dorados al mismo, el presidente Roosevelt emitió un decreto ejecutivo mediante el que se prohibía la posesión de oro, obligando a los estadounidenses a vender su oro al Tesoro de Estados Unidos a razón de 20,67 dólares por onza. Con la población privada de una moneda sólida y obligada a tratar con dólares, Roosevelt revalorizó el dólar en el mercado internacional desde los 20,67 dólares por onza a los 35 dólares por onza, una devaluación del 41 por ciento del dólar en términos reales (oro). Ésta fue la inevitable realidad de años de inflacionismo que empezó en 1914 con la creación de la Reserva Federal y la financiación de la entrada de Estados Unidos en la segunda guerra mundial.

Fue el abandono de una moneda sólida y su sustitución por dinero fíat emitido por el gobierno lo que convirtió a las economías más importantes del mundo en fracasos de planificación central del gobierno. Como los gobiernos controlaban el dinero, dominaban la mayoría de la actividad económica, política, cultural y educativa. Sin haber estudiado nunca economía ni haber investigado en ella de manera profesional, Keynes apresó ese espíritu de la época del gobierno omnipotente para idear la vía definitiva que proporcionó a los gobiernos aquello que querían oír. Atrás quedaron todos los cimientos del conocimiento económico adquiridos durante siglos de erudición en todo el mundo, los cuales fueron sustituidos por la nueva fe en las cómodas conclusiones que se ajustaban a las preferencias de los políticos y los gobiernos totalitarios llegado el momento: la situación de la economía viene determinada por el motor del gasto agregado, y cualquier aumento del desempleo o ralentización de la producción no tuvo causas subyacentes en la estructura de la producción o en la distorsión de los mercados llevada a cabo por los planificadores centrales; más bien todo se debía a la escasez del gasto, y la solución era la corrupción de la moneda y el incremento del gasto público. El ahorro reduce el gasto, y, como éste es lo que importa, el gobierno debe hacer cuanto esté en su mano para impedir que sus ciudadanos ahorren. Las importaciones dejan a los trabajadores sin empleo, de modo que el aumento del gasto debe dedicarse a productos nacionales. A los gobiernos les encantaba este mensaje, y Keynes lo sabía. Su libro se tradujo al alemán en 1937, en pleno nazismo; y, en la introducción a la edición alemana, Keynes escribió:

> La teoría de la producción agregada, que es la que este libro pretende proporcionar, se adapta con mayor facilidad a las condiciones de un Estado totalitario de lo que lo hace la teoría de la producción y distribución de un producto dado producido en condiciones de libre competencia y grandes dosis de *laissez-faire*.[29]

Dio comienzo el aluvión keynesiano, del que el mundo aún no se ha recuperado. Las universidades perdieron su independencia y se convirtieron en parte integrante del aparato dominante del gobierno. La economía académica dejó de ser una disciplina intelectual centrada en la comprensión de las elecciones del ser humano en situaciones de escasez para mejorar su situación. En cambio, se convirtió en un brazo del gobierno, destinado a dirigir a los responsables políticos hacia las políticas más adecuadas para gestionar la actividad económica. La idea de que es necesaria la gestión gubernamental de la economía se convirtió en el incuestionable punto de partida de toda educación eco-

29. Citado en Henry Hazlitt, *The failure of the «new economics»*, D. Van Nostrand Company, Princeton (Nueva Jersey), 1959, p. 277. Versión castellana de Jesús Ruiz de Cenzano, *Los errores de la «nueva ciencia económica»*, Aguilar, Madrid, 1961.

nómica moderna, como se desprende de echar un vistazo a cualquier libro de texto de economía actual, donde los gobiernos desempeñan el mismo papel que Dios en los textos religiosos: una fuerza omnipresente, omnisciente y omnipotente que sólo necesita identificar problemas para abordarlos de manera satisfactoria. El gobierno es inmune al concepto de costes de oportunidad, y rara vez se consideran los resultados negativos de la intervención gubernamental en la actividad económica; y, si se hace, sólo es para justificar incluso una mayor intervención del mismo. La tradición liberal clásica que consideraba la libertad económica como la base de la prosperidad económica fue dejada a un lado con discreción mientras los propagandistas del gobierno, que se hacían pasar por economistas, presentaron la Gran Depresión, provocada y agravada por los controles gubernamentales, como la refutación del libre mercado. Los liberales clásicos fueron los enemigos de los regímenes políticos de la década de 1930; asesinados y expulsados de Rusia, Italia, Alemania y Austria, tuvieron suerte de ser sólo enjuiciados académicamente en Estados Unidos y Gran Bretaña, donde estos colosos tuvieron dificultades para encontrar empleo, mientras que burócratas mediocres y estadísticos fracasados ocuparon todos los departamentos de economía de las universidades con su cientificismo y su falsa certidumbre.

Hoy día, los programas de estudio de economía aprobados por los gobiernos siguen culpando al patrón oro de la Gran Depresión. De repente, el mismo patrón oro que dio lugar a más de cuatro décadas de crecimiento y prosperidad mundial casi ininterrumpida entre 1870 y 1914 dejó de funcionar en la década de 1930 porque no permitía a los gobiernos ampliar su masa monetaria para combatir la depresión cuyas causas estos economistas no pueden explicar, más allá de utilizar alusiones keynesianas a los espíritus animales. Ninguno de estos economistas parece darse cuenta de que si el problema fue en realidad el patrón oro, entonces su suspensión debería haber acarreado el principio de la recuperación. En vez de eso, pasó más de una década tras su suspensión hasta que se reanudó el crecimiento. La evidente conclusión para cualquiera con un conocimiento básico sobre cómo funciona el dinero y la economía es que la causa del crac de 1929 fue la desviación del patrón oro en los años posteriores a la primera guerra mundial, y que la intensificación de la depresión se debió al control del gobierno y a la socialización de la economía en los años de Hoover y de F. D. Roosevelt. Ni la interrupción del patrón oro ni el gasto en tiempos de guerra hicieron nada para aliviar la Gran Depresión.

Cuando las principales economías del mundo abandonaron el patrón oro, el comercio mundial no tardó en naufragar en las costas del oscilante dinero fiat. Sin un patrón de valor que permitiera la existencia de un mecanismo de fijación de precios internacional, y con los gobiernos cada vez más rehenes de sus impulsos estatistas y aislacionistas, la manipulación monetaria surgió como una herramienta de política comercial, donde los países intentaban devaluar sus divisas para proporcionar a sus exportadores una ventaja. Se erigieron más barreras comerciales, y el nacionalismo económico se convirtió en el carácter distintivo de esa época, con las desastrosas consecuencias que eran de esperar. Las naciones que habían prosperado juntas 40 años antes, comerciando bajo un patrón oro universal, sufrían ahora grandes barreras monetarias y comerciales entre ellas, tenían ruidosos líderes populistas que achacaban todos los fracasos a otras naciones y vivían en una creciente corriente de detestable nacionalismo que pronto cumpliría la profecía de Otto Mallery: «Cuando las mercancías no *cruzan las fronteras*, lo harán los *soldados*. A menos que se puedan retirar los grilletes al comercio, las bombas caerán del cielo».[30]

La segunda guerra mundial y Bretton Woods

No hay duda de que las bombas cayeron del cielo, sumándose a otras innumerables y, hasta entonces, inconcebibles formas de asesinar y sembrar el horror. La maquinaria bélica que constru-

30. Otto T. Mallery, *Economic union and durable peace*, Harper & Brothers, Nueva York, 1943.

yeron las economías dirigidas por gobiernos era mucho más avanzada que cualquier cosa vista antes; y ello se debió a la popularidad de la más peligrosa y absurda de las falacias keynesianas, la idea de que el gasto público en actividades militares contribuiría a la recuperación económica. En la ingenua ciencia económica de los keynesianos todo gasto es gasto, de modo que no importa si éste proviene de que las personas alimenten a sus familias o de que los gobiernos asesinen a extranjeros: ¡todo cuenta en la demanda agregada, y todo ello reduce el desempleo! Como un creciente número de personas pasó hambre durante la depresión, los principales gobiernos gastaron una ingente cantidad de dinero en armas, y el resultado fue la vuelta a la destrucción sin sentido de hacía tres décadas.

Para los economistas keynesianos, la guerra fue la causante de la recuperación económica; y si uno ve la vida sólo a través de las lentes de datos agregados estadísticos obtenidos por burócratas gubernamentales, semejante ridícula idea es sostenible. Con los gastos de guerra y de reclutamiento gubernamentales en alza, el gasto total se disparó, mientras que el paro cayó en picado, de modo que todos los países que participaron en la segunda guerra mundial se recuperaron gracias a su participación en la contienda. No obstante, cualquiera que no sufra de ciencia económica keynesiana puede ver que la vida durante la segunda guerra mundial, incluso en aquellos países que no presenciaron la guerra en su territorio, como Estados Unidos, no puede ni por asomo ser calificada de «recuperación económica». Además de muerte y destrucción, la dedicación de tanta cantidad de capital y mano de obra por parte de los países beligerantes a la guerra significó un escaso volumen de producción en casa, lo que dio lugar al racionamiento y al control de precios. En Estados Unidos se prohibió la construcción de viviendas nuevas.[31] Más evidente aún es que resulta difícil sostener que los soldados que combatieron y murieron en el frente, los cuales constituían un

31. Robert Higgs, «World War II and the triumph of keynesiasim», artículo de investigación, Independent Institute, 2001. Disponible en: <http://www.independent.org/publications/article.asp?id=317>. [Consulta: 27/04/2018]

elevado porcentaje de la población de las naciones beligerantes, disfrutaron de ninguna clase de recuperación económica, por mucho gasto agregado que se dedicara a la fabricación de las armas que portaban.

Pero uno de los golpes más devastadores a la teoría keynesiana de la demanda agregada como factor determinante del estado de la economía surgió en la etapa posterior a la segunda guerra mundial, en particular en Estados Unidos. Una confluencia de elementos había conspirado para disminuir de forma drástica el gasto del gobierno, lo que llevó a los economistas keynesianos de la época a predecir miseria y desolación tras la contienda: el fin de los enfrentamientos militares redujo bastante el gasto militar. La muerte del populista y poderoso F. D. Roosevelt, y su sustitución por el más manso y menos icónico Truman, que se enfrentaría a un Congreso controlado por los republicanos, provocó un estancamiento de la situación política que impidió la renovación de los estatutos del New Deal. Todos estos factores juntos, al ser analizados por los economistas keynesianos, apuntaban a un desastre inminente, tal y como escribió Paul Samuelson, el hombre que literalmente escribió los libros de texto para la formación económica en la posguerra, en 1943:

> La conclusión final que podemos sacar de nuestra experiencia al final de la última guerra es ineludible, si la guerra acabara de repente en los próximos seis meses, si de nuevo concluyéramos sin planificar nuestro esfuerzo bélico con suma precipitación, desmovilizáramos nuestras fuerzas armadas, liquidáramos el control de precios, para pasar de un déficit astronómico a uno aún mayor al de los años treinta, esto marcaría el comienzo del mayor período de desempleo y deslocalización industrial a la que se haya enfrentado nunca ninguna economía.[32]

El final de la segunda guerra mundial y el desmantelamiento del New Deal significó un recorte de un sorprendente 75 por

32. Paul Samuelson, «Full employment after the war», en Seymour Harris, *Postwar economic problems*, McGraw-Hill, Nueva York, 1943.

ciento del gasto del gobierno estadounidense entre 1944 y 1948, así como la eliminación de la mayoría de controles a los precios, por si acaso. Sin embargo, la economía de Estados Unidos experimentó un impresionante auge durante esos años. Los cerca de diez millones de hombres que habían sido movilizados para la guerra regresaron a casa y fueron absorbidos prácticamente sin problemas por el mercado laboral, a medida que la producción económica crecía, haciendo caso omiso de todas las predicciones keynesianas y aniquilando por completo la ridícula idea de que el nivel de gasto es lo que determina el resultado de la economía. En cuanto la planificación central gubernamental disminuyó por primera vez desde la crisis de 1929, y en cuanto se permitió que los precios se ajustaran con libertad, éstos cumplieron su función de mecanismo coordinador de la actividad económica, adecuándose a vendedores y compradores, incentivando la producción de bienes demandados por los consumidores y compensando a los trabajadores por su esfuerzo. Pero la situación distaba de ser perfecta, ya que el mundo permanecía fuera del patrón oro, lo que conducía a las omnipresentes distorsiones de la masa monetaria que continuarían acechando a la economía mundial crisis tras crisis.

Es bien sabido que la historia la escriben los vencedores, pero, en la era del dinero gubernamental, los ganadores pueden también pronunciarse sobre los sistemas monetarios mundiales. Estados Unidos convocó a representantes de sus aliados en Bretton Woods (New Hampshire) para hablar sobre la formulación de un nuevo sistema de comercio mundial. La historia no ha sido muy amable con los artífices de esta organización. El representante de Gran Bretaña fue ni más ni menos que John Maynard Keynes, cuya doctrina económica naufragaría en las orillas de la realidad en los decenios posteriores a la guerra; mientras que el representante de Estados Unidos, Harry Dexter White, sería después destapado como un comunista que estuvo en contacto con el régimen soviético durante muchos años.[33] En la lucha por

33. Tras ser investigado y testificar ante el Congreso, White sufrió dos ataques cardíacos y murió por una sobredosis de medicamentos, la cual pudo ha-

un orden monetario mundial de planificación centralizada, White saldría victorioso con un plan que incluso hacía parecer a Keynes no del todo trastornado. Estados Unidos sería el centro del sistema monetario mundial, otros bancos centrales utilizarían sus dólares como moneda de reserva global, y sus respectivas divisas serían convertibles a dólares a un tipo de cambio fijo, mientras que el dólar lo sería con el oro a una tasa de cambio fija. Para propiciar este sistema, Estados Unidos tomaría oro de los bancos centrales de otros países.

Si bien los ciudadanos estadounidenses todavía tenían prohibido poseer oro, el gobierno de Estados Unidos prometió canjear dólares por oro a los bancos centrales de otros países a un interés

---

ber sido un suicidio. Se puede encontrar un buen análisis de este episodio en el libro de Benn Steil *The battle of Bretton Woods* (versión castellana de Iván Barbeitos, *La batalla de Bretton Woods*), que defiende la idea de que White era un espía soviético. Una interpretación alternativa de la situación puede generar una perspectiva con mayores matices, aunque no más favorecedora. Los vínculos entre progresistas estadounidenses y comunistas rusos preceden el golpe de Estado ruso de 1917, e incluía una importante financiación por parte de Estados Unidos a los bolcheviques para derrocar la monarquía rusa, como detalla de un modo exhaustivo el historiador británico-estadounidense Antony Sutton. Los progresistas wilsonianos, que estaban detrás de la Sociedad de Naciones y, después, de la Organización de las Naciones Unidas, habían procurado un gobierno mundial de gerencia tecnocrática, progresista, democrática y global, y buscó la cooperación con fuerzas mundiales que propiciaran este objetivo y destronaran a monarquías reaccionarias que no cooperaban con este orden mundial. Por lo tanto, los intereses estadounidenses desempeñaron un papel fundamental en la promoción de los bolcheviques y en ayudarles a usurpar el poder, en particular a través de Trotski, que estaba en Nueva York durante la revolución, canalizando la financiación y las armas a su camaradas en Rusia. Si bien Trostki era un socialista internacionalista que habría cooperado con los intereses estadounidenses, éste no se haría con el poder en Rusia; en lugar de eso, Stalin fue quien sustituyó a Lenin, y puso rumbo en una dirección más localista, dando prioridad al socialismo antes que a la cooperación mundial. Desde entonces, los progresistas estadounidenses mantuvieron contacto con intereses rusos, intentando que Rusia volviera a cooperar con los intereses de los estadounidenses progresistas, pero fue en vano. Así pues, podemos entender mejor a White no como un espía comunista, sino como un estadounidense progresista que procuraba la cooperación de los bolcheviques rusos para el gran proyecto del orden económico de posguerra que buscaba Estados Unidos.

fijo, abriendo lo que se conoció como la «ventana del oro». En teoría, el sistema monetario mundial seguía basándose en el oro, y, si el gobierno estadounidense hubiese mantenido la convertibilidad con el oro evitando inflar la masa monetaria más allá de sus reservas de dicho metal mientras otros países no la hubieran inflado, el sistema monetario se hubiera acercado de manera eficaz al patrón oro de la época anterior a la primera guerra mundial. Por supuesto, sí que lo hicieron, y, en la práctica, los tipos de cambio fueron cualquier cosa menos fijos, y se adoptaron disposiciones que permitían a los gobiernos alterar estos tipos para hacer frente a un «desequilibrio fundamental».[34]

Para poder gestionar este sistema global de tipos de cambio esperanzadamente fijos, así como para hacer frente a cualquier posible desequilibrio fundamental, la conferencia de Bretton Woods instauró el Fondo Monetario Internacional (FMI), que ejerce de organismo de coordinación a escala mundial entre los bancos centrales con el objetivo expreso de alcanzar la estabilidad de las tasas de cambio y de los flujos financieros. Básicamente, Bretton Woods trataba de lograr mediante la planificación central lo que el patrón oro internacional del siglo XIX había alcanzado de forma espontánea. Bajo el clásico patrón oro, la unidad monetaria era el oro, mientras que el capital y las mercancías circulaban con libertad entre las naciones, ajustándose los flujos de manera espontánea sin necesidad alguna de control o dirección central, algo que nunca dio lugar a una crisis en la balanza de pagos: cualquiera que fuera la cantidad de dinero o bienes que circulasen a través de las fronteras, lo hacían a discreción de sus dueños sin provocar ningún problema macroeconómico.

No obstante, en el sistema de Bretton Woods, los gobiernos estaban dominados por economistas keynesianos que consideraban que una política fiscal y monetaria activa era un componente importante y natural de la política gubernamental. De manera espontánea, la constante gestión monetaria y fiscal provocaría la

34. Estados Unidos. Departamento de Estado de Estados Unidos, *Proceedings and documents of the United Nations Monetary and Financial Conference*, vol. I, Bretton Woods, New Hampshire, 1-22 de julio de 1944.

fluctuación del valor de las divisas nacionales, lo que produciría un desequilibrio en el comercio y en los flujos de capital. Cuando se devalúa la moneda de un país, sus productos se vuelven más baratos para los extranjeros, lo que lleva a que se exporten más bienes del país, mientras que los poseedores de la moneda nacional tienden a adquirir divisas extranjeras para protegerse de la devaluación de la suya. Es habitual que esta devaluación vaya acompañada de tipos de interés artificialmente bajos, el capital busca salir del país para ir allí donde reciba mejor recompensa, agravando así la devaluación de la divisa. Por otro lado, los países que mantienen sus monedas mejor que otros presenciarán en consecuencia una afluencia de capital siempre que sus vecinos devalúen la suya, lo que lleva a que sus divisas se aprecien aún más. La devaluación siembra el germen de más devaluación, mientras que la valoración de la divisa lleva a una mayor apreciación, provocando una dinámica problemática para ambos gobiernos. Ninguno de estos problemas hubiera podido darse con el patrón oro, donde el valor de la moneda en ambos países era constante, ya que era oro, y la circulación de mercancías y capitales no tenía efectos en el valor de la divisa.

Los mecanismos de ajuste automático del patrón oro siempre habían proporcionado una permanente vara de medir con la que se cuantificaba toda actividad económica, pero las monedas flotantes dieron al mundo desequilibrios económicos. El papel del FMI era desempeñar un imposible ejercicio de equilibrio entre todos los gobiernos del mundo e intentar encontrar cierta clase de estabilidad o «equilibrio» en ese lío, manteniendo las tasas de cambio dentro de cierto arbitrario abanico de valores predeterminados, mientras que los intercambios comerciales y los flujos de capital los movían y modificaban. Pero sin una unidad de cuenta estable para la economía mundial, era un cometido tan inútil como intentar construir una casa con una cinta métrica elástica cuya longitud variase cada vez que se utilizara.

Junto con la instauración del Banco Mundial y del FMI en Bretton Woods, Estados Unidos y sus aliados quisieron establecer otra institución financiera especializada en concertar políticas comerciales. La primera tentativa de implantar una Organización Internacional del Comercio fracasó después de que el Congreso estadounidense se negara a ratificar el tratado, pero se buscó un sustituto con la creación del Acuerdo General sobre Aranceles y Comercio (General Agreement on Tariffs and Trade, GATT), que entró en vigor en 1948. El GATT debía ayudar al FMI en la imposible tarea de equilibrar los presupuestos y el comercio para garantizar la estabilidad financiera; en otras palabras, el objetivo era planificar de manera centralizada el comercio mundial y la política fiscal y monetaria para permanecer en equilibrio, como si algo así fuera posible.

Un elemento importante y a menudo ignorado del sistema de Bretton Woods es que la mayoría de los países miembros había trasladado ingentes cantidades de sus reservas de oro a Estados Unidos, y recibido dólares a cambio a razón de 35 dólares por onza de oro. La razón era que el dólar estadounidense iba a ser la divisa mundial para el comercio, y los bancos centrales comerciarían y harían frente a sus obligaciones con ella, obviando la necesidad de la circulación física del oro. En esencia, este sistema era como pretender que toda la economía mundial fuera gestionada como un país en el patrón oro, con la Reserva Federal de Estados Unidos actuando en calidad de banco central mundial, y todos los demás bancos centrales, como bancos regionales; siendo la principal diferencia que la disciplina monetaria del patrón oro había desaparecido casi por completo en este mundo en que no había sistemas de control eficaces sobre los bancos centrales en la ampliación de la masa monetaria, porque ningún ciudadano podía canjear su dinero gubernamental por oro. Sólo los gobiernos podían cambiar sus dólares por oro en Estados Unidos, lo que iba a resultar mucho más complicado de lo esperado. En la actualidad, cada onza de oro por la que los bancos centrales extranjeros recibieron 35 dólares equivale a más de 1.200 dólares.

El expansionismo monetario se convirtió en la nueva norma mundial, y el sutil vínculo que el sistema mantenía con el oro demostró su incapacidad para detener la corrupción de las divisas mundiales y las constantes crisis relacionadas con la balanza de pagos que afecta a la mayoría de los países. No obstante, Estados Unidos acabó en una posición sobresaliente parecida (aunque muy superior en magnitud) al saqueo del Imperio romano y a la inflación de la masa monetaria utilizada por la mayoría del mundo antiguo. Con su divisa distribuida por todo el globo, y los bancos centrales obligados a utilizarla como reserva para comerciar unos con otros, el gobierno estadounidense podía obtener un significativo señoreaje mediante la ampliación de la oferta de dólares, y tampoco tenía motivos para preocuparse de presentar déficit en la balanza de pagos. El economista francés Jacques Reuff acuñó el término «déficit sin lágrimas» para describir la nueva realidad económica que vivía Estados Unidos, en la que podía comprar cuanto quisiera del mundo y financiarlo mediante la monetización de la deuda aumentando el dinero en circulación que todo el mundo utilizaba.

La relativa austeridad fiscal de los primeros años posteriores a la segunda guerra mundial pronto dio paso a la tentación irresistible, desde el punto de vista político, del «todo gratis» mediante la inflación, en particular para el estado de guerra y el Estado del Bienestar. La industria militar que prosperó durante la segunda guerra mundial creció hasta convertirse en lo que el presidente Eisenhower denominó el complejo industrial-militar, un enorme conglomerado de industrias de sobra poderoso para exigir cada vez más fondos del gobierno, así como para conducir la política internacional de Estados Unidos hacia una interminable serie de costosos conflictos sin ninguna meta final lógica ni ningún objetivo claro. La doctrina del violento keynesianismo militante afirmaba que este gasto era bueno para la economía, lo que hizo que fueran más fáciles de digerir para el electorado estadounidense los millones de vidas que destruyó.

Esta maquinaria de guerra también se volvió más aceptable para el pueblo estadounidense porque procedía de los mismos políticos que intensificaron las prestaciones sociales en diversas formas y modalidades. Desde el programa de reformas sociales conocido como la Gran Sociedad (con dos objetivos centrales, acabar con la pobreza y con la injusticia social), hasta las viviendas de protección oficial, la educación y la asistencia sanitaria, el dinero fiat permitió al electorado estadounidense ignorar las leyes de la economía y creer que el todo gratis (o al menos con descuento a perpetuidad) era de algún modo posible. En ausencia de la convertibilidad con el oro, y con la capacidad de dispersar los costes de la inflación sobre el resto del mundo, la única fórmula política ganadora consistía en incrementar el gasto público financiado por la inflación. En Estados Unidos, cada uno de los mandatos presidenciales de posguerra presenció un aumento del gasto público y de la deuda nacional, así como una pérdida del poder adquisitivo del dólar. En presencia del dinero fiat para financiar al gobierno, desaparecieron las diferencias entre las políticas de los partidos, ya que éstas no incluían contrapartidas y todos los candidatos podían abanderar cualquier causa.

Antecedentes del dinero gubernamental

El débil vínculo de la intercambiabilidad del oro era un molesto detalle para el inflacionismo del gobierno estadounidense, y esto se manifestaba en dos síntomas. El primero de ellos era que el mercado mundial del oro procuraba siempre reflejar la realidad del inflacionismo a través de un precio del oro más elevado. Esto se abordó mediante el establecimiento del London Gold Pool («piscina del oro»), cuyo objetivo era bajar el precio del oro mediante el traslado de las reservas en oro que atesoraban los gobiernos al mercado. Esto sólo funcionó durante una temporada, pero, en 1968, el dólar estadounidense tuvo que comenzar a revalorizarse frente al oro para aceptar los años de inflación que había sufrido. El segundo problema se debió a que algunos países comenzaron a tratar de repatriar sus reservas de oro desde Estados Unidos al comenzar a reconocer la disminución del poder adquisitivo de su papel moneda. El presidente francés Charles de Gaulle llegó incluso a enviar un carguero militar a Nueva York para que repatriase a Francia su oro, pero, cuando los alemanes intentaron repatriar el suyo, Estados Unidos se plantó. Las reservas de oro se estaban agotando, y el 15 de agosto de 1971, el presidente Richard Nixon anunció el final de la convertibilidad del dólar en oro, dejando así que el precio del oro flotase con libertad en el mercado. En efecto, Estados Unidos había faltado a su compromiso de canjear sus dólares por oro. Se había dado rienda suelta a que los tipos de cambio fijos entre las divisas mundiales, que el FMI tenía el mandato de mantener, los determinara la circulación de mercancías y capitales a través de las fronteras, en un mercado internacional de divisas cada vez más sofisticado.

Libre de las últimas restricciones de la pretensión del canje del oro, el gobierno estadounidense amplió su política monetaria a una escala sin precedentes, lo que provocó una gran reducción del poder de compra del dólar y un aumento de los precios en general. Estados Unidos y sus economistas culparon a todo y a todos del alza de los precios, salvo a la fuente real de la subida de los mismos, el incremento de la oferta del dólar. Casi todas las demás monedas corrieron peor suerte, ya que fueron víctimas de la inflación de los dólares que las respaldaban, así como de la inflación de los bancos que las emitían.

La medida tomada por el presidente Nixon dio fin al proceso iniciado con la primera guerra mundial, haciendo que la economía mundial pasara de un patrón oro mundial a un patrón basado en varias divisas emitidas por gobiernos. Con un mundo cada vez más globalizado, junto con los progresos en el transporte y las telecomunicaciones, unas tasas de cambio que fluctuaban con libertad configuraban lo que Hoppe denominó «un sistema de trueque parcial».[35] Para comprar cosas a personas que vivían al otro lado de líneas imaginarias en la arena ahora había que utilizar más de un instrumento de cambio, lo que reavivó los viejos problemas de la falta de coincidencia de deseos. El vendedor no quiere la moneda del comprador, de modo que éste tiene que comprar antes otra divisa e incurrir en costes de conversión. A medida que los avances en el transporte y las comunicaciones siguen incrementando la integración económica mundial, el coste de estas deficiencias no deja de crecer. El mercado de divisas, con un volumen diario de cinco billones de dólares, sólo existe como consecuencia de esta ineficacia de la ausencia de una sola divisa internacional homogénea.

35. Hans-Hermann Hoppe, «How is fiat money possible?», *The Review of Austrian Economics*, vol. 7, n.º 2, 1994.

Si bien la mayoría de los gobiernos producen sus propias divisas, el estadounidense fue el que emitió la principal moneda de reserva con la que otros gobiernos respaldaban las suyas. Ésta fue la primera vez en la historia humana en que todo el planeta funcionó con dinero gubernamental, y aunque semejante idea es considerada normal e incuestionable en la mayoría de los círculos académicos, merece la pena examinar la solidez de esta forma de dinero predominante.

En teoría es posible crear de manera artificial un activo escaso para otorgarle un rol monetario. Gobiernos de todo el mundo lo hicieron tras abandonar el patrón oro, al igual que lo hizo el creador de Bitcoin, con desigual resultado. Después de romper el vínculo entre el dinero fíat y el oro, la tasa de oferta de los papeles moneda ha tenido mayor crecimiento que la del oro y, en consecuencia, ha sido testigo de un derrumbre de su valor frente al oro. El agregado M2 de la masa monetaria total estadounidense era de unos 600.000 millones de dólares en 1971, mientras que en la actualidad es de más de 12 billones de dólares, aumentando a una tasa media anual del 6,7 por ciento. En la misma medida, en 1971, una onza de oro valía 35 dólares, y hoy día vale más de 1.200 dólares.

El examen de los antecedentes del dinero gubernamental nos revela un panorama dispar sobre la ratio existencias/flujo de diferentes divisas a lo largo del tiempo. Las monedas relativamente estables y fuertes de los países desarrollados solían tener índices de crecimiento de un solo dígito, pero con una variación mucho más elevada, incluidas las contracciones de la oferta durante recesiones deflacionarias.[36] Los países en vías de desarrollo han experimentado en numerosas ocasiones tasas de crecimiento de la oferta más próximas a las de los productos de consumo,

36. Ésta es una importante característica a menudo subestimada del dinero gubernamental. Como los bancos crean dinero cuando conceden préstamos, la devolución de éstos o la bancarrota de los deudores lleva a una reducción de la masa monetaria. El dinero puede ver incrementado o reducido su suministro en función de una variedad de decisiones de los gobiernos y de los bancos centrales.

lo que los ha conducido a una desastrosa hiperinflación y a la destrucción de la riqueza de sus dueños. El Banco Mundial ofrece datos sobre el crecimiento del agregado monetario amplio de 167 naciones, para el período entre 1960 y 2015. Las referencias correspondientes a la media anual de todos los países se trazan en el gráfico 6. Si bien los datos no están completos para todos los países y todos los años, el crecimiento medio de la masa monetaria es de un 32,16 por ciento al año por país.

La cifra del 32,16 por ciento no incluye varios años hiperinflacionarios en los que se destruyó por completo una divisa y fue reemplazada por una nueva, por lo que el resultado de este análisis no puede decirnos con claridad qué monedas salieron peor paradas, ya que algunos de los datos más significativos no pueden compararse.

GRÁFICO 6 **Tasa media de crecimiento interanual del agregado monetario amplio para 167 países (1960-2015)**

Pero si analizamos los Estados que han tenido mayor incremento medio de la masa monetaria, veremos una lista de países que tuvieron varios episodios de problemas inflacionarios muy difundidos durante el período abarcado. La tabla 3 muestra las diez naciones con mayor incremento medio anual en la oferta monetaria.

TABLA 3 **Los diez países con la mayor tasa media de crecimiento interanual del agregado monetario amplio (1960-2015)**

País	Media
Nicaragua	480,24
República Democrática del Congo	410,92
Angola	293,79
Brasil	266,57
Perú	198,00
Bolivia	184,28
Argentina	148,17
Ucrania	133,84
Azerbaiyán	109,25
Armenia	100,67

Fuente: Banco Mundial.

Durante los períodos hiperinflacionarios, los habitantes de países en desarrollo venden su divisa nacional y compran bienes duraderos, productos básicos, oro y monedas internacionales.

Las divisas de reserva internacionales, como el dólar, el euro, el yen y el franco suizo, están disponibles en la mayor parte del mundo, incluso en el mercado negro, y responden a una parte significativamente alta de la demanda mundial de una reserva de valor. La razón de ello resulta evidente cuando se examinan los índices de crecimiento de su oferta, que han sido relativamente bajos a lo largo del tiempo. Puesto que constituyen las principales opciones en tanto que reservas de valor disponible para la mayoría de la gente en todo el mundo, es importante examinar sus tasas de crecimiento de la oferta por separado de las divisas menos estables. En la tabla 4 se indican las actuales diez monedas más importantes en los mercados de divisas, junto con su crecimiento porcentual medio anual del agregado monetario amplio para los períodos comprendidos entre 1960-2015 y 1990-2015. La media para las diez monedas más líquidas en los mercados internacionales es de un 11,13 por ciento para el período correspondiente a 1960-2015, y de sólo un 7,79 por ciento para el comprendido entre 1990 y 2015. Esto revela que las monedas

TABLA 4 **Crecimiento porcentual medio anual del agregado monetario amplio para las diez principales monedas del mundo**

	Tasa de crecimiento anual de la masa monetaria	
País/región	**1960-2015**	**1990-2015**
Estados Unidos	7,42	5,45
Eurozona (19 países)		5,55
Japón	10,27	1,91
Reino Unido	11,30	7,28
Australia	10,67	9,11
Canadá	11,92	10,41
Suiza	6,50	4,88
China	21,82	20,56
Suecia	7,94	6,00
Nueva Zelanda	12,30	6,78

Fuente: Banco Mundial para todos los países, y OCDE.Stat para la eurozona.

más aceptadas en todo el mundo y con mayor *vendibilidad* a nivel global, tienen una ratio existencias/flujo más elevada que otras divisas, como el análisis del presente libro pronostica.

Durante el período de las décadas de 1970 y 1980, que recogía el comienzo de la era de las monedas nacionales flotantes, la mayoría de los países experimentaron una elevada inflación. Las cosas mejoraron después de 1990, y la tasa media de crecimiento de la oferta cayó. Los datos de la OCDE muestran que, durante el período comprendido entre 1990 y 2015, la tasa media de crecimiento interanual del agregado monetario amplio fue de un 7,17 por ciento para los países de la OCDE.

Podemos apreciar que el crecimiento de la masa de las principales divisas nacionales del mundo suele tener, de manera predecible, bajos índices. Las economías desarrolladas han tenido incrementos más lentos en la masa de sus divisas que los países en vías de desarrollo, los cuales han experimentado una subida de los precios más rápida y varios períodos de hiperinflación en la historia reciente. Las economías avanzadas han visto crecer por lo común su agregado monetario amplio a una tasa de entre un 2 por ciento y un 8 por ciento, con una media aproximada del

5 por ciento, y raras veces ha sido superior a un 10 por ciento ni ha bajado a niveles negativos. Los países en desarrollo experimentan tasas de crecimiento mucho más erráticas, que fluctúan hasta los dos dígitos, a veces tres, y algunas incluso cuatro dígitos, aunque en ocasiones bajan a niveles negativos, lo que refleja mayor inestabilidad financiera en estos países y divisas. (Véase el gráfico 7.)

GRÁFICO 7 **Tasa de crecimiento interanual del agregado monetario amplio en Japón, Reino Unido, Estados Unidos y la eurozona**

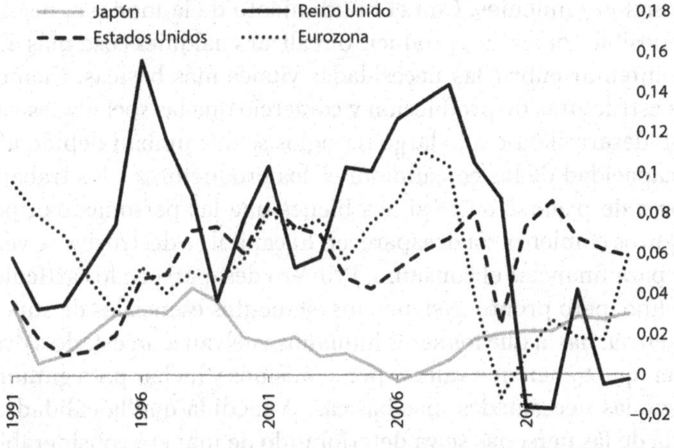

Fuente: OCDE.

Un crecimiento del 5 por ciento anual puede no parecer mucho, pero duplicaría la masa monetaria de un país en sólo quince años. Éste fue el motivo por el que la plata perdió en su carrera monetaria con el oro, cuya menor tasa de crecimiento de la oferta significaba un menoscabo del poder adquisitivo mucho más lento.

La hiperinflación es un tipo de desastre económico exclusivo del dinero gubernamental. Nunca se dieron casos de hiperinflación en economías que operasen con un patrón oro o plata; e incluso cuando el dinero mercancía, como las conchas y las cuentas de cristal, perdieron su papel monetario con el tiempo, por lo general lo hicieron despacio, y se fue imponiendo el recambio que se hacía cada vez más con el poder adquisitivo del dinero saliente. Pero con el dinero gubernamental, cuyo coste de producción tiende a cero, se ha vuelto muy posible para toda una sociedad experimentar la desaparición de todos sus ahorros en forma de dinero en el espacio de meses o incluso semanas.

La hiperinflación es un fenómeno mucho más pernicioso que una simple pérdida de gran valor económico por una gran cantidad de gente; constituye un completo colapso de la estructura de la producción económica de una sociedad construida a lo largo de siglos y milenios. Con el hundimiento de la moneda, resulta imposible comerciar, producir o realizar cualquier cosa más allá de intentar cubrir las necesidades vitales más básicas. Cuando las estructuras de producción y comercio que las sociedades vienen desarrollando a lo largo de siglos se derrumban debido a la incapacidad de los consumidores, los productores y los trabajadores de pagarse entre sí, los bienes que las personas dan por seguros comienzan a desaparecer. El capital se destruye y se vende para financiar el consumo. Primero desaparecen los artículos de lujo, pero pronto le siguen los elementos esenciales de supervivencia, hasta que los seres humanos vuelvan a un estado salvaje en que tienen que valerse por sí mismos y luchar para garantizarse las necesidades más básicas. A medida que la calidad de vida de las personas se va deteriorando de manera considerable, la desesperación empieza a tornarse en indignación y rabia, se buscan chivos expiatorios, y los políticos más demagógicos y oportunistas se aprovechan de la situación, avivando la ira de la gente para hacerse con el poder. El ejemplo más claro de esto es la inflación de la República de Weimar en la década de 1920, que no sólo llevó a la destrucción y desintegración de una de las economías más prósperas y avanzadas del mundo, sino que también impulsó el ascenso de Adolf Hitler al poder.

Incluso si los libros de texto tenían razón sobre las ventajas derivadas de la gestión por parte del gobierno de la masa monetaria, el daño causado por un episodio de hiperinflación en cualquier parte del mundo las supera con creces. Y el siglo del dinero gubernamental tuvo más de un episodio catastrófico.

Mientras se escriben estas líneas, le toca a Venezuela pasar por ello y experimentar los estragos causados por la destrucción de dinero, pero se trata de un proceso que ha ocurrido 56 veces desde el final de la primera guerra mundial, según estudios realizados por Steve Hanke y Charles Bushnell, que definieron la hiperinflación como un incremento del 50 por ciento del nivel de precios en un plazo de un mes. Hanke y Bushnell han podido verificar 57 episodios de hiperinflación en la historia,[37] de los que sólo uno sucedió antes de la era del nacionalismo monetario: la inflación de Francia en 1795 como consecuencia de la burbuja de la Compañía del Misisipi, que también se produjo mediante dinero gubernamental y que fue diseñada por el honorífico padre del moderno dinero gubernamental, John Law.

El problema con el dinero facilitado por el gobierno es que su solidez depende por completo de la capacidad de los responsables de no inflar su masa. Sólo las restricciones políticas proporcionan solidez, y no existen limitaciones físicas, económicas o naturales sobre la cantidad de moneda que puede emitir un gobierno. Exige un gran esfuerzo producir ganado, plata, oro y conchas marinas, que no se pueden generar en grandes cantidades en un abrir y cerrar de ojos, pero el dinero gubernamental sólo necesita el fíat del gobierno. El constante aumento de la oferta significa una continua devaluación de la moneda, lo que supone expropiar la riqueza de los poseedores de la misma para beneficiar a quienes la emiten, así como a los primeros en recibirla.[38]

37. Steve Hanke y Charles Bushnell, «Venezuela enters the Record Book: the 57th entry in the Hanke-Krus World Hyperinflation Table», *Studies in Applied Economics*, n.º 69, diciembre de 2016.

38. Esto se denomina el efecto Cantillon, por el nombre del economista irlandés Richard Cantillon, que lo explicó en el siglo XVIII. Según Cantillon, los beneficiarios de la ampliación de la oferta monetaria son los primeros receptores del dinero nuevo, que pueden gastárselo antes de que la oferta nueva provoque un incremento de los precios. Quienes reciben el dinero de estos primeros podrán gastarlo afrontando una pequeña subida de los precios. Y, a medida que el dinero se va gastando, el nivel de precios aumenta, hasta que los últimos re-

La historia ha demostrado que los gobiernos siempre sucumbirán a la tentación de inflar la masa monetaria. Tanto si es por patente trapicheo, por «emergencia nacional» o debido a una invasión de escuelas de economía inflacionista, el gobierno siempre encontrará una razón y una forma de imprimir más dinero, aumentando su poder al mismo tiempo que reduce la riqueza de los titulares de la moneda. Esto no difiere mucho de la situación en la que los productores de cobre extraían mayor cantidad de mineral en respuesta a la demanda monetaria del mismo; eso recompensa a los productores del bien monetario, pero castiga a quienes eligen invertir sus ahorros en cobre.

Si una moneda demostrara de manera convincente que no es posible incrementar su oferta, de inmediato aumentaría su valor de manera significativa. En 2003, cuando Estados Unidos invadió Irak, los bombardeos aéreos destrozaron el banco central iraquí y, con él, la capacidad del gobierno de imprimir nuevos dinares iraquíes. Esto condujo a que el dinar se apreciara de repente de manera espectacular ya que los iraquíes ganaron confianza en la divisa debido a que ningún banco central podía imprimir más.[39] Algo parecido sucedió a los chelines somalíes tras la destrucción de su banco central.[40] El dinero es más deseable cuando escasea de forma manifiesta que cuando es susceptible de ser devaluado.

Varios son los motivos que mantienen el dinero gubernamental como principal moneda de nuestro tiempo. En primer lugar, los gobiernos exigen que los impuestos se paguen en su moneda, lo que significa que es muy probable que los ciudadanos

---

ceptores sufren una reducción en su poder adquisitivo real. Ésta es la mejor explicación sobre por qué la inflación perjudica a los más pobres y ayuda a los más ricos en la economía moderna. Quienes más se benefician de la misma son los que tienen mejor acceso a créditos del gobierno, y quienes salen más perjudicados son quienes tienen ingresos fijos o salarios mínimos.

39. «Dollar or Dinar?», *Mises Daily*, Mises Institute, 28 de abril de 2003. Disponible en: <https://mises.org/library/dollar-or-dinar>. [Consulta: 27/04/2018]

40. J. P. Koning, «Orphaned currency: odd case of Somali shillings», blog, 1 de marzo de 2013. Disponible en: <https://jpkoning.blogspot.ca/2013/03/orphaned-currency-odd-case-of-somali.html?m=1>. [Consulta: 27/04/2018]

la acepten, proporcionando así ventajas en su *vendibilidad*. En segundo lugar, el control y la regulación del sistema bancario por parte de los gobiernos significa que los bancos sólo pueden abrir cuentas y operar con una divisa autorizada por el mismo, otorgando así al dinero gubernamental un grado mucho más elevado de *vendibilidad* que a cualquier posible competidor. En tercer lugar, las leyes que regulan las monedas de curso legal prohíben en muchos países utilizar otras formas de dinero para efectuar pagos. En cuarto lugar, todas las monedas gubernamentales siguen respaldadas por reservas de oro, o garantizadas por divisas avaladas por reservas de oro. Según datos del Consejo Mundial del Oro, los bancos centrales acumulan en la actualidad unas 33.000 toneladas de oro en sus reservas. Las de los bancos centrales ascendieron con rapidez en la primera parte del siglo xx, ya que muchos gobiernos confiscaron el oro de sus ciudadanos y de sus bancos, y les obligaron a utilizar su moneda. A finales de la década de 1960, con el sistema de Bretton Woods soportando con gran dificultad la presión de un aumento de la masa monetaria, los gobiernos comenzaron a desprenderse de parte de sus reservas de oro. No obstante, en 2008 se invirtió la tendencia, y los bancos centrales volvieron a comprar oro, de modo que la oferta mundial ha aumentado. Es irónico y muy revelador que, en la época del dinero gubernamental, los mismos gobiernos posean mucho más oro en sus reservas oficiales del que tuvieron bajo el patrón oro internacional de 1871-1914. Está claro que el oro no ha perdido su rol monetario; sigue siendo el único extintor de deuda definitivo, la única moneda cuyo valor no es una obligación de nadie más y el principal activo mundial que no conlleva riesgo de contraparte. Sin embargo, su acceso en tanto papel monetario se ha restringido a los bancos centrales, mientras que a las personas se las ha llevado a utilizar moneda gubernamental.

Las grandes reservas de oro de los bancos centrales pueden utilizarse como moneda de emergencia para vender o arrendar en el mercado del oro a fin de evitar que el precio del mismo suba durante períodos de mayor demanda, y proteger así el papel monopolizador del dinero gubernamental. Como Alan Greenspan explicó una vez: «Los bancos centrales están dispuestos a prestar cantidades crecientes de oro si el precio del oro aumenta».[41] (Véase el gráfico 4.)

A medida que la tecnología ha avanzado para permitir formas de dinero aún más sofisticadas, entre otras cosas papel moneda fácil de llevar a todas partes, se ha introducido un nuevo problema de *vendibilidad*, a saber, el de la capacidad del vendedor para vender sus bienes sin la intervención de terceros que podrían fijar restricciones a la *vendibilidad* de esa moneda. No se trata de una cuestión que se dé con el dinero mercancía, cuyo valor de mercado emerge del mismo y no puede ser dictado por terceras partes en la transacción: ganado, sal, oro y plata, todos ellos tienen un mercado y unos compradores interesados. Pero, con la moneda emitida por el gobierno con escaso valor como mercancía, la *vendibilidad* puede verse comprometida por los gobiernos que la emitieron si la declaran no válida como moneda de curso legal. Los ciudadanos de la India que se despertaron el 8 de noviembre de 2016 y escucharon que su gobierno había suspendido el estatus legal de los billetes de 500 y 1.000 rupias sin duda pueden confirmar esto último. En un abrir y cerrar de ojos, lo que era dinero altamente vendible perdió su valor y tuvo que cambiarse en los bancos tras padecer esperas en largas colas. Y a medida que la mayor parte del mundo va en la dirección de reducir su dependencia del efectivo, más dinero de la gente se deposita en bancos supervisados por los gobiernos, tornándolo vulnerable a la confiscación o a los controles de capital. El hecho de que estos procedimientos suelan ocurrir en momentos de crisis económicas, cuando las personas más necesitan el dinero, es uno de los principales impedimentos a la *vendibilidad* del dinero emitido por el gobierno.

El control gubernamental del dinero ha hecho que éste pase de ser la remuneración por producir valor a la recompensa por rendir obediencia a los funcionarios del gobierno. Resulta invia-

41. «Regulation of OTC derivatives.» Declaración del presidente de la Reserva Federal Alan Greenspan ante el Comité de Servicios Financieros de la Cámara de Representantes de Estados Unidos, 24 de julio de 1998.

ble para cualquiera acumular riqueza en dinero gubernamental sin la aceptación del gobierno. Éste puede confiscar dinero de los monopolios bancarios que controla, inflar la moneda para devaluar la riqueza de sus propietarios a la vez que recompensa a sus súbditos más leales, imponer impuestos draconianos y castigar a quienes los evaden, e incluso confiscar cuentas.

Si bien en tiempos del economista austríaco Menger los criterios para determinar cuál era la mejor moneda giraba en torno a entender la *vendibilidad* y a qué elegiría el mundo como dinero, en el siglo XX, el control gubernamental del mismo ha supuesto un nuevo e importante requisito añadido a la *vendibilidad*, a saber, la *vendibilidad* del dinero conforme a la voluntad de sus dueños, y no de alguna otra parte. La combinación de estos criterios formula una comprensión completa del término *moneda sólida* como el dinero elegido con libertad por el mercado y aquel que está por completo bajo el control de la persona que lo ha ganado de manera legítima en el libre mercado y no de ninguna otra tercera parte.

Aunque fue un ferviente defensor del papel del oro como divisa durante su tiempo, Ludwig von Mises entendió que este rol monetario no era algo inherente o intrínseco al oro. Siendo uno de los decanos de la tradición austríaca en economía, Mises comprendía bien que el valor no existe fuera de la conciencia humana, y que no había nada inherente a los metales y otras sustancias que les pudiera asignar un papel monetario. Para Mises, el estatus monetario del oro se debía a su cumplimiento de los criterios para el dinero sólido tal como él los entendía:

> El principio del dinero sólido presenta dos aspectos. Es afirmativo en la aprobación de la elección del mercado de un medio de intercambio utilizado comúnmente. Es negativo en la obstrucción de la propensión de los gobiernos a inmiscuirse en el sistema monetario.[42]

42. Ludwig von Mises, *The theory of money and credit*, 2.ª ed., Foundation for Economic Education, Irvington-on-Hudson (Nueva York), 1971. Versión castellana de Juan Marcos de la Fuente, *La teoría del dinero y del crédito*, Unión Editorial, Madrid, 2012.

Así pues, según Mises, una moneda sólida es aquella que el mercado elige libremente que sea dinero y que permanece bajo el control de su dueño, a salvo de intromisiones e intervenciones coercitivas. Durante el tiempo en que el dinero no estuvo controlado por nadie más que por su dueño, quienquiera que lo controlara siempre se enfrentaría a un incentivo demasiado grande para hurtar el valor del dinero mediante la inflación o la expropiación, así como para utilizarlo como herramienta política a fin de lograr sus metas políticas a expensas de sus tenedores. En la práctica, esto requisa riqueza de la gente que la produce y se la da a quienes se especializan en el control del dinero sin que en realidad produzcan cosas valoradas por la sociedad, del mismo modo que los comerciantes europeos pudieron robar a la sociedad africana inundándolos con cuentas de cristal baratas, como se indica en el capítulo 2. Ninguna sociedad puede prosperar cuando semejante cauce para los ricos permanece abierto, a costa de empobrecer a quienes procuran medios productivos de riqueza. Por otra parte, una moneda sólida hace que el servicio y el trabajo valiosos para los demás sean la única vía abierta a la prosperidad que pueden alcanzar las personas, concentrando así los esfuerzos de la sociedad en la producción, la cooperación, la acumulación de capital y el comercio.

El siglo XX fue el del dinero poco sólido y el del Estado omnipotente, ya que las imposiciones de los gobiernos negaron una elección de dinero basada en el mercado, y el papel moneda emitido por los mismos fue impuesto a la gente con amenazas de violencia. Con el paso del tiempo, los gobiernos se apartaron aún más de una moneda sólida a medida que sus gastos y déficits aumentaban, sus monedas se devaluaban sin parar y una parte aún mayor de los ingresos nacionales acababa controlada por el gobierno. Con los gobiernos incrementando su intromisión en todas las esferas de la vida, éstos controlaron cada vez más el sistema educativo, el cual utilizaron para grabar en la mente de la gente la fantasiosa idea de que las leyes de la economía no se aplicaban a los gobiernos, y de que prosperarían cuanto más consumieran. La obra de maniáticos monetarios como John Maynard Keynes se enseñaban en las universidades modernas, difundiendo la idea de que el gasto público sólo tiene beneficios, nunca costes. Después de todo, el gobierno siempre puede imprimir más dinero, por lo que no se enfrenta a limitaciones en su gasto público, algo que puede utilizarse para lograr cualquier objetivo de cara al electorado.

Para quienes adoran el poder gubernamental y se complacen con el control totalitario, como los muchos regímenes totalitarios y genocidas del siglo XX, este acuerdo monetario fue una bendición. Pero, para quienes valoraban la libertad, la paz y la cooperación entre los seres humanos, tal acuerdo condujo a una época deprimente en la que las perspectivas de reformas económicas retrocedieron aún más con el tiempo y las posibilidades de que el proceso político nos devolviera en algún momento a la cordura monetaria se había convertido en un sueño cada vez más fantástico. Como dijo Friedrich Hayek:

> No creo que volvamos a tener alguna vez una buena moneda antes de sacar el tema de manos del gobierno, es decir, no podemos arrancárselo con violencia, lo único que podemos hacer es introducir algo de alguna forma taimada e indirecta que [el gobierno] no puedan detener.[43]

Son palabras de Hayek en 1984. Completamente ajeno a la materialización concreta de ese «algo que no puedan detener», Friedrich Hayek exhibía entonces una clarividencia que parece impresionante en la actualidad. Tres décadas después de que se pronunciaran estas palabras, y un siglo después de que los gobiernos destruyeran el último vestigio de dinero sólido que el patrón oro representaba, personas en todo el mundo tienen la oportunidad de ahorrar y efectuar transacciones con una nueva forma de dinero, escogida con libertad en el mercado y fuera del control gubernamental. En su etapa inicial, Bitcoin ya parece satisfacer todos los requisitos de Menger, Mises y Hayek: se trata de una opción muy vendible en el libre mercado y resistente a la intervención gubernamental.

43. Extracto de un vídeo que recoge una entrevista entre Hayek y James U. Blanchard, la cual tuvo lugar en la Universidad de Friburgo en 1984.

Capítulo 5

Dinero y preferencia temporal

El dinero sólido es elegido libremente en el mercado por su *vendibilidad,* porque retiene su valor en el tiempo, porque puede trasferir valor en el espacio de forma efectiva y porque puede fraccionarse y agruparse en escalas pequeñas y grandes. Se trata de una moneda cuya oferta no puede ser manipulada por ninguna autoridad coercitiva que imponga su uso a los demás. Del análisis precedente, y a partir de la comprensión de la economía monetaria que nos ofrecen los economistas austríacos, la importancia del dinero sólido se explica por tres razones generales. La primera de ellas es que preserva el valor en el tiempo, lo que proporciona a la gente mayor incentivo para pensar en el futuro, y disminuye su preferencia temporal. La reducción de la preferencia temporal es lo que inicia el proceso de civilización humana y permite a las personas cooperar, prosperar y vivir en paz. En segundo lugar, una moneda sólida permite que el comercio se base en una unidad de medición estable, lo cual facilita la existencia de mercados cada vez más amplios y libres del control, así como la coacción de los gobiernos; con el libre comercio se obtiene la paz y la prosperidad. Es más, una unidad contable es fundamental para toda forma de planificación y cálculo económico, y éste resulta poco fiable con una moneda frágil, que es la causa fundamental de las recesiones y las crisis económicas. Por último, el dinero sólido es requisito fundamental para la libertad individual frente al despotismo y la represión del poder, ya que la capacidad de un Estado coercitivo para crear dinero puede llevar a un abuso de poder sobre sus súbditos, potestad que, por su misma naturaleza, atraerá a los menos dignos y a los más inmorales.

El dinero sólido es un factor fundamental a la hora de determinar la preferencia temporal individual, un aspecto de la toma de decisiones individuales de suma importancia e ignorado en gran medida. La preferencia temporal se refiere a la ratio en que una persona valora el presente con respecto al futuro. Los seres humanos no vivimos para siempre, y la muerte puede sobrevenirnos en cualquier momento; de modo que el futuro es incierto. Como es necesario consumir para sobrevivir, la gente suele valorar más el gasto presente que el futuro, ya que la falta de consumo actual podría provocar que el futuro no llegue nunca. En otras palabras, la preferencia temporal es algo positivo para todos los seres humanos; siempre se menosprecia el futuro frente al presente.

Asimismo, como con tiempo y medios se puede producir más riqueza, las personas racionales siempre preferirán contar con una cantidad dada de recursos en el presente antes que en el futuro, ya que podrán utilizarlos con el fin de producir más. Para que una persona esté dispuesta a aplazar un año la recepción de un bien, tendrán que ofrecerle una mayor cantidad del bien en cuestión. El incremento necesario para tentar a una persona a aplazar la recepción de un bien concreto es lo que determina su preferencia temporal. Todos los seres racionales tienen una preferencia temporal diferente de cero, pero ésta varía de un individuo a otro.

La preferencia temporal de los animales es muy superior a la de los humanos, ya que actúan para satisfacer sus impulsos instintivos inmediatos y tienen una escasa idea de qué es el futuro. Algunos son capaces de construir nidos o casas que pueden perdurar en el tiempo; éstos tienen una preferencia temporal menor que aquellos que actúan para satisfacer necesidades urgentes, como el hambre y la agresión. La inferior preferencia temporal de los seres humanos permite poner coto a nuestros impulsos instintivos y animales, pensar qué es mejor de cara al futuro y actuar de forma racional y no precipitarnos. En vez de dedicar todo nuestro tiempo a producir bienes para el consumo inmediato, podemos elegir utilizarlo para elaborar artículos que llevará más tiempo concluir, si es que son bienes superiores. A medida que los seres humanos reducen su preferencia temporal, amplían el alcance para desempeñar tareas durante horizontes temporales más prolongados y satisfacer así necesidades cada vez más remotas, y desarrollan la capacidad mental de crear objetos no para su consumo inmediato sino para la producción de bienes futuros, en otras palabras, crean *bienes de capital.*

Aunque tanto los animales como los seres humanos pueden cazar, nos diferenciamos de los primeros en que dedicamos tiempo a elaborar herramientas para hacerlo. A veces, algunos animales utilizan cierto utensilio para apresar a otro, pero no tienen la capacidad de poseer dicha herramienta y conservarla para su uso durante un tiempo prolongado. Sólo mediante una preferencia temporal menor puede un ser humano decidir dedicar menos tiempo a cazar para fabricar un arpón o una caña de pescar que no se puede comer pero que le permitirá cazar con mayor eficiencia. Ésta es la esencia de la *inversión*: a medida que los seres humanos demoran la gratificación inmediata, éstos invierten su tiempo y sus recursos en la producción de bienes de equipo que harán que la producción sea más sofisticada o más avanzada tecnológicamente y que se dilate durante un horizonte temporal más amplio. La única razón por la que una persona escogería postergar su gratificación para participar de una arriesgada producción durante un período de tiempo más prolongado es que estos procedimientos más largos generarán mayor producción y bienes superiores. En otras palabras, *la inversión eleva la productividad del fabricante.*

El economista Hans-Hermann Hoppe explica que, una vez que la preferencia temporal cae lo suficiente como para permitir la acumulación de ahorros o la formación de bienes de equipo o de consumo duradero, la tendencia es que ésta caiga aún más en tanto que se inicia un «proceso de civilización».[44]

44. Hans-Hermann Hoppe, *Democracy: the god that failed.* Versión castellana de Jerónimo Molina, *Monarquía, democracia y orden natural,* 2.ª ed., Unión Editorial, Madrid, 2012.

El pescador que fabrica una caña de pescar está en condiciones de capturar más peces por hora que aquel que pesca con las manos. Y el único modo de elaborar la caña es dedicar una cantidad de tiempo inicial de trabajo que no produce pescado comestible, pero que genera finalmente una caña de pescar. Aun así, éste es un proceso que lleva asociada cierta incertidumbre, ya que la caña podría no funcionar, con lo cual el pescador habría malgastado su tiempo en vano. La inversión no sólo requiere postergar la gratificación, sino que, además, conlleva siempre cierta asunción del riesgo de fracasar, lo cual significa que sólo se llevará a cabo con la expectativa de obtener una recompensa. Cuanto más baja sea la preferencia temporal de una persona, más posibilidades habrá de que ésta invierta, retrase la gratificación y acumule capital. Cuanto más capital acumule, mayor será la productividad de la mano de obra, y más prolongado será el horizonte temporal de producción.

Para entender la diferencia de manera más vívida, contrastemos dos hipotéticos individuos que empiecen de cero, sólo con sus manos y distintas preferencias temporales: Harry tiene una preferencia temporal superior a la de Linda. Harry decide dedicar su tiempo exclusivamente a capturar peces con las manos, necesitando unas ocho horas al día para apresar la suficiente cantidad para comer cada día. Linda, por su parte, con una preferencia temporal menor, sólo destina seis horas a atrapar peces, arreglándoselas con una menor cantidad de piezas al día, y dedica las otras dos a elaborar una caña de pescar. Tras una semana, Linda ha logrado hacer una caña de pescar que funciona. Durante la segunda semana, ella puede pescar en ocho horas el doble de peces que Harry. La inversión de Linda en la caña de pescar le permite trabajar sólo cuatro horas al día y comer la misma cantidad de peces que Harry, pero, como ella tiene una preferencia temporal más baja, no se quedará dormida en los laureles. En lugar de sentirse satisfecha, Linda dedicará cuatro horas a capturar tantos peces como Harry en ocho horas, y, luego, empleará otras cuatro a acumular capital, construyéndose un barco de pesca, por ejemplo. Un mes más tarde, Linda cuenta con una caña de pescar y una embarcación que le permite adentrarse en el mar. La productividad de Linda no sólo es superior por hora; sus peces son diferentes y de mayor calidad que los que pesca Harry. Ahora sólo necesita una hora para garantizarse la comida del día, de modo que dedica el resto de su tiempo a acumular más capital, fabricando cañas de pescar, redes y barcos mejores y más grandes, que a su vez incrementarán su productividad aún más y mejorarán su calidad de vida.

Si Harry y sus descendientes continúan trabajando y consumiendo con la misma preferencia temporal, seguirán llevando la misma vida que él, con el mismo nivel de consumo y productividad. Si Linda y sus descendientes mantienen la misma preferencia temporal más baja, con el tiempo seguirán incrementando sin parar su calidad de vida, aumentando sus existencias de capital y llevando a cabo trabajos con niveles de productividad cada vez más altos que implican procesos que llevan mucho más tiempo concluir. Los equivalentes de los descendientes de Linda en la vida real hoy serían los dueños de *Annelies Ilena*, el buque factoría pesquero más grande del mundo. Llevó décadas concebir, diseñar y construir esta formidable máquina antes de ser terminada en el año 2000, que seguirá funcionando durante decenios para ofrecer a sus inversores, con menor preferencia temporal, un retorno al capital que prestaron décadas atrás durante el proceso de construcción de la embarcación. El proceso de producir peces se ha vuelto tan largo y sofisticado para los descendientes de Linda que lleva décadas llevarlo a cabo, mientras que los sucesores de Harry siguen completando el proceso en unas cuantas horas al día. La diferencia, claro, estriba en que los descendientes de Linda tienen una productividad mucho más elevada que los de Harry, que es por lo que merece la pena participar en el proceso más largo.

El test de la golosina, realizado en Stanford a finales de la década de 1960,[45] representa una importante demostración de la importancia de la preferencia temporal. El psicólogo Walter

45. Walter Mischel, Ebbe B. Ebbesen y Antonette Raskoff Zeiss, «Cognitive and attentional mechanisms in delay of gratification», *Journal of personality and social psychology*, vol. 21, n.º 2, 1972, pp. 204-218.

Mischel dejaba a niños en una estancia a solas con una golosina o una galleta, y les decía que podían comérsela si querían, pero que volvería en 15 minutos y si no se la habían comido les daría otra como premio. Es decir, los chavales tenían la oportunidad de elegir entre obtener la gratificación inmediata de comerse el dulce o postergarla y recibir dos. Es una forma muy simple de verificar la preferencia temporal de los niños: los estudiantes con una preferencia temporal baja fueron los que consiguieron esperar a la segunda golosina o galleta, mientras que aquellos con la preferencia temporal más elevada no consiguieron hacerlo. Mischel hizo un seguimiento a los niños décadas después, y descubrió una correlación significativa entre el hecho de tener una preferencia temporal baja medida con el test de la golosina y un buen rendimiento académico, buenas notas en la selectividad, un adecuado índice de masa corporal y una ausencia de adicciones a sustancias.Como profesor de economía, siempre explico el test de la golosina en todos los cursos que imparto, ya que creo que es la lección más importante que la economía puede enseñar a mis alumnos; y me deja estupefacto que los planes de estudio universitarios de economía hayan ignorado casi por completo esta lección, hasta tal punto que muchos economistas académicos no están familiarizados con el término «preferencia temporal» ni con su significado.

Si bien la microeconomía se ha centrado en las transacciones entre individuos, y la macroeconomía, en el papel del gobierno en la economía, la verdad es que las decisiones económicas más importantes que afectan al bienestar individual de cualquier persona son aquellas en las que existe un elemento de compensación con su yo futuro. Cada día, una persona llevará a cabo varias transacciones económicas con otros individuos, pero participará en un número mucho mayor de intercambios con su yo futuro. Los ejemplos de estos últimos son infinitos: decidir ahorrar dinero en vez de gastarlo; invertir en adquirir formación y determinadas habilidades para poder desempeñar un trabajo mejor en el futuro en vez de buscar de inmediato un empleo con un sueldo más bajo; comprar un coche funcional y cómodo en vez de endeudarse en la compra de uno más caro; trabajar horas extra en vez de salir de fiesta con amigos; o, mi ejemplo preferido, y que suelo utilizar en mis clases, apostar por estudiar el material del curso cada semana del semestre en vez de hacerlo todo de golpe la noche antes del examen.

En cada uno de estos ejemplos, nadie obliga a la persona en cuestión a tomar una determinada decisión, y el primer beneficiario o perjudicado por las consecuencias de las mismas siempre es el propio individuo. El factor principal que determina las decisiones en la vida de una persona es su preferencia temporal. Si bien esta preferencia y el autocontrol de la persona variarán según la situación, se puede encontrar en general una fuerte correlación en todos los aspectos de la toma de decisiones. La cruda realidad que debemos considerar es que muchas cosas en la vida de una persona estarán determinadas en gran medida por estas transacciones entre ella y su yo futuro. Por más que quiera culpar a los demás de sus fracasos o compartir el mérito de su éxito con otros, es probable que los infinitos tratos que haya cerrado consigo misma sean más importantes que cualquier circunstancia o condición externa. No importa cuánto puedan conspirar las circunstancias contra una persona con una baja preferencia temporal, lo más probable es que encuentre un modo de priorizar su yo futuro hasta alcanzar sus objetivos. Y no importa cuánta suerte tenga una persona con una preferencia temporal elevada, ya que encontrará la manera de continuar saboteando y engañando a su yo futuro. Los abundantes casos de individuos que han triunfado contra todo pronóstico y bajo circunstancias adversas contrastan con los de aquellos dotados de habilidades y talento y que, sin embargo, se las arreglan para desaprovechar sus dones y no logran alcanzar algo bueno por sí mismos. Muchos atletas y profesionales del espectáculo con un gran talento que les ha servido para ganar grandes sumas de dinero mueren, no obstante, sin un céntimo, debido a que su elevada preferencia temporal les sustrae lo mejor de ellos. Por otro lado, muchos ciudadanos de a pie y con ningún talento especial trabajan con diligencia, ahorran e invierten durante toda la vida para alcanzar cierta independencia financiera y legar a sus hijos una vida mejor que la que ellos heredaron.

Sólo a través de la preferencia temporal las personas comienzan a valorar invertir a largo plazo y a priorizar los resultados futuros. Una sociedad en la que los individuos dejan a sus hijos más de lo que ellos recibieron de sus padres es una sociedad civilizada, es decir, una sociedad en la que la vida está mejorando, y en la cual la gente vive con el objetivo de hacer que la vida de la siguiente generación sea mejor. Conforme los niveles de capital de una sociedad siguen en aumento, se incrementa la productividad y, junto con ella, la calidad de vida. Garantizada la seguridad de sus necesidades básicas, y prevenidos los peligros del entorno, la gente dirige su atención hacia aspectos más profundos de la vida que el bienestar material y la monotonía del trabajo: cultivan familias y vínculos sociales; emprenden proyectos culturales, artísticos y literarios; y procuran ofrecer contribuciones perdurables a su comunidad y al mundo. La civilización no consiste en más acumulación de capital *per se*; por el contrario, tiene que ver con lo que la acumulación de capital permite alcanzar, con la prosperidad y la libertad para buscar un significado superior en la vida cuando las necesidades básicas están cubiertas y los peligros más acuciantes controlados.

Hay muchos factores que entran en juego a la hora de determinar la preferencia temporal de los individuos.[46] La seguridad que siente la gente con respecto a su persona y sus propiedades es, sin duda, una de las más importantes. Las personas que viven en zonas de conflicto y criminalidad tienen una significativa posibilidad de perder la vida y, por consiguiente, es probable que no tengan tan en cuenta el futuro, lo cual da lugar a una preferencia temporal más elevada que la de aquellas personas que viven en sociedades pacíficas. La seguridad de los bienes es otro factor decisivo que influye en la preferencia temporal de la gente: so-

46. El lector puede consultar el primer capítulo del libro *Monarquía, democracia y orden natural*, de Hans-Hermann Hoppe, si desea obtener un excelente análisis de estos factores. Otros análisis más básicos y técnicos figuran en el capítulo 6 del libro *El hombre, la economía y el Estado*, de Murray Rothbard, en los capítulos 18 y 19 de *La acción humana*, de Ludwig von Mises, y en *Valor, capital, interés*, de Eugen von Böhm-Bawerk.

ciedades donde es probable que gobiernos o ladrones expropien o roben de manera aleatoria la propiedad individual tendrán preferencias temporales más altas, ya que tales actos llevarán a que los individuos prioricen gastar sus recursos en gratificación inmediata en lugar de invertirlos en bienes de los que podrían verse privados en cualquier momento. Las tasas tributarias también afectan de manera negativa a la preferencia temporal: cuanto más altos son los impuestos, menor cantidad de sus ingresos pueden quedarse las personas; esto lleva a la gente a trabajar y a ahorrar menos de cara al futuro, porque es probable que las cargas fiscales reduzcan los ahorros más que el consumo, en particular aquellos que cuentan con pocos ingresos, la mayoría de los cuales son necesarios para sobrevivir. No obstante, el factor que afecta a la preferencia temporal que más concierne a nuestro análisis es el valor futuro previsto del dinero. En el mercado libre, donde la gente puede elegir libremente su dinero, escogerá la forma de dinero con mayor probabilidad de conservar su valor en el tiempo. Cuanto mejor conserve su valor una moneda, la gente que la use estará más incentivada a postergar el consumo y a dedicar recursos para la producción en el futuro, dando lugar a la acumulación de capital y a la mejora de las condiciones de vida, y generando al mismo tiempo en las personas una baja preferencia temporal en otros aspectos no económicos de su vida. Cuando las decisiones de carácter económico están orientadas al futuro, es normal que también lo estén todo tipo de decisiones. Las personas se vuelven más pacíficas y cooperativas, entendiendo que la cooperación es una estrategia mucho más gratificante a largo plazo que cualquier beneficio a corto plazo surgido del conflicto. La gente desarrolla un gran sentido de la ética dando prioridad a las decisiones morales que a la larga propiciarán los mejores resultados para ellos y sus hijos. Una persona que piensa en el largo plazo es menos probable que engañe, mienta o robe, porque la recompensa a tales acciones puede ser positiva a corto plazo, pero muy adversa a la larga.

La merma del poder adquisitivo del dinero es similar a cierta forma de imposición de impuestos o expropiación, ya que reduce el «valor real» del dinero de una persona aun cuando el «valor nominal» sea constante. En la economía moderna, el dinero emitido por el gobierno está vinculado de manera inextricable a tipos de interés artificialmente más bajos, lo cual es un objetivo deseable para los economistas actuales porque fomenta el endeudamiento y la inversión. Pero el efecto de esta manipulación del precio del capital es la reducción artificial del tipo de interés que revierte en ahorradores e inversores, así como del que pagan los prestatarios. La consecuencia natural de este proceso es la reducción de los ahorros y el incremento de los préstamos. Al margen, las personas consumirán una mayor parte de sus ingresos y pedirán prestado más de cara al futuro. Esto no sólo repercutirá en sus preferencias temporales a la hora de tomar decisiones financieras, sino que es probable que se refleje en todos los aspectos de sus vidas.

El paso de una moneda que conserva su valor o que se aprecia a una que lo pierde es muy significativo a largo plazo: la sociedad ahorra menos, acumula menor cantidad de capital y es probable que empiece a consumir el mismo; y la productividad laboral se mantiene estable o disminuye, lo que provoca el estancamiento de los salarios reales, aunque sea posible lograr que aumenten los salarios nominales mediante el mágico poder de imprimir más papel dinero, aún más devaluado. Como la gente comienza a gastar más y a ahorrar menos, todas sus decisiones las toman de cara al presente, lo que acaba por provocar deterioros morales y una mayor probabilidad de participar en conflictos y de adoptar un comportamiento destructivo y autodestructivo.

Esto ayuda a explicar por qué las civilizaciones prosperan bajo un sistema monetario sólido pero se desintegran cuando a dicho factor se les resta valor, como ocurrió con los romanos, los bizantinos y las sociedades europeas modernas. El contraste entre los siglos XIX y XX puede comprenderse en el contexto del abandono del dinero sólido y de todos los problemas concomitantes que ello provocó.

Inflación monetaria

La simple realidad, demostrada a lo largo de la historia, es que cualquier persona que encuentre un modo de crear un medio de intercambio monetario intentará ponerlo en práctica. La tentación de embarcarse en el proyecto es demasiado grande, aunque la creación del mismo no sea una actividad productiva para la sociedad, ya que cualquier oferta de dinero es suficiente para cualquier economía de cualquier envergadura. Cuanto más un medio monetario refrene este impulso a su creación, mejor será como instrumento de cambio y reserva de valor estable. A diferencia de todos los demás bienes, el dinero posee funciones como medio de intercambio, reserva de valor y unidad contable completamente ortogonales a su cantidad. Lo que importa del dinero es su poder de compra, no su cantidad; y, por lo tanto, cualquier cantidad del mismo es suficiente para desempeñar las funciones monetarias siempre y cuando sea suficientemente divisible y agrupable para satisfacer las necesidades transaccionales y de acopio de sus dueños. Cualquier número de transacciones económicas podría contar con el apoyo de una masa monetaria de cualquier tamaño, en la medida en que las unidades sean de sobra divisibles.

Una moneda en teoría idónea sería aquella cuya oferta fuera fija, es decir, que nadie podría producir más de la misma. La única forma no delictiva de conseguir dinero en una sociedad como ésa sería producir algo de valor para los demás e intercambiarlo por dinero. Como todo el mundo quiere conseguir más dinero, todos trabajarían y producirían más, lo que llevaría a la mejora del bienestar material de todas las personas, lo que a su vez les permitiría acumular más capital y aumentar su productividad. Dicha moneda también funcionaría a la perfección como depósito de valor, impidiendo que otros incrementasen la masa monetaria; la riqueza acumulada no se depreciaría con el tiempo, lo que incentivaría a la gente a ahorrar, al permitirles pensar más en el futuro. Con la riqueza y la productividad en aumento, y con una mayor capacidad de centrarse en el futuro, la gente empezaría a reducir su preferencia temporal y podría concentrarse en mejorar aspectos no materiales de su vida, llevando a cabo iniciativas espirituales, sociales y culturales.

Sin embargo, no ha sido posible idear una forma de dinero de la que no se pueda crear más. Lo que sea que se elija como instrumento de cambio siempre incrementará su valor y conducirá a que más gente intente producir más. La mejor forma de dinero de la historia fue aquella de la que se podía incrementar su oferta sin afectar a las reservas existentes, con lo que su creación no era una buena fuente de ingresos. Dado que el oro es indestructible, se trata del único metal cuyas existencias no han dejado de crecer desde que el primer ser humano lo extrajo de la corteza terrestre. Como la explotación de este mineral se mantiene desde hace miles de años, y dado que la alquimia todavía tiene que demostrar su viabilidad comercial a gran escala, la nueva oferta extraída de los yacimientos auríferos sigue siendo una pequeña fracción de las reservas actuales.

Esta particularidad está en la raíz de por qué el oro ha sido sinónimo de dinero sólido: se trata de una unidad monetaria cuya oferta, gracias a las férreas leyes de la física y la química, está garantizado que nunca aumentará de modo significativo. Por mucho que lo intenten, los seres humanos llevan siglos fracasando en su propósito de generar una forma de dinero más sólida que el oro, motivo por el que ha sido el principal instrumento monetario utilizado por la mayoría de civilizaciones a lo largo de la historia. Aun cuando el mundo ha pasado del oro al dinero gubernamental como depósito de valor, instrumento de cambio y unidad contable, los mismos gobiernos continúan almacenando un porcentaje significativo de sus reservas en oro, que a su vez constituyen un porcentaje considerable de las reservas de oro totales.

Keynes se quejaba de que la extracción del oro era una actividad inútil que consumía una gran cantidad de recursos sin agregar nada a la riqueza real. Si bien su crítica contiene cierta verdad, en la medida en que aumentar el medio monetario no incrementa la riqueza de la sociedad que lo utiliza, pasa por alto que el papel monetario del oro es consecuencia de ser el metal que menores recursos humanos y de capital atrae para su prospección y extracción, comparado con todos los demás. Como la oferta de oro sólo se puede incrementar en cantidades muy pequeñas, incluso con bruscas subidas de los precios, y como el oro es muy raro y difícil de encontrar, extraer oro monetario es menos rentable que explotar cualquier otro metal que pudiera asumir un papel monetario; lo que lleva a la *menor* cantidad de tiempo humano y recursos dedicados a su extracción. Si se utilizara algún otro metal como medio monetario, siempre que la preferencia temporal de la sociedad caiga y más personas lo compren para ahorrar, incrementando así su precio, existirían grandes posibilidades de obtener ganancias en la producción del metal. Como el metal es perecedero, la nueva producción siempre será mucho mayor (frente a la del oro) en porcentaje respecto a las reservas actuales, como en el ya señalado ejemplo del cobre, lo cual hará bajar el precio y devaluará los ahorros de los propietarios. En una sociedad de este tipo, el patrimonio les sería efectivamente robado a los ahorradores para recompensar a quienes se dedicaran a la extracción de los metales en cantidades muy por encima de su utilización económica. En una sociedad de este tipo habría poco ahorro y producción útil; el empobrecimiento se derivaría de la obsesión de producir el medio monetario, y llegaría un momento en que la sociedad se vería sobrepasada y sería conquistada por sociedades más productivas cuyos individuos tendrían mejores cosas que hacer que producir un medio monetario.

La realidad de la competencia monetaria ha desfavorecido de forma invariable a individuos y sociedades que invierten sus ahorros en metales distintos del oro, y al mismo tiempo ha recompensado a quienes los invierten en oro, porque no puede ser inflado con facilidad y porque obliga a las personas a dirigir sus energías lejos de la producción de un bien monetario y hacia la producción de otros bienes de consumo y servicios. Esto explica en parte por qué el erudito árabe Ibn Jaldún se refirió a la prospección y explotación del oro como la profesión menos honrada, después de la de quienes secuestran para exigir un rescate.[47] La insensatez de Keynes al condenar el oro como moneda porque su extracción constituye un desperdicio radica en que el oro es el

47. Ibn Jaldún, *Al-Muqaddima*.

metal *menos* inútil de todos los potenciales metales que podrían utilizarse como moneda. Pero la necedad se ve agravada por la «solución» del mismo Keynes a esta limitación del oro, según la cual propone un patrón monetario fiat que ha desembocado en la dedicación de más tiempo, trabajo y recursos a la gestión de la emisión de la masa monetaria y a sacar provecho de ello. Nunca en la historia del oro como medio monetario empleó éste a tantos mineros y trabajadores como emplean los actuales bancos centrales y todos los bancos asociados y empresas que se benefician de tener un fácil acceso a las planchas de imprenta de moneda, como se analizará en el capítulo 7.

Cuando una nueva oferta es insignificante en comparación con la existente, el valor de mercado de una forma de dinero viene determinado por la disposición de las personas a acumularlo y a su deseo de gastarlo. Estos factores variarán de modo significativo con el tiempo para cada persona, ya que las circunstancias individuales pasan por períodos en los que se da prioridad a la acumulación de una gran cantidad de dinero y por otros períodos en los que no se le da tanta importancia. Pero, en conjunto, dichos factores diferirán ligeramente para la sociedad en general, porque el dinero es el bien comercializable con la menor reducción de utilidad marginal, lo que significa que adquirir más cantidad de dicho bien reduce la *utilidad marginal* de cada unidad extra. El dinero, que no se tiene por sí mismo, sino con el fin de intercambiarlo por otros bienes, verá disminuir su utilidad más despacio que cualquier otro bien, ya que siempre se puede intercambiar por otra mercancía. A medida que aumenta el acopio de casas, coches, televisores, manzanas o diamantes, la valoración marginal que se pone en cada unidad extra disminuye, llevando a un menor deseo de acumular más de cada bien. Pero tener más dinero no es como tener cualquiera de estos otros bienes, ya que, cuanto más se tiene, más se podrá intercambiar por más cantidad del siguiente bien que más se valore. En realidad, la utilidad marginal del dinero sí disminuye, como se desprende del hecho de que un dólar extra de ingresos significa mucho más para una persona cuyos ingresos diarios sean de un dólar que para quien sus ingresos diarios sean de mil dólares. Pero la utilidad marginal del dinero disminuye mucho más despacio que la de cualquier otro bien, ya que decrece junto con la utilidad de querer cualquier bien, no uno en particular.

La lenta disminución de la utilidad marginal de acumular dinero significa que la demanda del mismo no variará de manera relevante. La combinación de esto con una oferta casi constante da lugar a un valor de mercado de la divisa de relativa estabilidad en relación con los bienes y servicios. Esto significa que es poco probable que la moneda se aprecie o devalúe notablemente, lo que la convierte en una pésima inversión a largo plazo pero en un buen depósito de valor. De una inversión cabe esperar que tenga un potencial de apreciación considerable, pero que también conlleve un considerable riesgo de pérdida o depreciación. La inversión es una recompensa por asumir riesgos, cuanto menos riesgo, menor recompensa.

En conjunto, la demanda de dinero sólo cambiará con la varianza en la preferencia temporal. A medida que en general la gente vaya desarrollando una preferencia temporal más baja, es probable que más personas quieran acumular dinero, provocando un aumento de su valor de mercado en comparación con otros bienes y recompensando adicionalmente a sus propietarios. Por otro lado, una sociedad que desarrolle una preferencia temporal más alta tenderá a disminuir sus existencias de dinero, haciendo caer ligeramente su valor de mercado. En cualquiera de los casos, la acumulación de dinero seguirá siendo en general el activo menos arriesgado y provechoso, y ésta es, en definitiva, la causa fundamental de su demanda.

El presente análisis ayuda a explicar la extraordinaria capacidad del oro para conservar su valor a lo largo de años, décadas y siglos. Al observar los precios en gramos de oro de los productos agrícolas durante el Imperio romano, vemos una notable similitud con los de hoy día. Si examinamos el edicto de precios de Diocleciano[48] del año 301 d. C. y convertimos el precio del oro a

48. Roland G. Kent, «The Edict of Diocletian fixing maximum prices», *University of Pennsylvania Law Review*, vol. 69, n.º 1, noviembre de 1920, pp. 35-47.

su equivalente actual en dólares, vemos que un cuarto de kilo de ternera costaba unos 4,5 dólares, mientras que una pinta de cerveza valía cerca de 2 dólares, una de vino de calidad, unos 13 dólares, una de vino corriente, 9 dólares, y medio litro de aceite, alrededor de 20 dólares. La comparación de varios datos sobre los sueldos de diferentes profesiones muestra unas pautas similares, pero estos puntos de medición individuales, si bien son indicativos, no pueden considerarse una solución definitiva de la cuestión.

Roy Jastram ha elaborado un sistemático estudio de la capacidad adquisitiva del oro durante el período más prolongado del que hay datos coherentes disponibles.[49] Al observar los datos ingleses desde 1560 a 1976 para analizar el cambio del poder adquisitivo del oro en lo que respecta a los productos básicos, Jastram descubrió que éste disminuyó durante los primeros 140 años, pero luego se mantuvo relativamente estable desde 1700 a 1914, cuando Gran Bretaña abandonó el patrón oro. Durante más de dos siglos en los que Gran Bretaña utilizó sobre todo el oro como moneda, su poder adquisitivo permaneció casi constante, como lo hicieron los precios de los productos básicos al por mayor. Después de que el país abandonara de manera efectiva el patrón oro, con posterioridad a la primera guerra mundial, la capacidad de compra del oro aumentó, así como el índice de precios al por mayor. (Véase el gráfico 8.) Es importante entender que el hecho de que un medio monetario mantenga un valor del todo constante no es ni siquiera teóricamente posible o determinable. Los bienes y servicios que el dinero compra varían con el tiempo a medida que las nuevas tecnologías van introduciendo nuevos bienes que sustituyen a los antiguos, así como cambiar las condiciones de la oferta y la demanda de las diferentes mercancías. Una de las principales funciones de la unidad monetaria es servir como unidad de medida de los bienes económicos, cuyo valor está en constante evolución. Así pues, no es posible evaluar de manera satisfactoria el precio de un bien mo-

49. Roy W. Jastram, *The golden constant: the English and American experience, 1560-2007*, Edward Elgar, Cheltenham (Inglaterra), 2009.

netario, aunque, a lo largo de prolongados horizontes temporales, estudios parecidos al de Jastram pueden ser indicativos de una tendencia general a que un instrumento de cambio conserve su valor, sobre todo comparado con otras formas de dinero.

GRÁFICO 8 **Poder adquisitivo del oro e índice de precios al por mayor en Inglaterra (1560-1976)**

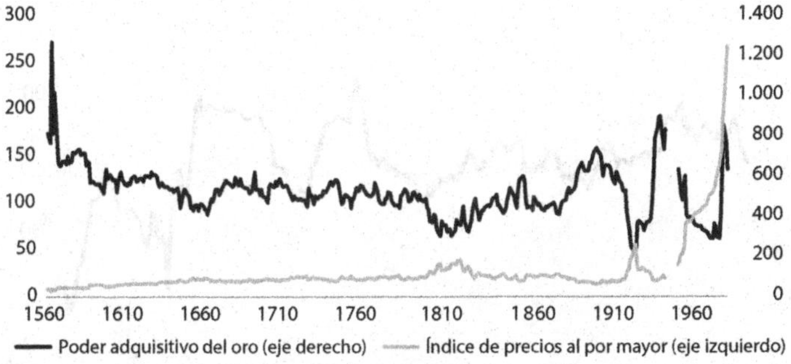

Fuente: Roy W. Jastram, *The golden constant: the English and American experience*, 1560-2007.

Datos más recientes de Estados Unidos, centrados en los dos últimos siglos, en los que se registró un crecimiento económico más acelerado que en el período que cubren los datos de Jastram, muestran que el oro incluso ha incrementado de valor en lo que respecta a los productos básicos, cuyos precios aumentaron de forma drástica en términos de dólares estadounidenses. Esto es perfectamente congruente con el hecho de que el oro sea la moneda más sólida disponible. Resulta más fácil incrementar la oferta de todos los productos básicos que la del oro, así que, con el tiempo, todos esos productos acaban siendo bastante más abundantes que el metal, lo cual provoca un incremento del poder adquisitivo del oro a la larga. Como se puede apreciar en el gráfico 9, el dólar estadounidense también adquiría valor con respecto a los productos básicos allí donde estaba vinculado al oro, pero lo perdía de manera significativa cuando se cortaba la conexión, como sucedió durante la guerra civil estadounidense y

GRÁFICO 9 **Precios de los productos básicos en oro y en dólares estadounidenses, a escala logarítmica, 1792-2016**

Fuente: Historical Statistics of the Unites States, series E 52-63 y E 23-3. Disponible en: <https://fred.stlouisfed.org/>. [Consulta: 07/05/2018.]

la impresión de billetes verdes, así como en el período posterior a la devaluación del dólar de 1934 y a la confiscación del oro de sus ciudadanos.

Durante el período comprendido entre 1931 y 1971, el dinero estuvo vinculado nominalmente al oro, pero sólo mediante varios acuerdos del gobierno que permitían el intercambio de oro por papel moneda bajo arcanas condiciones. Esta etapa presenció inestabilidad tanto en el valor del dinero gubernamental como del oro, además de cambios políticos. Para establecer una comparación entre el oro y el dinero gubernamental, resulta más práctico fijarse en el período que va desde 1971 hasta la actualidad, en el que las divisas nacionales en régimen de libre flotación se han negociado en mercados y los bancos centrales se han encargado de garantizar su poder adquisitivo. (Véase el gráfico 10.)

GRÁFICO 10 **Precio en oro de las principales divisas (1971-2017)**

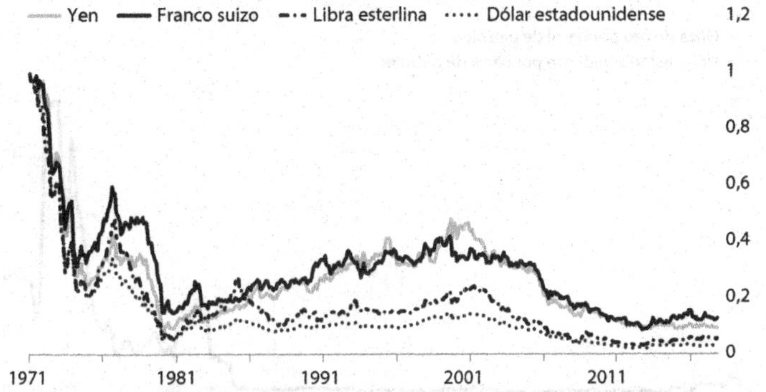

Fuente: Federal Reserve Statistics. Disponible en: <https://fred.stlouisfed.org>. Datos sobre el precio del oro de World Gold Council (www.gold.org). [Consulta: 07/05/2018.]

Incluso las formas de dinero gubernamental más estables y con mejores resultados han visto diezmado su valor comparado con el oro, cuya cotización en la actualidad es de un 2-3 por ciento de su valor en 1971, cuando todos los países se desvincularon del oro. Esto no representa una subida del valor de mercado del oro, sino más bien una caída del valor de las monedas fiat. Al comparar los precios de los bienes y servicios con el valor del dinero gubernamental y del oro, encontramos un aumento significativo si se expresan en el primero, pero una relativa estabilidad si lo hacen en el segundo. El precio de un barril de petróleo, por ejemplo, una de las materias primas clave de la sociedad industrial moderna, ha sido relativamente constante en relación con el oro desde 1971, aumentando al mismo tiempo en varios órdenes de magnitud en relación con el dinero gubernamental. (Véase el gráfico 11.)

El dinero sólido, cuya oferta no puede ampliarse con facilidad, probablemente tendrá un valor más uniforme que el dinero inestable porque su oferta es en gran medida poco flexible, mientras que la demanda social de dinero varía poco con el tiempo a medida que las preferencias temporales presentan variaciones. Por otra parte, el dinero fácil, debido a la capacidad de sus pro-

GRÁFICO 11 **Precio del petróleo en dólares estadounidenses y onzas de oro (1861-2017), como múltiplo de los precios en 1971**

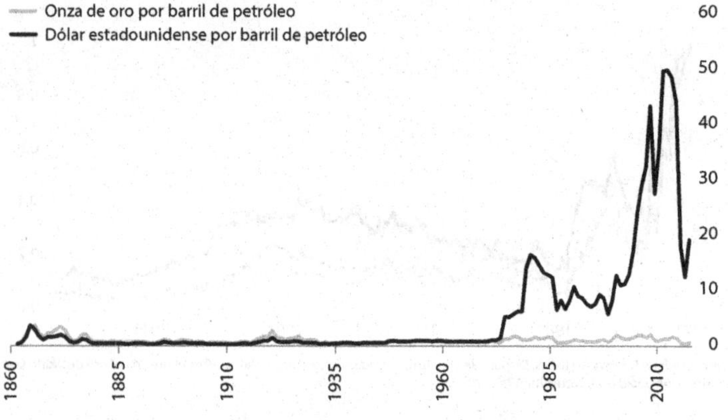

Fuente: BP Statistical Review of World Energy y World Gold Council.

ductores de variar su cantidad drásticamente, suscitará una demanda muy fluctuante por parte de sus propietarios a medida que varíe su cantidad y suba y baje su fiabilidad como depósito de valor.

No sólo es importante una relativa estabilidad del valor para conservar el poder adquisitivo de los ahorros de quienes los tienen, cabría decir que es más importante para contribuir a preservar la integridad de la unidad monetaria como unidad contable. Cuando el dinero tiene un valor estable fácil de prever debido a la pequeña variación en la oferta y la demanda, puede actuar como una señal fiable de la necesidad de introducir cambios en el precio de otros bienes y servicios, como ocurrió con el oro.

Por otro lado, en el caso del dinero gubernamental, la masa monetaria aumenta mediante la ampliación de la oferta llevada a cabo por el banco central y los bancos comerciales, y se contrae a través de las recesiones deflacionarias y las quiebras, si bien la demanda de dinero puede variar de manera aún más impredecible en función de las expectativas que la gente abrigue sobre el valor del dinero y las políticas del banco central. Esta combinación sumamente volátil se traduce en que el valor del dinero gubernamental es impredecible a largo plazo. La misión de garantizar la estabilidad de los precios que recae en los bancos centrales les hace estar constantemente gestionando la oferta de dinero con la ayuda de sus diversas herramientas, logrando que muchas de las principales divisas parezcan menos volátiles en el corto plazo frente al oro. Pero, a la larga, el constante incremento en la oferta del dinero gubernamental comparado con el aumento continuo y lento del oro hace que el valor del oro sea más predecible.

El dinero sólido, elegido en el mercado libre precisamente por su probabilidad de mantener su valor en el tiempo, tendrá por naturaleza mejor estabilidad que el dinero frágil o poco sólido, cuyo uso es impuesto por medio de medidas coercitivas del gobierno. Si el dinero gubernamental fuera una mejor unidad contable y reserva de valor, no necesitaría leyes sobre las monedas de curso legal para imponerlas, ni los gobiernos de todo el mundo tendrían que haber confiscado grandes cantidades de oro y conservarlas en las reservas de sus bancos centrales. El hecho de que los bancos centrales sigan aferrándose a su oro, y de que incluso hayan comenzado a incrementar sus reservas, da fe de la confianza que tienen en sus propias divisas a largo plazo, así como del inevitable rol monetario del oro a medida que el valor del papel moneda continúa alcanzando niveles aún más bajos.

Ahorro y acumulación de capital

Uno de los problemas fundamentales que provoca una moneda cuyo valor va disminuyendo es que desincentiva el ahorro de cara al futuro. La preferencia temporal suele ser positiva: dada la elección entre el mismo bien hoy o en el futuro, cualquier persona en su sano juicio preferirá tenerlo hoy. Sólo los aumentos del retorno en el futuro harán que la gente considere postergar la gratificación. Una moneda sólida es dinero que se va revalorizando poco a poco con el tiempo, lo que significa que es probable que el hecho de conservarla produzca un incremento del poder adquisitivo. Una moneda frágil, controlada por bancos centrales cuya manifiesta misión es contener la inflación en positivo, no ofrecerá demasiados incentivos para que los propietarios la preserven, y es probable que éstos se vuelvan propensos a gastarla o a pedirla prestada.

Por lo que respecta a las inversiones, el dinero sólido genera un entorno económico en el que cualquier tasa de rendimiento positiva será favorable al inversor, ya que es muy posible que la unidad monetaria conserve su valor, o bien que se aprecie, fortaleciendo así el incentivo para invertir. Con una moneda inestable, en cambio, sólo los retornos que sean más altos que la tasa de depreciación de la divisa serán positivos en términos reales, ofreciendo así incentivos para obtener una alta rentabilidad, pero en inversiones de alto riesgo y elevado gasto. Asimismo, como un incremento de la masa monetaria significa en la práctica unos bajos tipos de interés, el incentivo para ahorrar e invertir se rebaja, mientras que aumenta el de endeudarse.

El historial de un experimento de 46 años con dinero inestable (o poco sólido) corrobora esta conclusión. Las tasas de ahorro vienen disminuyendo en los países desarrollados, cayendo a niveles muy bajos, mientras que las deudas personales, municipales y nacionales han aumentado a niveles que hubieran parecido inconcebibles en el pasado. (Véase el gráfico 12.)

GRÁFICO 12 **Tasa de ahorro nacional de las principales economías (1970-2016), en porcentaje**

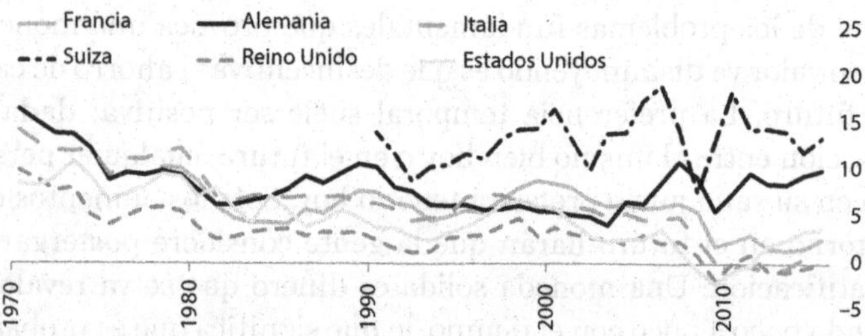

Fuente: Estadísticas de la OCDE.

Sólo Suiza, que permaneció de manera oficial en el patrón oro hasta 1936, y que siguió respaldando su divisa con grandes reservas del metal hasta principios de la década de 1990, ha seguido teniendo altos índices de ahorro, erigiéndose como el último bastión de la civilización occidental de la baja preferencia temporal con un índice de ahorro de dos cifras, ya que el resto de las economías occidentales han caído en picado a tasas de ahorro de un solo dígito, e incluso negativas en algunos casos. La tasa de ahorro media de las siete economías más avanzadas[50] fue del 12,66 por ciento en 1970, pero cayó al 3,39 por ciento en 2015, una disminución de casi tres cuartas partes.

Si bien las tasas de ahorro se han desplomado en el mundo occidental, el endeudamiento sigue en aumento. El hogar medio en Occidente está endeudado en más de un ciento por ciento de sus ingresos anuales, mientras que la carga total de la deuda de los diversos niveles de gobierno y de las familias supera varias veces el PIB, con importantes consecuencias. Tales números se han vuelto algo normal, puesto que los economistas keynesianos aseguran a los ciudadanos que la deuda favorece el crecimiento y que el ahorro daría lugar a una recesión. Una de las fantasías más engañosas que impera en el pensamiento económico keynesiano es la idea de que la deuda nacional «no importa, ya que nos debemos a nosotros mismos». Sólo un discípulo de Keynes que fuera partidario de una tasa de preferencia temporal alta podría no alcanzar a entender que este «nosotros» no es una masa amorfa homogénea, sino que se diferencia en varias generaciones; a saber, las actuales que consumen de manera temeraria en detrimento de las futuras. Para colmo de males, esta frase suele ir seguida de un chantaje emocional de siguiente tenor: «Estaríamos defraudándonos a nosotros mismos si no nos endeudáramos para invertir en nuestro futuro».

Muchos pretenden que el concepto de que lo único que importa es el gasto es un moderno e increíble descubrimiento fraguado en la brillante mente de Keynes, y que si se garantiza que

50. Éstas son: Estados Unidos, Japón, Alemania, Reino Unido, Francia, Italia y Canadá.

éste siga siendo elevado, las deudas pueden continuar aumentando de forma indefinida y se puede eliminar el ahorro. En realidad, no hay nada nuevo en semejante política, que fue empleada por decadentes emperadores de Roma durante su declive, excepto que se ha venido aplicando con papel dinero emitido por gobiernos. En efecto, el papel moneda permite ser gestionado de manera un poco más fluida, y de un modo menos evidente, que las monedas metálicas del pasado. Pero los resultados son los mismos.

La borrachera de visible consumo del siglo xx no puede entenderse al margen de la destrucción del dinero sólido y del estallido de la keynesiana teoría de la preferencia temporal alta, de vilipendiar el ahorro y deificar el consumo como elemento clave de la prosperidad económica. El reducido incentivo al ahorro se ve reflejado en un creciente incentivo al gasto, con tipos de interés manipulados por regla general a la baja y bancos en condiciones de emitir más crédito que nunca. El crédito ha dejado de circunscribirse a la inversión y ha pasado al consumo. Las tarjetas de crédito y los préstamos personales permiten que las personas se endeuden con el fin de consumir aunque no sea con pretensiones de invertir en el futuro. Resulta un signo irónico del grado de la ignorancia económica contemporánea fomentada por los economistas keynesianos el hecho de que se culpe al capitalismo, un sistema económico basado en la *acumulación de capital* del ahorro, de dar rienda suelta al consumo ostentoso; todo lo contrario a la acumulación de capital. El capitalismo es lo que ocurre cuando la gente abandona su preferencia temporal alta, pospone la gratificación inmediata e invierte en el futuro. El consumo de masas alimentado por la deuda es algo tan propio del capitalismo como la asfixia lo es de la respiración.

Esto también contribuye a explicar uno de los principales equívocos keynesianos sobre economía, el que estima que posponer el consumo actual mediante el ahorro dejará a los trabajadores sin empleo y hará que la producción económica se detenga. Keynes consideraba que el nivel de gasto en cualquier momento era el factor determinante más importante del estado de una economía porque, al no haber estudiado economía, no entendía la teoría del capital y cómo el empleo no sólo no tiene que estar en los productos finales, sino que también puede darse en la producción de bienes que sólo producirá bienes finales en el futuro. Al haber podido vivir de una considerable fortuna familiar sin tener que desempeñar nunca un trabajo de verdad, Keynes no tenía ni idea de qué significaba ahorrar ni de qué era la acumulación de capital ni de cuál es el papel fundamental que todo ello representa en el crecimiento de la economía. Por consiguiente, Keynes observó que se atravesaba una recesión al mismo tiempo que se experimentaba una caída del gasto de los consumidores y un incremento del ahorro, y asumía que la relación de causalidad iba desde el aumento del ahorro hasta la disminución del consumo y la recesión. Si hubiera tenido el temperamento para estudiar la teoría del capital, Keynes habría entendido que la disminución del consumo era una reacción natural al ciclo económico, que a su vez estaba causado por la expansión de la masa monetaria, como se analizará en el capítulo 6. También habría comprendido que las únicas causas del crecimiento económico son la gratificación retardada, el ahorro y la inversión, que prolongaban la duración del ciclo productivo e incrementaban la productividad de los métodos de producción, dando lugar a mejores condiciones de vida. Se habría dado cuenta de que la única razón por la que había nacido en una familia rica, en una sociedad rica, era que sus antepasados habían pasado siglos acumulando capital, demorando la gratificación e invirtiendo en el futuro. Pero, como los emperadores romanos durante la decadencia de su Imperio, nunca entendió el trabajo y sacrificio que habían sido necesarios para amasar su riqueza, y creía en cambio que un consumo elevado es el origen de la prosperidad en lugar de su consecuencia.

El endeudamiento es lo opuesto al ahorro. Si el ahorro abre la posibilidad a la acumulación de capital y al avance de la civilización, la deuda es lo que puede revertirlo, a través de la disminución de las existencias de capital de una generación a otra, la reducción de la productividad y de un deterioro de las condiciones de vida. Ya se trate de deuda relacionada con la vivienda, obligaciones en materia de seguridad social o deuda pública que requerirá impuestos aún más altos y monetización de la misma para la refinanciación, puede que, desde la desaparición del Imperio romano (o, al menos, desde la revolución industrial), las generaciones actuales sean las primeras del mundo occidental en venir al mundo con menos capital que sus padres. En lugar de ser testigos de la acumulación de ahorros y del incremento de las reservas de capital, la generación presente tiene que pagar el creciente interés por su deuda y trabajar con más ahínco para sufragar los programas de ayudas sociales que apenas llegarán a disfrutar, al mismo tiempo que pagan impuestos más elevados y acusan mayores dificultades para ahorrar de cara a la vejez.

Este paso del dinero sólido a su depreciación ha desembocado en que la riqueza acumulada a lo largo de varias generaciones se despilfarre en una o dos por un consumo ostentoso, convirtiendo el endeudamiento en el nuevo método de financiación de los gastos más importantes. Mientras que hace cien años la mayoría de la gente pagaba su vivienda, educación o matrimonio, con su trabajo o con sus ahorros acumulados, esta idea nos parece ridícula hoy día. Ni siquiera los más ricos viven ya dentro de sus posibilidades, y en su lugar utilizan su riqueza para permitirse préstamos de mayor cuantía y financiar grandes compras. Esta clase de componenda puede prolongarse durante un tiempo, pero no puede confundirse su duración con su sostenibilidad, ya que no es más que el consumo sistemático de las existencias de capital de una sociedad.

Cuando se nacionalizó el dinero, éste se puso bajo el control de políticos que funcionan dentro de horizontes temporales breves, de unos cuantos años, y que hacen todo lo posible por salir reelegidos. Es lógico que un proceso de esta índole lleve a la toma de decisiones cortoplacistas con las que los políticos hacen un uso indebido de la moneda para financiar sus campañas de reelección a expensas de generaciones futuras. Como señaló H. L. Mencken: «Toda elección es una suerte de subasta anticipada de bienes robados».[51] En una sociedad en la que el dinero era libre y sólido, las personas se veían obligadas a adoptar decisiones con

51. H. L. Mencken y Malcolm Moos (eds.), *A carnival of buncombe*, John Hopkins Press, Baltimore, 1956.

respecto a su capital que a largo plazo afectaron a sus familias. Aunque es probable que algunas tomaran decisiones irresponsables que acabaron por perjudicar a su descendencia, quienes quisieron sustentar decisiones responsables tuvieron la oportunidad de hacerlo. Con el dinero nacionalizado, esto fue cada vez más difícil, ya que es inevitable que el control gubernamental central de la masa monetaria desbarate los incentivos al ahorro y, a la vez, incremente los estímulos al endeudamiento. Independientemente de lo prudente que pueda ser una persona, sus hijos seguirán siendo testigos de cómo sus ahorros pierden valor y tienen que pagar impuestos para cubrir la generosidad inflacionaria de su gobierno.

A medida que la disminución de la herencia intergeneracional ha ido reduciendo la fortaleza de la unidad familiar, el ilimitado talonario del gobierno ha potenciado su capacidad de dirigir y configurar la vida de la gente, lo que le permite desempeñar un papel cada vez más importante en más aspectos de la misma. La capacidad de la familia para financiar al individuo se ha visto eclipsada por la generosidad del Estado, con lo cual cada vez existen menos alicientes para tener descendencia.

En una sociedad tradicional, los ciudadanos son conscientes de que necesitarán tener hijos que les presten apoyo en el futuro, por lo que dedicarán sus saludables y prósperos años de juventud a formar una familia e invertir en proporcionar a su prole la mejor vida posible. Pero si se desincentiva en general la inversión a largo plazo, si lo más probable es que ahorrar sea contraproducente a medida que el dinero se va depreciando, dicha inversión se vuelve menos rentable. Es más, como los políticos venden a la población la mentira de que la eterna asistencia social y las prestaciones por jubilación son posibles a través de la magia de imprimir dinero, invertir en una familia pasa a ser cada vez menos importante y provechoso. Con el tiempo, el estímulo para comenzar una familia disminuye, y más gente acaba por llevar vida de soltero. Cada vez tienden a romperse más matrimonios, ya que los cónyuges están menos dispuestos a invertir emocional, moral y financieramente para que funcione, mientras que es muy probable que aquellos matrimonios que sobreviven tengan menos hijos. El célebre fenómeno de la moderna desintegración de la familia no puede entenderse sin reconocer el papel del dinero inestable, que permite al Estado apropiarse de muchas de las funciones esenciales que la familia había venido desempeñando durante miles de años y reduce el incentivo de todos los miembros de la unidad familiar para invertir en relaciones familiares a largo plazo.

Puede decirse que sustituir la familia por la generosidad del gobierno ha sido un mal cambio para los individuos que han participado de la misma. Varios estudios demuestran que el sentimiento de satisfacción personal depende en gran medida del íntimo establecimiento de vínculos familiares a largo plazo con una pareja y con los hijos.[52] Muchos estudios muestran también que los índices de depresión y de enfermedades psicológicas aumentan con el tiempo cuando se rompe una familia, sobre todo en las mujeres.[53] Con suma frecuencia, los casos de depresión y de trastornos psicológicos tienen una ruptura familiar como causa principal.

No es casualidad que la disolución de la familia se haya producido por la implementación de los preceptos económicos de un hombre que nunca tuvo interés en el largo plazo. Hijo de una familia acomodada que había acumulado un importante capital durante generaciones, Keynes fue un libertino hedonista que desperdició gran parte de su vida adulta entregado a mantener relaciones sexuales con jóvenes, incluidos sus viajes por el Mediterráneo para visitar burdeles de chicos chaperos.[54] Mientras que

52. George Vaillant, *Triumphs of experience: the men of the Harvard Grant Study*, Belknap Press (Harvard University Press), Cambridge (Massachusetts), 2012.

53. Betsy Stevenson y Justin Wolfers, «The paradox of declining female happiness», *American Economic Journal: Economic Policy*, vol. 1, n.º 2, 2009, pp. 190-225.

54. Véase el libro de Michael Holroyd, *Lytton Strachey: the new biography*, vol. I, p. 80, en cuya carta enviada por Keynes a su amigo Lytton Strachey, del grupo de Bloomsbury, les aconsejaba visitar Túnez «donde los jóvenes no eran caros». Véase también el libro de David Felix *Keynes: a critical life*, p. 112, que cita una carta de Keynes en la que informa a un amigo de que «me voy a

la Gran Bretaña victoriana era una sociedad de baja preferencia temporal con un profundo sentido de la moralidad, escasos conflictos interpersonales y familias estables, Keynes formó parte de una generación de personas que se alzó contra estas tradiciones, las cuales consideraban una institución represiva que había que derribar. Es imposible entender la teoría económica de Keynes sin conocer la clase de moralidad que quería ver en una sociedad que él creía poder configurar según su voluntad.

Innovaciones: «de cero a uno» frente a «de uno a muchos»

El impacto de una moneda fuerte sobre la preferencia temporal y la orientación futura puede apreciarse en algo más que el simple nivel de ahorro; también se observa en la clase de proyectos en los que invierte una sociedad. Bajo un régimen de dinero sólido, parecido al que tenía el mundo a finales del siglo XIX, es mucho más probable que la gente lleve a cabo inversiones a largo plazo y que tenga grandes sumas de capital disponible para financiar el tipo de proyecto que requerirá mucho tiempo pagar. Como resultado, algunas de las innovaciones más importantes en la historia de la humanidad nacieron en la era dorada, a finales del siglo XIX.

En su obra fundamental, *The history of science and technology*, Bunch y Hellemans confeccionan un listado de las 8.583 innovaciones e invenciones más importantes en la historia de la ciencia y la tecnología. El físico Jonathan Huebner[55] analizó todos estos hechos junto con los años en los que acontecieron y la cifra de población mundial en dicha fecha, y midió la tasa de in-

Egipto [...]. Acabo de enterarme de que tengo preparado un chapero». En otra carta, le recomendaba a Strachey que fuera a Túnez y Sicilia «si quieres ir donde bailan los chicos desnudos».

55. Jonathan Huebner, «A possible declining trend for worldwide innovation», *Technological Forecasting and Social Change*, vol. 72, n.º 8, 2005, pp. 980-986.

cidencia de dichos acontecimientos por año per cápita desde la Edad Media. Huebner constató que mientras el número total de innovaciones aumentó en el siglo xx, el número de innovaciones per cápita alcanzó su punto máximo en el siglo xix.

Un examen minucioso de los inventos del mundo anterior a 1914 brinda apoyo a los datos de Huebner. No es exagerado decir que nuestro mundo moderno se inventó en los años del patrón oro que precedieron a la primera guerra mundial. El siglo xx fue el que perfeccionó, mejoró, optimizó, economizó y popularizó los descubrimientos del siglo xix. Las maravillas de las mejoras del siglo xx hacen que sea fácil olvidar que casi todas las verdaderas invenciones —las transformadoras innovaciones que cambiaron el mundo— surgieron en la época dorada.

En su célebre libro, *De cero a uno*, Peter Thiel analiza el impacto de los visionarios que crearon un nuevo mundo mediante la elaboración del primer ejemplo satisfactorio de una nueva tecnología. El paso de «cero a uno» al contar con el exitoso ejemplo de una tecnología, según su terminología, es el paso más difícil y significativo de una invención, mientras que el paso «de uno a muchos» es una cuestión de escala, marketing y optimización. Puede que aquellos de nosotros que estamos enamorados del concepto de progreso encontremos difícil digerir el hecho de que el mundo del dinero sólido anterior a 1914 fue el mundo del cero a uno, mientras que el posterior mundo de dinero producido por el gobierno sea el mundo de pasar de uno a muchos. No hay nada malo del paso de uno a muchos, pero sin duda nos proporciona suficiente materia de reflexión y lleva a preguntarnos por qué no tenemos muchas más transformaciones de cero a uno bajo nuestro sistema monetario actual.

La mayor parte de la tecnología que utilizamos en nuestra vida moderna se inventó en el siglo xix, bajo el patrón oro, financiada con los bienes de capital en constante aumento acumulado por los ahorradores que atesoraban su riqueza en una moneda sólida y reserva de valor que no se depreciaba con rapidez. Un resumen de algunas de las innovaciones más importantes de este período es el siguiente:

- *Agua corriente fría y caliente, baños en el interior de las casas, instalación de cañerías generalizada en el interior de las casas, tratamiento de aguas residuales, calefacción central.* Estas innovaciones, que cualquiera que viva en una sociedad civilizada da por sentado en la actualidad, son la diferencia entre la vida y la muerte para la mayor parte de nosotros. Han sido el principal factor para la erradicación de la mayoría de dolencias infecciosas en todo el mundo, y han permitido el crecimiento de zonas urbanas sin el omnipresente azote de las enfermedades.
- *Electricidad, motor de combustión interna, fabricación en serie.* Nuestra moderna sociedad industrial fue construida alrededor del aumento de la utilización de la energía de hidrocarburos, sin la cual ninguna de las parafernalias de la civilización moderna sería posible. Estas tecnologías fundacionales de la energía y la industria se inventaron en el siglo XIX.
- *Automóvil, avión, metro, ascensor eléctrico.* Debemos agradecer a la *Belle époque* el hecho de que las calles de nuestras ciudades no estén llenas de estiércol de caballo, así como la posibilidad de viajar alrededor del mundo. El automóvil fue inventado por Karl Benz en 1885; el avión, por los hermanos Wright en 1906; el metro, por Charles Pearson en 1843; y el ascensor eléctrico, por Elisha Otis en 1852.
- *Cirugía cardíaca, trasplante de órganos, apendicectomía, incubadoras para recién nacidos, radioterapia, anestésicos, aspirina, tipos y transfusiones de sangre, vitaminas, electrocardiograma, estetoscopio.* La cirugía y la medicina moderna también deben sus avances más significativos a la *Belle époque*. La introducción del saneamiento moderno y la energía de hidrocarburos fiable permitió a los médicos transformar el modo en que cuidaban de sus pacientes tras siglos de tratamientos en gran medida contraproducentes.
- *Productos químicos derivados del petróleo, acero inoxidable, fertilizantes a base de nitrógeno.* Todas las sustancias y los materiales industriales que hacen posible nuestra vida moderna proceden de las innovaciones transformadoras

de la *Belle époque*, que permitieron la industrialización masiva, así como la agricultura intensiva. Los plásticos, y todo lo que procede de ellos, son un producto de la utilización de productos químicos derivados del petróleo.

- *Teléfono, radiotelegrafía, grabaciones de voz, fotografía en color, películas.* Si bien nos gusta pensar que nuestra época moderna es la era de las telecomunicaciones, en realidad, la mayoría de lo que hemos logrado en el siglo XX no fueron más que mejoras de las innovaciones del siglo XIX. El primer ordenador fue el Babbage, diseñado en 1833 por Charles Babbage, pero acabado por su hijo Henry en 1888. Tal vez sea una exageración afirmar que internet y todo lo que contiene son meros accesorios añadidos al invento del telégrafo en 1843, pero sí que tiene algo de verdad. Fue el telégrafo el que en esencia transformó la sociedad humana al favorecer la comunicación sin la necesidad del transporte físico de cartas ni de mensajeros. Ése fue el momento «de cero a uno» de las telecomunicaciones, todo lo que vino después, y todas sus maravillas, ha sido una mejora del tipo «de uno a muchos».

Florecimiento artístico

Las contribuciones del dinero sólido a la prosperidad de la humanidad no se limitan a los avances científicos y tecnológicos; también pueden advertirse con claridad en el mundo del arte. No es ninguna coincidencia que los artistas florentinos y venecianos fueran los líderes del Renacimiento, ya que esas dos ciudades fueron las que lideraron Europa en la adopción del dinero sólido. Las escuelas barroca, neoclásica, romántica, realista y postimpresionista estuvieron financiadas por acaudalados mecenas que acumularon dinero sólido, con una preferencia temporal muy baja y la paciencia para esperar años, incluso décadas, a la finalización de obras de arte destinadas a perdurar durante siglos. Las impresionantes cúpulas de las iglesias europeas, construidas y decoradas a lo largo de décadas de meticuloso e inspirado trabajo por incomparables arquitectos y artistas como Filippo Brunelleschi y Miguel Ángel, estuvieron sufragadas por patrocinadores con una preferencia temporal muy baja. El único modo de impresionar a estos mecenas era construir obras de arte que pervivieran lo suficiente como para inmortalizar sus nombres en tanto que dueños de grandes colecciones y mecenas de grandes artistas. Éste es el motivo por el que quizá los Médicis, de Florencia, son más conocidos por su patrocinio de las artes que por sus innovaciones en banca y finanzas, aunque puede que estas últimas sean mucho más relevantes.

Del mismo modo, las obras musicales de Bach, Mozart, Beethoven y de compositores de la época renacentista, clásica y romántica dejan en ridículo los ruidos bestiales actuales registrados en lotes de unos pocos minutos, producidos a espuertas por estudios que se benefician de vender la excitación de los instintos más básicos. Mientras que la música de la era dorada se dirigía al alma del ser humano y lo despertaba a pensar en cuestiones más elevadas que la rutina de la vida diaria, los ruidos musicales de hoy se dirigen a los instintos animales más básicos del ser humano, distrayéndole de la realidad de la vida, invitándole a disfrutar de los placeres sensoriales inmediatos sin preocuparse de las consecuencias a largo plazo ni por nada más profundo. Fue el dinero sólido el que financió *Los conciertos de Brandeburgo*, de Bach, en tanto que el dinero fácil ha financiado los berreos de Miley Cyrus.

En tiempos de dinero sólido y preferencia temporal baja, los artistas trabajaban en perfeccionar su profesión para poder crear valiosas obras a la larga. Pasaban años aprendiendo las intrincadas técnicas y los detalles de su trabajo, perfeccionando todo ello y esforzándose por superar las habilidades de los demás, para asombro de sus mecenas y del público en general. Nadie tenía oportunidad de que le llamaran artista sin años de duro esfuerzo en el desarrollo de su arte. Los artistas no sermoneaban al público con aire de superioridad sobre qué es el arte y por qué sus perezosas obras, que no hicieron en un solo día, son tan profundas. Bach nunca afirmó ser un genio ni habló largo y tendido sobre cómo su música era mejor que la de los otros; en cambio pasó la vida perfeccionando su oficio. Miguel Ángel dedicó cuatro años colgado de la bóveda de la Capilla Sixtina trabajando durante la mayor parte del día, apenas sin comer, para pintar su obra de arte. Incluso escribió un poema para describir la dura experiencia:[56]

> Bajo el mentón crecido me ha el buche
> como a gato que bebe agua lombarda.
> O de cualquier otro país infame;
> de la barbilla cuélgame la panza.
> Si levanto la barba, el cogote siento
> sobre el lomo; tengo pecho de arpía
> y el chorreante pincel sobre mi cara
> hace de ella un mosaico variopinto.
> Todo el lomo cargo ya en la panza,
> que contrapesa el culo como grupa
> y no me deja ver ni dónde piso.
> El cuero se me alarga por delante,
> se me hace nudos al echarme atrás
> y me estiro como un arco de Siria.
> Pero, falaz y extraño,
> resurge el juicio que la mente porta
> porque mal tira cerbatana chueca.
> Giovanni, hoy me hallo
> lejos de mi oficio y, sin ser pintor,
> defiendes mi honra y mi pintura muerta.

Sólo con semejante meticuloso y dedicado esfuerzo durante muchos decenios, alcanzaron estos genios el éxito con la creación de sus célebres obras de arte, inmortalizando sus nombres como los maestros del oficio. En la época del dinero inestable o poco sólido, ningún artista tiene una preferencia temporal tan baja como para trabajar tan duro y durante tanto tiempo como Miguel Ángel o Bach y aprender su oficio como corresponde, o bien para dedicar una considerable cantidad de tiempo a perfeccionarlo. Basta darse una vuelta por una galería de arte contempo-

56. Miguel Ángel Buonarroti, *Sonetos completos*, Cátedra, Madrid, 1993. *(N. de la t.)*

ráneo para ver obras artísticas cuya creación no requiere más esfuerzo o talento que el que puede reunir un niño aburrido de seis años. Los artistas actuales han sustituido el oficio y las largas horas de práctica por la pretenciosidad, el impacto, la indignación y la angustia existencial como formas de intimidar al público para que aprecien su arte. Con frecuencia, tales artistas añaden cierto pretexto para explicitar ideas políticas, por norma general de la pueril variedad marxista, y fingir así profundidad. Hasta el punto de que si algo bueno se puede afirmar del «arte» moderno es que es inteligente, a la manera de una broma o de una inocentada. No hay nada bello o admirable en el resultado ni en el proceso de creación de la mayor parte del arte contemporáneo, porque ha sido concebido en cuestión de horas por perezosos aficionados sin talento que nunca se molestaron en practicar su oficio. Sólo la barata pretenciosidad, la obscenidad y el escándalo llaman la atención hacia el emperador desnudo del arte moderno, y únicamente las largas y pretenciosas diatribas en las que se humilla a los que no entienden dicha obra le otorga valor.

Si bien el dinero gubernamental ha sustituido al dinero sólido, mecenas con una baja preferencia temporal y gustos refinados han sido reemplazados por burócratas del gobierno con intereses políticos tan burdos como sus gustos artísticos. Por supuesto, ni la belleza ni la perdurabilidad importan ya, sustituidas por el parloteo político y la capacidad de impresionar a los burócratas que controlan las principales fuentes de financiación de las grandes galerías y los principales museos de arte, que han pasado a ser monopolios protegidos por los gobiernos sobre el gusto artístico y las normas aplicables a la educación artística. La libre competencia entre artistas y donantes es ahora suplantada por la planificación central de irresponsables funcionarios, con resultados desastrosos, como era de esperar. En el libre mercado, los vencedores siempre son quienes proporcionan los bienes que el público juzga mejores. Cuando el gobierno se encarga de decidir quiénes son los ganadores y quiénes los perdedores, la clase de gente que no tiene nada mejor que hacer con su vida que trabajar como burócrata gubernamental se erige en árbitro del gusto y la belleza. En lugar de que el éxito del arte lo determinen personas que hayan logrado alcanzar la riqueza a través de varias generaciones de inteligencia y baja preferencia temporal, éste lo establece gente con ganas de ascender en la estructura política y burocrática. Un conocimiento superficial de esta clase de personas basta para explicar a cualquiera cómo podemos acabar con las monstruosidades del arte contemporáneo.

En su creciente esfera de control alimentada por decretos, casi todos los gobiernos modernos destinan presupuesto a financiar el arte y a los artistas en distintos medios. Pero, con el paso del tiempo, han surgido extrañas y apenas creíbles historias sobre intromisiones encubiertas gubernamentales en el mundo del arte por motivos políticos. Hace poco se ha sabido que, cuando los rusos financiaron y dirigieron el «arte» comunista con motivos políticos y propagandísticos, la CIA replicó con la financiación y promoción del trabajo de pervertidos expresionistas abstractos como Mark Rothko y Jackson Pollock para que actuaran como ficha estadounidense.[57] Sólo con dinero inestable pudimos alcanzar semejante calamidad artística, una situación en la que los dos gigantes económicos, militares y políticos del mundo promovieron y financiaron de forma activa basura elegida por gente cuyos gustos artísticos les capacitaba para hacer carrera en las agencias de espionaje y en las administraciones de Washington y Moscú.

Como los Médicis han sido sustituidos por sus equivalentes artísticos de trabajadores del Departamento de Vehículos a Motor,[58] la consecuencia es un mundo del arte repleto de basura visualmente repulsiva creada en cuestión de minutos por vagos aficionados sin talento que buscan obtener un rápido cheque estafando a los aspirantes a formar parte de la clase artística en todo el mundo con absurdos cuentos urdidos sobre que su arte simboliza algo más que la total depravación del sinvergüenza que pretende erigirse en artista. Sólo llevó unas horas concebir el

57. Frances Stonor Saunders, *The cultural cold war: the CIA and the world of arts and letters*, The New Press, Nueva York, 2000.

58. En Estados Unidos, el Department of Motor Vehicles (DMV) es la agencia equivalente a la Dirección General de Tráfico (DGT) en España. *(N. de la t.)*

«arte» de Mark Rothko, pero fue vendido a incautos coleccionistas con millones de la actual moneda inestable, consolidando sin duda el arte contemporáneo como el más lucrativo timo de nuestro tiempo. Un artista moderno no necesita tener talento ni trabajar duro ni esforzarse al máximo, sólo tiene que exhibir un semblante serio y una actitud esnob cuando explique a los nuevos ricos por qué las salpicaduras de pintura sobre un lienzo son algo más que espantosas e involuntarias salpicaduras de pintura, y cómo su incapacidad para entender la inexplicable obra de arte es fácil de subsanar con un buen cheque. Lo que es asombroso no es sólo la preponderancia de basura como la de Rothko en el mundo del arte moderno, sino la visible ausencia de obras maestras que puedan compararse con las grandes obras del pasado. Es imposible ignorar que no se construyen demasiadas Capillas Sixtinas en la actualidad; tampoco existen muchos cuadros comparables con las grandes pinturas de Leonardo, Rafael, Rembrandt, Caravaggio o Vermeer. Esto resulta aún más sorprendente cuando uno advierte que los avances tecnológicos y la industrialización harían que llevar a cabo dichas obras de arte fuera mucho más sencillo de lo que fue en la época dorada.

La Capilla Sixtina deja a los visitantes boquiabiertos, y cualquier explicación más detallada sobre su contenido, su construcción y su historia transformará el asombro en apreciación de la profundidad de pensamiento, del oficio y del trabajo duro puesto en ella. Antes de que Rothko se hiciera famoso, incluso el crítico de arte más pretencioso podría haber pasado junto a uno de sus cuadros abandonado en la acera y no prestarle ninguna atención. Sólo después de que un círculo de críticos idiotas malgastara infinitas horas pontificando para promocionar su obra, los aduladores y los nuevos ricos empezaron a aparentar captar que hay un significado más profundo en ella y a gastar el moderno dinero inestable en ella.

Con los años han aflorado varias historias sobre bromistas que han dejado objetos varios en museos de arte contemporáneo, sólo para que los amantes del arte moderno revoloteasen a su alrededor con admiración; algo que demuestra la completa vacuidad de los gustos artísticos de nuestra época. Pero tal vez no haya un tributo más apropiado al valor del arte moderno que el realizado por muchos conserjes de museos de todo el mundo, los cuales, demostrando una admirable perspicacia y dedicación a su trabajo, han arrojado en varias ocasiones costosas instalaciones de arte a la basura, el lugar que les corresponde. Algunos de los «artistas» más emblemáticos de nuestro tiempo, como Damien Hirst, Gustav Metzger, Tracey Emin y la pareja italiana formada por Sara Goldschmied y Eleonora Chiara, han recibido esta valoración crítica por parte de los ordenanzas, más entendidos que los nuevos e inseguros ricos que gastan millones de dólares en lo que aquellos tiran a la basura.

Existen motivos para ignorar todos estos garabatos insignificantes como simple vergüenza financiada por el gobierno y mirar más allá por lo que valga la pena. Después de todo, nadie juzgará a un país como Estados Unidos por el comportamiento de sus incompetentes trabajadores del Departamento de Vehículos a Motor que se quedan dormidos durante su turno mientras vierten sus frustraciones sobre los desafortunados usuarios, y quizá no debamos juzgar nuestra época por la obra de trabajadores del gobierno que tejen historias sobre pilas de cartón sin valor como si fueran logros artísticos. Pero, aun así, cada vez encontramos menos y menos obras que puedan compararse con las del pasado. En su libro *Del amanecer a la decadencia*, una devastadora crítica a la moderna cultura «demótica», Jacques Barzun concluye: «Todo con lo que el siglo xx ha contribuido y ha creado desde entonces es refinamiento por ANÁLISIS o crítica por imitación y parodia». El libro de Barzun fue bien recibido por muchas personas de esta generación porque contiene un grado considerable de verdad: una vez que uno supera el sesgo inherente a creer en la inevitabilidad del progreso, no hay forma de escapar a la conclusión de que la nuestra en una generación inferior a la de nuestros antepasados en cultura y perfeccionamiento, del mismo modo que los súbditos romanos de Diocleciano, que vivían del gasto inflacionario y estaban ebrios de los bárbaros espectáculos del Coliseo, no podían compararse con los grandes romanos de la época de César, que tenían que ganarse sus áureos con duro trabajo.

Capítulo 6

El sistema de información del capitalismo

La causa de las oleadas de desempleo no es el «capitalismo», sino los gobiernos que niegan a las empresas el derecho a producir buen dinero.

FRIEDRICH HAYEK[59]

La principal función del dinero como instrumento de cambio es lo que permite a los agentes económicos participar en la planificación y el cálculo económico. A medida que la producción económica se aleja de la escala primitiva, a la gente le cuesta cada vez más adoptar decisiones relativas a la producción, el consumo y el comercio sin contar con un marco de referencia fijo con el que comparar entre sí el valor de diferentes objetos. Esta propiedad, la de ser unidad de cuenta, es la tercera función del dinero, tras ser medio de intercambio y depósito de valor. Con el fin de entender la importancia de esta propiedad para un sistema económico, procederemos como hacen las personas sabias cuando tratan de comprender cuestiones económicas: acudir a la obra de los difuntos economistas austríacos.

El artículo de Friedrich Hayek «The use of knowledge in society» («El uso del conocimiento en la sociedad») es sin duda uno de los textos económicos breves más importantes jamás escrito. A diferencia de la investigación económica actual, demasiado teórica, intrascendente y esotérica (y que nadie lee), las once páginas de este escrito siguen siendo muy leídas más de setenta años después de su publicación, y han tenido un impacto

59. *Denationalisation of Money: The Argument Refined*, Institute of Economic Affairs, Londres, 1976.

duradero en la vida y en las empresas de muchas personas en todo el mundo; y puede que su impacto más significativo sea su influencia en la creación de uno de los sitios web más importantes de internet, que es también el más extenso acervo de conocimientos reunidos en la historia de la humanidad: Wikipedia. Su fundador, Jimmy Wales, ha afirmado que la idea de crear Wikipedia se le ocurrió después de leer ese texto de Hayek y sus explicaciones sobre el conocimiento.

Hayek manifiesta que, a diferencia del popular y elemental tratamiento del tema, el problema económico no sólo estriba en la dificultad de asignar recursos y productos, sino más bien en asignarlos utilizando el saber que no le es dado en su totalidad a un solo individuo o entidad. El conocimiento económico de las condiciones de producción, de la relativa disponibilidad y abundancia de los factores de producción y de las preferencias de las personas no es un saber objetivo que una única entidad pueda conocer por completo. Más bien, por su misma naturaleza, los conocimientos de las condiciones económicas se distribuye y sitúa entre la gente preocupada por sus decisiones individuales. Toda mente humana se consuma en el aprendizaje y la comprensión de información económica relevante para ellos. Personas muy inteligentes y trabajadoras dedicarán décadas a aprender la realidad económica de sus industrias a fin de alcanzar cargos de autoridad sobre los procesos de producción de un solo bien. Resulta inconcebible que todas estas decisiones individuales que todos llevamos a la práctica puedan ser sustituidas agrupando íntegramente dicha información en la mente de una persona que procederá a los cálculos de todo el mundo. Tampoco es necesario que esta loca cruzada centralice todo el saber en manos de un único ente decisorio.

En un sistema económico de libre mercado, los precios transmiten conocimiento y son indicadores que comunican información. Cada responsable de tomar decisiones sólo es capaz de adoptarlas mediante el examen de los precios de las mercancías de que se trate, que llevan consigo la síntesis de todas las condiciones y realidades del mercado en una sola variable procesable para esa persona en cuestión. Por su parte, las decisiones de cada individuo desempeñarán a su vez un papel en la configuración del precio.

Ningún organismo central podría interiorizar toda la información necesaria para determinar un precio ni sustituir su función.

Para entender el punto de vista de Hayek, podemos imaginar el escenario de un terremoto que daña gravemente las infraestructuras de un país que resulta ser el mayor productor mundial de una materia prima determinada, como el que sucedió en 2010 en Chile, el mayor productor de cobre. El seísmo golpeó una región con grandes minas de cobre y ocasionó daños en los yacimientos y en los puertos desde donde se exportaba el metal. Esto supuso una reducción en la oferta de cobre en los mercados mundiales y provocó de inmediato un aumento del 6,2 por ciento en su precio.[60] Cualquier persona del mundo participante en el mercado de cobre se vio afectada por el terremoto, pero no tenía por qué saber nada sobre el mismo, sobre Chile ni sobre las condiciones del mercado para decidir cómo actuar. El propio incremento del precio contiene toda la información relevante que se necesita saber. Enseguida, todas las empresas que querían cobre tenían ahora un motivo para comprar menor cantidad de ese metal, retrasar compras no necesarias inmediatamente y encontrar sustitutos. Por otro lado, la subida del precio ofrecía un incentivo para producir más cantidad a todas aquellas empresas productoras de cobre de cualquier lugar del mundo, a fin de sacar partido del incremento del precio.

Con la simple subida del precio, todo aquel involucrado en la industria mundial del cobre tenía entonces un motivo para actuar de un modo que aliviara las consecuencias negativas del terremoto: otros productores suministraron más mientras los consumidores pedían menos. En consecuencia, la escasez causada por el seísmo no resultó tan terrible como podría haber sido, y los ingresos adicionales debidos al incremento del precio pudieron ayudar a que los extractores del metal remodelasen sus infraestructuras. En pocos días, el precio regresó a la normalidad. Como los mercados mundiales ahora son más grandes e integra-

60. Ben Rooney, «Copper strikes after Chile quake», *CNN Money*, 1 de marzo de 2010. Disponible en: <http://money.cnn.com/2010/03/01/markets/copper/>. [Consulta: 08/05/2018]

dos, estas particulares perturbaciones cada vez ocasionan un menor impacto, ya que los creadores de mercado tienen suficiente magnitud y liquidez para sortearlos con rapidez con la menor alteración.

Para comprender el poder de los precios como método para comunicar conocimiento, imaginemos que, el día anterior al terremoto, la totalidad de la industria mundial del cobre hubiera dejado de ser una institución del mercado y pasado a estar bajo el mando de una agencia especializada, con lo que la producción se asignaría sin recurrir a los precios. ¿Cómo habría reaccionado dicha agencia al terremoto? De entre todos los productores mundiales de cobre, ¿cómo hubieran decidido cuál de ellos debía incrementar su producción y en qué cantidad? En un sistema de precios, la administración de cada empresa estudiará los precios del cobre y los de todos sus insumos y hallarán una respuesta al nuevo nivel de producción más eficaz. Muchos profesionales trabajan durante décadas en una compañía para llegar a estas soluciones con la ayuda de los precios, y la conocen mucho mejor que los partidarios de la planificación central, que no pueden recurrir a los mismos. De igual modo, si no hay precios que permitan a estos consumidores revelar sus preferencias, ¿cómo decidirán los planificadores qué consumidores de cobre deben reducir su consumo y en qué proporción?

No importa la cantidad de datos objetivos y de información que la agencia pueda recopilar, jamás podrán tener conocimiento de todo el saber disperso que influye en las decisiones que todo individuo afronta, y que incluye sus preferencias y valoraciones de los objetos. Luego los precios no son una mera herramienta que permite ganar dinero a los capitalistas; son el sistema de información de la producción económica, comunicando saber por todo el planeta y coordinando los complejos procesos de producción. Cualquier sistema económico que intente prescindir de los precios provocará el colapso total de la actividad económica y devolverá a la humanidad a un estado primitivo.

Los precios son el único mecanismo que permite que se dé el comercio y la especialización en una economía de mercado. Sin recurrir a los precios, las personas no podrían beneficiarse de la división del trabajo ni de la especialización más allá de hacerlo a una reducida escala muy primitiva. El comercio permite a los productores incrementar sus condiciones de vida a través de la especialización en aquellos bienes sobre los que tienen una ventaja competitiva; es decir, en mercancías que pueden producir a un coste relativo menor. Sólo con precios precisos expresados en un mecanismo de cambio es posible que las personas identifiquen su ventaja competitiva y se dediquen a ella. La misma especialización, guiada por indicadores de precios, conducirá a que los productores mejoren aún más su rendimiento en la producción de estos bienes a través del aprendizaje práctico, y también, y más importante, a que acumulen capital específico. De hecho, incluso sin diferencias inherentes en los costes relativos, la especialización posibilitará que los productores acumulen capital relacionado con su producción y que, por tanto, incrementen su productividad marginal en el mismo, permitiéndoles disminuir su coste marginal de producción, y comerciar con quienes acumulan capital para especializarse en otras mercancías.

Socialismo del mercado de capitales

Si bien la mayoría entiende la importancia del sistema de precios para la división del trabajo, pocos comprenden el papel que desempeña en la acumulación y asignación de capital, para lo que debemos acudir a la obra de Ludwig von Mises. En su libro *El socialismo*, escrito en 1922, Mises expuso la razón por antonomasia por la que fracasaría el régimen socialista, y no era la idea generalizada de que el socialismo simplemente tenía un problema de falta de incentivos (¿por qué iba a trabajar nadie si todos obtienen la misma recompensa sin importar el esfuerzo?). Dado que la falta de aplicación al propio empleo solía estar castigada con la pena de muerte o el encarcelamiento por orden gubernamental, sin duda el socialismo superaba con éxito el problema de los incentivos, a pesar de lo sangriento del proceso. Es evidente que, después de un siglo en que unos cien millones de personas fueron asesinadas por regímenes socialistas en todo el mundo,[61] este castigo no era teórico, y que con toda probabilidad los incentivos para trabajar fueran mayores que en un sistema capitalista. Debe de haber alguna causa más en el fracaso del socialismo aparte de los incentivos. Mises fue el primero en explicar justamente por qué este sistema de organización acabaría por fracasar aun suponiendo que lograra superar con éxito el problema de la falta de incentivos mediante la creación del «nuevo hombre socialista».

El gran defecto del socialismo que enunció Mises fue que, sin el mecanismo de precios que surge en un mercado libre, éste terminaría por equivocarse en el cálculo económico, sobre todo en la asignación de bienes de capital.[62] Como se indicó anteriormente, la producción de capital entraña métodos de producción cada vez más sofisticados, horizontes temporales más prolongados y una mayor cantidad de bienes intermedios que no se consumen por sí mimos, sino que sólo se producen para participar en la producción de productos de consumo final, en el futuro. Las complejas estructuras de producción sólo pueden ser resultado de una intrincada red de cálculos individuales por parte de los productores de cada uno de los bienes de capital y de consumo comprándose y vendiéndose insumos y productos entre sí.[63] La asignación más productiva se determina sólo a través del mecanismo de fijación de precios que permite a los consumidores de bienes de capital más productivos presentar la oferta más alta

61. Stéphane Courtois, Nicolas Werth, Karel Bartosek, Andrzej Paczkowski, Jean-Louis Panné y Jean-Louis Margolin, *The black book of communism: crimes, terror, repression*, Harvard University Press, Cambridge (Massachusetts), 1997. Versión castellana de César Vidal *et al.*, *El libro negro del comunismo*, Ediciones B, Barcelona, 2010.

62. Ludwig von Mises, *Socialism: an economic and sociological analysis*, Ludwig von Mises Institute, Auburn (Alabama), 2008 (1.ª ed., 1922). Versión castellana de Luis Montes de Oca, *El socialismo: análisis económico y sociológico*, Unión Editorial, Madrid, 2009.

63. Hay muchos fallos en la teoría económica keynesiana, pero puede que nada en ella sea más ridículo que la completa ausencia de cualquier idea sobre cómo funciona la estructura de la producción de capital.

por ellos. La oferta y la demanda de bienes de capital emerge de la interacción entre productores y consumidores y de sus reiterativas decisiones.

En un régimen socialista, el Estado posee y controla los medios de producción, siendo a la vez el único comprador y vendedor de los bienes de capital en la economía. Esta centralización entorpece el funcionamiento de un verdadero mercado y hace imposible adoptar decisiones acertadas basadas en los precios. Sin un mercado para el capital donde agentes independientes puedan pujar por el mismo, no puede haber ni un precio para el capital en general ni para los bienes de capital en particular. Sin precios de los bienes de capital que reflejen su oferta y demanda relativa, no existe una forma racional de determinar los usos más productivos del capital, y tampoco un modo racional de determinar cuánto producir de cada bien de capital. En un mundo en el que el Estado posee la acería, así como todas las fábricas que utilizarán el acero en la producción de varios bienes de consumo y de capital, no puede emerger ningún precio para el acero ni para los bienes que lo utilicen en su producción, y, por consiguiente, no hay ninguna forma posible de saber qué usos del acero son los más importantes y provechosos. ¿Cómo puede determinar el Estado si sus limitadas cantidades de acero deben utilizarse para fabricar coches o trenes, dado que también poseen las fábricas de coches y de trenes y asigna por decreto a los ciudadanos cuántos coches y trenes pueden tener? Sin un sistema de precios mediante el que los ciudadanos decidan entre trenes o coches, no hay forma de saber cuál es la asignación óptima ni dónde sería más necesario el acero. Preguntar a los ciudadanos en encuestas es un ejercicio carente de sentido, porque las opciones de la gente no significan nada sin un precio que refleje el verdadero coste de oportunidad implicado en el equilibrio entre varias alternativas. Un sondeo sin precios revelaría que todo el mundo querría tener su propio Ferrari, pero, claro, cuando hay que pagarlo, muy pocos eligen uno. Los partidarios de la planificación central no pueden saber las preferencias personales de cada individuo ni asignar recursos de forma que satisfaga lo mejor posible sus necesidades individuales.

Asimismo, cuando el Estado o el gobierno es dueño de todos los insumos involucrados en todos los procesos de producción de la economía, la ausencia de un mecanismo de fijación de precios hace prácticamente imposible coordinar la producción de varios bienes de capital en cantidades adecuadas que permitan el funcionamiento de todas las fábricas. La escasez es el punto de partida de toda economía, y no es posible producir cantidades ilimitadas de todos los insumos; es necesario hacer concesiones, de modo que, por ejemplo, la asignación de capital, tierra y mano de obra a la producción de acero debe realizarse en detrimento de producir más cobre. En un mercado libre, como las fábricas compiten por adquirir cobre y acero, generan escasez y abundancia en estos mercados, y los precios permiten a los productores de cobre y acero competir por los recursos que se utilizan para elaborarlos. Un planificador central ignorará por completo esta red de preferencias y costes de oportunidad de trenes, coches, cobre, acero, mano de obra, capital y tierra. Sin precios, no hay forma de calcular cómo asignar estos recursos para elaborar los mejores productos, y el resultado es un colapso total de la producción.

Y, sin embargo, todo esto no es sino un aspecto del problema de cálculo, correspondiente a la producción de bienes existentes en un mercado estático. El problema es mucho más acusado si tenemos en cuenta que no hay nada inalterable en los asuntos de los hombres, ya que los seres humanos no dejamos de intentar mejorar nuestra situación económica, producir nuevos bienes y encontrar más y mejores modos de producirlos. El omnipresente impulso humano de trastear, mejorar e innovar confiere al socialismo su problema de más difícil solución. Incluso si el sistema de planificación centralizada conseguía gestionar una economía estática, no podía hacer nada para adaptarse al cambio o permitir la iniciativa empresarial. ¿Cómo puede un sistema socialista realizar cálculos específicos para tecnologías e innovaciones que no existen? ¿Y cómo pueden asignarse los factores de producción para las mismas cuando no hay aún indicación alguna de que estos productos llegarán a funcionar alguna vez?

> Quienes confunden la gestión empresarial y la institucional cierran los ojos ante el problema económico [...]. El sistema capitalista no es un sistema de gestión; es un sistema empresarial.
>
> LUDWIG VON MISES[64]

El objetivo de esta exposición no es argumentar en contra del sistema económico socialista, que ningún adulto sensato puede tomarse muy en serio en los tiempos que corren, tras el catastrófico, sangriento y total fracaso del mismo en todas las sociedades donde se ha intentado instaurar durante el último siglo. La cuestión es más bien explicar con claridad la diferencia entre dos formas de asignar capital y de tomar decisiones de producción: precios y planificación. Si bien la mayoría de las naciones no cuenta en la actualidad con una junta de planificación central responsable de la asignación directa de bienes de capital, no por ello es menos cierto que en todos los países del mundo existe un consejo de planificación central para el mercado más importante, el de capitales. Se entiende por mercado libre uno en el que los compradores y los vendedores tienen libertad para efectuar transacciones en condiciones fijadas sólo por ellos, y en el que la entrada y la salida en el mercado es gratis: no participan terceras partes que restrinjan la entrada en el mercado a vendedores o compradores, ni sufragan a compradores y vendedores que no puedan realizar transacciones en el mercado. Hoy día, ningún país del mundo tiene un mercado de capitales con estas características.

En una economía moderna, los mercados de capitales están compuestos por los mercados de fondos prestables. A medida que la estructura de producción se vuelve más complicada y duradera, las personas dejan de invertir sus ahorros ellos mismos y los ceden, a través de diversas instituciones, a empresas especializadas en la producción. El tipo de interés es el precio que el individuo que presta recibe por sus fondos, así como el precio que el prestatario paga por obtenerlos.

En un mercado libre de fondos prestables, la cantidad de es-

64. Ludwig von Mises, *Human action*, pp. 703-704.

tos fondos suministrados, como ocurre con todas las curvas de la oferta, crece a medida que lo hacen los tipos de interés. En otras palabras, cuanto mayor sea la tasa de interés, más gente tiende a economizar y a ofrecer sus ahorros a empresarios y empresas. Por otro lado, la demanda de créditos está inversamente relacionada con el tipo de interés, lo que significa que empresarios y empresas querrán pedir prestado menos cuando los tipos de interés suban.

En un mercado libre de capitales, la tasa de interés es positiva porque la preferencia temporal positiva de la gente significa que nadie se desprendería de su dinero a menos que pudiera recibir una mayor cantidad en el futuro. Es probable que una sociedad con un gran número de personas que tengan una baja preferencia temporal genere sustanciosos ahorros, haciendo que caigan los tipos de interés y proporcionando mucho capital para que las empresas inviertan, lo cual suscitará un crecimiento económico significativo a futuro. A medida que la preferencia temporal de una sociedad aumenta, es menos probable que la gente ahorre, que los tipos de interés sean elevados y que los productores encuentren menos capital para tomar prestado. Los pueblos que viven en paz y tienen asegurados sus derechos sobre la propiedad y un amplio margen de libertad económica suelen tener una preferencia temporal baja, ya que ofrecen a sus ciudadanos un sólido incentivo para anticipar menos su futuro. Otro economista austríaco, Eugen von Böhm-Bawerk, llegó a sostener incluso que el tipo de interés en una nación reflejaba su nivel cultural: cuanto mayor es la inteligencia de su población y su fortaleza moral, más ahorran y menor es la tasa de interés.

Pero así no es como hoy día funciona un mercado de capitales en una economía moderna, gracias a la invención de los modernos bancos centrales y a su incesante intervencionismo que interfiere en el más crítico de los mercados. Los bancos centrales determinan la tasa de interés y la oferta de fondos prestables a través de una serie de instrumentos monetarios, operando mediante el control que ostentan sobre el sistema bancario.[65]

65. Los principales instrumentos que los bancos centrales utilizan son: fijar la tasa de fondos estatales, establecer el coeficiente de reservas, realizar ope-

Un hecho fundamental para entender el sistema financiero moderno es que los bancos crean dinero siempre que conceden créditos. En un sistema bancario de reserva fraccionaria parecido al que existe en todo el mundo en la actualidad, los bancos no sólo prestan los ahorros de sus clientes, sino también sus depósitos a la vista. Dicho de otro modo, el depositante puede recurrir a su dinero en cualquier momento mientras que un alto porcentaje de ese dinero ha sido emitido como préstamo otorgado a un prestatario. Al dar el dinero al prestatario a la vez que sigue estando disponible para el depositante, en la práctica el banco crea nueva moneda, lo que da lugar a un incremento de la masa monetaria. Ésta es la base de la relación entre masa monetaria y tipos de interés: cuando éstos caen, hay un incremento del crédito, lo que lleva a un aumento de la creación de dinero y de la masa monetaria. Por otro lado, una subida de los tipos de interés provoca una reducción del crédito y la contracción de la masa monetaria, o al menos una reducción de su tasa de crecimiento.

Ciclos económicos y crisis financieras

Si bien en un mercado libre para capitales la oferta de fondos prestables viene determinada por los participantes del mercado que deciden prestar basándose en las tasas de interés, en una economía con un banco central y banca de reserva fraccionaria,

raciones de mercado abierto y determinar los criterios de elegibilidad de crédito. Una explicación pormenorizada del mecanismo de funcionamiento de estas herramientas puede encontrarse en cualquier manual de macroeconomía. En resumen: los bancos centrales pueden participar en políticas monetarias expansionistas al: 1) reducir los tipos de interés, que estimulan el crédito e incrementan la creación monetaria; 2) reducir el coeficiente de reserva necesario, lo que permite que los bancos aumenten sus préstamos, incrementando la creación de dinero; 3) adquirir bonos del Estado o activos financieros, lo que también conduce a la creación de dinero, y 4) relajar los criterios de elegibilidad de crédito, lo cual permite a los bancos aumentar el crédito y, por tanto, crear dinero. Una política monetaria contractiva es puesta en práctica revirtiendo estos pasos, lo que lleva a una reducción de la masa monetaria, o al menos a la reducción en el índice de crecimiento de la misma.

la oferta de fondos prestables está dirigida por un comité de economistas bajo la influencia de políticos, banqueros, analistas de televisión y, a veces de forma espectacular, generales militares.

Cualquier familiaridad superficial con la economía hará claros y discernibles los peligros del control de precios. Si un gobierno decide fijar el precio de las manzanas e impedir que éste varíe, el resultado será o la escasez o el excedente de la fruta, así como grandes pérdidas para la sociedad en su conjunto debido al exceso o a la insuficiente producción. En los mercados de capitales ocurre algo parecido, pero los efectos son mucho más nefastos ya que afectan a todos los sectores de la economía, debido a que el capital interviene en la producción de todos los bienes económicos.

Es importante primero entender la diferencia entre fondos prestables y bienes de capital. En una economía de libre mercado con una moneda sólida, los ahorradores tienen que postergar el consumo para ahorrar. El dinero depositado en los bancos como ahorro es dinero que la gente no utiliza para consumir, ya que los ahorradores están aplazando la gratificación que les podría proporcionar el consumo con el fin de obtener una mayor recompensa en el futuro. El monto exacto de ahorros se convierte en la cantidad exacta de fondos prestables disponibles que los productores pueden pedir prestado. La disponibilidad de bienes de capital está inextricablemente vinculada a la reducción del consumo: recursos materiales, mano de obra, tierra y bienes de capital pasarán de utilizarse en la provisión de bienes de consumo finales para la producción de bienes de capital. Al trabajador insignificante se le aparta de las ventas de coches y se le dirige hacia un trabajo en la fábrica de coches; la consabida semilla de maíz irá a parar a la tierra en lugar de ser comida.

La escasez es el punto de partida fundamental de toda economía, y su repercusión más importante es la idea de que todo tiene un coste de oportunidad. En los mercados de capitales, el coste de oportunidad del capital es la renuncia al consumo, y el coste de oportunidad del consumo es la renuncia a la inversión del capital. La tasa de interés es el precio que regula esta relación: a medida que la gente exige nuevas inversiones, los tipos de interés suben, incentivando que más ahorradores destinen una mayor cantidad del dinero que ingresan al ahorro. Cuando los tipos de interés caen, esto incentiva a los inversores a realizar más inversiones en métodos de producción tecnológicamente más avanzados con un horizonte temporal más prolongado. Luego una tasa de interés más baja posibilita la participación en métodos de producción más largos y productivos: la sociedad pasa de pescar con caña a hacerlo con grandes barcos propulsados por petróleo.

A medida que una economía avanza y se vuelve cada vez más sofisticada, el nexo entre el mercado de capital físico y el de fondos prestables no cambia en realidad, pero sí se confunden en la mente de la gente. Una economía moderna con un banco central se basa en ignorar este equilibrio fundamental y en la asunción de que los bancos pueden financiar inversiones con dinero nuevo sin que los consumidores deban renunciar al consumo. El vínculo entre ahorros y fondos prestables se rompe hasta el punto de que ya no se enseña en los libros de economía,[66] por no hablar de las desastrosas consecuencias de ignorarlo.

Como los bancos centrales gestionan la masa monetaria y los tipos de interés, será inevitable que exista una discrepancia entre ahorros y fondos prestables. Por lo general, los bancos centrales siempre intentan estimular el crecimiento económico y la inversión, así como aumentar el consumo, de modo que tienden a incrementar la masa monetaria y a bajar los tipos de interés, lo que da lugar a una mayor cantidad de fondos prestables que de ahorros. Las empresas adquieren deudas a estos tipos de interés artificialmente bajos para iniciar proyectos, y lo hacen en mayor cuantía que el monto que los ahorradores reservan para financiar estas inversiones. En otras palabras, el valor del consumo aplazado es menor que el valor del capital tomado prestado. Sin

66. Siempre es divertido enseñar a mis estudiantes de último curso cómo funcionaría un hipotético libre mercado de capitales, aunque sólo sea para observar la reacción de sus caras cuando comparan la lógica pura y dura sobre cómo un mercado libre de capitales podría funcionar, frente a las teorías keynesianas seudocientíficas de planificación central que han tenido la desgracia de aprender en sus clases de teoría monetaria.

el suficiente consumo aplazado, no habrá bastante capital, tierra y recursos laborales desviados de los bienes de consumo hacia los bienes de capital de orden superior en las primeras fases de la producción. Al fin y al cabo, el «todo gratis» no existe, y si los consumidores ahorran menos, tendrá que haber menos capital disponible para los inversores. Crear nuevos pedacitos de papel y entradas digitales por la falta de ahorro no incrementa por arte de magia la masa de capital físico de una sociedad; sólo devalúa la oferta monetaria existente y distorsiona los precios.

Esta falta de capital no es evidente de inmediato, porque las entidades financieras y los bancos centrales pueden «crear» o emitir suficiente cantidad de dinero para los prestatarios; esto constituye, después de todo, la ventaja principal de utilizar dinero inestable. En una economía con una moneda sólida, semejante manipulación del precio del capital sería imposible: en cuanto se fijaran tipos de interés artificialmente bajos, la escasez de ahorros en los bancos quedaría reflejada en una reducción del capital disponible para los solicitantes de un préstamo, algo que llevaría a un aumento del tipo de interés, lo que reduciría la demanda de crédito e incrementaría la cuantía del ahorro disponible hasta que los dos se igualasen.

El dinero inestable posibilita dicha manipulación, pero sólo por poco tiempo, claro, ya que no se puede eludir la realidad para siempre. Los tipos de interés artificialmente bajos y el exceso de dinero impreso confunden a los productores llevándoles a embarcarse en procesos de producción que requieren más dotación de capital de la que en realidad hay disponible. En un principio, los fondos sobrantes —que no están respaldados por un consumo diferido— hacen que más productores pidan prestado y operen bajo el espejismo de que el dinero les permitirá comprar todos los bienes de capital necesarios para su proceso de producción. La consecuencia natural de que los productores pujen por menos bienes de capital y recursos de los que esperan que haya es un incremento del precio de los bienes de capital durante los procesos de producción. Éste es el punto en que se hace evidente la manipulación, lo cual da lugar al colapso simultáneo de varias inversiones de capital que de repente dejan de ser rentables con los nuevos precios de los bienes de capital; estos proyectos son los que Mises denominó «malas inversiones», aquellas que no se habrían realizado sin las distorsiones en el mercado de capital, y cuya finalización no es posible una vez expuesta la asignación errónea de fondos. La intervención de los bancos centrales en el mercado de capitales permite acometer más proyectos debido a la distorsión de los precios, que hace que los inversores se equivoquen; pero su injerencia no puede incrementar la cantidad efectiva de capital disponible. De modo que estos proyectos extra no se completan y acaban siendo un despilfarro de capital innecesario. La paralización de éstos al mismo tiempo provoca un aumento del desempleo en toda la economía. El fracaso simultáneo en todos los sectores económicos de empresas desbordadas es lo que se conoce como *recesión*.

Las causas de las recesiones y los vaivenes del ciclo económico sólo se comprenden a través del conocimiento de la estructura del capital y de cómo la manipulación de los tipos de interés destruye el estímulo para acumular capital. Ésta es la consecuencia natural de la manipulación de los tipos de interés que falsea el mercado de capitales al hacer que los inversores imaginen que pueden conseguir más capital del que hay disponible con la moneda inestable que los bancos les han proporcionado. Pese a la mitología animista keynesiana, los ciclos económicos no son fenómenos místicos motivados por agotados «espíritus animales» cuya causa debe ser ignorada mientras los bancos centrales tratan de orquestar una recuperación.[67] La lógica económica muestra con toda claridad cómo las recesiones son el resultado inevitable de la manipulación de los tipos de interés, del mismo modo que la escasez es el insoslayable resultado de los precios máximos.

67. No hay escasez de alternativas a la teoría del capital austríaca como explicación de las recesiones, sin embargo, todas ellas son en gran medida refritos de los manías monetarias de principios del siglo xx. Uno ni siquiera necesita leer las refutaciones modernas de la última generación de la teoría keynesiana y la psicología pop. Basta con leer el texto *La teoría monetaria y el círculo económico*, escrito por Hayek en 1933, o *La gran depresión*, de Rothbard, de 1963.

Podemos tomar prestada una analogía de la obra de Mises[68] (y embellecerla) para ilustrar este punto: imaginemos las existencias de capital de una sociedad como si fueran ladrillos, y el banco central como el contratista responsable de construir casas con ellos. Se necesitan 10.000 ladrillos para construir una vivienda, y el promotor busca un contratista que pueda erigir cien casas, lo que exige un total de un millón de ladrillos. Pero, dispuesto a adjudicarse el contrato, un contratista keynesiano se da cuenta de que su oportunidad de hacerse con el mismo mejorará si presenta una oferta según la cual puede construir 120 casas usando sólo 800.000 ladrillos. Esto ilustra qué es la manipulación del tipo de interés: reducir la oferta de capital al mismo tiempo que aumenta la demanda del mismo. En realidad, las 120 casas necesitarán 1.200.000 ladrillos, pero sólo hay 800.000 disponibles. Éstos son suficientes para comenzar la construcción de las 120 casas, pero no para terminarlas. Cuando empieza la construcción, el promotor está muy contento de ver un 20 por ciento más de casas por un 80 por ciento del coste, y ello gracias a las maravillas de la ingeniería keynesiana, que le lleva a gastar el 20 por ciento de los costes que se ha ahorrado en comprarse un nuevo yate. Pero el ardid no puede durar, porque en algún momento quedará patente que no hay forma de concluir las casas y que debe interrumpirse la construcción de las mismas. El contratista no sólo no habrá entregado las 120 casas, no habrá entregado ninguna; en vez de eso habrá dejado al promotor con 120 casas a medio construir, pilas de ladrillos inservibles sin techo. El engaño del constructor ha reducido el capital gastado por el promotor y ha tenido como resultado la construcción de menos casas de lo que hubiera sido posible con las señales adecuadas en relación con los precios. El promotor habría tenido cien casas si se hubiera decantado por un contratista honesto. Al haber elegido uno keynesiano que ha distorsionado los números, el promotor ha seguido despilfarrando su capital al mismo tiempo que éste fue asignado a un plan sin fundamento empírico. Si el promotor se da cuenta de su error en etapas tempranas, el capi-

68. Ludwig von Mises, *Human action*, p. 560.

tal desperdiciado en comenzar la construcción de 120 casas puede ser muy poco, y un nuevo contratista será capaz de utilizar el resto de ladrillos para erigir noventa viviendas. Si el promotor permanece en la ignorancia hasta que se agota el capital, acabará siendo el dueño de 120 casas a medio construir que no valen nada, ya que nadie pagará por vivir en una casa sin techo.

Cuando el banco central manipula el tipo de interés por debajo del precio de equilibrio de mercado, obligando a los bancos a crear más dinero mediante préstamos, está disminuyendo al mismo tiempo el volumen del ahorro disponible en la sociedad, incrementando la cantidad solicitada por los prestatarios y, también, dirigiendo el capital hacia proyectos que no se pueden concluir. Por consiguiente, cuanto menos sólida sea la forma de dinero y cuanto más fácil sea para los bancos centrales manipular los tipos de interés, más severos serán los ciclos económicos. La realidad monetaria a través de la historia prueba cuánto más graves son los ciclos económicos y las recesiones cuando se ha manipulado la masa monetaria que cuando no se ha manipulado.

Si bien la mayoría de las personas imaginan que las sociedades socialistas son cosa del pasado y que los sistemas de mercado rigen las economías capitalistas, la realidad es que un sistema capitalista no puede funcionar sin un mercado libre de capitales, donde el precio del capital nace de la interacción de la oferta y la demanda, y las decisiones de los capitalistas responden a señales adecuadas en relación con los precios. La interferencia de los bancos centrales en el mercado de capitales es el origen de todas las recesiones y crisis de las que la mayoría de los políticos, periodistas, estudiosos y activistas de izquierda culpan al capitalismo. El mecanismo de precios de los mercados de capitales sólo puede verse dañado mediante la planificación central de la masa monetaria, la cual provoca grandes trastornos en la economía.

Cada vez que un gobierno ha decidido inflar la masa monetaria, no ha habido forma de escapar a las repercusiones negativas. Si los bancos centrales frenan la inflación, las tasas de interés suben, y a ello le sigue una recesión, ya que muchos de los proyectos iniciados se evidencian como deficitarios y tienen que ser abandonados, revelándose así la inadecuada asignación de recursos y de capital que tuvo lugar. Si el banco central decidiera continuar su proceso inflacionario por tiempo indefinido, sólo estaría incrementando la magnitud de los errores en la asignación en la economía, despilfarrando aún más capital y haciendo que la inevitable recesión fuese aún más dolorosa. No hay modo de escapar al pago de la considerable factura que los fanfarrones keynesianos nos endilgaron por el supuesto «todo gratis».

> Ahora sujetamos un tigre por la cola: ¿durante cuánto tiempo podrá continuar esta inflación? Si el tigre (la inflación) queda libre, nos devorará; pero si corre cada vez más rápido mientras nosotros lo sujetamos desesperadamente, ¡seguiremos estando perdidos! Me alegro de no estar aquí para ver el resultado final.
>
> Friedrich Hayek[69]

La planificación de la masa monetaria por parte de los bancos centrales no es posible ni conveniente. La dirigen los más engreídos, quedando el mercado más importante de la economía a las órdenes de las pocas personas que desconocen suficientemente la realidad de una economía de mercado como para creer que pueden planificar de forma centralizada un mercado tan grande, abstracto y emergente como el de capitales. Creer que los bancos centrales pueden «impedir», «combatir» o «gestionar» recesiones es tan descabellado y desacertado como poner a pirómanos e incendiarios al mando del cuerpo de bomberos.

La relativa estabilidad de una moneda sólida, razón por la cual la selecciona el mercado, permite el funcionamiento de un mercado libre mediante la determinación de los precios y la toma de decisiones de forma independiente. Una moneda débil, y cuya oferta se planifique de forma centralizada, no propicia la aparición de señales adecuadas en relación con los precios, porque, por su propia naturaleza, está controlada. Durante siglos de control de precios, los partidarios de la planificación central han intentado encontrar en vano el esquivo mejor precio para alcanzar

69. Friedrich Hayek, *A tiger by the tail*, Laissez-Faire Books, 1983.

los objetivos fijados.[70] La razón por la que debe rechazarse el control de precios no es que los partidarios de la planificación central no puedan escoger el precio adecuado, sino que, por el simple hecho de imponer un valor —el que sea—, evitan que el proceso de mercado permita que los precios coordinen las decisiones de consumo y producción entre los participantes en el mismo, lo que da lugar a la inevitable escasez y a los excedentes. Del mismo modo, la planificación central de los mercados crediticios fracasará porque aniquila los mecanismos de mercado para la determinación de los precios, que proporcionan a los participantes en el mismo las señales e incentivos precisos para gestionar su consumo y producción.

El perfil de fracaso que adopta la planificación central del mercado de capitales es un ciclo de *expansión*-auge-crisis-depresión-recuperación, según se explica en la teoría del ciclo económico austríaca. Por ello, no es de extrañar que esta disfuncionalidad se contemple como una parte normal de las economías de mercado, porque, después de todo, en la cabeza de los economistas modernos, que un banco central controle los tipos de interés es algo normal en una economía de mercado moderna. El historial de los bancos centrales a este respecto ha sido bastante lamentable, sobre todo en comparación con los períodos en los que no había ninguna planificación ni dirección central de la masa monetaria. Instituida en 1914, la Reserva Federal de Estados Unidos fue la responsable de una brusca contracción de las reservas en 1920-1921 y, después, de la quiebra de 1929, cuyas repercusiones se prolongaron hasta finales de 1945. A partir de entonces, las depresiones económicas pasaron a ser una parte dolorosa y habitual de la economía, algo recurrente cada pocos años, lo cual ha proporcionado una justificación a la creciente intervención del gobierno con la excusa de hacer frente a las consecuencias de las mismas.

70. Un recuento histórico (y muy recomendable) de las desastrosas, aunque graciosas, consecuencias del control de precios a través de los siglos se encuentra en el siguiente libro: Robert L. Schuettinger y Eamonn F. Butler, *Forty centuries of price and wage controls: how not to fight inflation*, Ludwig von Mises Institute, Auburn (Alabama), 1979.

Un buen ejemplo de las ventajas de contar con una moneda sólida se puede hallar observando la evolución de la economía suiza, el último bastión del dinero sólido, que mantuvo su divisa vinculada al oro hasta su desafortunada decisión de abandonar su neutralidad y unirse al Fondo Monetario Internacional (FMI) en 1992. Antes de dicha fecha, su tasa de desempleo siempre había sido prácticamente nula, y casi nunca superó el 1 por ciento. Tras su adhesión al FMI, cuyas reglas impiden que los gobiernos vinculen el valor de su divisa al oro, la economía de Suiza comenzó a experimentar los «placeres» del dinero inestable keynesiano, y su tasa de paro aumentó hasta alcanzar algunos años el 5 por ciento, sin bajar casi nunca del 2 por ciento. (Véase el gráfico 13.)

GRÁFICO 13 **Índice de desempleo en Suiza (en porcentaje)**

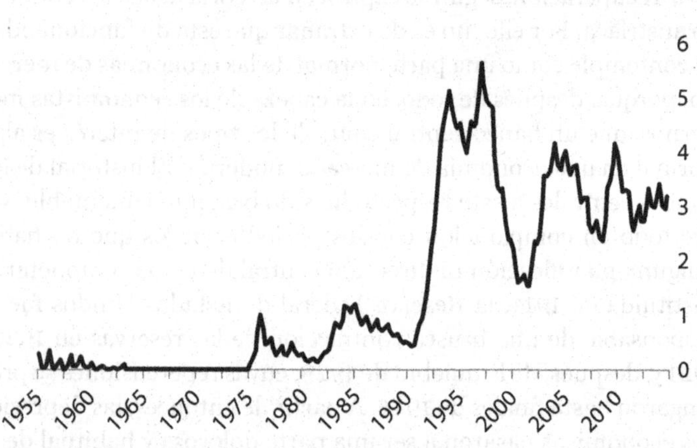

Fuente: FRED Economic Data (<https://fred.stlouisfed.org>).

Al comparar depresiones con períodos del patrón oro, cabe recordar que este último estuvo lejos de ser una forma de moneda sólida en Europa y Estados Unidos durante el siglo XIX, ya que tenía varios defectos; en especial, tales defectos incluían el hecho de que los bancos y los gobiernos podían aumentar con frecuencia su oferta de dinero y crédito más allá del oro contenido en sus reservas, lo cual provocaba expansiones y contracciones similares a las vistas en el siglo xx, aunque en un grado mucho menor.

Teniendo esto presente, podemos hacernos una idea mucho más clara de la historia monetaria moderna que suele enseñarse en los libros de texto desde el aluvión keynesiano. El texto fundacional del pensamiento monetarista es un libro que se considera la obra definitiva de la historia monetaria estadounidense: *A monetary history of the United States, 1867-1960*, de Milton Friedman y Anna Schwartz. El libro, un tomo gigantesco de 888 páginas, es asombroso por su capacidad de aunar un sinfín de hechos, detalles, estadísticas y herramientas de análisis sin ofrecer ni una sola idea al desafortunado lector sobre una cuestión clave: las causas de las crisis financieras y de las recesiones.

El principal fallo del libro de Friedman y Schwartz es típico de la moderna erudición académica: un complejo ejercicio que sustituye el rigor por la lógica. El texto evita de forma sistemática y metódica cuestionar cuáles han sido las causas de las crisis financieras que afectaron a la economía estadounidense durante un siglo, y en cambio atiborra al lector con una investigación excepcional llena de datos, hechos, banalidades e insignificancias.

El argumento principal del libro es que las recesiones son fruto de la falta de una respuesta suficientemente rápida por parte de los gobiernos a las crisis financieras, a una retirada masiva de depósitos bancarios y al colapso deflacionario mediante el incremento de la masa monetaria para volver a inflar el sector bancario. Es típico de la marca de Milton Friedman del liberalismo libertario responsabilizar al gobierno de un problema económico, pero el razonamiento erróneo es que sugiere aún mayor intervención gubernamental como solución. La evidente equivocación en el libro es que los autores no mencionan ni una sola vez qué origina estas crisis financieras, las retiradas masivas de depósitos bancarios y los colapsos deflacionarios de la masa monetaria. Como pudimos ver al examinar la teoría del ciclo económico austríaca, la única causa de una recesión general de la economía es, de entrada, la inflación de la masa monetaria. Libres de la carga de tener que entender el motivo, Friedman y Schwartz pueden entonces recomendar con seguridad la propia causa como remedio: el gobierno tiene que intervenir y recapitalizar con medidas enérgicas el sistema bancario e incrementar la liquidez ante el primer indicio de recesión económica. Con esto ya puede uno comenzar a apreciar por qué los economistas modernos detestan el principio de causalidad lógica; tal principio desacreditaría casi todas sus soluciones.

Friedman y Schwartz sitúan el principio del estudio de su libro en el año 1867, de modo que, al analizar las causas de la recesión de 1873, ignoran por completo el pequeño detalle de la impresión de billetes que llevó a cabo el gobierno estadounidense con el fin de financiar la guerra de Secesión, causa última de la recesión. Y este patrón se repetirá a lo largo de la obra.

Los autores apenas analizan las causas de la recesión de 1893, haciendo alusión a una campaña a favor de la plata debido a que el oro no era suficiente para cubrir las necesidades monetarias de la economía, e inundando luego al lector con datos y curiosidades sobre la recesión de ese año. No mencionan la *Ley Sherman* de compra de plata (Sherman Silver Purchase Act) de 1890, aprobada por el Congreso de Estados Unidos y que obligaba al Tesoro estadounidense a comprar grandes cantidades de plata con una nueva emisión de pagarés del Tesoro. Dado que a esas alturas la plata había sido desmonetizada casi por completo por todo el mundo, las personas que poseían plata o bonos del Tesoro procuraron convertirlos en oro, lo que llevó a una caída en las reservas de oro del Tesoro. Efectivamente, el Tesoro había incurrido en una errónea y enorme dosis de expansionismo monetario mediante el incremento de la masa monetaria para intentar fingir que la plata todavía era dinero. Lo único que consiguió fue devaluar los bonos del Tesoro estadounidense, creando una burbuja financiera que pinchó cuando se aceleraron las retiradas de oro. Cualquier libro de historia que hable sobre este período se lo dejará claro a cualquiera con una somera comprensión de la teoría monetaria, pero Friedman y Schwartz evitan espectacularmente cualquier mención al respecto.

El tratamiento que da el libro a la recesión de 1920 omite la gran dosis de expansión monetaria que tuvo lugar para financiar la entrada de Estados Unidos en la primera guerra mundial.

Aunque no se menciona en su análisis, sus datos[71] indican que hubo un incremento del 115 por ciento en la oferta monetaria entre junio de 1914 y mayo de 1920. Sólo un 26 por ciento de dicho aumento se debió a incrementos en las reservas de oro, lo que significa que el resto estuvo impulsado por el gobierno, los bancos y la Reserva Federal. Ésta fue la causa principal de la depresión de 1920, aunque tampoco se mencione en el libro.

Curiosamente, sin embargo, ignoran por completo la recuperación de la depresión de 1920-1921, que Benjamin Anderson calificó de «última recuperación natural hasta el pleno empleo». Se redujeron los impuestos y el gasto público, y se permitió que los salarios se ajustaran libremente, lo que llevó a un rápido retorno al pleno empleo en menos de un año.[72] Durante la depresión de 1920 se produjo uno de los descensos de la producción más rápidos en la historia de Estados Unidos (una caída del 9 por ciento en diez meses, desde septiembre de 1920 a julio de 1921), así como la recuperación más acelerada. En otras depresiones, en las que keynesianos y monetaristas inyectaron liquidez, incrementaron la masa monetaria y el gasto público, la recuperación fue más lenta.

Si bien todo el mundo trata de aprender la lección de la Gran Depresión, los principales libros de texto económicos nunca mencionan la depresión de 1920, ni intentan entender por qué fue tan rápida la recuperación de la misma.[73] El presidente de Estados Unidos en esa época, Warren Harding, mostró un sólido compromiso con el libre mercado y se negó a atender la petición de los economistas intervencionistas. Se liquidaron las malas inversiones, y se reasignó rápidamente la mano de obra y el capital empleado en las mismas a nuevas inversiones. El desempleo regresó pronto a los niveles normales, precisamente como conse-

71. Véase la tabla 10 en: Milton Friedman y Anna Schwartz, *A monetary history of the United States, 1867-1960*, Princeton University Press, Princeton (Nueva Jersey), 2008, p. 206.

72. Murray Rothbard, *La gran depresión*.

73. Un detallado examen de esta depresión figura en el siguiente libro: James Grant, *The forgotten depression: 1921, the crash that cured itself*, Simon & Schuster, Nueva York, 2014.

cuencia de la ausencia de intervención gubernamental que intensificara las distorsiones que la habían provocado en primer lugar. Esto es todo lo contrario a lo recomendado por Friedman y Schwartz, razón por la cual tampoco se menciona en la obra.

El capítulo más célebre del libro (y el único que todo el mundo parece haber leído) es el séptimo, que se centra en la Gran Depresión. Éste se sitúa justo después del desplome bursátil de 1929, mientras que el capítulo 6 termina en el año 1921. La totalidad del período comprendido entre 1921 y octubre de 1929, que debería contener cualquier causa de la Gran Depresión, no se considera merecedor de una sola página de las 888 de las que consta el libro.

Friedman y Schwartz sólo mencionan de pasada que el nivel de precios no subió demasiado rápido durante la década de 1920, y por consiguiente concluye que el período no fue inflacionario y que las causas de la depresión no pudieron ser inflacionarias. Pero la década de 1920 fue testigo de un rápido crecimiento económico, lo que condujo a una caída de los precios. También hubo una fuerte expansión monetaria provocada por la Reserva Federal de Estados Unidos, que intentó ayudar al Banco de Inglaterra a detener el flujo de oro que escapaba de sus costas (causado a su vez por el mismo Banco de Inglaterra al haber inflado los salarios en vez de permitir que se ajustaran a la baja). El efecto neto de un incremento en la masa monetaria y de un rápido crecimiento económico fue que el nivel de precios no subió mucho, pero el de los activos lo hizo considerablemente, sobre todo el de la vivienda y el de los valores bursátiles; el incremento de la masa monetaria no se tradujo en un aumento de los bienes de consumo, ya que había estado dirigida sobre todo por la Reserva Federal para estimular el mercado de valores y el mercado inmobiliario. La masa monetaria creció un 68,1 por ciento durante el período comprendido entre 1921 y 1929, mientras que las existencias de oro sólo se ampliaron en un 15 por ciento.[74] Es este aumento de las reservas de dólares, más allá de las de oro, la causa fundamental de la Gran Depresión.

74. Murray Rothbard, *America's Great Depression*, p. 186.

Una mención honorífica merece el padre de los monetaristas, Irving Fisher, que dedicó los años veinte a la «administración científica del nivel de precios». Fisher imaginó que, como Estados Unidos estaba ampliando la masa monetaria, su gran acopio de datos y gestión científica le permitirían controlar el crecimiento de la misma, así como el de los precios de los activos, a fin de que el nivel de precios se mantuviera estable. El 16 de octubre de 1929, Fisher proclamó con orgullo en *The New York Times* que el precio de las acciones había alcanzado lo que parecía «una meseta permanentemente alta».[75] El mercado bursátil comenzó su caída el 24 de octubre de 1929, y no sería hasta mediados de la década de 1950, años después de la muerte de Fisher, que el mercado de valores volvería a la «meseta permanentemente alta» que Fisher había anunciado en 1929. Así pues, no es de extrañar que Milton Friedman proclamara después a Irving Fisher como el mejor economista estadounidense de todos los tiempos.

La caída de la bolsa fue consecuencia de la expansión monetaria llevada a cabo durante la década de 1920, la cual generó una enorme burbuja de riqueza ilusoria en el mercado de valores. Fue inevitable que la burbuja pinchara en cuanto la expansión se ralentizó. Después tuvo lugar una espiral deflacionista en la que desapareció toda la riqueza imaginaria de la burbuja. Al desaparecer la riqueza, es inevitable una retirada masiva de fondos de los bancos, al mismo tiempo que éstos acusan grandes dificultades para cumplir con sus obligaciones. Esto evidencia el problema que supone tener un sistema de banca de reserva fraccionaria —que es un desastre inminente—. Habida cuenta de esto, habría sido oportuno que la Reserva Federal garantizara los depósitos de la gente —aunque no que garantizase las pérdidas empresariales ni las bursátiles—. Abandonar a los bancos a su suerte permitiendo que se lleve a cabo la liquidación y que caigan los precios es la única solución. Es cierto que esta medida habría entrañado una dolorosa recesión. ¡Precisamente por eso la expansión monetaria no debería haberse producido nunca! Tratar de evitar una rece-

75. «Fisher Sees Stocks Permanently High», *The New York Times*, 16 de octubre de 1929, p. 8.

sión mediante la inyección de mayor liquidez sólo agudizará las distorsiones que dc entrada provocaron la crisis.

La expansión monetaria creó riqueza ficticia que asignó mal los recursos, opulencia que debe desaparecer para que el mercado vuelva a funcionar como es debido, con un mecanismo de fijación de precios adecuado. Fue esta riqueza irreal lo que, para empezar, provocó el colapso de la economía. Devolver esta riqueza imaginaria a su lugar de origen no es más que volver a montar el castillo de naipes y prepararse para otra caída más grande y más fuerte.

Tras haber despachado sumariamente la época anterior a 1929 como si ésta no fuera relevante para la caída de la bolsa, Friedman y Schwartz concluyen entonces que no fue más que la reacción de la Reserva Federal a la caída del mercado lo que provocó que se convirtiera en una Gran Depresión. Si la Reserva Federal hubiera abierto el grifo del dinero e inundado el sistema bancario con liquidez, sostienen, entonces las pérdidas del mercado de valores hubieran sido insignificantes para la economía en general y no se hubiera producido una importante depresión. El hecho de que en realidad la Reserva Federal fuera expansiva en su respuesta a esta crisis se pasa por alto en la avalancha de datos. Si bien la Fed intentó aliviar la escasez de liquidez en el sector bancario, no pudo detener el hundimiento; no por falta de determinación, sino debido al colapso de toda la economía de inversiones de capital mal asignadas, y también a las políticas intervencionistas analizadas en el capítulo 4.

Tres cuestiones importantes quedan sin respuesta en esta gigantesca obra, lo que muestra un notorio fallo en su razonamiento. Primera cuestión: ¿por qué no se hace ninguna comparación entre las depresiones de 1920 y 1929?; la primera no duró mucho, a pesar de que la Reserva Federal no intervino del modo en que los autores recomiendan. Segunda: ¿por qué Estados Unidos nunca sufrió una crisis económica durante el siglo XIX, época en que no existía ningún banco central, salvo en los dos casos en que el Congreso ordenó al Tesoro que actuara como tal durante la guerra civil, con la impresión de los billetes verdes (*greenbacks*), y en 1890, tras la monetización de la plata? Tercera, y más reveladora: ¿cómo se las arregló Estados Unidos para no sufrir ninguna crisis financiera durante el mayor período de crecimiento económico sostenido entre 1873 y 1890, cuando no había ninguna clase de banco central, la masa monetaria estaba limitada y el nivel de precios seguía bajando?; Friedman y Schwartz sólo mencionan esta época de pasada, señalando que la economía creció de manera impresionante «a pesar» de la caída del nivel de precios, sin molestarse en comentar cómo este hecho se opone abiertamente a su fobia a la caída del nivel de precios.

Como explica Rothbard, no hay nada inherente en el funcionamiento de una economía de mercado que genere un problema persistente de desempleo. Los mecanismos habituales de un mercado libre verá a mucha gente perder o renunciar a su empleo, y a muchos negocios quebrar o cerrar por un gran número de razones, pero esta pérdida de puestos de trabajo quedará más o menos neutralizada con la creación de nuevos puestos y empresas, dando lugar a un insignificante número de personas sin trabajo de forma voluntaria en un momento dado, como sucedió durante los años en que no se abusó del patrón oro en el siglo XIX, y como en el caso de Suiza antes de 1992. Sólo cuando un banco central manipula la masa monetaria y los tipos de interés pueden fraguarse fracasos a gran escala en industrias de la economía al mismo tiempo, provocando oleadas de despidos masivos en sectores completos y dejando sin empleo al mismo tiempo a un gran número de trabajadores con habilidades difíciles de transferir a otro sector u ocupación.[76] Como dijo Hayek: «La causa de las oleadas de desempleo no es el "capitalismo", sino los gobiernos que han impedido a la empresa privada equipararse el derecho a producir buen dinero».[77]

76. Véase: Murray Rothbard, *Economic depressions: their cause and cure*, Ludwig von Mises Institute, Auburn (Alabama), 2009.

77. Friedrich Hayek, *Denationalization of money*, Institute of Economic Affairs, Londres, 1976. Versión castellana de Carmen Liaño, *La desnacionalización del dinero*, Unión Editorial, Madrid, 1983.

Una base sólida para el comercio

En el mundo del dinero sólido, los bienes y el capital circulaban entre los diferentes países casi de la misma manera que lo hacía entre distintas regiones de un mismo país: según los deseos de los legítimos propietarios y en la forma convenida, en un intercambio mutuamente beneficioso. Bajo el áureo de Julio César, o bajo el patrón oro del banco de Ámsterdam del siglo XVII, o bajo el patrón oro del siglo XIX, trasladar físicamente un bien de un lugar a otro era el obstáculo más importante que debía sortear el comercio. Apenas existían las barreras arancelarias y comerciales, y si las había, se limitaban a poco más que a pagar unas cuotas por la gestión y el mantenimiento de los puestos fronterizos y los puertos marítimos

En el pasado, las eras de dinero inestable, como la del feudalismo en Europa o la de la caída del mundo moderno en el nacionalismo monetario, el comercio dejó de ser prerrogativa de las transacciones individuales y empezó a ser un asunto de interés nacional que requería la supervisión de los señores feudales o de los gobiernos que reclamaban la soberanía sobre las mismas. Esta transformación de la naturaleza del comercio ha sido tan irrisoriamente completa que, en el siglo XX, el término «libre comercio» hacía referencia al comercio transfronterizo llevado a cabo entre dos personas en los términos acordados por sus respectivos gobiernos, ¡no por los particulares interesados!

El abandono del patrón oro por parte de la mayoría de los gobiernos en 1914, mediante la suspensión y limitación del intercambio de papel moneda por oro, dio inicio al período al que Hayek denominó «nacionalismo monetario». El valor del dinero dejó de ser una unidad fija de oro, materia prima con la mayor ratio existencias/flujo y, por consiguiente, con la menor elasticidad de los precios de la oferta, con lo cual mantenía un valor previsible y bastante constante. Por el contrario, el valor del dinero oscilaba entonces junto con los vaivenes de las políticas fiscales y monetarias, así como con los del comercio internacional. Los tipos de interés más bajos o el incremento de la masa monetaria menguaban el valor del dinero, al igual que el gasto público financiado por un banco central que presta al gobierno. Si bien estos dos factores dependían nominalmente del control de los gobiernos, que al menos podían engañarse a sí mismos y creer que podían gestionarlos para lograr estabilidad, el tercer factor era resultado, complicado e incipiente, de las acciones de todos los ciudadanos y de numerosos extranjeros. Cuando las exportaciones de un país crecían más que sus importaciones (un superávit comercial), su divisa se apreciaba en los mercados monetarios internacionales, mientras que se depreciaba cuando sus importaciones crecían más que sus exportaciones (déficit comercial). Los responsables políticos, en vez de tomar esto como una señal para dejar de juguetear con el valor del dinero y permitir a la gente la libertad de utilizar como moneda la materia prima menos volátil, lo consideró una invitación a microgestionar los detalles más insignificantes del comercio mundial.

El valor de la moneda, que se supone debería ser la unidad contable con la que se mide y planifica toda la actividad económica, pasó de ser el valor del bien menos volátil en el mercado a estar determinado por la suma de tres instrumentos normativos del gobierno —políticas monetarias, fiscales y comerciales— y, de manera más impredecible, mediante las reacciones de los individuos a estas herramientas. Que los gobiernos decidan establecer la medida de valor tiene tanto sentido como que intentaran dictar la medida de longitud en función de la altura de las personas y edificios de su territorio. Uno sólo puede imaginarse la clase de confusión en la que incurrirían todos los proyectos de ingeniería en caso de que la longitud del metro variara a diario según las decisiones de una oficina de medición oficial.

Sólo la vanidad de los locos puede verse afectada por la modificación de la unidad con la que miden. Hacer el metro más corto tal vez podría llevar a alguien a creer que su casa de 200 m^2 mide en realidad 400 m^2, pero la casa seguiría siendo la misma. Lo único que provocaría esta redefinición del metro sería el menoscabo de la capacidad de los ingenieros para construir o realizar el mantenimiento de las edificicaciones de manera adecuada. Del mismo modo, puede que la devaluación de una moneda haga más rico a un país sólo nominalmente, o puede que incremente el valor nominal de sus exportaciones, pero no hace nada por su prosperidad.

Las economías modernas han formulado «la trinidad imposible» para expresar la difícil situación de los bancos centrales modernos, que establece que ningún país puede alcanzar con éxito los tres objetivos de contar con un tipo de cambio fijo, con libre movimiento de capitales y con una política monetaria autónoma. Con una tasa de cambio fija y libre flujo de capitales, un gobierno no puede sostener también su propia política monetaria, ya que la modificación del tipo de interés hará que el capital entre o salga hasta el punto de que la tasa de cambio se vuelva injustificable; y todos sabemos cuánto valoran las economías modernas tener una política monetaria para «gestionar» la economía. Tener una política monetaria independiente y un tipo de cambio fijo sólo puede lograrse mediante la restricción de los flujos de capital, situación predominante en el período comprendido entre 1946 y 1971. Pero tampoco eso resultaba viable, porque la circulación de mercancías se convirtió en el modo en que las tasas de cambio trataban de corregir el desequilibrio, ya que algunos países exportaban demasiado y otros importaban excesivamente, dando lugar a negociaciones políticas para recalibrar el tipo de cambio. No puede haber motivos racionales para determinar el resultado de estas negociaciones en los organismos internacionales, en los que el gobierno de cada país intenta hacer valer sus intereses particulares y hace lo que haga falta para defenderlos. Después de 1971, el mundo pasó a tener una política monetaria independiente y libre circulación de capitales, pero conservó tipos de cambio flotantes entre divisas.

Este mecanismo tiene la ventaja de permitir jugar a los economistas keynesianos con sus herramientas favoritas para «administrar» economías, al mismo tiempo que mantiene contentos a los organismos financieros internacionales y a los propietarios del capital. También supone una bendición para las grandes instituciones financieras que han generado un mercado de divisas por un valor de billones de dólares al día, en el que se comercian monedas y su futuro. Pero es probable que este acuerdo no beneficie a casi nadie más, en especial a quienes realmente tienen empresas productivas que ofrecen mercancías valiosas para la sociedad.

En un mundo tan globalizado donde los tipos de cambio dependen de una plétora de variables locales e internacionales, dirigir un negocio productivo hace que el desafío sea totalmente innecesario. Es probable que una empresa con éxito tenga entradas y salidas de su negocio que vayan y vengan a numerosos países. Cada decisión de compra y venta está supeditada al tipo de cambio entre los países implicados. En este mundo, una compañía muy competitiva podría sufrir grandes pérdidas sólo por una variación de los tipos de cambio de la que ni siquiera participe su propio país. Si el Estado del principal proveedor de la empresa experimenta un aumento del valor de su moneda, el coste de los insumos podría verse afectado lo suficiente como para acabar con la rentabilidad de la empresa. Lo mismo podría suceder si cae el valor de la divisa del principal mercado al que exporte. Empresas que llevan décadas trabajando con una determinada ventaja competitiva pueden verla desaparecer en quince minutos de impredecible inestabilidad de los tipos de cambio. Suele culparse de ello al libre comercio; del mismo modo que los economistas y los políticos lo utilizarán como excusa para poner en práctica políticas comerciales proteccionistas populares pero nocivas.

Con el libre flujo de capitales y el libre comercio construidos sobre los inestables cimientos de arenas movedizas de tipos de cambio flotantes, un porcentaje mucho más alto de empresas y profesionales del país tienen que preocuparse por las fluctuaciones de la moneda. Todos los negocios deben dedicar recursos y personal al estudio de una cuestión de suma importancia sobre la que no tienen ningún control. Cada vez más personas se dedican a especular con las medidas de los bancos centrales, las administraciones nacionales y las fluctuaciones monetarias. Con el tiempo, este elaborado dispositivo de planificación central, y sus consiguientes rituales, tiende a interferir en la actividad económica. Puede que uno de los hechos más sorprendentes de la economía del mundo actual sea el tamaño del mercado de divisas comparado con la actividad económica productiva. El Banco de

Pagos Internacionales[78] estima que la magnitud del mercado de divisas es de 5,1 billones de dólares al día, a fecha de abril de 2016, lo que serían unos 1.860 billones al año. El Banco Mundial estima el PIB de todos los países del mundo combinados en unos 75 billones de dólares para el año 2016. Esto significa que el mercado de divisas es unas veinticinco veces más grande que toda la producción económica que se lleva a cabo en todo el planeta.[79] Es importante recordar aquí que el cambio de divisas no es un proceso de producción, razón por la cual su volumen no se contabiliza en las estadísticas del PIB. No se crea valor económico en la transferencia de una moneda a otra, no es más que un coste que hay que pagar para superar el gran inconveniente de tener diferentes monedas nacionales para distintos países. Lo que el economista Hans-Hermann Hoppe ha denominado «un sistema mundial de semipermuta»[80] a través de las fronteras internacionales que está debilitando la capacidad de beneficiar a las personas que ostenta el comercio mundial, cobrando una gran cantidad de los costes de transacción en un intento de aminorar sus consecuencias. No sólo el mundo malgasta grandes cantidades de capital y mano de obra intentando superar estas barreras, sino que, con frecuencia, empresas y particulares de todas partes del planeta incurren en pérdidas significativas debido a errores de cálculo económicos causados por las arenas movedizas de la inestabilidad cambiaria.

En un mercado libre para el dinero, la gente elegirá qué divisas quiere utilizar. Escogería aquellas con la mayor ratio fiable existencias/flujo. Esta divisa oscilaría lo mínimo frente a cambios en la demanda y la oferta, y se convertiría en un instrumento de cambio solicitado en todo el mundo, permitiendo realizar

78. Banco de Pagos Internacionales (2016), Encuesta trienal de bancos centrales: cambio de divisas en abril de 2016.

79. Para más información sobre este tema, véase: George Gilder, *The scandal of money: why Wall Street recovers but the economy never does*, Washington, D. C. Regnery Publishing, Washington, D. C., 2016.

80. Hans-Hermann Hoppe, «How is fiat money possible? Or, the devolution of money and credit», *The Review of Austrian Economics*, vol. 7, n.º 2, 1994.

con ella todos los cálculos económicos, y convirtiéndose en una unidad de medida común a través del tiempo y el espacio. Cuanto mayor es la *vendibilidad* de un bien, más apropiado es dicho bien para desempeñar este papel. Los áureos romanos, los sólidos bizantinos o el dólar estadounidense fueron todos ellos ejemplos de esto hasta cierto punto, a pesar de contar con algún inconveniente. La moneda que más se acercó fue el oro en los últimos años del patrón oro internacional, aunque, incluso entonces, algunos países y sociedades mantuvieron la plata u otras formas primitivas de dinero.

Es increíble que, en el año 1900, un empresario pudiera llevar a cabo planes y cálculos económicos a escala mundial expresados en cualquier divisa internacional, sin pensar en absoluto en las fluctuaciones cambiarias, y que, un siglo después, un hombre de negocios equivalente que intente trazar un plan económico transfronterizo se enfrenta a una gama de tasas de cambio muy inestables que le pueden llevar a creer que ha entrado en un cuadro de Salvador Dalí. Cualquier analista cuerdo que examinara este desastre concluiría que lo mejor sería, sencillamente, volver a vincular el valor de la moneda al oro y acabar con este acto de malabarismo, resolviendo así la trinidad imposible al suprimir la necesidad de una política monetaria controlada por el gobierno y tener libre circulación de capitales y libre comercio. Esto generaría estabilidad económica de inmediato y dejaría libre una gran cantidad de capital y recursos para la producción de mercancías valiosas y de servicios, en vez de especular con las complejas fluctuaciones de los tipos de cambio.

Por desgracia, sin embargo, los responsables del presente sistema monetario tienen un interés personal en que continúe, y, por lo tanto, han preferido intentar encontrar formas de gestionarlo y modos aún más creativos de vilipendiar y desestimar el patrón oro. Esto es del todo comprensible, dado que sus puestos de trabajo dependen de que el gobierno tenga acceso a una imprenta para recompensarlos.

La combinación de tipos de cambio flotantes y de ideología keynesiana ha dado a nuestro mundo el actual fenómeno de las guerras de divisas: como el análisis keynesiano dice que el incremento de las exportaciones conduce a un aumento del PIB, y éste es el santo grial del bienestar económico, de ello se deduce —en la mente de los keynesianos— que todo aquello que fomenta las exportaciones es bueno. Como una moneda devaluada abarata las exportaciones, cualquier país que enfrente una desaceleración económica puede impulsar su PIB y el empleo a través de la devaluación de su moneda y del aumento de las exportaciones.

Hay muchos fallos en esta concepción del mundo. Reducir el valor de la moneda no contribuye en nada a aumentar la competitividad de la industria en términos reales. En cambio, tal reducción sólo aplica un descuento único a sus productos, lo cual acaba generando que tales productos les sean ofrecidos a los extranjeros a precios más bajos que a los nacionales, subvencionando así a la gente de fuera. También abarata todos los activos del país para los extranjeros, permitiéndoles llegar y adquirir tierra, capital y recursos a bajo precio. En un orden económico liberal, no hay nada de malo en que los foráneos compren activos locales, pero en uno keynesiano se les subvenciona de forma activa para que vengan a comprar el país con descuento. La historia de la economía muestra asimismo que las economías de mayor éxito de la posguerra, como la alemana, la japonesa y la suiza, aumentaron de forma considerable sus exportaciones al mismo tiempo que sus monedas continuaron apreciándose. No necesitaron recurrir a una constante devaluación de la divisa para incrementar sus exportaciones; desarrollaron una ventaja competitiva que hizo que sus productos fueran demandados en todo el mundo, lo que a su vez provocó que sus monedas se apreciaran en comparación con la de sus socios comerciales, incrementando la riqueza de su población. Es contraproducente para los países que importan de los mismos pensar que pueden impulsar sus exportaciones sólo mediante la devaluación de su moneda. Estarían destruyendo la riqueza de su pueblo con sólo permitir que los extranjeros lo compren a un precio reducido. No es casualidad que los países que han visto devaluarse más sus monedas durante la posguerra fueran también los que sufrieron un estancamiento y un declive económicos.

Pero, incluso si todos estos problemas derivados de la devaluación como vía para alcanzar la felicidad fueran inexactos, hay una razón muy simple por la que esa vía no puede funcionar: si lo hiciese, y si todos los países la probaran, todas las divisas se devaluarían, y ninguna nación tendría ventaja sobre las otras; lo que nos lleva a la situación actual en la economía mundial, en la que la mayoría de los gobiernos tratan de devaluar su moneda para impulsar las exportaciones, y todas ellas se quejan de la «injusta» manipulación de la divisa que llevan a cabo las otras. En efecto, los países empobrecen a sus ciudadanos para estimular sus exportaciones e incrementar las cifras del PIB, y se quejan cuando otros hacen lo mismo. La ignorancia económica sólo es equivalente a la falaz hipocresía de los políticos y economistas que repiten sus frases como loros. Se celebran cumbres económicas internacionales en las que los líderes tratan de negociar una aceptable devaluación de la moneda de los otros, lo que convierte el valor de una divisa en una cuestión de importancia geopolítica.

Nada de esto sería necesario si el mundo se basara en un sistema monetario sólido que funcionase como unidad contable y medida de valor internacional, que permitiera a productores y consumidores de todo el mundo tener una valoración precisa de sus gastos e ingresos, y que alejara la rentabilidad económica de la política gubernamental. Una moneda fuerte —al apartar la cuestión de la oferta de manos de los gobiernos y de sus propagandistas económicos— forzaría a todos a ser productivos para la sociedad, en vez de buscar enriquecerse mediante la insensatez de la manipulación monetaria.

Capítulo 7

Dinero sólido y libertad individual

> Los gobiernos creen que [...] cuando hay que elegir entre un impuesto impopular y un gasto muy popular, tienen una salida: el camino hacia la inflación. Esto retrata el problema de alejarse del patrón oro.
>
> LUDWIG VON MISES[81]

En un sistema monetario sólido, el gobierno tenía que funcionar de un modo que resulta inimaginable para las generaciones que crecieron con la prensa del siglo XX: tenían que ser fiscalmente responsables. Sin un banco central capaz de incrementar la circulación de dinero para saldar la deuda pública, los presupuestos gubernamentales tenían que obedecer las reglas ordinarias de responsabilidad financiera que se aplican a todo organismo normal saludable, reglas que el nacionalismo monetario ha intentado suprimir y la enseñanza estatal ha tratado de enmascarar.

A los que vivimos hoy día, educados con la propaganda de los gobiernos omnipotentes del siglo XX, a menudo nos resulta difícil imaginar un mundo en el que la libertad y la responsabilidad individuales prevalecen sobre la autoridad de los gobiernos. Sin embargo, ése era el estado del mundo durante los períodos de mayor avance y libertad humanos: el gobierno se limitaba a proteger las fronteras nacionales, la propiedad privada y las libertades individuales, a la vez que le dejaba a los individuos un margen muy amplio de libertad para tomar sus propias decisiones y obtener beneficios o asumir los costes. Empecemos por exami-

81. Citado en: Bettina Bien Greaves, *Ludwig von Mises on money and inflation: a synthesis of several lectures*, Ludwig von Mises Institute, Auburn (Alabama), 2010.

nar de forma crítica la cuestión de si es necesario que el gobierno gestione la masa monetaria en primer lugar, antes de pasar a estudiar las consecuencias de lo que ocurre cuando así lo hace.

¿Debería el gobierno gestionar la masa monetaria?

La estafa fundamental del mundo moderno es la idea de que el gobierno tiene que gestionar la oferta de dinero. Se trata de una premisa inicial incuestionable de todas las escuelas económicas dominantes de pensamiento y de los partidos políticos. No existe la más mínima evidencia en el mundo real que apoye esta opinión, y cualquier intento por gestionar la masa monetaria ha acabado en una catástrofe financiera. La gestión de la oferta de dinero es el problema disfrazado que se hace pasar por su solución; el triunfo de la esperanza emocional sobre la terca razón; la raíz del todo gratis que los políticos venden a los ingenuos votantes. Funciona como una droga muy adictiva y destructiva, como la metanfetamina o el azúcar: al principio provoca una euforia preciosa, haciendo creer a sus víctimas que son invencibles, pero en cuanto desaparece el efecto, el bajón es devastador y hace que la víctima pida más. Es aquí cuando uno ha de tomar la dura decisión: o sufrir los efectos de la abstinencia que supone poner fin a la adicción o meterse otro chute, retrasar un día el ajuste de cuentas y sufrir los daños a largo plazo.

Para los economistas keynesianos y marxistas, y otros defensores de la teoría estatal del dinero, el dinero es aquello que el Estado diga que es dinero, y, por lo tanto, es competencia del mismo hacer con él lo que le venga en gana, lo que de forma inevitable supondrá imprimirlo para alcanzar los objetivos del Estado. Así pues, el objetivo de la investigación económica es decidir la mejor manera de aumentar la masa monetaria y con qué propósitos. Pero, el hecho de que el oro se haya empleado como dinero durante miles de años, desde antes de que se inventaran los Estados nación, desmiente rotundamente esta teoría. El hecho de que los bancos centrales aún guarden grandes cantidades de reservas de oro y sigan acumulándolo refleja la naturaleza constante del oro como moneda, pese a que ningún gobierno lo promulgue. Pero, con independencia de las objeciones históricas que puedan tener los defensores de la teoría estatal del dinero respecto a estos datos, su teoría ha desaparecido de nuestra vista en la última década debido al éxito y al crecimiento continuados de Bitcoin, que ha alcanzado rango monetario y se ha revaluado superando a la mayoría de las monedas respaldadas por los Estados, debido tan solo a su fehaciente *vendibilidad*, a pesar de que ninguna autoridad encomiende su uso como moneda.[82]

En la actualidad existen dos grandes corrientes de pensamiento económico dominantes y autorizadas por los gobiernos: la keynesiana y la monetarista. Si bien estas dos escuelas tienen metodologías y marcos analíticos muy dispares —y aunque libren una encarnizada lucha académica acusándose mutuamente de no preocuparse de los pobres, la infancia, el medio ambiente, la desigualdad o la palabra que esté de moda en ese momento—, ambas coinciden en dos verdades incuestionables: la primera es que el gobierno tiene que aumentar la masa monetaria. Y la segunda es que ambas escuelas merecen más financiación pública para continuar investigando los «grandes interrogantes», que son realmente importantes, lo cual las llevará a encontrar medios cada vez más creativos para llegar a la primera verdad.

Es importante conocer los distintos fundamentos de estas dos escuelas de pensamiento para entender cómo ambas pueden llegar a la misma conclusión y estar del mismo modo equivocadas. Keynes fue un malogrado inversor y estadista que nunca llegó a estudiar economía, pero que contaba con tan excelentes contactos dentro de la clase dominante británica que la vergonzosa tontería que escribió en su obra más famosa, *Teoría general de la ocupación, el interés y el dinero*, enseguida se elevó a la categoría de verdad fundacional de la macroeconomía. Su teoría empieza con la hipótesis (completamente infundada e injustifi-

82. Jon Matonis, «Bitcoin obliterates "The state theory of money"», *Forbes*, 2 de abril de 2013. Disponible en: <https://www.forbes.com/sites/jonmatonis/2013/04/03/bitcoin-obliterates-the-state-theory-of-money/#24684b6c2274>. [Consulta: 14/05/2018]

cada) de que el sistema de medición más importante a la hora de determinar el estado de la economía es el nivel de gasto total en la sociedad. Cuando la sociedad en su conjunto consume mucho, el gasto motiva a los productores a crear más productos, de ahí que se le dé trabajo a más gente y se logre el equilibrio del pleno empleo. Si el gasto se eleva demasiado, por encima de la capacidad de los productores de mantener el ritmo, se podría propiciar una inflación y una subida del nivel general de precios. Por otro lado, cuando una sociedad gasta demasiado poco, los productores reducen su producción, despidiendo a los trabajadores y aumentando el desempleo, lo que da lugar a una recesión.

Las recesiones, según Keynes, se deben a reducciones abruptas en el nivel total de gasto. A Keynes no se le daba muy bien el concepto de causalidad, y tampoco las explicaciones lógicas, así que nunca se molestó en explicar por qué de repente podían caer los niveles de gasto, y, en lugar de eso, acuñó otra de sus famosas expresiones desmañadas y sin sentido para ahorrarse el fastidio de tener que dar una explicación. La culpa de ello la veía en el desfallecimiento de los «espíritus animales». A día de hoy, nadie sabe con exactitud qué son los espíritus animales ni por qué podían flaquear de un momento a otro, pero eso, sin duda, sólo ha provocado que toda una industria doméstica de economistas financiados por el Estado haya hecho carrera intentando explicarlos o buscando datos del mundo real que puedan relacionarse con ellos. Esa investigación ha sido muy buena para las carreras académicas, pero, en realidad, no tiene ningún valor para nadie que trate de entender los ciclos económicos. Dicho sin rodeos, la psicología popular no puede sustituir la teoría del capital.[83] Libre de las restricciones de tener que encontrar el motivo de la recesión, Keynes puede recomendar de buena gana la solución que está vendiendo. Siempre que tiene lugar una recesión, o un aumento del nivel de desempleo, la causa es una caída en el nivel total de gasto, y la solución que tiene el gobierno es estimular el

83. Y, en la teoría del capital, no se pueden aceptar imitaciones de la teoría austríaca del capital, como sostienen Böhm-Bawerk, Mises, Hayek, Rothbard, Huerta de Soto y Salerno, entre otros.

mismo, lo que a su vez incrementará la producción y reducirá el paro. Existen tres maneras de estimular el gasto total: aumentar la masa monetaria, incrementar el gasto público o reducir los impuestos. Esto último está, por lo general, mal visto entre los keynesianos. Se percibe como el método menos efectivo, porque la gente no gastará todos los impuestos que no tienen que pagar; parte de ese dinero será ahorrado, y Keynes aborrecía el ahorro. El ahorro reduciría el gasto, y reducir el gasto es lo peor que uno pueda imaginar en una economía que trata de recuperarse. Era función del gobierno imponer una mayor preferencia temporal a la sociedad gastando más o imprimiendo dinero. Dado que es complicado subir los impuestos durante una época de recesión, el gasto público se traduciría efectivamente en aumentar la masa monetaria. Así pues, éste era el santo grial keynesiano: cuando la economía no llegaba al nivel del pleno empleo, un aumento del flujo de dinero solucionaba el problema. No tiene sentido preocuparse por la inflación, porque, como Keynes había «demostrado» (o, más bien, asumido, y sin fundamento alguno), la inflación sólo tiene lugar cuando el gasto es demasiado elevado, y, como el desempleo es alto, esto significa que el gasto es demasiado bajo. Puede haber consecuencias con el tiempo, pero no merece la pena preocuparse por las mismas a largo plazo, porque, «a la larga, todos estaremos muertos»,[84] como muy bien

84. John M. Keynes, *A tract on monetary reform*, Macmillan, Londres, 1923. Versión castellana de Carlos Rodríguez Braun en *Breve tratado sobre la reforma monetaria; Escritos (1910-1944)*, Fundación ICO y Síntesis, Madrid, 2009. Merece la pena señalar el rechazo actual por parte de los keynesianos de la interpretación de esta cita como la preocupación de Keynes por el presente a costa del futuro. En cambio, keynesianos como Simon Taylor sostienen que significa que Keynes prioriza la lucha contra el desempleo de forma inmediata en lugar de preocuparse por la distante amenaza de la inflación. Esta defensa, por desgracia, sólo sirve para demostrar que los discípulos actuales de Keynes son tan cortoplacistas como él, e igualmente desconocedores de la realidad fundamental de que son precisamente las políticas inflacionistas las que provocan en primer lugar el desempleo. Véase: Simon Taylor, «The true meaning of "in the long run we are all dead", entrada de blog, 5 de mayo de 2013. Disponible en: <https://www.simontaylorsblog.com/2013/05/05/the-true-meaning-of-in-the-long-run-we-are-all-dead/>. [Consulta: 14/05/2018]

expresaba la defensa más famosa que hacía Keynes de la irresponsabilidad libertina de una mayor preferencia temporal.

Sin duda, la perspectiva keynesiana de la economía no se corresponde en nada con la realidad. Si hubiera algo de verdad en el modelo de Keynes, de él se desprendería necesariamente que no puede haber ningún ejemplo de sociedad con una elevada tasa de inflación y desempleo al mismo tiempo. Pero, en la práctica, esto ha ocurrido en numerosas ocasiones, sobre todo en Estados Unidos en la década de 1970, cuando, pese a las garantías dadas por los economistas keynesianos en sentido contrario, y a que toda la clase dirigente estadounidense —desde el presidente Nixon hasta Milton Friedman, el «economista del libre mercado»— adoptó el dicho «ahora todos somos keynesianos» cuando el gobierno se encargó de eliminar el desempleo con una mayor inflación; pero el paro siguió aumentando a medida que ésta se disparaba, destrozando la teoría de que existe una compensación entre ambos. En cualquier sociedad sana se deberían haber eliminado las ideas de Keynes de los libros de economía y haberlas relegado al reino del humor académico, pero, en una sociedad donde el gobierno controla en gran medida el mundo universitario, los textos continuaron predicando el mantra keynesiano que justificaba imprimir cada vez más dinero. Tener la capacidad de imprimir dinero, literal y figuradamente, incrementa el poder de cualquier gobierno, y cualquier gobierno busca todo lo que le dé más poder.

La otra gran escuela de pensamiento económico que cuenta con el apoyo de los gobiernos en nuestra época es la escuela monetarista, cuyo padre intelectual es Milton Friedman. Los monetaristas deben considerarse como las esposas maltratadas de los keynesianos: están ahí para ofrecer una versión preliminar débil y suavizada del argumento del mercado libre para crear la ilusión de un ambiente de debate intelectual, y también para ser refutados de forma constante y general, y evitar así con seguridad que los intelectualmente curiosos piensen de verdad en el libre mercado. El porcentaje de economistas que en realidad son monetaristas es minúsculo comparado con el de keynesianos, aunque se les da demasiado margen para expresar sus ideas, como si hubiera dos lados iguales. Los monetaristas, en su mayor parte, están de acuerdo con los keynesianos en las premisas básicas de los modelos de estos últimos, pero encuentran detalladas, sofisticadas y nimias objeciones matemáticas a algunas de las conclusiones del modelo, cuyas excepciones siempre les llevan a sugerir un papel un tanto reducido de los gobiernos en la macroeconomía, lo que enseguida los descarta como malvada escoria capitalista sin corazón que no se preocupa por los pobres.

Los monetaristas se oponen en general a los esfuerzos keynesianos por gastar dinero para erradicar el desempleo, alegando que el efecto sobre el mismo será eliminado a largo plazo y que, al mismo tiempo, provocará inflación. Por el contrario, prefieren recortar los impuestos para estimular la economía, porque sostienen que el libre mercado distribuirá mejor los recursos que el gasto público. Si bien el debate sobre el recorte impositivo frente al incremento del gasto sigue adelante, la realidad es que ambas políticas dan lugar a un aumento del déficit público que sólo puede financiarse con deuda monetarizada, incrementando efectivamente el flujo de capital. Sin embargo, el principio fundamental del pensamiento monetarista se refiere a la necesidad acuciante de los gobiernos de impedir colapsos en la masa monetaria y/o caídas en el nivel de precios, lo cual ven como la fuente de todos los problemas económicos. Una disminución en el nivel de precios, o *deflación*, como les gusta llamarla a monetaristas y keynesianos, provocaría que la gente retuviera su dinero, reduciendo así el consumo, provocando un aumento del desempleo y dando lugar a una recesión. Lo más preocupante para los monetaristas es que la deflación suele ir acompañada de colapsos en los balances del sector bancario, y, debido a que ellos también sienten aversión por entender la causa y el efecto, de ello se deduce que los bancos centrales deben hacer todo lo posible por evitar que nunca se produzca una deflación. Para el trato canónico de por qué los monetaristas tienen tanto miedo a la deflación, véase una declaración, de 2002, del que fue director de la Reserva Federal entre 2006 y 2014, Ben Bernanke, titulada «Deflation: making sure "it" doesn't happen here» («Deflación:

asegurando que "eso" no pase aquí»).[85] La suma total de la contribución de estas dos escuelas de pensamiento es el consenso transmitido en las clases universitarias de macroeconomía de todo el mundo: que el banco central debería dedicarse a ampliar el flujo de capital a un ritmo controlado para animar a la población a gastar más y, por tanto, para mantener el nivel de desempleo suficientemente bajo. Si un banco central contrae el flujo de capital, o si no lo aumenta de forma adecuada, entonces puede darse una espiral deflacionaria, lo que disuade a la gente de gastar su dinero y, en consecuencia, daña el empleo y provoca una desaceleración económica.[86] La naturaleza de este debate es tal que la mayoría de los economistas convencionales y los libros de texto ni siquiera consideran la cuestión de si, en realidad, la masa monetaria debería incrementarse o no, dando por supuesto que su aumento es un hecho y discutiendo la manera en que los bancos centrales deben gestionar el mismo y dictar sus tipos. El credo de Keynes, que en la actualidad es célebre en todo el mundo, manifiesta que el consumo y el gasto satisfacen las necesidades inmediatas. Con la ampliación constante del flujo de dinero, la política monetaria de los bancos centrales quita atractivo al ahorro y a la inversión, y motiva así a la gente a ahorrar e invertir menos a la vez que consume más. El impacto real de esto es la cultura generalizada del consumo ostentoso, donde la gente vive sus vidas para comprar cantidades cada vez mayores de basura que no necesita. Cuando la alternativa a gastar dinero es ver cómo los ahorros van perdiendo valor con el tiempo, resulta mejor disfrutar gastándolo antes de que ese dinero pierda su valor. Las decisiones financieras de la gente también se reflejan en todos los demás aspectos de su personalidad, generando una mayor preferencia temporal en todos los aspectos de la vida: la depre-

85. Bernanke, Ben S., «Deflation: making sure "it" doesn't happen here», declaraciones previas al encuentro del National Economists Club, Washington, D. C., 21 de noviembre de 2002.

86. Véase Campbell McConnell, Stanley Brue y Sean Flynn, *Economics: principles, problems, and policies*, New York: McGraw-Hill/Irwin, Nueva York, 2009, p. 535.

ciación de la moneda lleva a ahorrar menos, a solicitar más préstamos, a que haya más cortoplacismo en la producción económica y en las iniciativas artísticas y culturales y, tal vez lo que resulta más perjudicial, al agotamiento de los nutrientes del suelo, lo que conduce a niveles aún más bajos de nutrientes en la comida. Frente a estas dos escuelas de pensamiento se encuentra la tradición clásica de la economía, que es la culminación de cientos de años de erudición en todo el mundo. Hoy conocida comúnmente como la escuela austríaca, en honor a la gran generación de economistas de Austria en su época dorada anterior a la primera guerra mundial, esta tradición se basa en la labor de los clásicos economistas escoceses, franceses, españoles, árabes y de la Antigua Grecia a la hora de explicar su comprensión de la economía. A diferencia de la fijación keynesiana y monetarista con el riguroso análisis numérico y la sofistería matemática, la escuela austríaca presta especial atención a establecer una comprensión de los fenómenos de una manera causal y a deducir de manera lógica las implicaciones a partir de axiomas manifiestamente ciertos.

La teoría austríaca del dinero postula que éste surge en un mercado como la mercancía más comercializable y el activo más vendible, el único cuyos titulares pueden vender con mayor facilidad, en condiciones favorables.[87] Un activo que conserva su valor es preferible a uno que lo pierde, y los ahorradores que quieran elegir un medio de cambio se sentirán atraídos por activos que mantengan el valor a lo largo del tiempo como activos monetarios. Los efectos de red implican que, con el tiempo, sólo uno o varios valores pueden convertirse en instrumentos de cambio. Para Mises, la ausencia de control por parte del gobierno es una condición necesaria para la solidez del dinero, ya que los gobiernos tendrán la tentación de depreciar sus divisas siempre que empiecen a acumular riqueza cuando los ahorradores inviertan en la misma. Al imponer un tope fijo a la oferta total de bitcoins, como se expone en el capítulo 8, es evidente que a Nakamoto no le convencieron los argumentos de los libros de macroeconomía

87. Carl Menger, «On the origins of money», 1892.

normativos y que estuvo más influenciado por la escuela austríaca, que sostiene que la cantidad de dinero en sí es irrelevante, que cualquier masa monetaria es suficiente para dirigir una economía de cualquier tamaño, porque las unidades monetarias son infinitamente divisibles y porque lo único que importa es el poder adquisitivo en términos de bienes y servicios reales, y no su cantidad numérica. Como dijo Ludwig von Mises:[88]

> Los servicios que el dinero proporciona vienen condicionados por el poder adquisitivo del mismo. Nadie pretende poseer un específico número de monedas o un determinado saldo dinerario; lo que se pretende es disponer de un cierto poder adquisitivo. Comoquiera que el propio funcionamiento del mercado tiende a fijar el poder adquisitivo del dinero a aquel nivel al cual la oferta y la demanda del mismo se igualan, nunca puede haber ni exceso ni falta de dinero. Sea grande o pequeña la cantidad total de dinero existente, todas y cada una de las personas operantes disfrutan plenamente de las ventajas que puedan derivarse del cambio indirecto y de la existencia del dinero [...]. Los servicios que el dinero proporciona, sin embargo, no pueden ser ni mejorados ni empeorados variando las existencias monetarias [...]. Sea cual fuere la cuantía de las existencias dinerarias, son éstas siempre suficientes para que todos disfruten de los servicios que el dinero puede procurar y efectivamente rinde.

Murray Rothbard coincide con Mises:[89]

> Un mundo en el cual la oferta monetaria fuera constante sería similar al que existió en gran parte de los siglos XVIII y XIX, caracterizados por el florecimiento de la revolución industrial, junto con la creciente inversión de capitales que incrementó la oferta de bienes, y con la caída tanto de los precios de esos bienes como de los costes de producción.

88. Ludwig von Mises, *Human action*, p. 241.
89. Murray Rothbard, «The Austrian theory of money», en Edwin G. Dolan (ed.), *The foundations of modern Austrian economics*, Sheed and Ward, Kansas City, 1976, pp. 160-184.

Según la perspectiva austríaca, si la oferta de dinero es fija, el crecimiento económico provocará que caigan los precios de los bienes y servicios reales, permitiéndole a la gente en el futuro comprar cantidades cada vez mayores de bienes y servicios con su dinero. Un mundo así desalentaría en realidad el consumo inmediato, como temen los keynesianos, pero fomentaría el ahorro y la inversión de cara al futuro, donde puede registrarse más consumo. Para una escuela de pensamiento sumida en la preferencia temporal es comprensible que Keynes no pudiera concebir que el impacto del aumento del ahorro en el consumo en cualquier momento actual está más que compensado por el incremento del gasto provocado por el aumento del ahorro del pasado. Una sociedad que aplaza permanentemente el consumo acabará en realidad siendo una sociedad que gastará más a largo plazo que una sociedad con bajo nivel de ahorro, ya que la sociedad con escasa preferencia temporal invierte más, produciendo de este modo más ingresos para sus miembros. Incluso con un mayor porcentaje de sus ingresos destinado al ahorro, las sociedades con menor preferencia temporal terminarán teniendo niveles más altos de consumo a largo plazo, así como unas mayores reservas de capital.

Si la sociedad fuera una niña participante en el test experimental de la golosina que se mencionó en el capítulo 5, la economía keynesiana buscaría alterar el experimento para que la espera (el no comer el primer dulce que se le da) castigue a la niña quitándole media golosina en vez de darle otra más, haciendo que el concepto de autocontrol y baja preferencia temporal parezca contraproducente. Satisfacer los placeres inmediatos es la manera de proceder económicamente más probable, lo cual se reflejará luego en la cultura y en la sociedad en su conjunto. La escuela austríaca, por otra parte, al abogar por una moneda sólida, reconoce la realidad de la compensación que la naturaleza ofrece a los seres humanos, y así, si la niña espera, obtendrá una mayor recompensa, contentándola a largo plazo, animándola a posponer su satisfacción inmediata para aumentarla posteriormente.

Cuando se reconoce el valor del dinero, la gente suele ser mucho más exigente con su consumo y ahorrar una parte importante de sus ingresos para el futuro. La cultura del consumo ostentoso, de comprar como terapia, de tener que cambiar a todas horas tonterías de plástico barato por otras más nuevas..., esta cultura no tendrá cabida en una sociedad con una moneda cuyo valor se aprecie con el tiempo. Semejante mundo hará que la gente desarrolle una menor preferencia temporal, ya que sus decisiones pecuniarias guiarán sus acciones hacia el futuro, enseñándoles a valorarlo cada vez más. Así pues, podemos ver cómo esta sociedad suscitaría no sólo que la gente ahorrara e invirtiera más, sino que también conseguiría que se orientara moral, artística y culturalmente al futuro a largo plazo.

Una moneda que se aprecia incentiva el ahorro, ya que éste adquiere poder adquisitivo con el tiempo. Por lo tanto, fomenta el consumo diferido, dando como resultado menor preferencia temporal. Por otra parte, una moneda que se deprecia en valor hace que los ciudadanos estén constantemente intentando obtener rendimientos para vencer la inflación, retornos estos cuya consecución entraña cierto riesgo, lo cual lleva a un aumento de la inversión en proyectos arriesgados y a una mayor tolerancia al riesgo entre los inversores, panorama que da lugar a un aumento de las pérdidas. Las sociedades con una divisa con valor estable desarrollan, por lo general, una menor preferencia temporal, y aprenden a ahorrar y a pensar en el futuro, mientras que las sociedades con una elevada inflación y una economía que va devaluándose desarrollarán una alta preferencia temporal, ya que la gente pierde de vista la importancia de ahorrar y se concentra en el disfrute inmediato.

Además, una economía cuya moneda se revaloriza será testigo de la inversión solamente en proyectos que ofrezcan un rendimiento real positivo sobre la tasa de apreciación del dinero, lo que significa que sólo tenderán a obtener fondos aquellos proyectos de los que se espera aumenten las existencias de capital de la sociedad. Por el contrario, una economía con una moneda que se deprecia anima a los individuos a invertir en proyectos que ofrecen rendimientos positivos en lo que respecta a la moneda que se deprecia, pero rendimientos reales negativos. Los proyectos que vencen la inflación pero no ofrecen rendimientos reales positivos reducen de manera eficaz las existencias de capital de la sociedad, pero, aun así, representan una alternativa racional para los inversores, porque reducen su capital más despacio que la moneda que se deprecia. Estas inversiones son lo que Ludwig von Mises llama malas inversiones: proyectos e inversiones nada rentables que sólo lo parecen durante el período de inflación y de tasas de interés artificialmente bajas, y cuya falta de rentabilidad quedará expuesta en cuanto baje la inflación y suban los intereses, lo cual provoca la fase de colapso en el ciclo de burbuja y pinchazo. Como dice Mises: «El *boom* despilfarra en torpes inversiones los siempre escasos factores de producción, reduciendo, por un exceso de consumo, las disponibilidades de capital; sus supuestas bendiciones tienen el coste del efectivo empobrecimiento de las masas».[90]

Esta exposición ayuda a explicar por qué los economistas de la escuela austríaca son más favorables al empleo del oro como moneda, mientras que los keynesianos tradicionales apoyan la emisión por parte del gobierno de dinero elástico que se pueda ampliar a petición de éste. Para los keynesianos, el que los bancos centrales de todo el mundo funcionen con dinero fiduciario prueba la superioridad de sus ideas. Para los austríacos, por otro lado, el que los gobiernos tengan que recurrir a medidas coercitivas que prohíben el oro como moneda y obliguen al pago con dinero fíat es al mismo tiempo prueba de la inferioridad del mismo y de su incapacidad de triunfar en el mercado libre. Es también la causa fundamental de todas las burbujas y pinchazos de los ciclos económicos. Mientras los economistas keynesianos no tienen otra explicación de por qué se producen las recesiones que el argumento de los «espíritus animales», los economistas de la escuela austríaca han desarrollado la única teoría coherente que explica la causa de los ciclos económicos: la teoría austríaca del ciclo económico.[91]

90. Ludwig von Mises, *Human action*, p. 575.

91. Véase: Murray Rothbard, *Economic depressions: their cause and cure*, Ludwig von Mises Institute, Auburn (Alabama), 2009.

El dinero poco sólido y la guerra permanente

Como se ha dicho en el capítulo 4 sobre la historia del dinero, no fue casualidad que la época del dinero controlado por el banco central se inaugurara con la primera guerra mundial de la historia de la humanidad. Hay tres razones principales que conducen a que exista una relación entre el dinero inestable y la guerra. La primera es que una moneda poco sólida representa en sí misma una barrera al comercio entre los países, ya que distorsiona el valor entre los mismos y hace de los flujos comerciales un asunto político, creando hostilidad y enemistad entre gobiernos y poblaciones. La segunda es que el gobierno, al tener acceso a la impresión de dinero, se permite continuar luchando hasta destruir por completo el valor de su divisa, y no sólo hasta quedarse sin dinero. Con una moneda fuerte, las actividades bélicas del gobierno se veían limitadas por los impuestos que podía recaudar. Con una moneda débil, el gobierno se ve restringido por cuánto dinero puede crear antes de destruir su moneda, lo que les permite apropiarse de la riqueza con mayor facilidad. Y en tercer lugar, los individuos con dinero sólido desarrollan una menor preferencia temporal, lo que les permite pensar más en la cooperación que en el conflicto, como se indicó en el capítulo 5.

Cuanto mayor sea la magnitud del mercado en el que los individuos puedan negociar, más especializada será su producción, y mayores serán sus beneficios derivados del comercio. La misma cantidad de fuerza de trabajo invertida trabajando en una economía primitiva de diez personas llevaría a un nivel de vida material mucho más bajo que si se hubiera gastado dentro de un mercado más grande de mil o un millón de personas. El individuo moderno que vive en una sociedad de libre comercio puede trabajar unas pocas horas al día en un empleo muy especializado, y con el dinero que obtiene puede comprar los bienes que quiera de cualquier productor del planeta que los fabrique al menor coste y con la mejor calidad. Para apreciar los beneficios derivados del comercio que repercuten en cada uno de nosotros, imaginémonos intentando vivir siendo autosuficientes. La supervivencia básica se convertiría en una ardua tarea para cualquiera de nosotros, ya que emplearíamos nuestro tiempo de forma ineficiente e infructuosa tratando de dotarnos de lo más elemental para la supervivencia.

El dinero es el medio por el que se lleva a cabo el comercio, y es la única herramienta por la que se puede ampliar dicho comercio más allá del ámbito de las pequeñas comunidades con estrechas relaciones personales. Para que funcione el mecanismo de fijación de precios, éstos tienen que expresarse en una forma sólida de dinero en la comunidad que comercia con él. Cuanto mayor es el área donde se utiliza una moneda común, más fácil es el comercio y mayor alcance tiene en esa zona. El comercio entre los pueblos crea una coexistencia pacífica que despierta un interés personal por la prosperidad en cada individuo participante. Cuando las comunidades usan diferentes tipos de dinero inestable, el comercio se vuelve más complicado, ya que los precios cambian debido a los varios y variables valores de las monedas, lo cual hace que las condiciones de intercambio sean impredecibles y que el hecho de planificar la actividad económica a través de las fronteras sea muchas veces contraproducente.

Al estar predispuestos a centrarse en el futuro, los individuos con menor preferencia temporal son menos propensos a entrar en conflictos que aquellos con una orientación sesgada por el presente. El conflicto, por naturaleza, es destructivo; y, en la mayoría de los casos, las personas inteligentes y orientadas al futuro entienden que no hay ganadores en un conflicto violento, porque es probable que éstos sufran más pérdidas que si sólo se hubieran abstenido de participar en el mismo desde un principio. Las sociedades civilizadas funcionan basándose en la premisa de que la gente respeta la voluntad del otro, y si hay discordias intentan solucionarlas de forma pacífica. En caso de no encontrarse una solución amistosa, es más posible que las personas tomen caminos diferentes y se eviten en lugar de continuar agitando la situación y permanecer inmersas en la disputa. Esto ayuda a explicar por qué las sociedades prósperas y civilizadas por lo general no presencian tantos delitos, enfrentamientos ni violencia.

Los países que utilizan una moneda sólida tienen más probabilidades de ser pacíficos, o de haber limitado el conflicto entre ellos, porque ésta establece limitaciones reales a la capacidad de los gobiernos de financiar sus operaciones militares. En la Europa del siglo XIX, los reyes que querían luchar entre sí tenían que subir los impuestos a la población para financiar sus ejércitos. A largo plazo, esta estrategia sólo podía resultar rentable para quienes utilizaran su ejército a la defensiva, no a la ofensiva. Las acciones militares defensivas siempre tienen una ventaja frente a las de carácter ofensivo, porque quien se defiende lucha por su propio territorio, junto a su pueblo y contando con sus líneas de aprovisionamiento. Un monarca que centrara al ejército en la acción defensiva vería que sus ciudadanos estarían dispuestos a pagar impuestos para defenderse del invasor extranjero. Pero es muy probable que un monarca que se dedicara a prolongadas aventuras extranjeras para enriquecerse tuviera que hacer frente al resentimiento de su población y asumir unos costes importantes para luchar contra otros ejércitos en su propio país.

Esto nos puede ayudar a explicar por qué el siglo XX fue el más mortífero de la historia documentada. El Informe sobre Desarrollo Humano de las Naciones Unidas de 2005[92] analiza la muerte en conflictos de los últimos cinco siglos, y llega a la conclusión de que el siglo XX fue el más mortal. Incluso cuando las grandes naciones europeas fueron a la guerra entre sí en la era del patrón oro, por lo general las contiendas fueron breves y se libraron en campos de batalla entre ejércitos profesionales. En el siglo XIX, una importante guerra europea fue la guerra franco-prusiana de 1870-1871, que duró nueve meses y dejó cerca de ciento cincuenta mil muertos, más o menos el recuento medio semanal de la segunda guerra mundial, financiada por el abundante dinero de los gobiernos del siglo XX. Con el patrón oro limitándoles financiar la guerra con impuestos, los gobiernos europeos tuvieron que tener sus gastos preparados antes de la batalla, emplearlos en preparar a sus ejércitos de la manera más eficaz posible e intentar conseguir una victoria decisiva. En cuanto el rumbo de la batalla empezaba a ponerse en contra de

92. «Informe sobre Desarrollo Humano 2005», Programa de las Naciones Unidas para el Desarrollo (PNUD), Nueva York, 2005.

uno de los ejércitos, resultaba una batalla logística y económicamente perdida intentar aumentar los impuestos para rearmar al ejército y revertir la situación; era mejor intentar negociar la paz con las menores pérdidas posibles. Las guerras más letales del siglo XIX fueron las napoleónicas, que se llevaron a cabo antes de la adopción formal del patrón oro en el continente, después de los insensatos experimentos de la Revolución francesa con la inflación. (Véase la tabla 5.)

TABLA 5 **Muertes en conflicto en los últimos cinco siglos**

Los conflictos se cobran cada vez más vidas humanas

Período	**Muertes en conflictos (millones)**	**Población mundial a mediados del siglo (millones)**	**Muertes en conflictos como proporción de la población mundial (%)**
Siglo XVI	1,6	493,3	0,32
Siglo XVII	6,1	579,1	1,05
Siglo XVIII	7,0	757,4	0,92
Siglo XIX	19,4	1.172,9	1,65
Siglo XX	109,7	2.519,5	4,35

Fuente: «Informe sobre Desarrollo Humano 2005», Programa de las Naciones Unidas para el Desarrollo.

En este momento existe un gran número de empresas en las economías desarrolladas especializadas en negocios relacionados con conflictos armados, empresas que, por tanto, dependen de que se perpetúen las guerras para seguir en el negocio. Viven en exclusiva del gasto gubernamental, y toda su existencia depende de que haya permanentemente guerras que exijan un gasto en armamento cada vez mayor. En Estados Unidos, cuyo gasto en defensa casi iguala a la suma del resto del planeta, a estas industrias les resulta de especial interés mantener al gobierno estadounidense implicado en una u otra modalidad de aventura militar. Esto, más que cualquier otra operación estratégica, cultural, ideológica o de seguridad, explica por qué Estados Unidos ha participado en tantos conflictos en regiones del mundo que tal vez no tengan ninguna consecuencia en la vida del estadounidense medio. El dinero inestable es lo único que hace que estas empresas alcancen unas dimensiones tales que las hagan capaces de influir en la prensa, en el mundo académico y en los institutos de investigación *(think tanks)* para que éstos no dejen de tocar los tambores de más guerras.

Gobierno limitado contra gobierno omnipotente

En su monumental historia de cinco siglos de la civilización occidental, *Del amanecer a la decadencia*, Jacques Barzun identifica el final de la primera guerra mundial como el punto de inflexión crucial donde empieza la decadencia, la desintegración y la destrucción de Occidente. Tras este conflicto, Occidente sufrió lo que Barzun denomina «el gran cambio», la sustitución del liberalismo por la liberalidad, el impostor reclamando su lugar, pero en realidad siendo justamente lo contrario.[93]

> El liberalismo triunfó con el presupuesto de que el mejor gobierno es el que menos gobierna; ahora, en todas las naciones occidentales, la sabiduría política ha reformulado este ideal de libertades para convertirlo en liberalidad. La transformación ha producido un desorden semántico.

Mientras el liberalismo sostenía que el papel del gobierno consistía en permitir a sus ciudadanos vivir en libertad, es decir, disfrutar de los beneficios —y sufrir las consecuencias— de sus acciones, la liberalidad implicaba la radical idea de que correspondía al gobierno dejar que los individuos complacieran todos sus deseos a la vez que los protegía de las consecuencias. Social, económica y políticamente, la función del gobierno era reinterpretada como el genio que concede deseos, y la población sólo tenía que votar lo que quería para que se cumplieran.

93. Jacques Barzun, *From dawn to decadence: 500 years of Western cultural life - 1500 to the present*, HarperCollins, Nueva York, 2000. Versión castellana de Jesús Cuéllar y Eva Rodríguez Halffter, *Del amanecer a la decadencia: 500 años de vida cultural en Occidente (de 1500 a nuestros días)*, Taurus, Madrid, 2001.

El historiador francés Élie Halévy denominó como «era de las tiranías» a la que dio comienzo después de 1914 con la primera guerra mundial, cuando las grandes potencias del mundo se desplazaron hacia la nacionalización económica e intelectual. Nacionalizaron los medios de producción y adoptaron los modos sindicalista y corporativista de organización societaria, sin dejar de reprimir ideas consideradas como contrarias al interés nacional, así como fomentando el nacionalismo en lo que llamó «la organización del entusiasmo».[94]

Esta concepción liberal clásica de gobierno sólo es posible en un mundo con dinero sólido, que actuaba como una restricción natural contra el autoritarismo y la extralimitación del gobierno. Siempre y cuando éste tuviera que gravar con impuestos a la población para financiar sus operaciones, tenía que restringir las mismas a lo que los ciudadanos consideraran tolerable. Los gobiernos tenían que mantener un presupuesto equilibrado manteniendo siempre el consumo dentro de los límites de los ingresos de los impuestos. En una sociedad con una moneda sólida, el gobierno depende del consentimiento de su población para financiar sus operaciones. Cada nueva propuesta de acción del gobierno tenía que pagarse por adelantado con impuestos o con la venta de bonos del Estado a largo plazo, lo que proporcionaba a la población una medida más exacta del verdadero coste de esta estrategia, que fácilmente podrían comparar con los beneficios. Un gobierno en busca de financiación para legitimar la defensa nacional, así como proyectos de infraestructura, no tendría mucho problema a la hora de imponer impuestos y vender bonos a sus ciudadanos, que verían los beneficios ante sus ojos. Pero un gobierno que aumenta los impuestos para financiar el fastuoso estilo de vida del monarca engendrará un resentimiento masivo entre su pueblo, poniendo en peligro la legitimidad de su reinado y tornándolo aún más precario. Cuanto más onerosas sean la tributación y las imposiciones del gobierno, más probable es que la población se niegue a pagar impuestos, que haga que suban los

94. Élie Halévy y May Wallas, «The age of tyrannies», *Economica* (nuevas series), vol. 8, n.º 29, febrero de 1941, pp. 77-93.

costes de la recaudación de impuestos de forma significativa o que se subleve contra el gobierno y lo sustituya, ya sea mediante votación o con las armas.

Así, el dinero sólido imponía una dosis de honestidad y transparencia a los gobiernos, restringiendo su autoridad dentro de unos límites convenientes y tolerables para la población. Permitía una contabilidad honesta de los costes y beneficios de las acciones en toda la sociedad, así como la responsabilidad económica necesaria para que cualquier organización, individuo o ser vivo prosperara en la vida: el consumo debe venir después de la producción.

En cambio, una moneda inestable permite a los gobiernos comprar lealtad y notoriedad invirtiendo en la consecución de objetivos populares sin tener que presentar la factura a su pueblo. Lo único que el gobierno tiene que hacer es aumentar la masa monetaria para financiar algún plan disparatado que se le ocurra, y el verdadero coste de dichos planes únicamente se dejará sentir en la población en los años venideros, cuando la inflación de la misma haga que los precios suban, momento en el cual se puede culpar con facilidad de la destrucción del valor de la moneda a múltiples factores, que por lo general tienen que ver con algún vil complot de extranjeros, banqueros, minorías étnicas locales o gobiernos anteriores o futuros. El dinero inestable es una herramienta especialmente peligrosa en manos de los modernos gobiernos democráticos que se enfrentan a la constante presión de la reelección. Es poco probable que los votantes actuales favorezcan a los candidatos que sean honestos acerca de los costes y los beneficios de sus planes; es mucho más factible que opten por los sinvergüenzas que prometen el oro y el moro y culpan de la factura a sus predecesores o a alguna infame conspiración. De este modo, la democracia se convierte en un delirio masivo de personas que intentan hacer caso omiso de las normas de la economía votando el «todo gratis» y siendo manipuladas para que ataquen violentamente a chivos expiatorios cada vez que llega la factura de la jarana en forma de inflación y recesiones económicas.

El dinero inestable se encuentra en la base de la ilusión moderna que han creído la mayoría de votantes y los desdichados que estudian macroeconomía moderna en el ámbito universitario: que los actos del gobierno no tienen costes de oportunidad y que el gobierno puede actuar con una varita mágica omnipotente para conformar la realidad que desee. Ya sea la reducción de la pobreza, la imposición de la moralidad, el sistema sanitario, la educación, las infraestructuras, la reforma de las instituciones económicas y políticas de otros países, o ir contra las reglas de la oferta y la demanda para cualquier bien emocionalmente importante, la mayor parte de los ciudadanos modernos vive en un paraíso delirante donde nada de esto tiene costes reales, y en el que lo único que se necesita para lograr estos objetivos es tener «voluntad política», «fuerte liderazgo» y que no haya corrupción. El dinero inestable ha eliminado la noción de los compromisos y los costes de oportunidad en la mente de los individuos que piensan en los asuntos públicos. Al ciudadano medio le sorprenderá que le recuerden lo asombrosamente obvio: su político favorito no podrá obtener de la nada y sin ningún coste todas esas buenas cosas que desea, ni tampoco su adversario. Tendrán que proporcionarlas personas de verdad, personas que tengan que levantarse por la mañana y pasar días y años esforzándose para conseguir lo que quieran, negándose a ellos mismos la oportunidad de trabajar en otras cosas que tal vez prefieran producir. Aunque nunca ha salido elegido un político por reconocer esta realidad, la urna electoral no puede revocar la fundamental escasez de tiempo humano. Siempre que los gobiernos deciden ofrecer algo, la producción económica no aumenta; simplemente significa más planificación central de la producción económica con consecuencias predecibles.[95]

El dinero inestable era una bendición para los tiranos, los regímenes represivos y los gobiernos ilegítimos, ya que les permitía evitar la realidad de los costes y beneficios incrementando la masa monetaria para financiar antes que nada sus iniciativas, y dejando que la población asumiera más tarde las consecuencias

95. Murray Rothbard, «The end of socialism and the calculation debate revisited», *The Review of Austrian Economics*, vol. 5, n.º 2, 1991.

cuando veían que se evaporaba su riqueza y su poder adquisitivo. La historia está repleta de ejemplos de cómo los gobiernos con la prerrogativa de crear dinero de la nada han abusado casi siempre de este privilegio volviéndolo contra su propio pueblo.

Al hacer un recuento de los tiranos más horribles de la historia, no resulta casual descubrir que cada uno de ellos aplicó un sistema de dinero emitido por el gobierno que no dejaba de inflarse para financiar las operaciones gubernamentales. Existe una muy buena razón por la que Lenin, Stalin, Mao Zedong, Adolf Hitler, Maximilien Robespierre, Pol Pot, Benito Mussolini, Kim Jong Il y muchos otros famosos políticos criminales gobernaron en épocas de dinero inestable emitido por el gobierno que podían imprimir a discreción para financiar su megalomanía genocida y totalitaria. Y es por la misma razón que esas mismas sociedades que vieron nacer a estos asesinos en masa no produjeron a nadie cercano a su nivel de criminalidad cuando éstas funcionaban bajo sistemas monetarios fuertes que exigían que los gobiernos aplicaran impuestos antes de gastar el dinero. Ninguno de estos monstruos llegó a abolir el dinero sólido para financiar sus masacres. La destrucción del dinero sólido había llegado antes, aclamado con fantásticas historias de superación relacionadas con la infancia, la educación, la liberación de los obreros y el orgullo patrio. Pero una vez dinamitada la moneda sólida, a estos facinerosos les resultó muy fácil hacerse con el poder y tomar el mando de todos los recursos de la sociedad incrementando el suministro de dinero inestable.

El dinero débil hace que el poder gubernamental sea en potencia ilimitado, lo cual trae importantes consecuencias para cada individuo, ya que eso sitúa la política en el primer plano de la vida de la gente y redirige gran parte de la energía y de los recursos de la sociedad al juego de suma cero de quién llega a gobernar y cómo. El dinero sólido, en cambio, convierte la forma de gobierno en un asunto con consecuencias limitadas. Una democracia, república o monarquía, están limitadas por el dinero fuerte, lo que permite a la mayoría de los individuos un alto grado de libertad en su vida personal.

Tanto en la economía soviética como en la capitalista, la idea de un gobierno «que dirija» o «gestione» la economía para alcanzar objetivos económicos se considera algo bueno y necesario. Merece la pena volver aquí a las opiniones de John Maynard Keynes para entender las motivaciones del sistema económico que propone, con el que ha tenido que lidiar la humanidad en las últimas décadas. En uno de sus escritos breves menos conocidos, «The end of laissez-faire», Keynes desarrolla su concepción de cuál debería ser el papel del gobierno en la sociedad. El economista expresa su oposición al liberalismo y al individualismo, lo que es de esperar, pero también presenta las razones de su discrepancia con el socialismo al afirmar:

> El socialismo de Estado del siglo XIX procede de Bentham, la libre competencia, etc., y es una versión, en algunos aspectos más clara, y en otros más confusa, de la misma filosofía en la que se basa el individualismo decimonónico. Ambos ponen igualmente todo su énfasis en la libertad, el uno en negativo, para evitar las limitaciones de la libertad existentes, el otro en positivo, para destruir los monopolios naturales o adquiridos. Son reacciones diferentes a la misma atmósfera intelectual.

El problema de Keynes con el socialismo, por tanto, es que el fin último de éste era incrementar la libertad individual. El objetivo final no debería centrarse en asuntos triviales como la libertad individual, sino con que el gobierno controle los aspectos de la economía a su antojo. Describe tres escenarios en los que considera que el papel del gobierno es fundamental. El primero, «el control deliberado del dinero y del crédito por medio de una institución central», es la convicción que sentó las bases de la banca central moderna. El segundo, y relacionado con el anterior, se expresa en la creencia de Keynes de que el papel del gobierno era decidir «en qué medida es deseable que la comunidad, como un todo, ahorre, en qué medida esos ahorros deben ir al exterior en forma de inversiones extranjeras y si la organización actual del mercado de inversión distribuye los ahorros por los canales más productivos para el país»; y añade: «No creo que estos asuntos tengan que dejarse enteramente al arbitrio de la opinión y de los beneficios privados, como ahora». Y el tercero y último es que Keynes pensaba que la función del gobierno se refiere «a que cada país necesita una política nacional meditada sobre qué tamaño de la población, mayor, igual o menor que el actual, es más conveniente»; a lo cual añade: «Y habiendo establecido esta política, debemos tomar las providencias para desarrollarla. Puede llegar el tiempo, un poco más adelante, en que la comunidad como un todo deba prestar atención tanto a la cualidad innata como a las simples cifras de sus futuros miembros».[96]

En otras palabras, la idea keynesiana de Estado, de la que derivan las doctrinas de la banca central moderna ampliamente compartidas por todos los banqueros centrales, y que da forma a la inmensa mayoría de libros de economía del mundo, surge de un hombre que quería la dirección del gobierno en dos importantes aspectos de la vida: en primer lugar, el control del dinero, el crédito, el ahorro y las decisiones en materia de inversión, lo que significaba la centralización totalitaria de la asignación y destrucción de capital de la empresa privada libre, volviendo a los individuos absolutamente dependientes del gobierno para su supervivencia básica; y en segundo lugar, el control de la cantidad y la calidad de la población, lo cual significa eugenesia. A diferencia de los socialistas, Keynes no pretendía este nivel de control sobre los individuos para alcanzar una mayor libertad a largo plazo, sino más bien desarrollar a su antojo una visión más grandiosa de la sociedad. Mientras que los socialistas quizá tuvieran la decencia de al menos pretender querer esclavizar al hombre por su propio bien, para liberarlo en el futuro, Keynes quería la esclavitud gubernamental en sí misma, como fin último. Esto puede ayudar a explicar por qué Murray Rothbard dijo: «Hay una cosa buena sobre Marx, y es que al menos no era un keynesiano».[97]

96. John M. Keynes, «The end of laissez-faire», en *Essays in Persuasion*, pp. 272-295. Versión castellana de Jordi Pascual, «El fin del *laissez-faire*», en *Ensayos de persuasión*, Crítica, Barcelona, 1988.

97. Murray Rothbard, «A conversation with Murray Rothbard», *Austrian Economics Newsletter*, vol. 11, n.º 2, verano de 1990, pp. 1-5. Versión castellana

Si bien esta concepción podría apelar a los idealistas encerrados en su torre de marfil que creen que sólo dará resultados positivos, en realidad esto conduce a la destrucción de los mecanismos de mercado necesarios para que tenga lugar la producción económica. En un sistema semejante, el dinero deja de funcionar como un sistema de información para la producción, y pasa más bien a ser un programa de lealtad gubernamental.

La tendencia a la malversación

En el capítulo 3 se explicaba cómo el hecho de que una mercancía adquiera un rol monetario incentiva a la gente a producir más de esa misma mercancía. Una moneda que pueda ser producida con facilidad se traducirá en más recursos económicos y tiempo humano dedicados a su producción. Como el dinero no se adquiere por sus propiedades, sino para ser intercambiado por otros bienes y servicios, su poder adquisitivo es importante, no así su cantidad absoluta. No existe por tanto ningún beneficio de carácter social procedente de ninguna actividad que aumente la oferta de dinero. Por ello, en el mercado libre, cualquier cosa que asuma un papel monetario tendrá una ratio existencias/flujo elevada y fiable: la nueva masa monetaria es pequeña comparada con la oferta general existente. Esto garantiza que se dedique la menor cantidad posible del trabajo de la sociedad y de los recursos de capital a producir más medios monetarios, y que, en vez de eso, se destine a la producción de bienes y servicios útiles cuya cantidad absoluta, a diferencia de la del dinero, sí importa. El oro se convirtió en el principal patrón monetario mundial porque su nueva producción era siempre un insignificante porcentaje de la oferta existente, lo que convirtió los yacimientos auríferos en un negocio muy incierto y poco rentable, forzando que, cada vez más, el trabajo y el ca-

---

de Nicolás Cachanosky, «La ciencia de la libertad: una entrevista con Murray Rothbard», *La Escuela Austríaca en el Siglo XXI, Fundación F. A. Hayek*, revista digital, n.º 8, 2008, pp. 3-14.

pital mundial se destinara a la producción de bienes no monetarios.

Para John Maynard Keynes y Milton Friedman, uno de los principales atractivos de abandonar el patrón oro era la reducción en los costes de su extracción que se derivaría de pasar al papel moneda emitido por los gobiernos, cuyo coste de producción es mucho menor que el del oro. No sólo no comprendieron que se destinan muy pocos recursos a su producción en comparación con otros bienes cuya oferta puede inflarse con mayor facilidad, sino que, además, subestimaron enormemente los costes reales para la sociedad de una forma de dinero cuya oferta puede ampliarse por la voluntad de un gobierno expuesto a políticas democráticas y con intereses específicos. El coste real no está en el coste directo de ponerse a imprimir dinero, sino en el de toda la actividad económica a la que se renuncia como recursos productivos, al estar ésta persiguiendo el dinero emitido por el gobierno en lugar de dedicarse a la producción económica.

La creación del crédito inflacionario se puede entender como un ejemplo generalizado en la sociedad de lo que el economista John Kenneth Galbraith[98] denominó «el *bezzle*»[99] en su libro sobre la Gran Depresión. Conforme se disparaba la expansión del crédito en la década de 1920, las empresas fueron contando con exceso de dinero, y para la gente fue más fácil desfalcar el mismo de distintas maneras. Mientras sigue fluyendo el crédito, las víctimas no son conscientes, y en la sociedad se crea la ilusión del aumento de la riqueza ya que tanto la víctima como el desfalcador piensan que tienen el dinero. La creación de crédito por parte de los bancos centrales provoca auges insostenibles que permiten la financiación de proyectos deficitarios y facilitan seguir consumiendo recursos sobre actividades improductivas.

En un sistema monetario sólido, cualquier negocio que so-

98. John Kenneth Galbraith, *Great crash, 1929,* Houghton Mifflin, Boston (Massachusetts), 1997. Versión castellana de Ángel Abad Silvestre, *El* crash *de 1929*, Ariel, Barcelona, 2007.

99. Aumento imaginario de la riqueza que se produce en el tiempo que va desde la comisión de un desfalco hasta el descubrimiento del mismo. *(N. de la t.)*

brevive lo hace ofreciéndole valor a la sociedad, recibiendo unos ingresos más altos por sus productos que los costes que genera por sus insumos. El negocio es productivo porque transforma los insumos de un determinado precio de mercado en artículos con un precio mayor. Cualquier compañía que elabore productos de menor valor que sus insumos quebraría, sus recursos se liberarían para ser utilizados por otras empresas más productivas en lo que el economista Joseph Schumpeter denominó «destrucción creativa». No puede haber beneficio en un mercado libre sin el riesgo real de pérdida, y todo el mundo está obligado a poner la carne en el asador: el fracaso es siempre una posibilidad real, y puede ser costoso. Sin embargo, el dinero inestable emitido por el Estado puede detener este proceso manteniendo a las empresas improductivas en estado moribundo, pero no realmente vivas —el equivalente económico de los zombis o los vampiros—, aprovechando los recursos de las empresas vivas y productivas para fabricar cosas de menos valor que los recursos necesarios para elaborarlas. Crea así una nueva casta social que existe de acuerdo a reglas diferentes a las que rigen para todos los demás, que no tienen ningún interés en el proceso. Al no hacer frente a la prueba del mercado, quedan aislados de las consecuencias de sus actos. Esta nueva casta existe en todos los sectores económicos apoyados por el dinero gubernamental.

No es posible calcular con precisión qué tanto por ciento de la actividad económica de la economía del mundo moderno se destina a perseguir el dinero impreso por el gobierno en lugar de a producir bienes y servicios útiles para la sociedad, pero podemos hacernos una idea de ello viendo qué empresas y sectores sobreviven porque tienen éxito en la prueba del mercado libre y cuáles viven únicamente gracias a la generosidad del gobierno, ya sea fiscal o monetaria.

El apoyo fiscal es el método de creación de zombis más sencillo de detectar. Cualquier empresa que reciba apoyo directo del gobierno, así como la inmensa mayoría de las compañías que viven de vender sus productos al sector público, son efectivamente zombis. Si éstas fueran productivas para la sociedad, los individuos libres habrían invertido gustosos su dinero en pagar por sus productos. El que no puedan salir adelante con pagos voluntarios demuestra que son una carga y no un activo productivo para la sociedad.

Pero la manera más perniciosa de creación de zombis no es mediante los pagos directos del gobierno, sino a través del acceso al crédito con un tipo de interés bajo. Puesto que la moneda fiduciaria ha socavado lentamente la capacidad de ahorro de la sociedad, las inversiones de capital ya no proceden de los fondos de los ahorradores, sino de la deuda creada por el gobierno, lo que devalúa las tenencias de efectivo existentes. En una sociedad con una moneda sólida, cuanto más ahorra una persona, más capital es capaz de acumular y más puede invertir, lo que significa que los propietarios de capital suelen ser aquellos con menor preferencia temporal. Pero, cuando el capital llega de la creación de crédito estatal, los concesionarios de capital ya no son los orientados al futuro, sino los miembros de distintas agencias burocráticas.

En el mercado libre con dinero estable, los propietarios de capital escogen asignar su capital a las inversiones que consideran más productivas, y pueden utilizar bancos de inversión para gestionar este proceso de asignación. El método recompensa a las empresas que prestan un mejor servicio a los clientes, y a los inversores que las identifican, mientras que penaliza los errores. En un sistema de dinero fiduciario, sin embargo, el banco central es, de facto, responsable de la totalidad del proceso de asignación del crédito. Controla y supervisa los bancos que asignan capital, establece los criterios de admisibilidad del préstamo e intenta cuantificar los riesgos de una manera matemática que ignora cómo funcionan los riesgos del mundo real. La prueba del mercado libre queda suspendida cuando la dirección de crédito del banco central puede anular la realidad económica de pérdidas y ganancias.

En el mundo del dinero fiduciario, tener acceso a las espitas del dinero del banco central es más importante que servir a los clientes. Las empresas que pueden conseguir crédito a un tipo de interés bajo para operar tendrán una ventaja constante sobre los competidores que no pueden. Los criterios para triunfar en el mercado están cada vez más relacionados con poder garantizar la financiación a tipos de interés más bajos que a prestar servicios a la sociedad.

Este sencillo fenómeno explica en gran parte la realidad económica moderna, como, por ejemplo, el gran número de industrias que hacen dinero pero no producen nada de valor para nadie. Las agencias gubernamentales son el mejor ejemplo de ello, y la notoriedad mundial que se granjearon debido a la incompetencia de sus empleados sólo puede interpretarse en clave de financiación del *bezzle* que las sufraga estando completamente separadas de la realidad económica. En vez de pasar la dura prueba de éxito en el mercado sirviendo a los ciudadanos, las agencias gubernamentales se examinan a sí mismas y concluyen de forma invariable que la respuesta a todos sus fracasos radica en más financiación. No importa el nivel de incompetencia, negligencia o fracaso, las agencias y empleados gubernamentales rara vez llegan a enfrentarse a las verdaderas consecuencias. Incluso después de que se haya eliminado la justificación de la existencia de una agencia gubernamental, ésta continuará operando y encontrando más deberes y responsabilidades. En Líbano, por ejemplo, sigue habiendo una dirección para el servicio ferroviario décadas después de que los trenes fueran retirados del servicio y las vías se oxidaran hasta caer en la irrelevancia.[100]

En un mundo globalizado, el *bezzle* no está restringido a las organizaciones gubernamentales nacionales, sino que ha crecido para incluir a las internacionales, una fuga de tiempo y esfuerzo mundialmente reconocido sin beneficio concebible para nadie excepto para los que trabajan en ellas. Al estar alejadas de los contribuyentes que las financian, estas organizaciones hacen frente a menos controles si cabe que las organizaciones gubernamentales nacionales, y con aún menos transparencia y un enfoque más flexible hacia los presupuestos, los plazos y el trabajo.

El mundo académico es otro buen ejemplo, ya que en él los

100. Para más información sobre este tema, véase: James M. Buchanan y Gordon Tullock, *The calculus of consent: logical foundations of constitutional democracy,* University of Michigan Press, Ann Arbor (Míchigan), 1962.

estudiantes pagan tasas cada vez más desorbitadas para entrar en las universidades sólo para que les enseñen profesores que emplean muy poco tiempo y esfuerzo a instruirlos y orientarlos, centrándose sobre todo en publicar estudios incomprensibles para conseguir becas estatales y ascender en el escalafón corporativo-académico. En un mercado libre, los profesores universitarios tendrían que aportar valor enseñando o escribiendo cosas que la gente en realidad lea, y de cuya lectura saque provecho. Pero el artículo académico medio no lo lee apenas nadie más que aquellos que pertenecen al pequeño círculo de profesores de cada disciplina, que se conceden becas entre sí e imponen las normas del pensamiento colectivo y las conclusiones con motivación política enmascaradas de rigor académico.

El libro de texto de economía más famoso e influyente del período de posguerra lo escribió el premio Nobel Paul Samuelson. En el capítulo 4 vimos cómo Samuelson predijo que el final de la segunda guerra mundial provocaría la mayor recesión en la historia del mundo, sólo por el hecho de seguir a uno de los mayores auges de la historia de Estados Unidos. Pero la cosa se pone mejor: Samuelson escribió el libro de economía más popular de la posguerra, *Economía*, que ha vendido millones de copias a lo largo de más de seis décadas.[101] Levy y Peart[102] estudiaron las diferentes versiones del libro de texto de Samuelson para descubrir que presentaba continuamente el modelo de economía soviética como más propenso al crecimiento económico, prediciendo en la cuarta edición, de 1961, que la economía de la Unión Soviética superaría a la de Estados Unidos en algún momento entre 1984 y 1997. Estos pronósticos continuaron haciéndose cada vez con mayor fiabilidad a lo largo de siete ediciones de dicho libro de texto, hasta la undécima edición, de 1980, con estimaciones que variaban la fecha en que se produciría ese adelantamiento. En la

101. Mark Skousen, «The perseverance of Paul Samuelson's economics», *Journal of Economic Perspectives*, vol. 11, n.° 2, 1997, pp. 137-152.

102. David Levy y Sandra Peart, «Soviet growth and American textbooks: an endogenous past», *Journal of Economic Behavior & Organization*, vol. 78, n.ºs 1-2, abril de 2011, pp. 110-125.

decimotercera edición, publicada en 1989, que llegó a las mesas de los universitarios mientras la Unión Soviética empezaba a desmoronarse, Samuelson y su entonces coautor William Nordhaus escribieron: «La economía soviética es prueba de que, en contra de lo que creyeron muchos escépticos mucho antes, una economía con control socialista puede funcionar e incluso prosperar».[103] Tampoco se limitaba esto a un libro de texto, puesto que Levy y Peart muestran que tales consideraciones fueron comunes en las muchas ediciones del que probablemente sea el segundo libro de texto de economía más popular, *Curso básico de economía: principios, problemas y política*, de Campbell R. McConnell, así como en muchos otros libros de texto. Cualquier estudiante que aprendiera economía en la época de posguerra en una universidad con el plan de estudios estadounidense (la mayoría de los estudiantes del mundo) aprendía que el modelo soviético era un modelo más eficiente de organizar la actividad económica. Incluso después del colapso y fracaso total de la Unión Soviética, continuaron enseñándose los mismos libros de texto en las mismas universidades, con nuevas ediciones donde desaparecían las grandiosas proclamas sobre el éxito soviético, sin cuestionar el resto de su visión económica del mundo y las herramientas metodológicas. ¿Cómo es posible que se siga enseñando con libros de texto que fracasaron de forma tan evidente? ¿Y cómo es posible que la concepción keynesiana del mundo, tan inservible tras ser salvajemente atacada por la realidad durante las últimas siete décadas —desde el *boom* que siguió a la segunda guerra mundial hasta la estancamiento de la década de 1970 y hasta el colapso de la Unión Soviética— todavía se enseñe en las universidades? El decano de la economía keynesiana actual, Paul Krugman, ha llegado a escribir lo bueno que sería una invasión alienígena para la economía, ya que obligaría a los gobiernos a gastar y movilizar recursos.[104]

En un sistema económico de libre mercado, ninguna univer-

103. Mark Skousen, *op. cit.*

104. Paul Krugman, «Secular stagnation, coalmines, bubbles, and Larry Summers», *The New York Times*, 16 de noviembre de 2003.

sidad respetable querría enseñar a sus estudiantes cosas tan manifiestamente erróneas y absurdas, sino que intentaría dotarlos de los conocimientos más útiles. Pero en un sistema académico completamente corrompido por el dinero gubernamental, el plan de estudios no viene determinado por su conformidad con la realidad, sino por su concordancia con el programa político de los gobiernos que lo financian. En la actualidad, los gobiernos de todo el mundo adoran la economía keynesiana por la misma razón por la que la adoraron en la década de 1930: ofrece la sofistería y justificación para conseguir aún más poder y dinero.

Este debate puede continuar para incluir muchos otros campos y disciplinas de la universidad moderna, donde se repite el mismo patrón: la financiación procedente de las agencias gubernamentales es monopolizada por grupos de profesores afines que comparten actitudes esenciales. No se consigue trabajo o financiación en este sistema creando una beca importante que sea productiva y útil para el mundo real, sino promoviendo la agenda de los patrocinadores. El hecho de que la financiación provenga de una única fuente excluye la posibilidad de un mercado libre de ideas. Los debates académicos se centran en nimiedades cada vez más arcanas, respecto a las cuales todas las partes implicadas en tales fraternales disputas pueden siempre estar de acuerdo en que cada una de ellas necesita mayor financiación para continuar con estas importantes discrepancias. Los debates del mundo académico son prácticamente irrelevantes para el mundo real, y los artículos publicados casi nunca los lee nadie que no los escriba con el objetivo de obtener una promoción laboral; pero el *bezzle* gubernamental no deja de rodar, porque no existe un mecanismo por el cual la financiación estatal pueda reducirse cuando no beneficia a nadie.

En una sociedad con una moneda sólida, la banca es un trabajo muy importante y productivo, en el que los banqueros desempeñan dos funciones cruciales para la prosperidad económica: una, custodiar los activos en forma de depósitos, y otra, el ajuste de los vencimientos y la tolerancia al riesgo entre inversores y las oportunidades de inversión. Los banqueros hacen dinero llevándose una parte de los beneficios si tienen éxito en su trabajo, pero no logran beneficios si fracasan. Sólo los banqueros y los bancos prósperos permanecen en sus puestos y operativos, ya que aquellos que fracasan son eliminados. En una sociedad con una moneda sólida, no hay problemas de liquidez por la quiebra de un banco, ya que todos los bancos tienen todos sus depósitos en caja, y cuentan con inversiones de vencimiento ajustado. Dicho de otra manera, no se distingue entre falta de liquidez e insolvencia, y no existe un riesgo sistémico que pueda llevar a la quiebra a cualquier banco «demasiado grande». Un banco que quiebra es problema de sus accionistas y prestamistas, de nadie más.

Una moneda inestable ofrece la posibilidad de desajustar vencimientos, de lo que el sistema bancario de reserva fraccionaria no es más que un subgrupo, y esto deja a los bancos siempre expuestos a una crisis de liquidez o a una retirada masiva de depósitos bancarios por parte de sus clientes. El desajuste de vencimientos, o la banca de reserva fraccionaria como un caso especial, siempre expone a una crisis de liquidez si los prestamistas y los depositarios exigen sus depósitos a la vez. La única manera de que éste sea seguro es con la presencia de un prestamista de última instancia que esté dispuesto a prestar a los bancos en caso de retirada masiva de depósitos.[105] En una sociedad con dinero sólido, un banco central tendría que gravar a todo aquel que no participe en el banco para rescatar al mismo. En una sociedad con moneda inestable, el banco central simplemente puede crear nueva oferta de dinero y usarlo para respaldar la liquidez del banco. De este modo, el dinero débil crea una distinción entre liquidez y solvencia: un banco podría ser solvente en términos del valor actual neto de sus activos pero enfrentarse a un problema de liquidez que le impida cumplir sus obligaciones financieras en un determinado período de tiempo. Pero la falta de liquidez en sí podría desencadenar un pánico

105. Para un modelo formal de esta afirmación, véase: D. W. Diamond y P. H. Dybvig, «Bank runs, deposit insurance, and liquidity», *Journal of Political Economy*, vol. 91, n.º 3, junio de 1983, pp. 401-419.

bancario cuando los depositantes y los prestamistas quisieran retirar sus depósitos. Lo que es peor aún, la falta de liquidez en un banco podría llevar a una falta de liquidez en otros bancos que traten con ese banco, creando un problema de riesgo sistémico. Si el banco central se compromete de manera convincente a facilitar liquidez en dichos casos, sin embargo, no habrá temor a una crisis de liquidez, lo que a su vez evitará el escenario de la retirada masiva de depósitos y dejará el sistema bancario en un lugar seguro.

La banca de reserva fraccionaria, o, en sentido más amplio, el desajuste de vencimientos, es probable que continúe provocando crisis financieras sin un banco central que emplee una oferta monetaria flexible para rescatar a los bancos. Pero la presencia de un banco central capaz de rescatar bancos crea un problema mayor de peligro moral para los mismos. Ahora pueden asumir riesgos excesivos sabiendo que el banco central estará dispuesto a rescatarlos para evitar una crisis sistémica. De lo que se desprende que la banca ha evolucionado hacia un negocio que genera rentabilidad exenta de riesgo para los banqueros, y al mismo tiempo asume riesgos sin beneficios para los demás.

El sistema bancario es una industria que al parecer sólo crece en estos tiempos, y los bancos no pueden ir a la quiebra. Debido a los riesgos sistémicos implicados en la gestión de un banco, su quiebra puede considerarse un problema de liquidez, y casi con seguridad contará con el apoyo del banco central. Ninguna otra industria ostensiblemente privada goza de tal exorbitante privilegio, que combina los tipos de rendimiento más altos en el sector privado con la protección del sector público. Esta amalgama ha hecho que el trabajo de los banqueros sea tan creativo y productivo como el de los empleados del sector público, pero más lucrativo que la mayoría de las demás ocupaciones. Como resultado, la industria financiera no deja de crecer mientras la economía estadounidense está cada vez más «supeditada a las finanzas». Desde la derogación de la llamada ley Glass-Steagall de 1999, la separación entre banca de depósitos y de inversión ha sido eliminada, de manera que los bancos de depósitos que tenían garantías de depósitos de la FDIC[106] ahora pueden financiar inversiones, con la garantía de la FDIC protegiéndoles de las pérdidas de inversión. Un inversor que tenga una garantía de pérdida tiene una opción libre, de forma efectiva, una licencia para imprimir dinero. Hacer inversiones rentables les permite acumular todas las ganancias, mientras que las pérdidas se pueden socializar. Nadie con semejante garantía puede ganar grandes sumas de dinero sólo mediante el préstamo e inversión de su dinero. Se queda las ganancias, pero tendrá las pérdidas cubiertas. No es de extrañar que esto haya llevado a una cuota aún mayor de capital y de recursos laborales a gravitar hacia las finanzas, ya que es lo más cercano al «todo gratis» que tiene el mundo.

El economista Thomas Philippon[107] ha elaborado estudios muy detallados del tamaño del sector financiero en porcentaje del PIB de los últimos 150 años. La proporción fue de menos del 3 por ciento durante los años anteriores a la primera guerra mundial, pero se disparó después, colapsando durante la Gran Depresión, pero creciendo al parecer de una manera imparable desde el final de la segunda guerra mundial. Como anécdota, uno puede ver esto reflejado en el alto porcentaje de universitarios que cursan carreras de profesiones del sector financiero, en lugar de en la ingeniería, la medicina u otras industrias más productivas.

Conforme han avanzado las telecomunicaciones, sería de esperar que una cantidad cada vez mayor del trabajo de la industria financiera pudiera automatizarse y realizarse de forma mecánica, haciendo que dicha industria disminuya su tamaño con el tiempo. Pero, en realidad, ésta sigue multiplicándose, no por ningún requerimiento fundamental, sino porque el gobierno la protege de las pérdidas y le permite progresar.

106. Federal Deposit Insurance Corporation (Corporación Federal de Seguro de Depósitos). *(N. de la t.)*

107. Thomas Philippon y Ariell Reshef, «An international look at the growth of modern finance», *Journal of Economic Perspectives*, vol. 27, n.º 2, 2013, pp. 73-96.

El *bezzle* puede ser más acusado en la industria financiera, pero no se detiene en la bancaria. Podría decirse que constituye una inveterada ventaja competitiva para las empresas de mayor tamaño por encima de las más pequeñas. En una sociedad en la que las inversiones de capital se financian con los ahorros, el capital está en manos de aquellos con una menor preferencia temporal, y que lo asignan basándose en sus propias estimaciones de probabilidad de éxito en el mercado, recibiendo recompensas si son correctas, y pérdidas si no lo son. Pero con el dinero inestable, los ahorros se destruyen, y en su lugar se crea capital a partir de crédito bancario inflacionario, cuya asignación deciden los bancos centrales y sus bancos miembros. En vez de que la asignación la decidan los miembros más prudentes de la sociedad con menor preferencia temporal y mejor previsión de las tendencias del mercado, ésta la determinan burócratas del gobierno cuyo incentivo es prestar tanto como sea posible, no para obtener beneficios, ya que están bastante bien protegidos de las pérdidas.

La concesión de crédito con planificación centralizada no difiere de ningún tipo de planificación central. Da lugar a que los burócratas marquen casillas y rellenen papeleo para asegurarse de cumplir con los requisitos de sus jefes mientras se pierde el propósito manifiesto del trabajo. La perspectiva del banquero y la diligencia al examinar el valor real de las inversiones se sustituye por el mero trámite de cumplir los requisitos en materia de préstamos del banco central. Una ventaja importante para garantizar el crédito centralizado es la envergadura, ya que en términos cuantitativos parece menos arriesgado prestar a grandes acreedores. Cuanto mayor es la empresa, más predecible es la fórmula para su éxito; cuanto mayor es la garantía secundaria en caso de quiebra, más seguros se sienten los burócratas del banco cuando conceden préstamos siguiendo los criterios en materia de préstamos del banco central. Mientras que muchas industrias podrían beneficiarse de las economías de escala, la concesión de crédito centralizado acentúa las ventajas del tamaño muchísimo más de lo que sería el caso en un mercado libre. Cualquier industria que pueda pedir prestado más dinero de lo que sabe qué hacer con él es una buena candidata, viendo que semejante escenario posiblemente no pueda materializarse en un mundo de capital financiado con ahorros.

Cuanto mayor sea la empresa, más fácil le será obtener financiación a un interés bajo, lo cual le otorga una gran ventaja sobre los productores independientes más pequeños. En una sociedad donde la inversión se financia con los ahorros, un pequeño restaurante familiar compite por clientes y financiación con un gigante de comida rápida en igualdad de condiciones: los clientes y los inversores pueden elegir libremente a quién conceder su dinero entre ambas industrias. Los beneficios de las economías de escala se enfrentan a los de la atención y la relación personal entre el cocinero y el cliente de un pequeño restaurante, y decide la prueba de mercado. Pero en un mundo en el que los bancos centrales conceden crédito, la empresa más grande tiene ventaja al ser capaz de obtener financiación a un tipo bajo de interés al que sus competidores menores no pueden acceder.[108] Esto ayuda a explicar por qué los productores de alimentos a gran escala proliferan de manera tan amplia por todo el mundo, puesto que sus tasas de interés más bajas les permiten mayores márgenes. El

108. La centralización de la concesión de crédito puede verse como una intervención del gobierno en el funcionamiento de la ley de Coase, descrita por Ronald H. Coase en su artículo: «The nature of the firm», *Economica*, vol. 4, n.º 16, noviembre de 1937, pp. 386-405. Según Coase, la razón por la que existen las empresas es que la contratación individual de tareas puede ser más cara porque implica costes de transacción, como la búsqueda y la información, la negociación, la contratación y los costes de ejecución. De este modo, una compañía crecerá tanto como pueda beneficiarse de realizar actividades dentro de una institución para contrarrestar los costes de contratación externa más elevados. En un mundo con una moneda que se deprecia y el crédito asignado de manera centralizada, conseguir financiación se convierte en una de las principales ventajas económicas de crecer en tamaño. Las grandes empresas tienen más bienes de capital y avales, lo que les permite menores condiciones de financiación. El incentivo para cada negocio es por tanto crecer más allá de lo que preferirían los consumidores. En un mercado libre para el capital en el que las empresas tuvieran que recurrir mucho más a sus ingresos y obtener créditos en los mercados libres, el rendimiento favorecerá el alcance de la producción que más se adecúe a las preferencias de los consumidores.

triunfo de la comida basura insípida y producida en masa no puede entenderse más allá de los grandes beneficios que la gran envergadura ofrece a los productores.

En un mundo en que casi todas las empresas se financian a través de la expansión crediticia de los bancos centrales no puede haber una forma sencilla de detectar qué industrias están creciendo debido a la inyección de esteroides de *bezzle*, pero hay algunos indicios indicadores. Es muy probable que cualquier industria en que las personas se quejen de la ineptitud de sus jefes forme parte del *bezzle*, porque éstos sólo pueden permitirse el lujo de ser unos ineptos en la falsa realidad económica del *bezzle*. En una empresa productiva que ofrece servicios valiosos para la sociedad, el éxito depende de gustar a los clientes. Los trabajadores son recompensados por lo bien que realizan esa labor esencial, y los jefes que los maltraten los perderán en favor de la competencia, o bien destruirán su negocio en un abrir y cerrar de ojos. En una empresa poco productiva que no sirve a la sociedad y que depende de la generosidad burocrática para sobrevivir, no existe una norma significativa mediante la que recompensar o sancionar a los trabajadores. El *bezzle* puede parecer tentador desde fuera, gracias a los generosos salarios regulares y a la falta de trabajo realmente realizado, pero si hay algo que nos enseñe la economía es que el «todo gratis» no existe. El dinero que se da a gente improductiva atraerá a muchas personas que quieran desempeñar ese mismo trabajo, incrementando el coste de los mismos en tiempo y dignidad. Contratar, despedir, ascender y sancionar, todo ello tiene lugar a discreción de las capas y capas de burócratas. Para la empresa, ningún trabajo tiene valor, todo el mundo es prescindible, y la única manera de que alguien conserve su puesto es aportando valor al nivel que tiene por encima. Un puesto en estas empresas es un juego a jornada completa de política de oficina. Estos cargos sólo son atractivos para personas materialistas y superficiales que disfrutan del hecho de ejercer poder sobre los demás, y que soportan años de maltrato por el sueldo y la esperanza de poder infligirlo a otras personas. No sorprende que quienes tienen estos empleos sean personas que con frecuencia se sienten deprimidas y necesitan medicación y psicoterapia constante para mantener sus funcionalidaes básicas. Por ninguna cantidad de dinero *bezzle* merece la pena la destrucción espiritual que crea semejante entorno en las personas. Si bien estas organizaciones no afrontan una verdadera rendición de cuentas, la otra cara de no tener productividad es que resulta bastante posible que un cargo recién elegido llegue a la presidencia y cierre el grifo por completo en cuestión de semanas; y éste es un destino mucho más trágico para los trabajadores de dichas organizaciones, ya que, por lo general, no tienen ninguna habilidad útil que se pueda transferir a otras líneas de trabajo.

La única cura que puede funcionar para estas patologías es el dinero sólido, que erradicará la idea de que las personas trabajan para marcar casillas y agradar a jefes sádicos, y hacer de la disciplina de mercado el único árbitro de los ingresos de cualquier persona. Para una persona que en estos momentos se encuentre trabajando duro en una de esas industrias —en las que el estrés de los empleos se centra puramente en agradar a los jefes en lugar de en producir algo de valor— y sienta que esa realidad no le aporta felicidad, puede suponer un alivio o un susto el hecho de darse cuenta de que el mundo no tiene por qué ser así, y que tal vez su trabajo no dure para siempre, que la impresión de dinero gubernamental quizá no siga funcionando hasta la eternidad. Si esa persona continúa leyendo este libro, verá que las virtudes del dinero sólido pueden abrirle las puertas de un nuevo mundo lleno de oportunidades ahí fuera.

Capítulo 8

Dinero digital

La revolución mundial de las telecomunicaciones, que comenzó con la producción del primer ordenador completamente programable en la década de 1950, ha invadido un número creciente de ámbitos materiales de la vida, aportando soluciones técnicas a problemas muy antiguos. Si bien los bancos y las empresas emergentes han utilizado cada vez más el ordenador y la tecnología de redes para efectuar pagos y mantener registros contables, las innovaciones que lograban imponerse no aportaban un nuevo tipo de dinero, y las que lo intentaron, fracasaron. Bitcoin representa la primera solución realmente digital al problema del dinero, y con él encontramos una posible solución a los problemas de *vendibilidad,* solidez y soberanía. Bitcoin ha operado prácticamente casi sin ningún fallo durante los últimos nueve años, y, si continúa así durante los próximos noventa años, será una solución convincente al problema del dinero, ya que ofrecerá a los individuos soberanía sobre una moneda resistente a la inesperada inflación, además de ser muy vendible en el espacio, la escala y el tiempo. Si Bitcoin sigue funcionando como hasta ahora, todas las anteriores tecnologías que los humanos han empleado como dinero —conchas, sal, ganado, metales preciosos y títulos del gobierno— pueden llegar a parecer extravagantes anacronismos en nuestro moderno mundo; como los ábacos respecto de nuestros actuales ordenadores.

Hemos visto cómo la introducción de la metalurgia aportó soluciones al problema del dinero que eran superiores a las cuentas, las conchas y otros artefactos, y cómo la instauración de la acuñación regular permitió que surgieran monedas de oro y de plata, mejores que los trozos de metal. También vimos cómo la banca respaldada por el oro permitió que éste dominara como patrón monetario global, lo que desembocó en la desmonetización de la plata. De la necesidad de centralizar el oro surgió el dinero gubernamental apoyado en el oro, que era más vendible en escala; pero con él llegó la expansión gubernamental de la masa monetaria y el control coercitivo que acabó destruyendo la solidez y la soberanía del dinero. En cada paso del camino, los avances tecnológicos y la realidad dieron forma a los patrones monetarios que utilizaba la gente, y las consecuencias para la economía y la sociedad fueron enormes. Las sociedades y los individuos que eligieron un patrón monetario fuerte, como los romanos bajo el mando de César, los bizantinos con Constantino o los europeos con el patrón oro, se beneficiaron enormemente. Aquellos que tuvieron un moneda débil o tecnológicamente inferior, como los habitantes de la isla de Yap con la llegada de O'Keefe, los africanos occidentales con las cuentas de cristal o los chinos bajo el patrón plata en el siglo XIX, pagaron un precio muy alto.

Bitcoin representa una nueva solución tecnológica a los problemas monetarios; nacida de la era digital, utiliza varias innovaciones tecnológicas que fueron desarrolladas hace unas décadas, y se basa en numerosos intentos de producir dinero digital (o dinero electrónico) y obtener algo que era casi inimaginable antes de su invención. Para entender por qué esto es así, nos centraremos en las propiedades monetarias de Bitcoin así como en el rendimiento económico de la red desde su inicio. De igual modo que un libro sobre el patrón oro no analizaría las propiedades químicas del metal, este capítulo no profundizará demasiado en los detalles técnicos del funcionamiento de la red Bitcoin, sino que se centrará en las propiedades monetarias de la moneda bitcoin.

Bitcoin y el dinero digital

Para entender la importancia que una tecnología tiene para el dinero digital, resulta interesante considerar cómo era el mundo antes de que se inventara Bitcoin, cuando podíamos dividir perfectamente los métodos de pago en dos categorías diferentes y no superpuestas:

1. Los pagos en metálico, que se llevaban a cabo en persona entre dos partes. Estos pagos disfrutan de la comodidad de ser inmediatos y finales, y no se exige confianza por ninguna de las partes que intervienen en la transacción. No hay retraso en la ejecución del pago, y ningún tercero puede intervenir con eficacia para detener dichos pagos. Su principal inconveniente es la necesidad que tienen ambas partes de estar físicamente presentes en el mismo lugar al mismo tiempo, un problema que se acentúa cuando las telecomunicaciones hacen que los individuos sean más propensos a querer hacer transacciones con personas que no están en sus proximidades.
2. Los pagos con intermediación, que requieren a un tercero de confianza, y que comprenden instrumentos como los cheques, las tarjetas de crédito y de débito, las transferencias bancarias, los servicios de transferencia de dinero e innovaciones más recientes como PayPal. Por definición, el pago intermediado implica a un tercero que se encarga de la transferencia monetaria entre las dos partes que intervienen en la transacción. Las principales ventajas de esta forma de hacer pagos es que permite efectuarlos sin que ambas partes tengan que estar en el mismo lugar al mismo tiempo, y que facilita al pagador realizar un pago sin tener que llevar el dinero consigo. Sus principales inconvenientes son la necesidad de que haya confianza en la ejecución de las transacciones, el riesgo de que la tercera parte se vea comprometida y los costes y el tiempo que se requieren para llevar a cabo y liquidar el pago a fin de que el destinatario pueda emplearlo o gastarlo.

Estas dos formas de pago tienen sus ventajas e inconvenientes, y la mayor parte de la gente recurre a una combinación de ambas a la hora de realizar sus transacciones económicas. Antes de la invención de Bitcoin, los pagos intermediados incluían (aunque no se limitaban a ello) todas las modalidades de pago virtuales. Desde la creación de los ordenadores, la naturaleza de los objetos digitales, es que no son escasos. Se pueden reproducir hasta el infinito, y por ello era imposible convertirlos en moneda, porque los envíos solo los duplicarán. Cualquier tipo de pago electrónico tenía que realizarse mediante un intermediario debido al peligro de la duplicación del gasto: no había manera de garantizar que el pagador estaba siendo honesto con su dinero y que no lo utilizaba más de una vez, a menos que hubiera un tercero de confianza que supervisara la cuenta y fuera capaz de verificar la integridad de los pagos realizados. Las transacciones en efectivo se limitaban a la esfera física del contacto directo, mientras que las formas de pago virtual tenían que ser supervisadas por terceros.

Tras innovadores años de ensayo y error de muchos programadores, y confiando en una amplia gama de tecnologías, Bitcoin fue la primera solución de ingeniería que permitió pagos virtuales sin tener que depender de un intermediario o tercero de confianza. Al ser el primer objeto digital limitado de manera verificable, Bitcoin es el primer ejemplo de sistema de moneda digital.

A la hora de realizar transacciones mediante terceros de confianza, existen varios inconvenientes que convierten el dinero digital en una propuesta rentable para muchos. Las terceras partes son, por naturaleza, un punto flaco añadido:[109] implicar a un tercero en una transacción introduce un riesgo inherente, porque abre nuevas posibilidades de robo o fallo técnico. Además, el pago a través de intermediarios convierte a las partes vulnerables a la vigilancia y a las prohibiciones de las autoridades políti-

109. Véase: Nick Szabo, «Trusted third parties are security holes», 2001. Disponible en: <http://nakamotoinstitute.org/literature/trusted-third-parties/>. [Consulta: 27/04/2018]

cas. En otras palabras, cuando se recurre a alguna forma de pago digital, no cabe otra alternativa más que confiar en un tercero, y en cualquiera que sea la autoridad política que gobierne, así como estar sujeto al riesgo de que ésta detenga el pago por razones de seguridad, terrorismo o blanqueo de dinero. Para empeorar las cosas, los pagos por intermediación siempre entrañan un riesgo de fraude, lo que aumenta los costes de la transacción y retrasa la liquidación final de los mismos.

Dicho de otra forma, los pagos intermediados siempre se llevan una parte significativa de las propiedades del dinero como medio de intercambio controlado por su propietario y con alta liquidez para que lo venda cuando quiera. Tradicionalmente, dos de las características más frecuentes del dinero son su fungibilidad (cualquier unidad de dinero es equivalente a cualquier otra unidad) y su liquidez (capacidad del dueño de vender con rapidez a precio de mercado). Las personas eligen monedas que son fungibles y líquidas porque quieren soberanía sobre su dinero. El dinero soberano contiene en sí toda autorización necesaria para gastarlo; el deseo de otros por tenerlo supera la capacidad de terceros de imponer controles sobre él.

Si bien los pagos por intermediación comprometen algunas de las características deseables del dinero, estas carencias no se dan en las transacciones con dinero físico. Pero, a medida que aumenta el comercio y los empleos a larga distancia gracias a las modernas telecomunicaciones, las transacciones con dinero físico se vuelven inviables. El paso a pagos virtuales estaba reduciendo la cantidad de soberanía que las personas ejercen sobre su propio dinero sometiéndolas al capricho de terceros, en quienes no les quedaba más remedio que confiar. Además, la transición del oro, que es dinero que nadie puede imprimir, a monedas fíat, cuya oferta está controlada por los bancos centrales, redujo aún más la soberanía de la gente sobre su riqueza y la dejó indefensa frente a la paulatina erosión del valor de su dinero a medida que los bancos centrales inflaban la masa monetaria para financiar las operaciones gubernamentales. Se volvió cada vez menos práctico acumular capital y riqueza sin permiso del gobierno que emitía ese dinero.

La motivación de Satoshi Nakamoto para concebir Bitcoin fue crear una «nuevo sistema de dinero electrónico que utilice por completo una red de pares», que no necesite de un tercero de confianza para realizar transacciones y cuya oferta no pueda ser alterada por ninguna otra parte. En otras palabras, Bitcoin trasladaría las características deseables del dinero físico (falta de intermediarios, irrevocabilidad de las transacciones) al reino digital y las combinaría con una política monetaria rigurosa que no se pudiera manipular para producir inflación inesperada, en beneficio de un tercero, a costa de los tenedores. Nakamoto consiguió poner esto en práctica mediante el uso de unas tecnologías importantes pero poco conocidas: una red de distribución *peer-to-peer* (P2P) sin ningún punto de falla, funciones resumen *(hash)*, firmas digitales y prueba de trabajo.[110]

Nakamoto eliminó la necesidad de confiar en un tercero al crear Bitcoin sobre la base de una prueba y verificación muy rigurosa e invulnerable. Se puede decir que la principal característica funcional de Bitcoin es la verificación, y sólo por eso puede eliminar por completo la necesidad de un tercero de confianza.[111] Toda transacción tiene que quedar registrada por cada miembro de la red de modo que puedan compartir un registro de balances y transacciones. Siempre que un miembro de la red transfiera una suma a otro, todos los integrantes de la red pueden comprobar que el emisor tiene saldo suficiente, y los nodos compiten por ser los primeros en actualizar el libro de contabilidad con un nuevo bloque de transacciones cada diez minutos. Para que un nodo añada un bloque de transacciones al registro, tiene que emplear energía de procesamiento en solucionar complicados problemas matemáticos que son costosos de resolver, pero cuya correcta solución es fácil de verificar. Esto

110. Una breve descripción de las tres primeras tecnologías puede encontrarse en el Apéndice de este capítulo, mientras que de la prueba de trabajo se habla con mayor detalle en este capítulo y en el capítulo 10.

111. Konrad Graf, «On the origins of Bitcoin: stages of monetary evolution», monografía. Disponible en: <http://www.konradsgraf.com/blog1/2013/10/23/on-the-origins-of-bitcoin-my-new-work-on-bitcoin-and-monetar.html>. [Consulta: 27/04/2018]

es el sistema de prueba de trabajo (PoW, por sus siglas en inglés), y sólo con una solución correcta puede incluirse y verificarse un bloque por parte de todos los miembros de la red. Si bien estos problemas matemáticos no guardan relación con las transacciones de Bitcoin, resultan indispensables para el funcionamiento del sistema, ya que obligan a los nodos de verificación a emplear energía de procesamiento que se desperdiciaría si incluyeran transacciones fraudulentas. Una vez que el nodo soluciona la prueba de trabajo correctamente y anuncia las transacciones, otros nodos de la red votan su validez; y, cuando una mayoría ha votado aprobar el bloque, los nodos empiezan a incluir transacciones para que se añada un nuevo bloque al anterior y a solucionar la nueva prueba de trabajo para este nuevo bloque. Fundamentalmente, el nodo que incluye un bloque válido de transacciones a la red recibe una *recompensa por bloque*, que consiste en nuevos bitcoins añadidos a la oferta monetaria junto con todas las comisiones de transacción que pagan las personas que la están realizando.

Este proceso es lo que se denomina «minería», similar a la extracción de metales preciosos, razón por la cual a los nodos que solucionan la prueba de trabajo se les llama «mineros». Esta recompensa por bloque compensa a los mineros por los recursos que dedican a la prueba de trabajo. Mientras que, en un banco central moderno, el nuevo dinero creado se destina a financiar préstamos y gastos del gobierno, en Bitcoin este va a parar a quienes gastan recursos en actualizar el registro. Nakamoto programó Bitcoin para que produjera un nuevo bloque aproximadamente cada diez minutos, y para que cada bloque contuviera una recompensa de cincuenta monedas en los primeros cuatro años de operación de Bitcoin, para reducirlo luego a veinticinco monedas y a la mitad cada cuatro años.

La cantidad de bitcoins creada está programada y no puede alterarse por mucho esfuerzo y energía que se emplee en la prueba de trabajo. Esto se consigue mediante un proceso llamado ajuste de dificultad, lo que puede que sea el aspecto más ingenioso del diseño de Bitcoin. Conforme un mayor número de personas deciden tener bitcoins, el valor de mercado de la moneda aumenta, y esto hace que la minería de nuevas monedas sea más rentable, lo que lleva a más mineros a gastar más recursos en solucionar problemas de pruebas de trabajo. Que haya más mineros significa más energía de procesamiento, lo que se traduce en llegar a las soluciones de la prueba de trabajo más rápido, aumentando así la tasa de emisión de nuevos bitcoins. Pero, a medida que aumenta la capacidad de procesamiento, Bitcoin incrementará la dificultad de los problemas matemáticos necesarios para desbloquear las recompensas de minería y garantizar así que los bloques sigan tardando cerca de diez minutos en producirse.

El ajuste de dificultad es la tecnología que ofrece más garantías fiables para hacer dinero sólido y prevenir la disminución de la ratio existencias/flujo, y es lo que diferencia fundamentalmente al bitcoin de cualquier otra moneda. Mientras que el aumento del valor de cualquier moneda conduce a más recursos dedicados a su producción y, por tanto, a un aumento de su oferta, cuando el valor del bitcoin sube, redoblar los esfuerzos para producir bitcoins no lleva a la producción de más monedas. Por el contrario, eso sólo provoca un aumento en la capacidad de procesamiento necesaria para realizar transacciones válidas en la red Bitcoin, lo que sólo sirve para hacer la red más segura y que resulte difícil ponerla en peligro. Bitcoin es el dinero más sólido jamás inventado: el incremento de su valor no puede aumentar su oferta; sólo puede hacer la red más segura e inmune a los ataques.

Cuando cualquier otra moneda aumenta de valor, los que pueden producirla comienzan a crear más de la misma. Tanto si son piedras rai, conchas, plata, oro, cobre o dinero gubernamental, todo el mundo tendrá interés en intentar producir más. Cuanto más difícil era producir nuevas cantidades de dinero en respuesta a las subidas de precio, más probable era que tuviera una mayor aceptación y uso; y más prosperaba la sociedad, porque eso significaba que los esfuerzos que los individuos dedicaban a producir riqueza iban destinados a satisfacer las necesidades mutuas, y no a la creación de dinero, una actividad sin valor añadido para la sociedad, ya que cualquier oferta de dinero es suficiente para gestionar cualquier economía. El oro se convirtió en la moneda principal de toda sociedad civilizada precisamente porque era la más difícil de producir, pero el ajuste de dificultad de Bitcoin hace que su producción sea aún más complicada. Un aumento masivo del precio del oro provocará que, a largo plazo, se produzcan mayores cantidades, pero, con Bitcoin, no importa cuánto aumente el precio de la moneda, porque la oferta sigue siendo la misma y la seguridad de la red no hace más que aumentar.

La seguridad de Bitcoin reside en la asimetría existente entre el coste de resolver la prueba de trabajo necesaria para realizar la transacción al registro y el coste de comprobar su validez. Cuesta cantidades de electricidad y capacidad de procesamiento cada vez mayores registrar transacciones, pero el coste de comprobar la validez de las mismas se aproxima a cero y permanecerá en ese nivel por mucho que crezca Bitcoin. Intentar perpetrar transacciones fraudulentas en el libro mayor de Bitcoin es desperdiciar deliberadamente recursos en resolver la prueba de trabajo sólo para ver que los nodos la rechazan sin apenas coste, ocultándole así la recompensa de bloque al minero.

Con el paso del tiempo, se hace cada vez más difícil alterar el registro, ya que la energía que se necesita es mayor que la ya empleada, que sólo aumenta con el tiempo. Este proceso iterativo tan complejo ha crecido hasta exigir ingentes cantidades de capacidad de procesamiento y de electricidad, pero produce un registro de propiedad y de transacciones que no admite discusión, y sin tener que depender de la credibilidad de un tercero. Bitcoin está construido sobre un ciento por ciento de verificación y un cero por ciento de confianza.[112]

El registro compartido de Bitcoin puede compararse con las piedras rai de la isla de Yap que hemos visto en el capítulo 2, ya que las transacciones se producen sin que el dinero se mueva en

112. No es mi intención alargar el libro ni arrastrar al lector hacia cuestiones metafísicas, pero en una ocasión sí se me ocurrió que el libro mayor contable (o registro de transacciones) de Bitcoin pueda ser la única serie objetiva de hechos del mundo. Podría decirse (como manifiestan muchos filósofos) que cada hecho es subjetivo y su veracidad se basa en la persona que lo afirma o lo oye, pero el registro de transacciones de Bitcoin reviste la creación de electricidad y energía de procesamiento sin tener que depender de la palabra de nadie.

realidad. Mientras que los isleños de Yap se reunían para anunciar la transferencia de la propiedad de una piedra de una persona a otra, y toda la población sabía a quién pertenecía cada piedra, en Bitcoin, los miembros de la red transmiten su transacción a todos los miembros de la red, quienes comprueban que el emisor tiene el saldo necesario para la transacción, y se lo abonan al receptor. En la medida en que existe el dinero digital, éste no es más que entradas en un registro; y una transacción verificada cambia la propiedad del dinero en el mismo, del emisor al receptor. La propiedad de las monedas se asigna mediante direcciones públicas, no por el nombre del dueño; y el acceso al dinero está asegurado por la propiedad de la clave privada, una cadena de caracteres similar a una contraseña.[113]

Mientras que el robo físico de las piedras rai hacía que su divisibilidad fuera muy poco práctica, Bitcoin no tiene que hacer frente a este problema. La oferta de Bitcoin está formada por un máximo de 21 millones de monedas, cada una de las cuales es divisible en 100 millones de satoshis, haciéndola altamente vendible en todas las escalas. Si bien las piedras de Yap sólo resultaban prácticas para unas cuantas transacciones en una pequeña isla con una exigua cantidad de habitantes que se conocían muy bien entre sí, Bitcoin tiene mayor *vendibilidad* en el espacio, porque cualquier persona en cualquier lugar del mundo con conexión a internet puede acceder al registro digital.

Lo que hace que los nodos de Bitcoin sean honestos a título personal es que, si no lo fueran, se descubriría de inmediato, con lo que la falta de honradez supondría un coste mayor. En conjunto, lo que evita que una mayoría conspire para ser deshonesta es que si consiguiera comprometer la integridad del registro de

113. La única forma de poseer bitcoins es controlando las claves privadas. Si alguien consigue acceso a tus claves privadas, tiene tus bitcoins. El robo de claves privadas es como el robo de dólares u oro; es definitivo e irreversible. No existe ninguna autoridad a la que se pueda llamar para revertir el robo. Se trata de una parte inevitable del dinero Bitcoin, así como un punto importante que los posibles inversores en Bitcoin tienen que entender muy bien antes de invertir cualquier cantidad de dinero en él. Asegurar las claves privadas no es una tarea sencilla, y no poder asegurarlas es muy arriesgado.

transacciones, se destruiría toda la propuesta de valor de Bitcoin y el valor de sus tokens se convertiría en papel mojado. La confabulación cuesta mucho, pero, además, por sí sola provocaría que su origen quedara inservible. Dicho de otro modo, Bitcoin depende de incentivos económicos, lo cual hace que el fraude sea mucho más costoso que sus recompensas.

No se recurre ni a una sola entidad para mantener el libro mayor, y ningún individuo puede alterar el historial en el mismo sin el consentimiento de una mayoría de miembros de la red. Lo que determina la validez de la transacción no es la palabra de una única autoridad, sino el programa que gestiona los nodos individuales en la red.

Ralph Merkle, inventor de la estructura de datos en árbol, o árbol de Merkle, que utiliza Bitcoin para registrar transacciones, tuvo una manera sorprendente de describir Bitcoin:

> Bitcoin es el primer ejemplo de una nueva forma de vida. Vive y respira en internet. Vive porque puede pagarle a la gente para mantenerlo vivo. Vive porque realiza un servicio por el que le pagará la gente. Vive porque cualquiera, en cualquier lugar, puede ejecutar una copia de su código. Vive porque todas las copias en ejecución están constantemente hablando entre sí. Vive porque si una copia está corrompida se descarta, de forma rápida y sin ningún tipo de problema. Vive porque es radicalmente transparente: cualquiera puede ver su código y ver con precisión lo que hace.
>
> No puede ser cambiado. No se puede discutir. No se puede falsificar. No se puede corromper. No se puede detener. Ni siquiera se puede interrumpir.
>
> Si una guerra nuclear destruyera la mitad de nuestro planeta, continuaría viviendo incorrupto. Continuaría ofreciendo sus servicios. Seguiría pagando a las personas por mantenerlo con vida.
>
> La única manera de apagarlo es destruir todos los servidores que lo hospedan. Lo cual es difícil, porque muchos servidores lo alojan, en muchos países, y mucha gente quiere usarlo.
>
> Siendo realistas, la única forma de aniquilarlo es hacer que el servicio que ofrece sea tan inútil y obsoleto que nadie quiera utilizarlo. Tan obsoleto que nadie quiera pagar por ello, que nadie quie-

ra albergarlo. Entonces no tendrá dinero para pagarle a nadie. Entonces morirá de hambre.

Pero, mientras haya personas que quieran usarlo, será muy difícil matarlo, corromperlo, detenerlo o interrumpirlo.[114]

Bitcoin es una tecnología que sobrevive por la misma razón que sobrevive la rueda, el cuchillo, el teléfono o cualquier tecnología: porque los usuarios se benefician con su uso. Los usuarios, los mineros y los operadores de nodos se ven recompensados económicamente al interactuar con Bitcoin, y eso es lo que hace que siga funcionando. Cabe añadir que todas las partes que hacen que Bitcoin funcione son individualmente prescindibles para su funcionamiento. Nadie es indispensable para Bitcoin, y si alguien quiere modificarlo, éste es perfectamente capaz de continuar operando tal y como es sin ninguna contribución de nadie. Esto nos ayudará a entender la naturaleza inmutable de Bitcoin, que veremos en el capítulo 10, y por qué los intentos por llevar a cabo cambios importantes en su código conducirá casi de manera inevitable a la creación de una versión barata de Bitcoin, pero una que no puede recrear el equilibrio económico de los incentivos que mantienen Bitcoin operativo e inalterable.

Bitcoin también puede entenderse como una empresa emergente y autónoma de manera espontánea que proporciona un nuevo tipo de dinero y una nueva red de pagos. Esta compañía no la gestiona nadie ni tiene estructura corporativa, ya que todas las decisiones están automatizadas y preprogramadas. Los programadores voluntarios en un proyecto de código abierto pueden presentar cambios y mejoras al código, pero depende de los usuarios decidir si adoptarlos o no. La propuesta de valor de esta empresa es que su masa monetaria es totalmente inflexible como respuesta a la creciente demanda y al precio; por el contrario, el incremento en la demanda sólo conduce a una red más

114. Ralph Merkle, «DAOs, democracy and governance», *Cryonics*, vol. 37, n.º 4, julio-agosto de 2016, pp. 28-40. Disponible en: <http://alcor.org/cryonics/Cryonics2016-4.pdf>. [Consulta: 14/05/2018]

segura debido al ajuste de dificultad de minado. Los mineros invierten electricidad y capacidad de procesamiento en la infraestructura de minería que protege la red porque se les recompensa por ello. Los usuarios de Bitcoin pagan costes de transacción y compran monedas a los mineros porque quieren utilizar dinero digital y beneficiarse de la revalorización a lo largo del tiempo, y en el proceso financian la inversión de la explotación de la red por parte de los mineros. La inversión en el equipo de minería de la prueba de trabajo hace más segura la red y puede entenderse como el capital de la empresa. Cuanto más crezca la demanda, mayor valía tendrán las recompensas de los mineros y las costes de transacción, lo cual necesita más capacidad de procesamiento para generar nuevas monedas, aumentando así el capital de la compañía, dando más seguridad a la red y haciendo las monedas más difíciles de producir. Se trata de un acuerdo económico productivo y lucrativo para todos los que participan en él, lo que a su vez se traduce en una red que continúa creciendo a un ritmo increíble.

Con este diseño tecnológico, Nakamoto fue capaz de inventar la «escasez digital». Bitcoin es el primer ejemplo de un bien digital que es escaso y no puede reproducirse de forma indefinida. Si bien resulta trivial enviar un objeto digital desde un lugar a otro por una red digital, como ocurre con los correos electrónicos, los mensajes de texto y la descarga de archivos, es más exacto describir estos procesos como «reproducción» en vez de «envío», porque los objetos digitales siguen estando con el emisor y pueden reproducirse de forma indefinida. Bitcoin es el primer ejemplo de un bien digital cuya transferencia impide que lo posea el emisor.

Aparte de la escasez digital, Bitcoin es también el primer ejemplo de «escasez absoluta», la única materia prima líquida (digital o física) con una cantidad determinada fija que, en teoría, no puede aumentar. Hasta la invención de Bitcoin, la escasez siempre fue relativa, nunca absoluta. Es un error común imaginar que cualquier mercancía física es finita, o bien absolutamente escasa, porque el límite aplicable a la cantidad que podemos producir de cualquier bien nunca es su predominio en el planeta, sino el esfuerzo y el tiempo dedicados a producirlo. Con su escasez absoluta, Bitcoin tiene una elevada *vendibilidad* en el tiempo. Éste es un aspecto fundamental que explicaremos con más detalle en el capítulo 9, que trata sobre el papel de Bitcoin como reserva de valor.

Oferta, valor y transacciones

Siempre ha sido teóricamente posible producir un activo con una tasa constante y previsible, o con un bajo ritmo de crecimiento de la oferta que le permitiera mantener su rol monetario, pero la realidad, como siempre, ha demostrado ser mucho más complicada que la teoría. Los gobiernos nunca permitirían a las entidades privadas emitir sus propias monedas y quebrantar así el principal medio con el que éstos se financian y crecen. De manera que el gobierno siempre querrá monopolizar la producción de dinero, y estará dispuesto a afrontar la tentación, demasiado fuerte, de participar en el aumento de la masa monetaria. Pero, con la invención de Bitcoin, el mundo ha alcanzado por fin una forma sintética de dinero con una garantía blindada que gobierna su pequeña tasa de crecimiento de la oferta. Bitcoin deja al margen de la política monetaria tanto a macroeconomistas como a políticos, presidentes, líderes revolucionarios, dictadores militares y analistas de televisión. El crecimiento de la masa monetaria está determinado por una función programada adoptada por todos los miembros de la red. Quizá hubo un tiempo en los orígenes de esta moneda en que este programa de inflación pudo haber sido modificado, pero esa época hace mucho que quedó atrás. A efectos prácticos, el programa de inflación de Bitcoin, así como su registro de transacciones, es inmutable.[115] Si bien durante los primeros años de existencia de Bitcoin el crecimiento de la oferta fue muy alto y la garantía de que la previsión de oferta no se vería alterada no era del todo

115. Véase el capítulo 10 para ampliar información sobre la inmutabilidad y la resistencia al cambio que posee Bitcoin.

creíble, conforme pasó el tiempo, la tasa de crecimiento de la oferta cayó; y la credibilidad de la red respecto a su capacidad de mantener esta previsión de la oferta ha aumentado, y continúa creciendo cada día que pasa sin que se realice ningún cambio importante en la red.

Aproximadamente cada diez minutos se añaden bloques de Bitcoin al registro compartido. Cuando nació la red, la recompensa de bloque estaba programada en 50 bitcoins por bloque. Cada cuatro años, más o menos, o después de que se hayan emitido 210.000 bloques, la recompensa de bloque cae a la mitad. La primera reducción a la mitad tuvo lugar el 28 de noviembre de 2012, tras lo cual la emisión de nuevos bitcoins cayó a 25 por bloque. El 9 de julio de 2016 volvió a caer a 12,5 monedas por bloque, y caerá a 6,25 en 2020. De acuerdo con esta programación, la oferta continuará aumentando a un ritmo menor, acercándose de forma asintótica a los 21 millones de monedas hacia el año 2140, momento en el que no se emitirán más bitcoins. (Véase el gráfico 14.)

GRÁFICO 14 **Oferta de Bitcoin y tasa de crecimiento de la oferta suponiendo que se emitan bloques cada diez minutos**

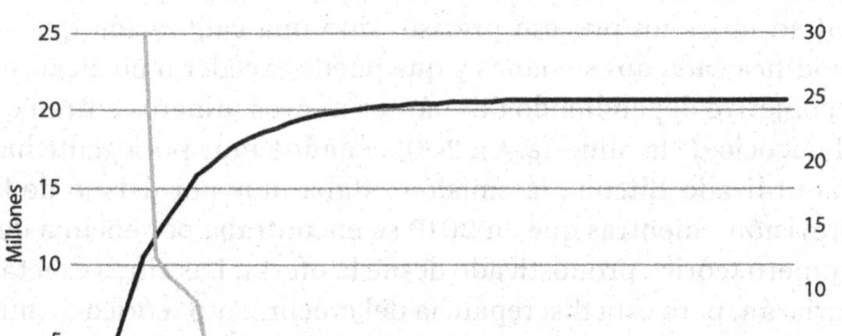

Como sólo se producen nuevas monedas con la emisión de un nuevo bloque, y cada nuevo bloque necesita la solución de los problemas de prueba de trabajo, existe un coste real para la producción de nuevos bitcoins. A medida que el precio del bitcoin sube en el mercado, entran más nodos para competir por la solución de la prueba de trabajo y obtener así la recompensa de bloque, lo cual aumenta la dificultad de los problemas de la prueba de trabajo, haciendo más costoso conseguir la recompensa. Así pues, el coste de producir un bitcoin aumentará por lo general con el precio de mercado.

Después de establecer esta previsión de crecimiento de la oferta, Satoshi dividió cada bitcoin en 100 millones de unidades, que más tarde recibieron el nombre de satoshis en honor a su seudónimo. Dividir cada bitcoin en ocho dígitos significa que la oferta seguirá creciendo a un ritmo menor hasta cerca del año 2140, cuando se llenarán todos los dígitos y alcanzaremos los 21 millones de monedas. No obstante, la disminución de la tasa de crecimiento significa que los primeros 20 millones de monedas serán minados alrededor del año 2025, dejando por minar durante el siglo siguiente un millón de monedas.

El número de nuevas monedas emitidas no es exactamente el previsto por el algoritmo, porque no se minan nuevos bloques cada diez minutos precisamente ya que el ajuste de dificultad no es un proceso preciso, sino una calibración que se modifica cada dos semanas y que puede exceder o no alcanzar su objetivo dependiendo de cuántos nuevos mineros entren en el negocio de la minería. En 2009, cuando muy poca gente había utilizado Bitcoin, la emisión estaba muy por debajo de la previsión, mientras que en 2010 se encontraba por encima del número teórico pronosticado desde la oferta. Las cifras exactas variarán, pero esta discrepancia del crecimiento teórico disminuirá a medida que aumente la oferta. Lo que no cambiará es el tope máximo de monedas y el hecho de que la tasa de crecimiento de la oferta seguirá cayendo mientras se añade un número cada vez menor de monedas al depósito cada vez mayor de las mismas.

TABLA 6 **Oferta monetaria de bitcoins y tasa de crecimiento**

Año	2009	2010	2011	2012	2013	2014	2015	2016	2017
Oferta total de Bitcoin (millones)	1.623	5.018	8.000	10.613	12.199	13.671	15.029	16.075	16.775
Tasa de crecimiento anual (%)		209,13	59,42	32,66	14,94	12,06	9,93	6,80	4,35

Fuente: blockchain.info.

Hacia finales de 2017, ya se habían minado 16.775.000 de monedas, lo que constituyen el 79,9 por ciento de todas las monedas que existirán. El crecimiento de la oferta anual en 2017 era de 4,35 por ciento, cayendo desde el 6,8 por ciento de 2016. La tabla 6 muestra el crecimiento de la oferta monetaria actual de bitcoins y su tasa de crecimiento.

Si observamos con mayor detenimiento la previsión de oferta de bitcoins para los próximos años, veremos estas estimaciones para la tasa de oferta y de crecimiento. Los números actuales sin duda serán diversos de éstos, pero no por mucho. (Véase la tabla 7.)

TABLA 7 **Oferta monetaria de bitcoins y tasa de crecimiento (proyectado)**

Año	2018	2019	2020	2021	2022	2023	2024	2025	2026
Oferta total de Bitcoin (millones)	17.415	18.055	18.527	18.855	19.184	19.512	19.758	19.923	20.087
Tasa de crecimiento anual (%)	3,82	3,68	2,61	1,77	1,74	1,71	1,26	0,83	0,82

Fuente: Cálculos del autor.

El gráfico 15 extrapola la tasa de crecimiento de la oferta monetaria amplia de las principales monedas de reserva mundial y oro durante los últimos veinticinco años para los próximos veinticinco años, y aumenta la oferta de bitcoins mediante las tasas de crecimiento programado. Con estos cálculos, la oferta de bitcoins se ampliará un 27 por ciento en los próximos veinticinco años, mientras que la oferta de oro aumentará un 52 por ciento, el yen japonés un 64 por ciento, el franco suizo un 169 por ciento, el dólar estadounidense un 272 por ciento, el euro un 286 por ciento y la libra británica un 429 por ciento.

GRÁFICO 15 **Proyección del crecimiento porcentual de la oferta de monedas nacionales y de bitcoins durante 25 años**

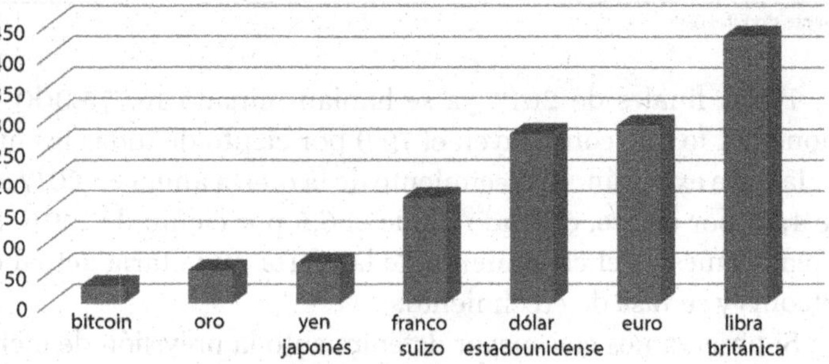

Esta exposición puede ayudarnos a valorar la *vendibilidad* de Bitcoin y cómo cumple las funciones de dinero. Con su tasa de crecimiento de la oferta cayendo por debajo de la del oro para el año 2025, Bitcoin tiene las restricciones de oferta que podrían hacer que tuviera una demanda considerable como reserva de valor; dicho de otra forma, puede tener *vendibilidad* en el tiempo. Su naturaleza digital, que facilita el envío seguro por todo el mundo, lo hace vendible en el espacio de una forma jamás vista respecto a otras formas de dinero, mientras que su divisibilidad en 100 millones de satoshis hace que sea vendible en escala. Además, en Bitcoin, la supresión del control de intermediarios, así como la casi imposibilidad de cualquier autoridad de degradarlo o confiscarlo, lo libera de los principales inconvenientes del dinero gubernamental. Puesto que la era digital ha introducido mejoras y ventajas a casi todos los aspectos de nuestra vida, Bitcoin presenta un tremendo salto adelante tecnológico en la solución monetaria al problema del cambio indirecto, tal vez tan importante como el avance que se produjo al pasar del ganado y la sal al oro y la plata.

Mientras que las monedas tradicionales aumentan continuamente su oferta y disminuyen su poder adquisitivo, el bitcoin ha presenciado hasta ahora un gran aumento de su poder adquisitivo real a pesar de un aumento moderado de su oferta, aunque reducido y limitado. Dado que a los mineros que verifican transacciones se les recompensa con bitcoins, estos mineros tienen un gran interés en mantener la integridad de la red, lo que a su vez provoca que el valor de la moneda suba.

La red Bitcoin empezó a operar en enero de 2009, y durante un tiempo representó un proyecto desconocido usado por unas pocas personas de una lista de correo de criptografía. Quizá el hito más importante en la vida de Bitcoin fue el primer día que las monedas de la red pasaron de ser económicamente inútiles a tener valor de mercado, validando así que Bitcoin había pasado la prueba de mercado: la red había operado con el suficiente éxito como para que alguien estuviera dispuesto a abonar dinero de verdad para poseer varias de las monedas. Esto ocurrió en octubre de 2009, cuando una casa de cambio en internet llamada New Liberty Standard vendió bitcoins al precio de 0,000994 dólares estadounidenses. En mayo de 2010 tuvo lugar la primera compra en el mundo real con bitcoins, cuando alguien pagó 10.000 bitcoins por dos pizzas que valían 25 dólares, situando el precio de un bitcoin en 0,0025 dólares. Con el tiempo, cada vez más gente oyó hablar de Bitcoin y se interesó en comprar dicha moneda, con lo que el precio continuó subiendo.[116]

La demanda del mercado de un token de Bitcoin se debe a que se necesita para el funcionamiento del primer (y hasta ahora, posiblemente, el único) sistema de dinero digital funcional y de confianza.[117] El hecho de que esta red funcionara de forma satisfactoria en sus primeros días proporcionó a su moneda digital un valor coleccionable entre las pequeñas comunidades de criptógrafos y libertarios, quienes intentaron minarlo con sus propios ordenadores y, con el tiempo, incluso empezaron a com-

116. Pueden encontrarse los detalles de ambas transacciones en: Nathaniel Popper, *Digital gold*, Harper, Nueva York, 2015.

117. Véase el capítulo 10 para el análisis sobre por qué no se puede llamar dinero digital a las falsificaciones de Bitcoin.

prarlo entre sí.[118] El que los tokens fueran estrictamente limitados y no pudieran replicarse ayudó a crear este estatus coleccionable inicial. Después de que algunos individuos lo adquirieran para usarlo en la red Bitcoin, y de ganar valor económico, ésta empezó a monetizarse gracias a que más gente la demandaba como reserva de valor. Esta serie de actividades se ajusta a la teoría de la regresión de Ludwig von Mises sobre los orígenes del dinero, la cual afirma que un bien monetario empieza como bien de mercado y se emplea luego como instrumento de cambio. El estatus coleccionable de Bitcoin entre pequeñas comunidades no difiere del valor ornamental de las conchas, las piedras rai y los metales preciosos, desde el cual fueron alcanzando un papel monetario que incrementó su valor de forma significativa.

Al ser nuevo y apenas empezar a expandirse, el precio de Bitcoin ha fluctuado sin control como lo hace la demanda, pero la imposibilidad de que alguna autoridad aumente la oferta de forma arbitraria en respuesta a las subidas repentinas de los precios explica el meteórico ascenso del poder adquisitivo de la moneda. Cuando hay un pico en la demanda de bitcoins, los mineros de Bitcoin no pueden aumentar la producción más allá del plazo establecido —como sí pueden hacerlo los mineros del cobre—, y tampoco hay ningún banco central que pueda intervenir para inundar el mercado con cantidades cada vez mayores de bitcoins, como Greenspan sugirió a los bancos centrales que hicieran con su oro. La única manera de que el mercado satisfaga la creciente demanda es que el precio suba lo suficiente como para incentivar a los titulares de monedas a vender parte de las mismas a los recién incorporados. Esto ayuda a explicar por qué, en ocho años de vida, el precio de un bitcoin pasó de 0,000994 dólares, el 5 de octubre de 2009 (en su primera transacción registrada), a 4.200 dólares, el 5 de octubre de 2017, un

118. Para un buen análisis de este punto, véase: Kyle Torpey, «Here's what goldbugs miss about Bitcoin's "intrinsic value"», *Forbes, Digital Money*, 27 de octubre de 2017. Disponible en: <https://www.forbes.com/sites/ktorpey/2017/10/27/heres-what-gold-bugs-miss-about-bitcoins-intrinsic-value/2/#11b6a3b97ce0>. [Consulta: 14/05/2018]

aumento del 422.520.000 por ciento en ocho años y una tasa de crecimiento compuesto anual de 573 por ciento al año. (Véase el gráfico 16.)

GRÁFICO 16 **Precio de Bitcoin (en dólares estadounidenses)**

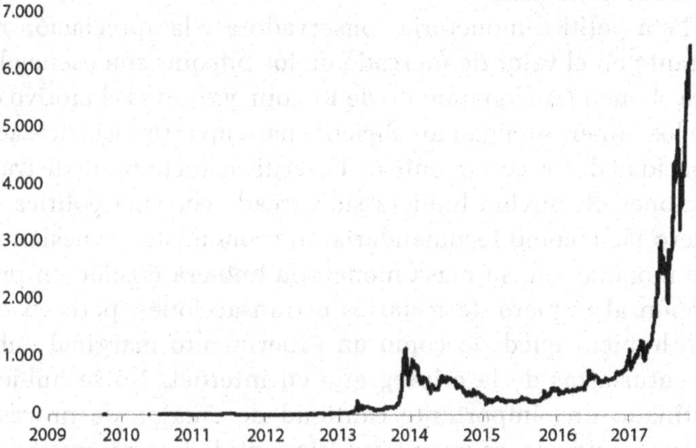

Fuente: Coindesk; este índice del precio de Bitcoin está disponible en: <www.coindesk.com/price>. [Consulta: 14/05/2018.]

Para que suba el precio de Bitcoin, la gente debe poseerlo como reserva de valor, y no sólo para gastarlo. Si no hay muchas personas que quieran tener la moneda durante un período significativo de tiempo, la venta continuada de la moneda mantendrá su precio bajo e impedirá que se aprecie. En noviembre de 2017, el valor total de mercado de todos los bitcoins en circulación rondaba los 110.000 millones de dólares, otorgándole un valor mucho mayor que el de la oferta monetaria amplia de las monedas nacionales de la mayoría de países. Si Bitcoin fuera un país, su valor sería el de la 56 moneda nacional más grande del mundo, más o menos en el rango de tamaño de la masa monetaria de Kuwait o Bangladesh, mayor que la de Marruecos y Perú, pero menor que la de Colombia y Pakistán. Si la comparáramos con la oferta monetaria en sentido estricto, el valor de la oferta de Bitcoin entraría en el puesto 33 del mundo, con un valor similar a la masa monetaria en sentido estricto de Brasil, Turquía y Sudáfrica.[119] Puede que uno de los logros más destacables de internet sea que una economía online que surgió de forma espontánea y voluntaria en una red diseñada por un programador anónimo haya crecido, en nueve años, hasta tener más valor que el de la masa monetaria de la mayoría de los Estados nación y las monedas nacionales.[120]

Esta política monetaria conservadora y la apreciación resultante en el valor de mercado de los bitcoins son esenciales para el buen funcionamiento de Bitcoin, ya que es el motivo de que los mineros tengan un aliciente para invertir electricidad y capacidad de procesamiento en la verificación honesta de transacciones. Si Bitcoin hubiera sido creada con una política de dinero fácil, como recomendaría un economista keynesiano o uno monetarista, su masa monetaria hubiera crecido en proporción al número de usuarios o transacciones, pero en ese caso hubiera quedado como un experimento marginal entre los entusiastas de la criptografía en internet. No se hubiera destinado una importante cantidad de energía de procesamiento a minarlo, ya que no tendría sentido invertir mucho en verificar las transacciones y solucionar la prueba de trabajo para conseguir tokens que se devaluarán a medida que haya más personas que usen el sistema. Las políticas monetarias expansionistas de los economistas y las economías fiduciarias actuales nunca han superado la prueba de mercado de ser aprobadas con libertad, sino que más bien han sido impuestas a través de leyes gubernamentales, como se ha indicado con anterioridad. Como sistema voluntario sin mecanismos que fuercen a la gente a usarlo, Bitcoin no lograría captar una demanda signifi-

119. CIA World Factbook. Disponible en: <https://www.cia.gov/library/publications/the-world-factbook/>. [Consulta: 14/05/2018]

120. Estas comparaciones deberían leerse con ciertas reservas, ya que no son del todo precisas ni se refieren a valores del todo equivalentes. La oferta de dinero gubernamental no sólo la crea el banco central, sino también los bancos en sí, mientras que para Bitcoin no existe un proceso semejante. Las medidas de la masa monetaria también difieren de un país a otro en virtud de qué activos financieros incluyan como parte de la misma.

cativa, y, por tanto, su estatus como dinero digital eficaz no estaría garantizado. Si bien las transacciones podrían llevarse a cabo sin necesidad de confiar en un tercero, la red sería vulnerable a los ataques de cualquier agente malintencionado que movilizara grandes cantidades de energía de procesamiento. Dicho de otra manera, sin una política monetaria y un ajuste de dificultad conservadores, Bitcoin sólo hubiera triunfado teóricamente como dinero digital, pero seguiría siendo demasiado inseguro como para tener un amplio uso en la práctica. En tal caso, el primer competidor de Bitcoin que introdujera una fuerte política monetaria actualizaría el registro y la producción de nuevas unidades cada vez más caras. El elevado coste de actualizar el registro estimularía a los mineros a ser honestos con su actualización, haciendo que la red fuera más segura que los contendientes del dinero fácil.

TABLA 8 **Transacciones anuales y promedio de transacciones diarias**

Año	Transacciones	Promedio de transacciones diarias
2009	32.687	90
2010	185.212	507
2011	1.900.652	5.207
2012	8.447.785	23.081
2013	19.638.728	53.805
2014	25.257.833	69.200
2015	45.661.404	125.100
2016	82.740.437	226.067
2017	103.950.926	284.797

Fuente: Blockchain (blockchain.info).

El incremento del precio es un reflejo del uso creciente y la utilidad que ofrece la red a sus usuarios. El número de transacciones en la red también ha aumentado con rapidez: mientras que en 2009 se llevaron a cabo 32.687 transacciones (a un ritmo de 90 transacciones al día), el número creció hasta casi 103 millones en 2017 (a un ritmo diario de 284.797). El número total de transacciones se acerca a los 300 millones de transacciones en enero de 2018. La tabla 8 y el gráfico 17 muestran el crecimiento anual.

GRÁFICO 17 **Transacciones anuales en la red Bitcoin**

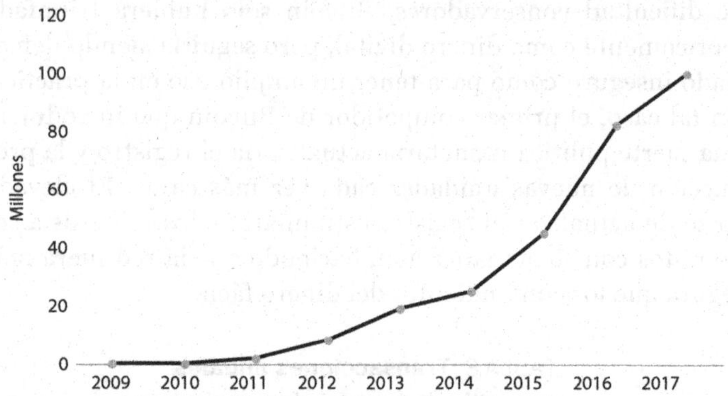

Fuente: Blockchain (blockchain.info).

Si bien el aumento de las transacciones es increíble, éste no concuerda con el crecimiento del valor del volumen total de la divisa Bitcoin, como se desprende del hecho de que el número de transacciones es mucho menor de lo que se comercializaría en una economía cuya moneda tuviera el valor de la oferta de Bitcoin; 300.000 operaciones diarias es el número de transacciones que se realizan en una ciudad pequeña, no en una economía de tamaño medio, que ronda el valor de la oferta de Bitcoin. Además, con el tamaño actual de bloques de Bitcoin limitados a 1 megabyte, 500.000 transacciones al día se acercan al límite máximo que los miembros de la red pueden realizar y registrar de Bitcoin en la red. Aun si se alcanza este límite y su presencia goza de buena difusión, el crecimiento del valor de la divisa y de las transacciones diarias no ha disminuido. Esto sugiere que los usuarios de Bitcoin lo valoran más como reserva de valor que como medio de intercambio, como se verá en el capítulo 9.

El valor de mercado de las transacciones también ha aumentado durante el tiempo de existencia de la red. La peculiar naturaleza de las transacciones de Bitcoin dificulta estimar con precisión el valor exacto de las transacciones en bitcoins o dólares estadounidenses, pero una estimación mínima observa un volumen medio diario de cerca de 260.000 bitcoins en 2017, con un crecimiento muy inestable a lo largo de la vida del bitcoin. Mientras que el valor de las transacciones en bitcoins no ha aumentado de forma apreciable con el tiempo, el valor de mercado de las mismas en dólares estadounidenses sí lo ha hecho. Éste fue de 375.600 millones de dólares estadounidenses en 2017. En total, en su noveno aniversario, Bitcoin ha procesado transacciones por valor de medio billón de dólares estadounidenses, con un valor en dólares estadounidenses calculado en el momento de la transacción. (Véase la tabla 9.)

TABLA 9 **Valor total anual de todas las transacciones de la red Bitcoin (en dólares estadounidenses)**

Año	**Valor total en dólares estadounidenses transferidos**
2009	0
2010	985.887
2011	417.634.730
2012	607.221.228
2013	14.767.371.941
2014	23.159.832.297
2015	26.669.252.582
2016	58.188.957.445
2017	375.590.943.877
Total	**499.402.199.987**

Fuente: Blockchain (blockchain.info).

Otra indicación del crecimiento de la red Bitcoin es el valor de los costes de transacción exigidos para procesarlas. Si bien en teoría las transacciones de bitcoins se pueden procesar de forma gratuita, los mineros no están obligados a hacerlo; y cuanto más alta sea la comisión incluida, más rápidos serán probablemente en atenderlas. Al principio, cuando el número de transacciones era pequeño, los mineros procesaban transacciones que no incluían una comisión porque el subsidio de bloque de nuevas monedas por sí solo merecía la pena el esfuerzo. Cuando creció la demanda de transacciones de bitcoins, los mineros pudieron permitirse ser más selectivos y priorizar transacciones con comisiones más altas. Éstas estuvieron por debajo de 0,1 dólares por transacción hasta finales de 2015, y empezaron a superar el dólar por transacción hacia principios de 2016. Con el rápido incremento del precio de Bitcoin en 2017, la comisión media por transacción diaria llegó a los siete dólares a finales de noviembre. (Véase el gráfico 18.)

GRÁFICO 18 **Comisión media por transacción en la red Bitcoin, escala logarítmica (en dólares estadounidenses)**

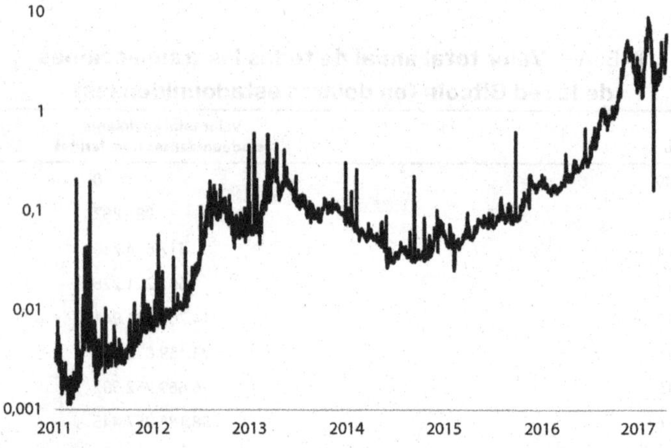

Fuente: Blockchain (blockchain.info).

Aunque el precio del bitcoin ha subido en general con el tiempo, este aumento ha sido muy volátil. El gráfico 19 muestra la desviación típica de treinta días de retornos diarios en los últimos cinco años de comercio con Bitcoin.[121] Si bien parece que la

121. Cálculos del autor basados en datos de dólares estadounidenses del Saint-Louis Federal Reserve Economic Data y datos de Bitcoin de <coindesk.com>.

volatilidad está decayendo, sigue en un nivel muy alto comparada con la de las divisas nacionales y el oro, y la tendencia sigue siendo demasiado débil como para determinar de forma concluyente si continuará haciéndolo. La volatilidad de treinta días del índice del dólar estadounidense aparece en el gráfico 19 para aportar perspectiva.

GRÁFICO 19 **Volatilidad mensual de 30 días para el bitcoin y el índice estadounidense**

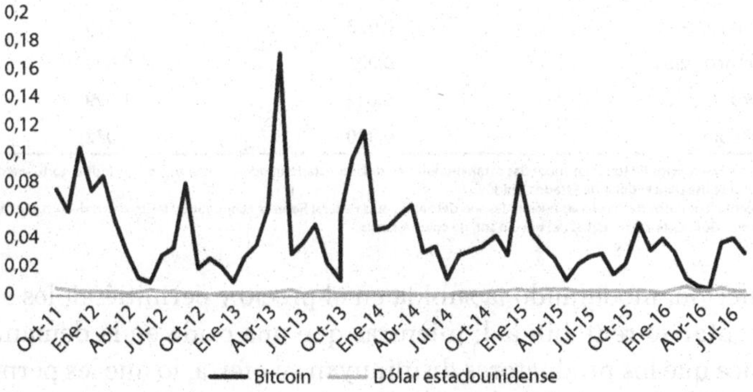

Fuente: Cálculos del autor basados en datos de dólares estadounidenses del Saint Louis Federal Reserve Economic Data y datos de Bitcoin de coindesk.com.

Analizar los datos del precio del oro y de las principales divisas nacionales y criptomonedas muestra una marcada diferencia en la volatilidad del precio de mercado de estas divisas. Se recopilaron los retornos diarios del oro, de las principales divisas fiduciarias y del bitcoin durante los últimos cinco años anteriores. Los rendimientos de Bitcoin tuvieron una desviación típica más de siete veces mayor que la de las monedas nacionales. (Véase la tabla 10.)

La volatilidad del bitcoin deriva de que su oferta es totalmente inflexible y no responde a cambios de la demanda, porque está programada para crecer a un ritmo predeterminado. Para cualquier mercancía habitual, la variación en la demanda afectará a las decisiones de producción por parte de los productores de la misma: un aumento en la demanda hace que aumenten su pro-

TABLA 10 **Cambio de porcentaje diario promedio y desviación estándar en el precio de mercado de divisas por dólar estadounidense durante el período del 1 de septiembre de 2011 al 1 de septiembre de 2016**

	Cambio de porcentaje diario promedio	Desviación estándar
Yuan chino	0,002	0,136
Dólar estadounidense	0,015	0,305
Libra británica	0,005	0,559
Rupia india	0,019	0,560
Euro	−0,013	0,579
Yen japonés	0,020	0,610
Franco suizo	0,003	0,699
Oro	−0,018	1,099
Bitcoin	0,370	5,072

Nota: Los precios de todas las monedas están medidas en dólares estadounidenses, mientras que el índice norteamericano se usa para el dólar de Estados Unidos.
Fuente: Los datos de las divisas nacionales son del Saint Louis Federal Reserve Economic Data; los datos del oro son del World Gold Council; los datos del bitcoin son de coindesk.com.

ducción, moderando la subida en el precio y permitiéndoles aumentar su rentabilidad; mientras que una caída en la demanda hace que los productores disminuyan su oferta, lo que les permite minimizar pérdidas. Existe una situación similar con las divisas nacionales, donde se espera que los bancos centrales mantengan una estabilidad relativa en el poder adquisitivo de sus monedas estableciendo los parámetros de su política monetaria para contrarrestar las fluctuaciones del mercado. Con una previsión de la oferta absolutamente insensible a la demanda, y sin ningún banco central gestionando la oferta, es probable que haya volatilidad, sobre todo en las fases tempranas, cuando la demanda varía de forma muy errática de un día para otro y los mercados financieros que tratan con Bitcoin son aún bisoños.

Pero, conforme crece el tamaño del mercado, junto con la sofisticación y la profundidad de las instituciones financieras que tratan con Bitcoin, esta volatilidad acabará estabilizándose. Con un mercado más grande y más líquido, es probable que las variaciones diarias en la demanda se hagan relativamente más pequeñas, lo cual permitiría a los creadores de mercado sacar provecho de protegerse contra las fluctuaciones de precios y suavizar los precios mismos. Esto sólo se logrará siempre y cuando un gran número de actores del mercado tengan bitcoins con la intención de retenerlos a largo plazo, incrementando el precio de mercado de la oferta de bitcoins de forma significativa y posibilitando un gran mercado líquido con una sola parte de la oferta. Si en algún momento la red alcanza un tamaño estable, la entrada y salida de fondos será relativamente igual y el precio del bitcoin podrá estabilizarse. En este caso, el bitcoin adquiriría mayor estabilidad, al mismo tiempo que tendría suficiente liquidez para no avanzar considerablemente con las transacciones diarias del mercado. Pero, conforme el bitcoin continúa creciendo en adopción, su apreciación atrae más usuarios, lo que lleva a una mayor valoración, provocando que esta caída de la volatilidad se acabe alejando. En la medida en que Bitcoin esté creciendo, el precio de su token se comportará como el de la acción de una empresa emergente que lograra un crecimiento muy rápido. Si el crecimiento de Bitcoin se detuviera y estabilizara, dejaría de atraer flujos de inversión de alto riesgo y se convertiría simplemente en un activo monetario con una leve apreciación anual esperada.

Apéndice del capítulo 8

A continuación presentamos una breve descripción de tres tecnologías utilizadas por Bitcoin: la función *hash*, la criptografía de clave pública (o asimétrica) y la red *peer-to-peer* (o «red de pares»).

La función hash es un proceso que puede tomar cualquier flujo de datos como entrada y transformarlo en una cadena de longitud fija (conocida como *hash* o «resumen») mediante una fórmula matemática no reversible. Dicho de otro modo, es sencillo usar esta función para generar un *hash* de tamaño uniforme por cualquier conjunto de datos, pero no es posible determinar la cadena de datos original a partir del *hash*. La función hash es esencial para la actividad de Bitcoin, ya que se usa en firmas digitales, pruebas de trabajo, árboles de Merkle, identificadores de una transacción, direcciones de Bitcoin y otro tipo de aplicaciones. Básicamente, la función *hash* permite identificar un conjunto de datos públicamente sin revelar nada de los mismos, lo cual puede emplearse para ver con seguridad y sin necesidad de confiar en un tercero si varias partes tienen los mismos datos.

La **criptografía de clave pública** es un método de autentificación que se basa en un conjunto de números relacionados matemáticamente: una clave privada, una clave pública y una o más firmas. La clave privada, que debe mantenerse en secreto, puede generar una clave pública, que se puede distribuir con libertad porque no es posible deducir la clave privada analizando la clave pública. Este método se utiliza para la autentificación: después de que alguien publique su clave pública, puede controlar algunos datos y, luego, firmar ese *hash* con su clave privada para crear una firma. Cualquier persona con los mismos datos puede crear el mismo *hash* y ver que se usó para crear la firma; luego, también puede comparar la firma con la clave pública que recibió con anterioridad y ver que ambas están matemáticamente relacionadas, demostrando que la persona con la clave privada firmó los datos cubiertos por el *hash*. Bitcoin utiliza criptografía de clave pública para permitir un intercambio de valor seguro en una red abierta e insegura. Un poseedor de bitcoins sólo puede acceder a sus monedas si tiene las claves privadas asociadas a las mismas, mientras que la dirección pública relacionada con ellos puede distribuirse ampliamente. Todos los miembros de la red pueden corroborar la validez de la operación verificando que las transacciones que envían el dinero procedieron del propietario de la clave privada correcta. En Bitcoin, la única forma de propiedad que existe es mediante la posesión de las claves privadas.

La red *peer-to-peer* (P2P o «red de pares») es una estructura de red en la que todos los miembros tienen los mismos privilegios y obligaciones entre sí. No hay coordinadores centrales que puedan cambiar las reglas de la red. Los operadores de nodo que no están de acuerdo con la manera en que funciona la red no pueden imponer sus opiniones a los demás miembros ni invalidar sus privilegios. El ejemplo más conocido de una red entre pares es BitTorrent, un protocolo para compartir archivos en internet. Mientras que en las redes centralizadas los miembros descargan los archivos desde un servidor central que los alberga, en BitTorrent los usuarios descargan los archivos entre ellos directamente, divididos en pequeños fragmentos. Una vez que un usuario ha descargado un fragmento del archivo, pueden convertirse en una semilla de ese archivo, permitiendo que otros los descarguen de su usuario. Con este diseño, un archivo grande puede expandirse relativamente rápido sin necesidad de grandes servidores ni infraestructuras complejas que lo distribuyan, al mismo tiempo que lo protegen contra la posibilidad de un simple punto único de fallos que comprometa el proceso. Cada archivo que se comparte en la red está protegido por un *hash* criptográfico que puede verificarse con facilidad para asegurarse de que ninguno de los nodos que lo comparten no lo hayan corrompido. Después de que las fuerzas del orden adoptaran enérgicas medidas contra los sitios de intercambio de archivos centralizados como Napster, la naturaleza descentralizada de BitTorrent significó que las autoridades nunca podrían cerrarla. Con una red de usuarios creciente en todo el mundo, en un momento dado BitTorrent representó en cierto momento casi un tercio de todo el tráfico mundial de internet. Bitcoin utiliza una red similar a BitTorrent, pero, mientras que en el último los miembros de la red comparten los bits de datos que constituyen una película, una canción o un libro, en Bitcoin los integrantes de la red comparten el registro de todas las transacciones de bitcoins.

Capítulo 9

¿Para qué es bueno Bitcoin?

Reserva de valor

La creencia de que los recursos son escasos y limitados es una interpretación errónea de la naturaleza de la escasez, concepto clave en el que se basa la economía. La cantidad absoluta de todas las materias primas presentes en la Tierra es demasiado elevada como para que los seres humanos lleguemos siquiera a calcularla o comprenderla, y en ningún caso constituye un límite real para lo que podemos generar con ella. Apenas hemos arañado la superficie del planeta en busca de los minerales que necesitamos, y cuanto más exploramos y más profundizamos, más recursos encontramos. Lo que constituye el límite práctico y realista de la cantidad de cualquier recurso es siempre el tiempo humano que se destina a producirlo, pues el tiempo es el único recurso escaso real (hasta la creación de Bitcoin). En su magistral obra *El último recurso* el economista Julian L. Simon explica que el único recurso limitado, y de hecho lo único a lo que resulta válido aplicar el término «recurso», es el tiempo humano. Cada persona tiene un tiempo limitado en la Tierra, y ésa constituye la única escasez a la que nos enfrentamos como individuos. A escala colectiva, nuestra única escasez radica en el tiempo total del que disponen los miembros de una sociedad para producir bienes y servicios de distintos tipos. Siempre es posible aumentar la producción de un bien si el tiempo humano se orienta en dicha dirección. Así pues, el verdadero coste de un bien se corresponde siempre con su coste de oportunidad en términos de los bienes a cuya producción se ha renunciado.

En toda la historia de la humanidad nunca nos hemos quedado sin una sola materia prima o recurso, y el precio de la práctica totalidad de los recursos es inferior hoy día que en épocas pasadas, ya que nuestro progreso tecnológico nos permite producirlos a un coste menor en relación al tiempo del que disponemos. Las materias primas a nuestro alcance no sólo no se han agotado, sino que las reservas probadas de cada uno de los recursos no han hecho más que aumentar con el tiempo al incrementarse nuestro consumo. Si los recursos deben entenderse como algo limitado, las existencias actuales disminuirían con el tiempo, puesto que cada vez consumimos más. Sin embargo, aunque el consumo siempre va en aumento, los precios siguen bajando, y los avances tecnológicos aplicados al descubrimiento y excavación de recursos nos permiten encontrar cada vez más. El petróleo, linaje vital de las economías modernas, constituye el mejor ejemplo, ya que cuenta con estadísticas bastante fiables. Como se muestra en el gráfico 20, pese a incrementarse año tras año el consumo y la producción, las reservas probadas aumentan a un ritmo aún mayor. Según los datos del informe estadístico de la compañía británica BP, la producción anual de petróleo fue un 46 por ciento superior en 2015 que en 1980, mientras que el consumo subió un 55 por ciento. Por otra parte, las reservas de petróleo se han incrementado en un 148 por ciento, en torno al triple del aumento experimentado por la producción y el consumo.

Pueden elaborarse estadísticas similares para recursos con diversos grados de preponderancia en la corteza terrestre. La escasa presencia de un recurso determina el coste relativo de su extracción. Los metales más extendidos, como el hierro y el cobre, son fáciles de encontrar y, por consiguiente, relativamente baratos. Los más escasos, como la plata y el oro, resultan más caros. No obstante, el límite en la cantidad que podemos produ-

GRÁFICO 20 **Consumo y producción mundial de petróleo, reservas probadas y relación entre las reservas y la producción anual (1980-2015)**

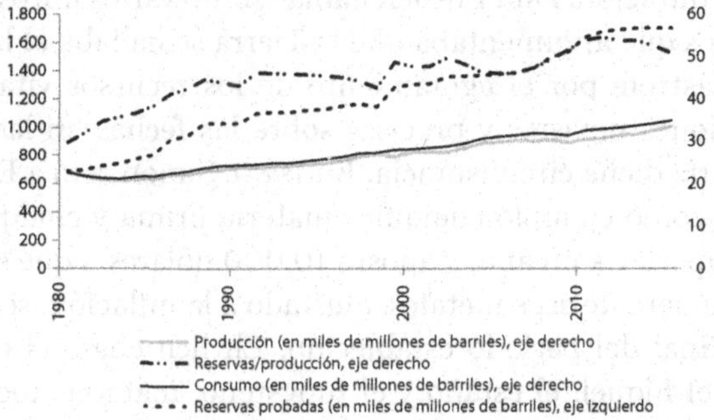

Fuente: BP Statistical Review of World Energy.

cir de cada uno de dichos metales sigue siendo el coste de oportunidad de su producción uno respecto del otro, y no su cantidad absoluta. No hay mejor prueba de ello que el hecho de que el metal más escaso en la corteza terrestre, el oro, ha sido extraído durante miles de años y continúa extrayéndose en cantidades cada vez mayores a medida que la tecnología avanza, como se muestra en el capítulo 3. Si la producción anual del metal más escaso en la corteza terrestre aumenta año tras año, no tiene sentido hablar de una limitación cuantitativa de un elemento natural, sea cual sea, en términos prácticos. La escasez tan sólo es relativa en recursos materiales, siendo las diferencias en el coste de extracción el factor determinante del nivel de escasez. Tal como demostró Julian L. Simon de manera magistral, la escasez se da únicamente en el tiempo del que disponen las personas para producir dichos metales, razón por la cual siguen subiendo los salarios, propiciando un abaratamiento continuo de productos y materias por lo que respecta a la mano de obra humana.

Éste es uno de los conceptos económicos que resultan más difíciles de entender, y es una cuestión que incentiva la histeria incesante que el movimiento ecologista nos ha impuesto a lo largo de décadas de alarmismo apocalíptico. Julian L. Simon hizo lo posible por combatir dicha histeria desafiando a uno de los histéricos más destacados del siglo XX a una famosa apuesta de diez años de duración. Paul Ehrlich había escrito varios libros histéricos en los que argumentaba que la Tierra se hallaba al borde de una catástrofe por el agotamiento de los recursos vitales, con predicciones nefastas y precisas sobre las fechas en las que se produciría dicha circunstancia. En 1980, Simon retó a Ehrlich a escoger como ejemplo cualquier materia prima y cualquier periodo superior a un año, y apostó 10.000 dólares a que el precio de cualquiera de esos metales, ajustado a la inflación, sería inferior al final del período establecido. Ehrlich eligió el cobre, el cromo, el níquel, el estaño y el tungsteno, materias todas ellas que se agotarían según sus pronósticos. Sin embargo, en 1990, el precio de cada uno de esos metales había bajado, y el nivel de producción anual había subido, si bien en los diez años transcurridos la población humana se había incrementado en 800 millones de personas, el mayor aumento experimentado nunca en una sola década.

En realidad, cuantos más seres humanos existen, mayor es la producción que puede darse de todas esas materias primas. Y lo que quizá es más importante, como sostiene Michael Kremer:[122] el motor fundamental del progreso humano no son las materias primas, sino las soluciones tecnológicas a los problemas. La tecnología es por su naturaleza un *bien no excluible* (es decir, una vez que una persona inventa algo, todos los demás pueden copiarlo y beneficiarse de ello) y un *bien sin rival* (lo que significa que una persona que se beneficia de un invento no reduce la utilidad que otorga a las otras que lo utilizan). Tomemos como ejemplo la rueda. Tras ser inventada por una persona, todas las demás pudieron copiarla y crear la suya propia, y el uso que hicieron de ella no redujo de ningún modo la capacidad de otros de

122. Michael Kremer, «Population growth and technological change: one million B.C. to 1990», *The Quarterly Journal of Economics*, vol. 108, n.º 3, agosto de 1993, pp. 681-716.

beneficiarse del invento. Las ideas ingeniosas no son frecuentes, y tan sólo se le ocurren a una reducida minoría de personas. Las poblaciones más grandes producirán por tanto más ideas y tecnologías que las más pequeñas, y, dado que el beneficio revierte en todo el mundo, es mejor vivir en un mundo con una población mayor. Cuantos más seres humanos existen en el planeta, más tecnologías e ideas productivas se conciben, y más personas pueden beneficiarse de ellas y copiarlas entre sí, lo que conduce a una mayor productividad del tiempo humano y a una mejora de las condiciones de vida.

Kremer ilustra esta tesis mostrando que, con el aumento de la población de la Tierra, la tasa de crecimiento demográfico ha ido al alza, no a la baja. De haber sido los seres humanos una carga en términos de consumo de recursos, cuanta más población, más habría disminuido la cantidad de recursos disponibles para cada individuo, así como el índice de crecimiento económico y, por consiguiente, el crecimiento demográfico, según las previsiones del modelo maltusiano. Sin embargo, dado que los seres humanos son el recurso en sí, y que las ideas productivas constituyen el motor de la producción económica, un mayor número de personas se traduce en más ideas y tecnologías productivas, más producción per cápita y una capacidad superior para sustentar a poblaciones más numerosas. Asimismo, Kremer muestra que territorios aislados que estaban muy poblados presentaron un crecimiento económico y un progreso más rápidos que aquellos poco poblados.

Resulta poco apropiado llamar recursos a las materias primas, puesto que los seres humanos no son consumidores pasivos de maná caído del cielo. Las materias primas son siempre el producto del trabajo y el ingenio humanos, y, por lo tanto, las personas constituyen el recurso final, ya que el tiempo, el esfuerzo y el ingenio humanos siempre pueden utilizarse para producir más.

El eterno dilema al que se enfrentan los seres humanos con respecto a su tiempo tiene que ver con el modo en que guardan el valor que producen con su tiempo en el futuro. Si bien el tiempo humano es finito, todo lo demás es prácticamente infinito, y su producción puede aumentar si se destina más tiempo humano a tal fin. Sea cual sea el objeto que elijan como reserva de valor, su valor se incrementaría, y dado que siempre se puede obtener más cantidad del objeto en cuestión, otros producirían más para adquirir el valor que entraña. Los habitantes de la isla de Yap propiciaron que O'Keefe llevara hasta allí explosivos y barcos avanzados a fin de producir más piedras rai para ellos y adquirir así el valor que poseían las ya existentes. Los africanos hicieron que los europeos transportaran navíos llenos de abalorios para adquirir el valor guardado en sus cuentas. Todo metal distinto al oro que se utilizaba como moneda era producido en exceso hasta que su precio se derrumbaba. Las economías modernas obligan a los bancos centrales keynesianos a fingir en todo momento que combaten la inflación al mismo tiempo que reducen poco a poco o rápidamente el valor de su dinero, como se explica en el capítulo 4. Con la reciente tendencia de los estadounidenses a utilizar sus casas como medio de ahorro, la oferta de viviendas se incrementó hasta tal punto que los precios se desplomaron. A medida que avanza la inflación monetaria, las numerosas burbujas pueden interpretarse como apuestas especulativas que persiguen hallar una reserva de valor provechosa. Únicamente el oro ha estado a punto de solucionar este problema, gracias a que su composición química imposibilita que nadie incremente sus existencias, lo cual se tradujo en una de las eras más gloriosas de la historia humana. No obstante, la transición hacia el control estatal del oro no tardaría en limitar su función monetaria al ser sustituido por dinero emitido por los gobiernos, cuyo historial ha sido desastroso.

Esto arroja algo de luz sobre una faceta sorprendente del logro técnico que constituye Bitcoin. Por primera vez, la humanidad recurre a un producto cuya oferta es *estrictamente limitada*. Independientemente del número de usuarios de la red, del valor que llegue a alcanzar y de lo avanzados que sean los equipos empleados para su producción, sólo pueden existir 21 millones de bitcoins. No hay posibilidad técnica de incrementar la oferta para hacer frente al aumento de la demanda. De haber más gente interesada en Bitcoin, la única manera de responder a la demanda consiste en la revalorización de la oferta existente. Dado que un bitcoin es divisible en 100 millones de satoshis, hay margen de sobra para el crecimiento de Bitcoin mediante el uso de unidades cada vez más pequeñas a medida que aumenta su valor. Esto crea un nuevo tipo de activo muy apropiado para que desempeñe la función de reserva de valor.

Hasta la invención de Bitcoin toda forma de dinero era ilimitada en su cantidad y, por consiguiente, imperfecta en su capacidad de servir como reserva de valor a lo largo del tiempo. La oferta monetaria inmutable de Bitcoin la convierte en el mejor medio de guardar el valor producido a partir del tiempo humano limitado, por lo que se erige posiblemente en la mejor reserva de valor que la humanidad haya inventado en toda su historia. En otras palabras, Bitcoin es la manera más económica de comprar el futuro, ya que constituye el único medio que no puede verse devaluado, por mucho que aumente su valor. (Véase el gráfico 21.)

GRÁFICO 21 **Reservas totales mundiales disponibles divididas por producción anual**

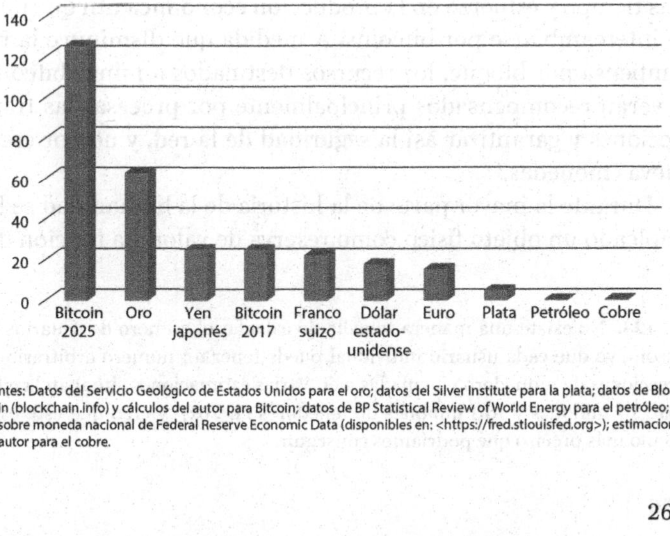

Fuentes: Datos del Servicio Geológico de Estados Unidos para el oro; datos del Silver Institute para la plata; datos de Blockchain (blockchain.info) y cálculos del autor para Bitcoin; datos de BP Statistical Review of World Energy para el petróleo; datos sobre moneda nacional de Federal Reserve Economic Data (disponibles en: <https://fred.stlouisfed.org>); estimaciones del autor para el cobre.

En 2018, con sólo nueve años de existencia, Bitcoin ya ha sido adoptado por millones de personas[123] en todo el mundo y el ritmo de crecimiento de su oferta actual puede compararse con el de las monedas de reserva mundial. Por lo que respecta a la ratio existencias/flujo analizada en el capítulo 1, las reservas existentes de Bitcoin en 2017 eran aproximadamente 25 veces más elevadas que las nuevas monedas producidas en el mismo año. Este dato representa aun así menos de la mitad de la ratio para el oro, pero, hacia 2022, la ratio existencias/flujo de Bitcoin superará la del oro, y, para 2025, la duplicará, y seguirá aumentando rápidamente en el futuro, mientras que la del oro se mantendrá más o menos igual, a juzgar por la dinámica de extracción de dicho metal examinada en el capítulo 3. Alrededor del año 2140 dejará de haber una nueva oferta de Bitcoin, y la ratio existencias/flujo pasará a ser infinita, siendo ésa la primera vez que un producto o bien consiga algo así.

Una consecuencia importante de la reducida oferta de bitcoins y la continua disminución de la ratio a la que crece es hacer que la provisión de bitcoins existentes sea muy elevada en comparación con la nueva oferta. En ese sentido, minar bitcoins resulta similar a extraer oro. Por lo tanto, garantizando su uso como medio monetario se dedica relativamente menos tiempo y esfuerzo a obtener nuevas provisiones de Bitcoin que otros capitales cuya oferta puede incrementarse fácilmente; y de ese modo se invierte más tiempo y esfuerzo en la producción económica útil que puede intercambiarse por bitcoins. A medida que disminuye la recompensa por bloque, los recursos destinados a minar bitcoins se verán recompensados principalmente por procesar las transacciones y garantizar así la seguridad de la red, y no por crear nuevas monedas.

Durante la mayor parte de la historia de la humanidad se ha empleado un objeto físico como reserva de valor. La función del

123. No existe una manera sencilla de calcular el número de usuarios de Bitcoin, ya que cada usuario individual puede tener un número arbitrario de direcciones de monedero vinculadas a él. Varias estimaciones situaban la cifra entre 10 millones y 100 millones de tenedores en 2017, y creo que éste es el cálculo más preciso que podríamos conseguir.

almacenamiento de valor no necesitaba una manifestación física, pero contar con una posibilitaba que resultara más difícil aumentar la oferta de la reserva de valor. Al carecer de presencia física y ser puramente digital, Bitcoin es capaz de alcanzar la escasez estricta, logro que nunca ha podido atribuirse a ningún material físico divisible y transportable. Bitcoin permite a los seres humanos transportar valor de manera digital sin dependencia del mundo físico, lo que hace posible transferir grandes sumas a escala mundial en cuestión de minutos. La estricta escasez digital de los tokens de Bitcoin reúne los mejores elementos de un medio monetario físico, sin uno solo de los inconvenientes físicos que comporta su traslado y transporte. Bitcoin podría ganarse el derecho a ser considerada la mejor tecnología para el ahorro jamás inventada.

Soberanía individual

En calidad de primera forma de dinero digital, la primera propuesta de valor de Bitcoin y la más importante es la de ofrecer a cualquier persona en el mundo acceso a una base monetaria soberana. Todo aquel que posee Bitcoin alcanza un grado de libertad económica imposible de conseguir antes de su invención. Los usuarios de dicha red pueden enviar grandes cantidades de valor por todo el planeta sin tener que pedir permiso a nadie. El valor de Bitcoin no depende de nada físico presente en ningún punto del globo, y por lo tanto no es posible obstaculizarlo, destruirlo o confiscarlo por completo por ninguna de las fuerzas físicas del mundo de la política o de la delincuencia.

La relevancia de esta invención para las realidades políticas del siglo XXI reside en que, por primera vez desde la aparición del Estado moderno, los individuos cuentan con una solución técnica clara para escapar del poder financiero de los gobiernos bajo los que viven. Por increíble que parezca, la mejor descripción de la trascendencia de semejante tecnología puede encontrarse en un libro publicado en 1997, doce años antes de la creación de Bitcoin, que previó una moneda digital sorprendentemente similar a Bitcoin y el impacto que tendría en la transformación de la sociedad humana.

En *The sovereign individual*, James Davidson y William Rees-Mogg sostienen que el Estado-nación moderno, con sus leyes restrictivas, elevados impuestos e impulsos totalitarios, ha alcanzado un nivel de represión onerosa de la libertad de los ciudadanos comparable a la que ejercía la Iglesia en la Europa medieval, en un momento igual de propicio para la disrupción. Con su pesada carga de tributación, su control personal y sus rituales, los costes del sostenimiento de la Iglesia llegaron a ser insoportables para los europeos, y surgieron nuevas formas de organización política y económica más productivas para sustituirla y relegarla a la insignificancia. El auge de las máquinas, la imprenta, el capitalismo y el Estado-nación moderno alumbraron la era de la sociedad industrial y el concepto moderno de ciudadanía.

Quinientos años después, la sociedad industrial y el Estado-nación moderno son los que han devenido represivos, anquilosados y onerosos, mientras que la nueva tecnología mina su poder y su razón de ser. «Los microprocesadores socavarán y destruirán el Estado-nación», ésta es la provocativa tesis del libro. A partir de la tecnología de la información aparecerán nuevas formas de organización que destruirán la capacidad del Estado de obligar a los ciudadanos a pagar más de lo que desean por sus servicios. La revolución digital acabará con el poder del Estado moderno sobre sus ciudadanos, reducirá la importancia del Estado-nación como unidad de organización y otorgará a las personas un poder y soberanía sin precedentes sobre sus propias vidas.

Podemos apreciar que este proceso está teniendo lugar ya gracias a la revolución de las telecomunicaciones. Si bien la imprenta permitió a los pobres del mundo acceder al conocimiento que les estaba vedado y que monopolizaban las iglesias, esa tecnología seguía teniendo la limitación de producir libros físicos que siempre podían acabar siendo confiscados, prohibidos o quemados. No existe tal amenaza en el mundo cibernético, donde se halla prácticamente todo el saber humano, y tan fácilmente disponible que los individuos pueden acceder a él sin posibilidad alguna de que se dé un control o censura gubernamentales efectivos.

Del mismo modo, la información está permitiendo al comercio y al empleo subvertir las restricciones y regulaciones estatales, como lo demuestran de manera fehaciente empresas como Uber y Airbnb, que no han pedido autorización gubernamental para introducir sus productos con éxito y socavar las formas de regulación y supervisión tradicionales. Los individuos de la era moderna pueden negociar con otras personas que conocen por internet a través de sistemas de identidad y protección basados en el consentimiento y el respeto mutuo, sin necesidad de recurrir a regulaciones gubernamentales coercitivas.

La aparición de formas de telecomunicación online baratas ha socavado la importancia de la ubicación geográfica a la hora de desarrollar una actividad laboral. Hoy día, los productores de muchos bienes pueden elegir tener su domicilio en el lugar que prefieran, mientras que los productos de su trabajo, que son cada vez más informativos e inmateriales, pueden ser transferidos a escala mundial al instante. Las regulaciones e impuestos estatales pierden cada vez más fuerza a medida que aumenta la posibilidad de las personas de vivir y trabajar donde lo deseen y de entregar su trabajo por medio de las telecomunicaciones.

Cuanto mayor es el valor de la producción económica que adopta la forma de bienes intangibles, más decae el valor relativo del suelo y los medios físicos de producción, lo que reduce el rendimiento de la apropiación violenta de dichos medios de producción. El capital productivo se materializa con más fuerza en los propios individuos, por lo que la amenaza de su apropiación violenta se vuelve cada vez más vana, dado que la productividad de las personas está estrechamente relacionada con su consentimiento. Cuando la productividad y la supervivencia de los campesinos se hallaban vinculadas a una tierra que no era de su propiedad, la amenaza de la violencia resultaba eficaz para que fueran productivos en beneficio del terrateniente. Asimismo, la enorme dependencia que tenía la sociedad industrial del capital físico productivo y sus resultados tangibles hizo de la expropiación por parte del Estado algo relativamente sencillo, como ilustró a sangre y fuego el siglo xx. Sin embargo, a medida que las capacidades mentales de los individuos se convierten en la principal fuerza productiva de la sociedad, la amenaza de la violencia se vuelve mucho menos eficaz. Los seres humanos pueden trasladarse sin problemas a jurisdicciones donde no se vean amenazados, o pueden ser productivos mediante el uso de ordenadores sin que los gobiernos sean capaces siquiera de saber lo que producen.

Había una última pieza que faltaba en el puzle de la digitalización, y que concierne a la transferencia de dinero o valor. Aun cuando la tecnología de la información pudiera subvertir las restricciones y los controles geográficos y gubernamentales, los pagos seguían estando controlados en gran medida por los gobiernos y los monopolios bancarios de imposición estatal. Al igual que todos los monopolios impuestos por los gobiernos, la banca se había resistido durante años a las innovaciones y los cambios que benefician a los consumidores y limitan su capacidad para obtener rentas y honorarios. Se trataba de un monopolio que devino cada vez más oneroso a medida que la economía se globalizaba. Davidson y Rees-Mogg predicen con una clarividencia extraordinaria la forma que adoptará la nueva ruta de escape monetaria digital: formas de dinero protegidas criptográficamente e independientes de toda restricción física que las autoridades gubernamentales no puedan detener o confiscar. Si bien ésta parecía una predicción descabellada cuando fue escrito el libro, hoy día es una realidad vívida que utilizan ya millones de personas en todo el mundo, aunque no todos comprenden su trascendencia.

Bitcoin y, en general, la criptografía son tecnologías defensivas que permiten que la defensa de la propiedad y la información tenga un coste muy inferior al que supondría su ataque; la tecnología de Bitcoin hace que el robo resulte sumamente caro e incierto, por lo que favorece a todo aquel que desee vivir en paz sin agredir a terceros. Bitcoin contribuye en gran medida a corregir el desequilibrio de poder que se dio a lo largo del siglo pasado cuando las autoridades lograron destinar el dinero a sus bancos centrales, obligando así a las personas a depender de ello por completo para su supervivencia y bienestar. La versión histórica de una moneda sólida, el oro, no ofrecía tales ventajas. El carácter físico del metal amarillo lo hacía vulnerable al control gubernamental. La dificultad que suponía su traslado se tradujo en la necesidad de centralizar en la banca y los bancos centrales los pagos que se realizaban con él, lo que favorecía su confiscación. Con Bitcoin, en cambio, la verificación de las transacciones es un trámite menor y prácticamente exento de costes, dado que cualquier persona puede acceder al libro mayor de transacciones desde cualquier dispositivo conectado a internet de forma gratuita.[124] Si bien el escalado de Bitcoin probablemente requerirá el uso de intermediarios, esto diferirá de la liquidación en efectivo del oro en varios aspectos muy importantes. En primer lugar, las transacciones con terceros se resolverán en última instancia con arreglo a un libro mayor de acceso público, lo que facilitará la transparencia y las auditorías. Bitcoin ofrece al individuo moderno la oportunidad de prescindir de los Estados socialistas, keynesianos, gerenciales y totalitarios; y constituye una solución tecnológica sencilla ante la peste actual de los gobiernos que subsisten explotando a las personas productivas residentes en su territorio. Si Bitcoin continúa creciendo a fin de captar un porcentaje mayor de la riqueza mundial, puede que, con el tiempo, obligue a las autoridades a convertirse en una forma de organización voluntaria que sólo pueda adquirir sus «impuestos» de manera voluntaria ofreciendo a sus súbditos servicios por los que estarían dispuestos a pagar.

Es posible comprender la visión política de Bitcoin si se analizan atentamente las ideas del movimiento cypherpunk del que surgió. En palabras de Timothy May:

> La combinación de una criptografía de clave pública fuerte e inquebrantable y de comunidades virtuales en red en el ciberespacio producirá cambios interesantes y profundos en la naturaleza de los sistemas económicos y sociales. La criptoanarquía es la realización

124. Ciertamente, obtener dispositivos capaces de conectarse a internet y hacer uso de conexiones a internet es algo cada día más barato.

ciberespacial del anarcocapitalismo, que transciende las fronteras nacionales y permite a las personas realizar los acuerdos económicos que deseen de forma consensuada... La criptoanarquía libera a los individuos de la coacción de sus vecinos físicos —que no pueden conocer su identidad en la red—, así como de sus gobiernos. Para los libertarios, una criptografía potente ofrece los medios que permiten eludir al gobierno.[125]

La visión del anarcocapitalismo que describe May es la filosofía política desarrollada por el economista estadounidense de la escuela austríaca Murray Rothbard. En *La ética de la libertad*, Rothbard explica el anarcocapitalismo libertario como la única consecuencia lógicamente coherente del concepto de libre albedrío y autopropiedad:

> Consideremos, por otro lado, el carácter de universalidad de la ética de la libertad y de los derechos naturales de la persona y de la propiedad que se alcanzan bajo esta ética. Todos los individuos, en todo tiempo y lugar, pueden contar con el amparo de normas fundamentales: la propiedad de sí mismos; la propiedad sobre los recursos naturales a favor de la persona que primero los descubre y los transforma; y la propiedad, en fin, de todos los títulos derivados de los dos precedentes tipos básicos, ya sea a través de intercambios o de donativos voluntarios. Estas normas —que podríamos calificar de «reglas de la propiedad natural»— son de clara aplicación, y pueden ser fácilmente defendidas en todos los tiempos y lugares y fuera cual fuese el desarrollo económico de una sociedad. No hay ningún otro sistema social que pueda ser calificado de ley natural universal. En efecto, si una persona o grupo de personas puede imponer una norma o una regla coactiva a otras personas (y todas las normas tienen algo de este tipo de hegemonía), entonces es imposible aplicar las mismas normas a todos. Tan sólo un mundo sin normas, un mundo puramente libertario, puede satisfacer los re-

125. Timothy C. May, «Crypto anarchy and virtual communities», Satoshi Nakamoto Institute, diciembre de 1994. Disponible en: <http://nakamotoinstitute.org/literature/virtual-communities/>. [Consulta: 14/05/2018]

quisitos de los derechos naturales y de la ley natural o, lo que es más importante todavía, puede cumplir las condiciones de una ética universal para todo el género humano.[126]

El principio de no agresión fundamenta el anarcocapitalismo de Rothbard, y, con base en él, toda agresión, ya sea perpetrada por un gobierno o una persona, no puede tener justificación moral. Dado su carácter completamente voluntario e inexorablemente pacífico, Bitcoin nos brinda la infraestructura monetaria para un mundo basado exclusivamente en la cooperación voluntaria. En contra de la representación popular de los anarquistas como matones enfundados en sudaderas, la marca del anarquismo de Bitcoin es totalmente pacífica, y proporciona a los individuos las herramientas necesarias para que puedan liberarse del control gubernamental y la inflación. Su objetivo no es imponerse a nadie, y, en caso de crecer y tener éxito, lo hará por sus propios méritos, como tecnología neutral y pacífica concebida para el dinero y los pagos, no porque los demás se vean obligados a utilizarla.

En el futuro inmediato, dado que aún está a un nivel muy reducido de adopción generalizada, Bitcoin ofrece una opción rentable para la gente que necesita sortear las restricciones de la administración en el sector bancario, así como para que sea posible guardar riqueza en una reserva de valor líquida no sujeta a la inflación gubernamental. En el caso de que se generalizara su uso, probablemente aumentaría de manera significativa el coste de las transacciones *on-chain*[127] de Bitcoin, como se expone más adelante en el apartado sobre escalabilidad, por lo que resultaría menos viable que los particulares pudieran realizar dichas transacciones para eludir las normas y regulaciones guberna-

126. Murray Rothbard, *The ethics of liberty*, New York University Press, Nueva York, 1998. Versión castellana de J. Marciano Villanueva Salas, *La ética de la libertad*, Unión Editorial, Madrid, 2009, pp. 79-80.

127. Las transacciones *on-chain* («sobre la cadena») son aquellas que se ejecutan directamente en la blockchain, en contraste con las transacciones *off-chain*, que tienen lugar fuera de la blockchain (en la llamada capa 2 o capa de aplicación). *(N. de la e.)*

mentales. No obstante, en esa situación, la adopción generalizada de Bitcoin tendría un efecto positivo mucho mayor en cuanto a su fomento de la libertad individual, ya que reduciría la capacidad de la administración para financiar su intervención a través de la inflación. El dinero estatal fue el que permitió la aparición del Estado gerencial profundamente intervencionista en el siglo XX, en Estado con tendencias autoritarias y totalitarias. En una sociedad basada en el crédito a un interés alto, las imposiciones gubernamentales que no resulten económicamente productivas no tienen muchas probabilidades de sobrevivir mucho tiempo, ya que son pocos los incentivos para continuar financiándolas.

Pagos internacionales y online

Tradicionalmente, el oro constituyó un medio de liquidación de pagos y una reserva de valor en todo el mundo. La incapacidad de cualquiera de las partes para ampliar su oferta en cantidades importantes propiciaba que así fuera. Su valor se obtenía en el mercado libre, y no era responsabilidad de nadie más. Con la expansión de las comunicaciones y los viajes en el siglo XIX, la necesidad de realizar transacciones financieras entre lugares muy distantes aumentó, y el oro pasó de las manos de los particulares a las cámaras acorazadas de los bancos y, finalmente, a los bancos centrales. En virtud del patrón oro, la gente tenía certificados de oro consignados sobre papel o emitía cheques que se pagaban sin necesidad de trasladar el metal físicamente, lo cual mejoró mucho la velocidad y eficacia del comercio global.

Cuando los gobiernos confiscaron el oro y emitieron su propio dinero, ya no fue posible llevar a cabo liquidaciones internacionales con oro entre particulares y bancos, y éstas pasaron a realizarse con monedas nacionales cuyo valor fluctuaba, lo que planteaba problemas importantes para el comercio mundial, como se analiza en el capítulo 6. La invención de Bitcoin ha creado desde cero un nuevo mecanismo alternativo e independiente para los pagos internacionales que no depende de ningún intermediario y que puede funcionar absolutamente al margen de la infraestructura financiera existente.

La capacidad de todo individuo para utilizar un nodo de Bitcoin y enviar su propio dinero sin permiso de nadie, y sin necesidad de exponer su identidad, constituye una diferencia notable entre el oro y Bitcoin. Este último no tiene que guardarse en un ordenador; la clave privada de la reserva de bitcoins de un particular es una cadena de caracteres o una cadena de palabras que la persona recuerda. Resulta mucho más fácil moverse con una clave privada de Bitcoin que con una provisión de oro, y mucho más fácil enviarla a cualquier rincón del planeta sin necesidad de arriesgarse a que la roben o confisquen. Mientras que antes los gobiernos se incautaban de los ahorros en oro de la población y obligaban a operar con dinero supuestamente avalado por ese oro, hoy la gente puede guardar sus ahorros en bitcoins lejos de las manos del Estado y emplear tan sólo pequeñas cantidades para realizar transacciones a través de intermediarios. La propia naturaleza de la tecnología Bitcoin coloca a los gobiernos en una gran desventaja en comparación con cualquier otra forma monetaria, y, por tanto, hace que su confiscación resulte mucho más difícil.

Además, dada la capacidad de los poseedores de bitcoins para rastrear todas las tenencias de la moneda virtual en su blockchain, es muy poco práctico que una autoridad desempeñe la función de entidad crediticia en última instancia para bancos que comercian con Bitcoin. Incluso durante el apogeo del patrón oro internacional, el dinero era reembolsable en oro, pero los bancos centrales rara vez disponían de la cantidad necesaria para cubrir la provisión entera de moneda que introducían y, en consecuencia, siempre tenían un margen para aumentar la oferta de papel a fin de respaldar la moneda. Esto es mucho más difícil con Bitcoin, una red que aporta seguridad digital criptográfica a la contabilidad y puede contribuir a poner en evidencia a los bancos que forman parte del sistema de reserva fraccionaria.

El uso futuro de Bitcoin para pagos reducidos probablemente no se desarrollará sobre el libro mayor distribuido, como se explica en el debate acerca de la escalabilidad tratado en el capítulo 10, sino a través de segundas capas. Bitcoin puede considerarse el sistema de una nueva moneda de reserva emergente para transacciones virtuales, en las que el equivalente a los bancos en la red emitirá tokens avalados con bitcoins a usuarios al mismo tiempo que mantendrá congelada su provisión de bitcoins, haciendo posible que cada persona audite en tiempo real las tenencias del intermediario, y contando con sistemas de verificación y reputación online capaces de comprobar que no tiene lugar ninguna inflación. Esto permitiría que pudieran llevarse a cabo un número ilimitado de operaciones sin tener que pagar los elevados costes por transacciones *on-chain*.

A medida que Bitcoin sigue evolucionando en la dirección de alcanzar un valor de mercado superior con costes de transacción más elevados, comienza a parecerse a una moneda de reserva más que a una concebida para operaciones diarias. Incluso en el momento de redactarse este libro, con Bitcoin en un nivel relativamente reducido de adopción pública, la mayoría de las transacciones realizadas con dicha tecnología no se registran dentro de la blockchain, sino que se dan en intercambios y plataformas digitales de índole diversa basadas en Bitcoin, tales como webs de casinos y apuestas. Dichos negocios abonarán o cargarán bitcoins a sus clientes incluidos en sus propios registros internos y sólo se realizarán operaciones en la red Bitcoin cuando los usuarios depositen o retiren fondos.

Al tratarse de dinero digital, puede que la ventaja comparativa de Bitcoin no resida en sustituir pagos en efectivo, sino en posibilitar la realización de dichos pagos a largas distancias. Los pagos en persona, para cantidades reducidas, pueden llevarse a cabo a través de una amplia variedad de opciones: metálico, trueque, favores, tarjetas de crédito, cheques bancarios, etcétera. La tecnología más moderna en liquidaciones de pagos ha introducido ya diversas alternativas para realizar pagos a pequeña escala con un coste ínfimo. Es probable que la ventaja de Bitcoin no radique en competir con estos pagos de cuantías reducidas y a cortas distancias, sino en haber creado —al aportar el carácter definitivo de la liquidación en efectivo al mundo digital— el método más veloz para realizar pagos finales de cuantías elevadas a largas distancias y más allá de las fronteras nacionales. Es en comparación con dichos pagos cuando las ventajas de Bitcoin resultan más significativas. Tan sólo hay unas pocas divisas que se aceptan para realizar pagos en todo el mundo, concretamente el dólar estadounidense, el euro, el oro y los derechos especiales de giro (DEG) del Fondo Monetario Internacional (FMI). La inmensa mayoría de los pagos internacionales se denominan en una de dichas monedas, y sólo un porcentaje minúsculo es compartido por otras divisas principales. El envío internacional de dichas monedas por valor de unos miles de dólares suele costar unas cuantas decenas de dólares, tarda varios días en llegar y se ve sujeto a un examen forense invasivo por parte de las instituciones financieras. El elevado coste de dichas transacciones radica fundamentalmente en la volatilidad de las divisas y los problemas de liquidación entre instituciones de distintos países, lo que exige el empleo de varios niveles de intermediación.

En menos de diez años de existencia, Bitcoin ha alcanzado ya un grado significativo de liquidez a escala mundial, posibilitando pagos internacionales con unos costes muy inferiores a los que tienen hoy día las transferencias internacionales. Con esto no se pretende argumentar que Bitcoin sustituirá el mercado de transferencias internacionales de dinero, sino simplemente señalar su potencial por lo que respecta a la liquidez internacional. Actualmente, el volumen de estos flujos internacionales es mucho mayor del que puede procesar la blockchain de Bitcoin, y si se desplazan más pagos de este tipo a la red Bitcoin, aumentarán las comisiones para limitar su demanda. Aun así, eso tampoco le presagiaría un mal futuro, ya que el envío de dichos pagos individuales no es el límite de las capacidades de Bitcoin.

Bitcoin equivale a dinero sin riesgo de contraparte, y su red puede ofrecer una liquidación definitiva de pagos de gran volumen en cuestión de minutos. Por tanto, se puede entender mejor como forma de competir con las liquidaciones de pagos entre los bancos centrales y las grandes instituciones financieras, y se compara favorablemente con ellos habida cuenta de su registro verificable, su seguridad criptográfica y su impermeabilidad a vulnerabilidades de terceros. El empleo de las principales monedas nacionales (dólar y euro) para la liquidación conlleva el riesgo de las fluctuaciones cambiarias de dichas divisas y pasa por la confianza en varios niveles de intermediación. Los pagos entre bancos centrales y grandes instituciones financieras tardan días, y a veces semanas, en liquidarse, tiempo durante el cual las partes se ven expuestas a riesgos de contraparte y de cambio de divisas importantes. El oro es el único medio monetario tradicional que no es responsabilidad de nadie y está libre de riesgo de contraparte, pero su traslado comporta una tarea operativa sumamente costosa y cargada de riesgos.

Al no entrañar riesgo de contraparte ni depender de terceros, Bitcoin es idóneo para desempeñar la misma función que el oro como patrón de referencia. Representa dinero neutral para un sistema internacional que no confiere a ningún Estado el «exorbitante privilegio» de emitir la moneda de reserva mundial, y no depende de su rendimiento económico. Al estar separado de la economía de un país en particular, su valor no se verá afectado por el volumen de comercio denominado en él, evitando así todos los problemas de tipos de cambio que han plagado el siglo XX. Además, el carácter definitivo de la liquidación en Bitcoin no depende de ninguna contraparte, y no requiere que ni un solo banco ejerza de árbitro de facto, por lo que resulta ideal como red global *peer-to-peer*, en lugar de responder a un orden centralizado hegemónico global. La red Bitcoin está basada en una forma de dinero cuya provisión no puede verse inflada por ningún banco miembro, lo que la convierte en una oferta de valor de reserva más interesante que las monedas nacionales, cuya creación se basó precisamente en que su provisión pudiera incrementarse para financiar a los gobiernos.

La capacidad de Bitcoin para la realización de transacciones supera con creces la que necesitaría el número existente de bancos centrales aun cuando liquidaran sus cuentas a diario. La capacidad actual de Bitcoin al respecto es de en torno a las 350.000 transacciones al día, lo cual puede permitir a una red mundial de 850 bancos que cada uno de ellos pueda realizar una operación diaria con el resto de entidades presentes en la red. (El número de conexiones únicas en una red es igual a $n(n-1)/2$, donde n corresponde al número de nodos.)

Una red global de 850 bancos centrales puede llevar a cabo liquidaciones definitivas entre sí por medio de la red Bitcoin. Si cada banco central atiende a 10 millones de clientes aproximadamente, eso abarcaría a toda la población mundial. Dicho supuesto se ofrece como el peor escenario posible, en el que la capacidad de Bitcoin no podría verse incrementada de ninguna manera. Tal como se expone en el capítulo 10, existen varias posibilidades de aumentar dicha capacidad sin alterar la arquitectura de Bitcoin de un modo retroincompatible, permitiendo potencialmente la liquidación diaria entre miles de bancos.

En un mundo en el que los gobiernos no pueden crear más bitcoins, estos bancos centrales de Bitcoin competirían libremente entre sí para ofrecer instrumentos monetarios y soluciones de pago con la moneda digital como aval. Sin un prestamista de última instancia, la banca de reserva fraccionaria se convierte en una estructura sumamente peligrosa, y me gustaría pensar que los únicos bancos que sobrevivirían a largo plazo serían los que ofrecieran instrumentos financieros respaldados al ciento por ciento por Bitcoin. Esto, sin embargo, es motivo de controversia entre los economistas, y sólo el tiempo dirá si será así. Dichos bancos liquidarían los pagos entres sus propios clientes fuera de la blockchain de Bitcoin, y posteriormente realizarían el asiento contable diario entre sí en la blockchain.

Si bien podría parecer una traición a su visión original de dinero en efectivo completamente *peer-to-peer*, esta imagen de Bitcoin no es nueva. Hal Finney, el destinatario de la primera transacción de Bitcoin por parte de Nakamoto, escribió lo siguiente en el foro sobre Bitcoin de 2010:

> «De hecho, hay una muy buena razón para que los bancos avalados por Bitcoin existan y emitan su propia moneda digital, canjeable por bitcoins. El sistema Bitcoin en sí no puede escalarse para que toda transacción financiera realizada en cualquier rincón del planeta sea enviada a todo el mundo e incluida en la blockchain. Tiene que haber un nivel secundario de sistemas de pago que sea de menor peso y mayor eficacia. Asimismo, el tiempo necesario para finalizar

las transacciones de Bitcoin no será práctico para adquisiciones de valor medio a grande.

Los bancos avalados por Bitcoin resolverán estos problemas, dada su capacidad para funcionar como hacían los bancos antes de la nacionalización de la moneda. Podrá haber distintos bancos con políticas diferentes, unos más agresivos y otros más conservadores, unos de reserva fraccionaria y otros respaldados al ciento por ciento por Bitcoin. Los tipos de interés podrían variar, y el dinero en efectivo de unos bancos podría negociarse con descuento respecto al de otros.

George Selgin ha desarrollado en profundidad la teoría de la banca libre competitiva, y sostiene que dicho sistema sería estable, resistente a la inflación y autorregulador.

Creo que éste será el destino final de Bitcoin, convertirse en el «dinero de alta potencia» que sirva como moneda de reserva a los bancos que emiten su propio efectivo digital. La mayoría de las transacciones mediante Bitcoin se darán entre bancos, para liquidar transferencias netas. Las operaciones de Bitcoin por particulares serán tan poco frecuentes como..., bueno, como lo son las compras con bitcoins hoy día.[128]

El número de transacciones en una economía basada en Bitcoin puede seguir siendo tan elevado como lo es en la actualidad, pero la liquidación de dichas transacciones no se dará en el libro mayor de Bitcoin, cuya inmutabilidad y falta de necesidad de intermediarios de confianza tienen demasiado valor para los pagos de los consumidores individuales. Sean cuales sean las limitaciones de las soluciones de pago actuales, se beneficiarán enormemente de la introducción de la competencia del libre mercado en el campo de la banca y los pagos, uno de los sectores más anquilosados de la economía del mundo moderno, ya que está controlado por gobiernos que pueden crear el dinero en el que opera.

128. Foros de Bitcoin Talk, 30 de diciembre de 2010. Disponible en: <https://bitcointalk.org/index.php?topic=2500.msg34211#msg34211>. [Consulta: 14/05/2018]

Si Bitcoin sigue aumentando de valor y llega a ser utilizado por un número cada vez mayor de instituciones financieras, se convertirá en una moneda de reserva para un nuevo tipo de bancos centrales. Estos bancos centrales podrían basarse principalmente en el mundo físico o en el digital, pero cada vez merece más la pena plantearse si los bancos centrales nacionales deberían complementar sus reservas con Bitcoin. En el actual sistema monetario mundial, dichos bancos tienen sus reservas principalmente en dólares estadounidenses, euros, libras esterlinas, derechos especiales de giro del FMI y oro. Estas divisas de reserva se utilizan para liquidar cuentas entre bancos centrales y defender el valor de mercado de sus monedas locales. Si Bitcoin continúa experimentando la misma revalorización que en los últimos años, es probable que atraiga la atención de bancos centrales con miras al futuro.

De seguir apreciándose de manera significativa, Bitcoin ofrecerá a la banca central más flexibilidad con su política monetaria y liquidación de cuentas internacionales. Pero quizá la verdadera razón para que los bancos centrales quieran poseer bitcoins sea el hecho de que vean eso como un seguro contra las perspectivas de éxito del sistema Bitcoin mismo. En vista de que la oferta de bitcoins es estrictamente limitada, puede que a un banco central le convenga gastar una cuantía reducida en la adquisición de una pequeña parte de las existencias actuales de bitcoins en caso de que esta moneda digital se aprecie de manera importante en el futuro. Si continúa revalorizándose y un banco central no posee ni un solo bitcoin, el valor de mercado de sus divisas de reserva y su oro disminuirá en términos de Bitcoin, lo que sitúa al banco central en una posición de desventaja mayor cuanto más retrase la decisión de adquirir reservas.

Bitcoin sigue viéndose de momento como un experimento extravagante, pero, con su supervivencia y revalorización a lo largo del tiempo, comenzará a atraer realmente la atención de particulares con un elevado patrimonio, de inversores institucionales y, después, posiblemente, de bancos centrales. El momento en que los bancos centrales empiecen a plantearse su uso será aquel en el que todos ellos se comprometan con una banca inversa basada en Bitcoin. El primero en adquirir bitcoins alertará al resto sobre dicha posibilidad e incitará a muchos de ellos a apresurarse a hacerlo. Es probable que la primera adquisición de un banco central provoque el aumento significativo del valor de Bitcoin, por lo que la moneda digital será cada vez más cara para los bancos centrales que quieran comprarla posteriormente. Lo más sensato en tal caso es que un banco central se haga con una pequeña cantidad de Bitcoin. Si cuenta con la capacidad institucional para adquirir la moneda sin anunciarlo, eso sería más sensato si cabe, pues le permitiría acumularla a bajo precio.

Bitcoin puede ser asimismo un activo de reserva útil para los bancos centrales ante las restricciones internacionales que pesan sobre sus operaciones bancarias, o ante el descontento que les produce el sistema monetario mundial centrado en el dólar. La posibilidad de adoptar reservas de Bitcoin podría resultar ser una valiosa baza de negociación para dichos bancos centrales frente a las autoridades monetarias estadounidenses, que probablemente preferirían no ver a ninguno de ellos pasarse a Bitcoin como método de liquidación, pues eso podría llevar a otros a seguir el ejemplo.

Si bien los bancos centrales se han mostrado en general desdeñosos con la importancia de Bitcoin, esa actitud podría ser un lujo que quizá no puedan permitirse durante mucho tiempo. Por difícil que a los banqueros centrales les resulte de creer, Bitcoin es un competidor directo de su área de negocio, que lleva un siglo aislada de la competencia del mercado. Bitcoin pone a disposición de cualquiera la tramitación de pagos y la compensación bancaria a escala mundial, permitiendo su ejecución a un coste reducido, y sustituye la política monetaria dirigida por personas por algoritmos superiores y perfectamente previsibles. Los bancos centrales ven que su modelo de negocio actual es víctima de la disrupción, y no tienen modo de detener la competencia con la mera aprobación de leyes, como habían hecho siempre. Ahora se enfrentan a un competidor digital que probablemente no pueda someterse a la legislación del mundo físico. De no utilizar la liquidación instantánea y la sólida política monetaria de Bitcoin, los bancos centrales dejarían la puerta abierta a los advenedizos digitales para que acapararan un porcentaje cada vez mayor de este mercado con miras a una reserva de valor y liquidación.

Si el mundo moderno es la antigua Roma, que sufre las consecuencias económicas de un colapso monetario, y el dólar es nuestro áureo, Satoshi Nakamoto es entonces nuestro Constantino, Bitcoin es su sólido e internet es nuestra Constantinopla. Bitcoin sirve como moneda salvavidas para las personas obligadas a operar y ahorrar en medios monetarios que se ven alterados constantemente por los gobiernos. Con arreglo a lo expuesto, las verdaderas ventajas de Bitcoin son que es una reserva de valor fiable a largo plazo y una forma de dinero soberana que permite a los particulares llevar a cabo transacciones sin permiso. Los usos principales de Bitcoin en el futuro inmediato derivarán de dichas ventajas competitivas, y no de su capacidad para ofrecer operaciones ubicuas o a bajo coste.

Unidad de cuenta global

Esta aplicación final de Bitcoin no es probable que se materialice en un futuro próximo, pero, dadas las propiedades únicas de dicho sistema, aun así resulta fascinante. Desde el final de la era del patrón oro, el comercio mundial se ha visto obstaculizado por las diferencias del valor de divisa en los distintos países. Esto ha destruido la capacidad de la gente para llevar a cabo intercambios indirectos empleando un solo medio de cambio y ha creado un mundo en el que la adquisición de algo más allá de las fronteras debe ir precedido de la compra de la moneda del productor, casi a modo de trueque, lo que ha dificultado seriamente la posibilidad de que la gente lleve a cabo cálculos económicos a escala transfronteriza y se ha traducido en el crecimiento de un sector cambiario enorme. Dicho sector produce poco valor, pero mitiga las terribles consecuencias del nacionalismo monetario.

El patrón oro ofrecía una solución a este problema, en la que una única forma de dinero, independiente del control de cualquier gobierno o autoridad, era la referencia monetaria en todo el mundo. Los precios podían calibrarse con arreglo al oro y expresarse en dicho metal, lo cual facilitaba los cálculos transfronterizos. Sin embargo, el peso físico del oro imponía la necesidad de centralizarlo y de que su liquidación tuviera que realizarse entre bancos centrales. Una vez centralizado el oro, su reclamo resultó irresistible para los gobiernos, que asumieron su control y terminaron sustituyéndolo por moneda fiduciaria, cuya oferta controlan. En consecuencia, el dinero sólido perdió solidez.

Queda por saber si Bitcoin podría desempeñar potencialmente el papel de una unidad de cuenta mundial destinada a la actividad económica y comercial. Para que se materializara dicha posibilidad, Bitcoin tendría que ser adoptado por un número elevadísimo de personas en todo el mundo, muy probablemente de manera indirecta, a través de su uso como moneda de reserva. En tal caso, aún habría que ver si la estabilidad de la provisión de bitcoins lo convertiría también en un valor estable, pues las transacciones realizadas a diario con él serían secundarias en comparación con las cantidades retenidas. En la situación actual, dado que Bitcoin constituye menos del 1 por ciento de la oferta monetaria mundial, las grandes operaciones individuales realizadas en Bitcoin pueden tener un impacto importante en el precio, y las pequeñas variaciones en la demanda pueden producir grandes oscilaciones de precio. No obstante, ésta es una característica de la situación actual, en la que Bitcoin, como moneda y red de liquidación a escala mundial, sigue siendo una fracción diminuta de los pagos de liquidación internacionales y de la oferta monetaria. Hoy día, la compra de un token de Bitcoin puede considerarse una inversión en el rápido crecimiento de la red y de la moneda como reserva de valor, ya que todavía es muy pequeña y capaz de multiplicar su tamaño y su valor muchas veces en muy poco tiempo. Si la proporción de Bitcoin en la oferta monetaria y en las transacciones de pagos internacionales alcanza una participación mayoritaria en el mercado mundial, su nivel de demanda se volverá más previsible y estable, lo que comportará una estabilización del valor de la divisa. En el caso hipotético de que se convirtiera en la única moneda utilizada en todo el mundo, dejaría de tener un amplio margen para aumentar de valor. A partir de ese momento, su demanda se limitaría simplemente a la posesión de dinero líquido, y el aspecto más relacionado con la inversión especulativa que hoy vemos en su demanda desaparecería. En tales circunstancias, el valor del bitcoin variaría junto con la preferencia temporal de la población del mundo entero, siendo la creciente demanda para poseer Bitcoin como reserva de valor lo que llevaría a una pequeña apreciación de su valor.

A la larga, la ausencia de una autoridad capaz de controlar la oferta monetaria de bitcoins pasará probablemente de provocar la volatilidad de los precios a reducirla. La combinación de la previsibilidad de la provisión y del aumento del número de usuarios podría hacer que las fluctuaciones diarias de la demanda tuvieran menos peso como factor determinante del precio, dado que los creadores de mercado son capaces de protegerse ante las fluctuaciones de la oferta y la demanda, suavizarlas y propiciar un precio más estable.

La situación sería similar a la del oro cuando éste era patrón de referencia, tal como se describe en el estudio de Jastram al que se hace referencia en el capítulo 6. Durante los siglos en los que el metal fue utilizado como dinero, el incremento continuo y paulatino de su oferta comportaba que su valor no aumentara o disminuyera de manera significativa, lo que lo convirtió en la unidad de cuenta idónea a través del tiempo y del espacio.

Sin embargo, este panorama omite una diferencia fundamental entre el oro y Bitcoin, y es que el metal tiene una gran demanda altamente elástica para su uso en multitud de aplicaciones industriales y ornamentales. Las características químicas únicas del oro han garantizado siempre su elevada demanda independientemente de su función monetaria. Aun cuando varíe la demanda del oro como moneda, la industria estará dispuesta a utilizarlo en cantidades prácticamente ilimitadas por mucho que caiga el precio como consecuencia de una disminución de la demanda monetaria. Sus propiedades lo convierten en la mejor opción para numerosas aplicaciones, por lo que sólo se eligen sustitutos inferiores debido al elevado precio del oro. Incluso suponiendo que todos los bancos centrales mundiales se deshicieran de todas sus reservas de oro, es probable que la demanda de la industria y la joyería absorbiera todo ese exceso de oferta con sólo una reducción temporal de los precios. La escasez del oro en la corteza terrestre siempre garantizará que no deje de ser caro con respecto a otros metales y materias. Dicha propiedad jugó un papel decisivo en el auge del oro como moneda, ya que aseguraba una relativa estabilidad de su valor a lo largo del tiempo, con independencia de los cambios que se produjeran a escala mundial en la demanda monetaria debidos a las entradas y salidas de países en el patrón oro. A su vez, esta relativa estabilidad sirvió para consolidar el atractivo del oro como activo monetario y para garantizar su demanda, y puede interpretarse como la verdadera razón por la que los bancos centrales no venden sus reservas de oro incluso décadas después de que sus divisas hayan dejado de ser canjeables por el metal. Si las vendieran, el efecto neto sería que se incrementaría por toneladas el uso del oro en aplicaciones industriales en los años venideros, lo que apenas tendría impacto en su precio. En ese intercambio comercial, la banca central sólo ganaría una moneda fiduciaria que puede imprimir ella misma, y perdería un activo que probablemente se revalorizaría sobre su propia moneda.

La demanda equivalente no monetaria de bitcoins puede entenderse como la demanda de la moneda digital como requisito necesario para utilizar la red, y no en su condición de reserva de valor. Pero, a diferencia de la demanda industrial del oro, que es totalmente independiente de su demanda monetaria, la demanda de bitcoins para hacer uso de la red está vinculada de manera inextricable a su demanda como reserva de valor. Por tanto, no cabe esperar que desempeñe un papel importante a la hora de mitigar la volatilidad del valor de mercado del bitcoin a medida que crece en su función monetaria.

Por un lado, la estricta escasez de Bitcoin lo convierte en una opción muy atractiva como reserva de valor, y un número cada vez mayor de poseedores podría tolerar la volatilidad durante largos períodos de tiempo si muestra un fuerte sesgo al alza, como hasta ahora. Por otro lado, la persistencia de la volatilidad en el valor del bitcoin impedirá que desempeñe el papel de unidad de cuenta, al menos hasta que no haya alcanzado numerosos múltiplos de su valor actual y del porcentaje de personas que lo poseen y aceptan en todo el mundo.

Sin embargo, teniendo en cuenta que la población que habita hoy el planeta ha vivido únicamente en un mundo de monedas fiduciarias volátiles que se modifican entre sí, los poseedores de bitcoins deberían ser mucho más tolerantes con su volatilidad que las generaciones criadas bajo la certeza del patrón oro. Sólo las mejores monedas fiduciarias han sido estables a corto plazo, pero la devaluación a largo plazo resulta evidente. Por otra parte, el oro ha mantenido su estabilidad a largo plazo, pero es relativamente inestable a corto plazo. La falta de estabilidad de Bitcoin no parece un defecto fatal que impida su crecimiento y adopción, dado que todas las alternativas son también relativamente inestables.

De momento no se puede responder de manera definitiva a estas cuestiones, y solamente el mundo real dirá cómo se desarrollará dicha dinámica. El estatus monetario es un producto de la acción humana que surge de forma espontánea, no un producto racional de diseño humano.[129] Los individuos actúan por interés propio, y las posibilidades tecnológicas y las realidades económicas de la oferta y la demanda configuran los resultados de sus acciones, proporcionándoles incentivos para persistir, adaptarse, cambiar o innovar. De estas complejas interacciones emerge un orden monetario espontáneo; no es algo que se confiera mediante el debate académico, la planificación racional o el mandato gubernamental. Lo que en teoría podría parecer una tecnología mejor para el dinero no tiene por qué prosperar en la práctica. La volatilidad de Bitcoin puede llevar a los teóricos monetarios a descartarlo como medio monetario, pero las teorías monetarias no pueden invalidar el orden espontáneo que surge

129. Para más información acerca de esta importante distinción, véase: Adam Ferguson, *An essay on the history of civil society*, T. Cadell, Londres, 1782. [Versión castellana de María Isabel Wences Simon, *Ensayo sobre la historia de la sociedad civil*, Akal, Tres Cantos (Madrid), 2010.] Véase también: Vernon Smith, *Rationality in economics*, Cambridge University Press, Nueva York, 2008.

en el mercado como resultado de las acciones humanas. En calidad de reserva de valor, es posible que Bitcoin continúe atrayendo más demanda de ahorro, lo que provoque que siga experimentando una revalorización significativa en comparación con las otras formas de dinero hasta que se convierta en la mejor opción para cualquiera que tenga que recibir un pago.

Si lograra algún tipo de estabilidad de valor, Bitcoin superaría el uso de las divisas para las liquidaciones de pagos internacionales, como ocurre hoy día, ya que las monedas nacionales fluctúan de valor en función de las condiciones de cada gobierno y país, y su adopción generalizada como moneda de reserva mundial comporta un «privilegio exorbitante» para la nación emisora. Una moneda de pagos internacionales debería ser neutral ante la política monetaria de los distintos países, motivo por el cual el oro desempeñó dicho papel con excelencia durante el patrón oro internacional. Bitcoin tendría una ventaja con respecto al metal amarillo en el desempeño de dicha función, ya que su liquidación puede finalizarse en cuestión de minutos, y la autenticidad de las transacciones puede ser verificada fácilmente por cualquiera con una conexión a internet, casi sin ningún coste. El oro, en cambio, requiere más tiempo para su traslado, y su liquidación depende de diversos grados de confianza en los intermediarios responsables de efectuar el pago y la transferencia. Esta circunstancia podría mantener la función monetaria del oro para transacciones en efectivo realizadas en persona, mientras que Bitcoin se especializaría en los pagos internacionales.

Capítulo 10

Cuestiones sobre Bitcoin

Con los datos económicos básicos del funcionamiento de Bitcoin que hemos explicado en el capítulo 8 y los principales potenciales casos de uso de la red ya vistos en el capítulo 9, vamos a analizar aquí algunas de las cuestiones más destacadas en torno a la operatividad de Bitcoin.

¿Es la minería de Bitcoin un despilfarro?

Cualquiera que ingrese en la red Bitcoin genera una *dirección pública* y una *clave privada*. Es similar a una dirección de correo electrónico y su contraseña: la gente puede enviarte bitcoins a tu dirección pública, y tú usas tu clave privada para enviar bitcoins desde tu saldo. Estas direcciones también pueden presentarse en formato de código de respuesta rápida (*quick response*, QR).

Cuando se hace una transacción, el remitente la transmite a todos los demás miembros de la red (nodos), quienes pueden comprobar que el emisor tiene suficientes bitcoins para realizarla, así como que no ha gastado esas monedas en otra transacción. Una vez que es validada por la mayoría de las CPU de la red, la transacción queda grabada en un registro común compartido por todos los miembros de la misma, lo que permite a cada uno de éstos actualizar el saldo de los dos miembros implicados en la transacción. Si bien resulta cómodo para integrantes de Bitcoin comprobar la validez de una transacción, un sistema de votación basado en darle a cada miembro un voto podría ser burlado por un hacker que creara muchos nodos que votaran para validar sus transacciones fraudulentas. Sólo mediante la precisión basada en los ciclos de CPU realizados por los miembros, es decir, empleando un sistema de prueba de trabajo (PoW), puede solucionar Bitcoin el problema del doble gasto[130] sin un tercero de confianza.

En esencia, la prueba de trabajo consiste en que los miembros de la red compiten por resolver problemas matemáticos difíciles de solventar, pero cuya solución es fácil de comprobar. Todas las transacciones de Bitcoin verificadas en un intervalo de diez minutos quedan registradas y agrupadas en un bloque. Los nodos compiten por solucionar los problemas matemáticos de la PoW para un bloque de transacciones, y el primer nodo que cree la solución correcta la transmite a los miembros de la red, que pueden comprobar rápidamente su corrección. Cuando una mayoría de los nodos de la red verifica la validez de las transacciones y la PoW, se emite una cantidad determinada de bitcoins para recompensar al nodo que ha solucionado satisfactoriamente la PoW. Esto se conoce como *subsidio de bloque*, y el proceso para generar nuevas monedas se denomina *minería*, porque es la única forma de aumentar la provisión de monedas, de la misma manera que la minería es el único modo de incrementar la oferta de oro. Aparte del subsidio de bloque, el nodo que ha solucionado la PoW también recibe los costes (o «comisiones») de transacción

130. El «doble gasto» (*double-spend*, en inglés) se refiere al intento de gastar las mismas monedas en más de una transacción. Este problema tradicionalmente se resuelve por medio de una entidad central (como un banco) que liquida y compensa las operaciones entre las partes. Hasta la invención de Bitcoin, no existía ninguna forma de impedir el doble gasto en un sistema de pagos descentralizado. *(N. de la e.)*

incluidos por los emisores. La suma de los costes de transacción y del subsidio de bloque se denomina *recompensa por bloque*.

Aunque resolver estos problemas podría parecer en principio un desperdicio de energía eléctrica e informática, la prueba de trabajo es fundamental en las operaciones de Bitcoin.[131] Al exigir el gasto de electricidad y de capacidad de procesamiento para producir nuevos bitcoins, la PoW es el único medio descubierto hasta el momento para hacer que la producción de un bien digital sea costoso de forma fiable, lo que le permite ser una moneda fuerte. Al garantizar que dar con la solución al problema matemático consume grandes cantidades de capacidad de procesamiento y electricidad, los nodos que invierten en las mismas tienen un fuerte incentivo para no incluir ninguna transacción inválida en su bloque, para así recibir la recompensa por bloque. Puesto que es mucho más barato verificar la validez de las transacciones y la PoW que solucionar la PoW, los nodos que intentan introducir transacciones inválidas en un bloque están, casi seguro, condenados al fracaso, asegurando así que la capacidad de procesamiento empleada no es remunerada.

La PoW eleva sumamente el coste de escribir un bloque y hace que el coste de verificar su validez se reduzca en extremo, lo que en la práctica casi elimina el incentivo de intentar crear transacciones inválidas. Si lo intentaran, malgastarían electricidad y capacidad de procesamiento sin recibir la recompensa por bloque. Por lo tanto, puede entenderse Bitcoin como una tecnología

131. La pregunta de si Bitcoin desperdicia electricidad es en el fondo un malentendido de la naturaleza básicamente subjetiva del valor. En todo el mundo se genera electricidad en grandes cantidades para satisfacer las necesidades de los consumidores. El único juicio respecto a si esta electricidad ha servido o no ha servido para algo incumbe al consumidor que la paga. La gente dispuesta a pagar el coste de la operación de la red de Bitcoin para sus transacciones está efectivamente financiando este consumo de electricidad, lo que significa que se está produciendo electricidad para satisfacer las necesidades del consumidor y que no ha sido malgastada. Desde un punto de vista funcional, la PoW es el único método que hemos inventado los humanos para crear una moneda digital fuerte. Si la gente piensa que merece la pena pagar por ella, la electricidad no se habrá desperdiciado.

que transforma la electricidad en registros fidedignos mediante el gasto de capacidad de procesamiento. Aquellos que emplean esta electricidad se ven recompensados con la moneda bitcoin, de modo que tienen gran interés en mantener la integridad de la misma. Debido a concederle un poderoso incentivo económico a la honradez, el libro mayor de Bitcoin ha sido hasta el momento prácticamente incorruptible durante su período de funcionamiento, sin que se haya dado el caso de ataque exitoso de doble gasto a una transacción confirmada. Esta integridad del registro de transacciones de Bitcoin se consigue sin tener que confiar en que ninguna parte sea honesta. Al confiar por completo en la verificación, Bitcoin condena al fracaso las operaciones fraudulentas y obvia la necesidad de confiar en cualquiera para procesar las transacciones.

Para que un atacante intente introducir operaciones fraudulentas en el libro mayor de Bitcoin, necesitaría que una mayoría de la capacidad de procesamiento en la red aceptara su fraude. Los nodos honestos que forman parte de la red no tendrían ningún interés en hacer algo así, porque socavaría la integridad de Bitcoin y devaluaría las recompensas que reciben, desperdiciando la electricidad y los recursos que han empleado en ello. Así pues, para un atacante, la única posibilidad sería movilizar una cantidad de energía de procesamiento superior al 50 por ciento de la red para comprobar su fraude y aprovecharla como si fuera válida. Esta jugada se podría haber dado en los comienzos de Bitcoin, cuando la capacidad de procesamiento total de la red era muy reducida. Pero, dado que el valor económico que tenía la red en esa época era inexistente o insignificante, dichos ataques no se materializaron. Conforme siguió creciendo la red y un mayor número de miembros le daba capacidad de procesamiento, el coste por atacar la red aumentó.

La recompensa que reciben los nodos por verificar transacciones ha resultado ser una forma lucrativa de aprovechar la energía de procesamiento. En enero de 2017, la capacidad de procesamiento tras la red de Bitcoin equivalía a la de 2 billones de portátiles. Es más de dos millones de veces mayor que la capacidad de procesamiento del superordenador más potente del mundo, y más de doscientas mil veces mayor que los quinientos mejores superordenadores del mundo sumados. Al monetizar la capacidad de procesamiento directamente, Bitcoin se ha convertido en la mayor red de ordenadores de propósito específico del mundo.

Otro factor que contribuye a este crecimiento de la energía de procesamiento es que la verificación de las operaciones y la resolución de los problemas de la PoW han pasado de ser dirigidos por ordenadores personales a procesadores especializados diseñados en especial para ser óptimamente eficientes a la hora de ejecutar el software de Bitcoin. Estos circuitos integrados para aplicaciones específicas (ASIC, por sus siglas en inglés) se introdujeron por primera vez en 2012, y su utilización ha hecho más eficaz la incorporación de capacidad de procesamiento a la red de Bitcoin, ya que no se desperdicia electricidad en procesos informáticos irrelevantes, algo que sucedería en cualquier otra unidad computacional no específica de Bitcoin. Una red global distribuida de mineros independientes especializados protege en este momento la integridad del libro mayor de Bitcoin. Todos estos mineros no tienen otro objetivo imaginable que verificar operaciones en Bitcoin y resolver pruebas de trabajo. Si Bitcoin falla por una u otra razón, estos ASIC quedarían inutilizados y la inversión de sus propietarios se perdería, de modo que tienen gran interés en conservar la honestidad de la red.

Para que alguien altere el registro de la red necesitaría invertir cientos de millones, si no miles de millones, de dólares en construir nuevos chips ASIC. Si un atacante lograra modificar el registro, sería muy improbable que consiguiera algún beneficio económico de ello, ya que comprometer la red puede reducir el valor de los bitcoins a casi nada. En otras palabras, para destruir Bitcoin, un atacante tiene que gastar enormes sumas de dinero sin retorno en absoluto. Y, de hecho, incluso si tal intento tuviera éxito, los nodos honestos de la red pueden en realidad volver al registro de transacciones antes del ataque y reanudar sus operaciones. Así pues, el atacante tendría que continuar asumiendo gastos significativos para seguir atacando el consenso de los nodos honestos.

En sus comienzos, los usuarios de Bitcoin manejaban nodos, y los utilizaban para llevar a cabo sus propias transacciones así como para verificar las de los demás, haciendo de cada nodo un monedero y un verificador/minero. Pero, con el tiempo, estas funciones se han separado. En la actualidad, los chips ASIC se han especializado en verificar transacciones para recibir monedas de recompensa (por eso se les conoce comúnmente como mineros). Ahora, los operadores de nodo pueden generar monederos ilimitados, lo que permite ofrecerles monederos adecuados a los usuarios que pueden enviar y recibir bitcoins sin operar un nodo o gastar capacidad de procesamiento en verificar transacciones. Esto ha alejado Bitcoin de ser una mera red de pares entre nodos idénticos, aunque la importancia funcional crucial de la naturaleza descentralizada y distribuida de la red ha permanecido en teoría intacta, dado que aún existe un gran número de nodos y no se confía en ningún parte para operar en la red. Además, la minería especializada ha permitido que la energía de procesamiento en la que se apoya la red crezca hasta alcanzar dimensiones asombrosamente grandes.

En sus inicios, cuando los tokens tenían poco o ningún valor, la red podría haber sido teóricamente secuestrada y destruida por los atacantes, pero, como tenía poco valor económico, eso no parecía importarle a nadie. Conforme crecía el valor económico de Bitcoin, el interés por atacar la red puede haber aumentado, pero el coste de hacerlo se ha incrementado mucho más, por lo que no se ha materializado ningún ataque. Tal vez, la verdadera protección en todo momento de Bitcoin es que el valor de sus tokens depende en su totalidad de la integridad de la red. Cualquier ataque que tenga éxito a la hora de alterar la blockchain, robar monedas o gastarlas por duplicado le serviría de poco al atacante, ya que todos los miembros de la red verían que es posible comprometerla, y reducirían de forma radical la demanda de utilización de la misma y de poseer monedas, lo que haría caer el precio. Dicho de otro modo, la defensa de la red Bitcoin no sólo consiste en que atacarla se ha encarecido, sino que el ataque que tenga éxito hace que el botín del atacante no tenga valor alguno. Al ser un sistema completamente voluntario, Bitcoin sólo puede funcionar si se es honesto, ya que, en caso contrario, los usuarios pueden abandonarla de forma muy sencilla.

La distribución de la capacidad de procesamiento de Bitcoin y la fuerte resistencia del código al cambio son, junto con la intransigencia de la política monetaria, los factores que han permitido que Bitcoin sobreviva y crezca en valor hasta el tamaño que tiene hoy. Para los bisoños en Bitcoin, resulta complicado apreciar cuántos retos logísticos y de seguridad ha tenido que resistir la red a lo largo de los años para llegar a ser lo que es hoy. Teniendo en cuenta que internet ha proporcionado a los *hackers* la oportunidad de atacar toda clase de redes y páginas web por diversión y dinero, este logro resulta aún más extraordinario. Se han dado cada vez más fallos en la seguridad de redes informáticas y servidores de correo electrónico de todo el mundo a diario, en sistemas que ofrecen a los atacantes no mucho más que datos u oportunidades de obtener ventajas políticas. Bitcoin, por otra parte, tiene un valor monetario de miles de millones de dólares, pero sigue funcionando con seguridad y fiabilidad porque se diseñó, desde el primer día, para operar en un entorno sumamente adverso, sujeto a incesantes ataques. Programadores y *hackers* de todo el mundo han intentado destrozarlo usando toda clase de técnicas, y, sin embargo, ha seguido operando de acuerdo con la esencia exacta de su especificación.

Incontrolable: por qué nadie puede alterar Bitcoin

> La naturaleza de Bitcoin es tal que, una vez publicada la versión 0.1, el corazón del diseño quedó grabado en piedra durante el resto de su vida.
>
> SATOSHI NAKAMOTO, 17 de junio de 2010[132]

132. Satoshi Nakamoto, BitcoinTalk Forum, 17 de junio de 2010. Disponible en: <bitcointalk.org/index.php?topic=195.msg1611#msg1611>. [Consulta: 09/09/2021]

Hasta ahora, la resiliencia de Bitcoin no se ha limitado a repeler ataques con éxito; también ha resistido con habilidad cualquier intento de cambiar o alterar sus características. El verdadero alcance de esta declaración y sus implicaciones aún no ha sido plenamente aprovechado por la mayoría de escépticos. Si se comparase la moneda de Bitcoin con un banco central, estaríamos hablando del banco central más independiente del mundo. Si se comparase con un Estado-nación, sería el más soberano del planeta. La soberanía de Bitcoin deriva del hecho de que, por lo que sabemos, el funcionamiento de sus normas de consenso lo hace muy resistente a ser alterado o controlado por parte de individuos. No sería exagerado decir que nadie controla Bitcoin, y que la única opción disponible que tiene la gente es utilizarlo tal cual o no hacerlo.

Esta inmutabilidad no es un rasgo del software de Bitcoin, el cual no resulta difícil de cambiar para alguien con conocimientos de programación, sino que más bien encuentra su fundamento en los aspectos económicos de la moneda y la red, y surge de la dificultad de hacer que todos los miembros de la misma adopten los mismos cambios en el software. La implementación del software que permite a un individuo operar un nodo que se conecte con la red Bitcoin es de código abierto,[133] un software que, al principio, puso a disposición del público en general Satoshi Nakamoto en colaboración con el difunto Hal Finney y otros programadores. Desde entonces, todo el mundo es libre de descargar y usar el software como le plazca, así como de introducir cambios. Esto crea un mercado de libre competencia en las aplicaciones de Bitcoin, donde cualquier persona tiene derecho a contribuir con cambios o mejoras en el software y presentárselas a los usuarios para que los apliquen.

Con el tiempo, cientos de programadores informáticos de todo el mundo han ofrecido su tiempo para mejorar el software

133. El código fuente original de Bitcoin lo publicó Satoshi Nakamoto bajo la licencia MIT. Es una de las licencias libres más populares, más compatibles (no es *copyleft*) y también más permisivas: permite el libre uso, copia, modificación y redistribución del software sin ninguna otra restricción que mantener el breve texto de la propia licencia. *(N. de la e.)*

de nodo y, en el proceso, mejorar la capacidad de los nodos individuales. Estos codificadores han creado varias implementaciones diferentes, la más grande y más conocida de las cuales es «Bitcoin Core».[134] Existen otras implementaciones, y los usuarios tienen libertad para alterar el código fuente en cualquier momento. El único requisito para que un nodo forme parte de la red es que siga las normas de consenso de los demás nodos. Los nodos que incumplan las normas de consenso mediante la modificación de la estructura de la cadena, la validez de la transacción, la recompensa por bloque o cualquiera de los muchos parámetros del sistema terminan siendo rechazados por el resto de los nodos.

El proceso de lo que define los parámetros de Bitcoin es un ejemplo de lo que el filósofo escocés Adam Ferguson afirmó ser «el resultado de la acción humana, pero no del diseño humano».[135] Aunque Satoshi Nakamoto, Hal Finney y otros habían producido un prototipo del software en enero de 2009, desde entonces, el código ha evolucionado de manera significativa a través de las contribuciones de cientos de desarrolladores y elegido por miles de usuarios que operan nodos. No existe una autoridad central que determine la evolución del software de Bitcoin y ningún programador puede determinar los resultados. La clave para ejecutar una implementación que sea adoptada ha resultado ser la observancia de los parámetros del diseño original. Dado que se han realizado modificaciones en el software, éstas se pueden entender con facilidad como mejoras en la forma en que un nodo individual interactúa con la red; no como alteraciones de Bitcoin o de sus normas de consenso. Si bien es-

134. Bitcoin Core es la implementación de referencia de Bitcoin y la más utilizada de largo, porque es la heredera directa del código original que publicó Satoshi Nakamoto bajo el nombre «Bitcoin». En marzo de 2014 (versión 0.9) el programa fue renombrado a «Bitcoin Core» para mitigar la posible confusión con el nombre de la red. *(N. de la e.)*

135. Adam Ferguson, *An essay on the history of civil society*, T. Cadell, Londres, 1782. Versión castellana de María Isabel Wences Simon (introducción, traducción y notas), *Ensayo sobre la historia de la sociedad civil*, Akal, Tres Cantos (Madrid), 2010.

capa al alcance de este libro debatir de qué parámetros se trata, basta con especificar este criterio: un cambio que aparta al nodo que lo adopta del consenso con los demás nodos exige que los demás nodos se actualicen para que el nodo que está intentando el cambio permanezca en la red. Si un número de nodos adopta las nuevas normas de consenso, lo que surge recibe el nombre de *hard fork*, o bifurcación dura. Los programadores de Bitcoin, por tanto, a pesar de su competencia, no pueden controlar la red, y sólo son programadores de Bitcoin en la medida en que proveen a los operadores de nodos del software que éstos quieren adoptar. Pero los programadores no son los únicos que no pueden controlar Bitcoin. Los mineros, por mucha potencia de procesamiento que puedan reunir, tampoco pueden controlar Bitcoin. Sin importar cuánto poder de *hash* se malgaste en el procesamiento de bloques que son inválidos, no serán validados por una mayoría de nodos de Bitcoin. Por lo tanto, si los mineros trataran de cambiar las normas de la red, los bloques que generasen serían sencillamente ignorados por los miembros que operan los nodos, y estarían malgastando sus recursos en resolver problemas de PoW sin ninguna recompensa. Los mineros sólo lo son en la medida en que producen bloques con transacciones válidas de acuerdo con las reglas de consenso vigentes.

Sería tentador decir aquí que los operadores de nodo controlan Bitcoin, lo cual es cierto de una manera colectiva abstracta. En términos más realistas, los operadores de nodo sólo pueden controlar sus propios nodos y decidir por ellos mismos qué normas de la red seguir y qué operaciones consideran válidas o inválidas. Los nodos están rigurosamente limitados a la hora de elegir las normas de consenso porque, si aplicaran reglas incompatibles con el consenso de la red, sus transacciones serían rechazadas. Cada nodo tiene gran interés en mantener las normas de consenso de la red y conservar la compatibilidad con otros nodos sobre estas normas de consenso. Por sí solo, un nodo no tiene poder para forzar a otros a cambiar su código, y ello crea una predisposición colectiva a mantener las normas de consenso vigentes.

Para concluir, los programadores de Bitcoin se enfrentan a un importante incentivo para atenerse a las reglas de consenso si quieren que se adopte su código. Los mineros tienen que acatar las normas de consenso de la red para recibir una compensación por los recursos que emplean en la prueba de trabajo. Los miembros de la red tienen gran interés en permanecer en las normas de consenso para estar seguros de poder hacer efectivas sus transacciones en la red. Bitcoin puede prescindir de cualquier programador, minero u operador de nodo individual. Si se desvían de las normas de consenso, el resultado más probable es que desperdicien recursos de forma particular. Mientras la red ofrezca recompensas positivas a sus participantes, es probable que aparezcan contribuyentes de reemplazo. Por tanto, los parámetros de consenso de Bitcoin pueden entenderse como soberanos. Siempre que exista Bitcoin, lo hará según estos parámetros y especificaciones. Esta potente preferencia por el *statu quo* en el funcionamiento de Bitcoin hace que las alteraciones en su programa de suministro de masa monetaria, o importantes parámetros económicos, sean extremadamente complicadas. Debido en exclusiva a este equilibrio estable, Bitcoin puede considerarse como una moneda fuerte. Si Bitcoin se aparta de estas normas de consenso, su propuesta de valor en tanto que moneda fuerte se vería seriamente comprometida.

Hasta donde sé, no ha habido intentos coordinados de relevancia para alterar la política monetaria de Bitcoin,[136] e incluso los intentos más simples de modificar algunas de las especificaciones técnicas del código han fracasado hasta la fecha. La razón por la que incluso cambios en apariencia inocuos para el protocolo son extremadamente difíciles de realizar se halla en la naturaleza distribuida de la red, y en la necesidad de que muchas partes divergentes y antagonistas acepten cambios cuyo impacto no pueden comprender del todo, mientras que la seguridad y la familiaridad acreditada del *statu quo* sigue siendo plenamente familiar y

136. Tras la primera reducción a la mitad de las recompensas con moneda de 2012, algunos mineros intentaron seguir minando bloques con recompensas de 50 monedas, pero el intento quedó desbaratado rápidamente, puesto que los nodos rechazaron los bloques minados por estos mineros, forzándolos a volver al programa de inflación original.

fiable. El *statu quo* de Bitcoin puede verse como un punto de Schelling[137] estable, lo que aporta un útil incentivo para que todos los participantes se atengan a él, mientras que el abandono del mismo siempre implicará un importante riesgo de pérdida.

Si algunos miembros de la red Bitcoin decidieran cambiar un parámetro en el código de Bitcoin introduciendo una nueva versión del software que sea incompatible con el resto de los miembros de la red, el resultado sería una bifurcación, lo que en realidad crea dos monedas y redes separadas. Por el tiempo que algún miembro permaneciera en la red antigua, se beneficiaría de la infraestructura de la misma mientras ésta, el equipo de minería, el efecto de red y el reconocimiento del nombre existan. Para que la nueva bifurcación salga adelante, necesitaría una mayoría abrumadora de usuarios, potencia de minería y toda la infraestructura relacionada para migrar al mismo tiempo. Si no consiguiera dicha mayoría aplastante, el resultado más probable sería que los dos «Bitcoins» comerciarían el uno contra el otro en las casas de cambio. Si la gente responsable de la bifurcación espera que ésta tenga éxito, tendrá que vender sus monedas en el viejo ramal de la bifurcación y esperar a que todos los demás hagan lo mismo, a fin de que el precio de este último caiga y el del nuevo ramal de la bifurcación suba, lo que vehicularía así toda la energía de minería y la red económica a la nueva red. Pero, dado que un cambio de cualquier parámetro en el funcionamiento de Bitcoin puede tener efectos beneficiosos para algunos miembros de la red en perjuicio de otros, resultaría poco probable que se formara un consenso para cambiar hacia la nueva moneda. En términos más generales, la mayoría de los poseedores de bitcoins sólo lo son en la medida en que se sintieron atraídos por la naturaleza automatizada de sus normas y la impermeabilidad de éstas a la dirección

137. Un punto de Schelling es una estrategia que usarán los individuos en ausencia de comunicación con otros porque el punto parece natural, y porque esperan que otros también elijan esta estrategia. Dado que no hay manera formal de evaluar incluso cuántos nodos de Bitcoin hay, el punto de Schelling para cada miembro de nodo se adhiere al juego existente de las normas de consenso y evita desertar hacia un nuevo juego.

de terceros. No es muy probable que estos individuos quieran correr el riesgo de conceder facultades discrecionales para realizar cambios de fondo en la red a un nuevo grupo que proponga un nuevo código base incompatible. La cuestión de si existe o no existe dicha mayoría es un punto a debatir; lo que importa es que existan suficientes individuos para tener siempre la certeza de que continuarán con los parámetros del sistema vigentes, a menos que se vea comprometido su funcionamiento por algún motivo.

Prohibir semejante fallo catastrófico en el diseño actual es una apuesta segura de que habrá un significativo porcentaje de nodos que decidan quedarse con la antigua implementación, lo que automáticamente hace que esa elección sea mucho más segura para cualquiera que considere integrarse en una bifurcación. El problema de decidir esto último es que la única manera de ayudar a que tenga éxito es vendiendo las monedas en la antigua cadena. Nadie iba a querer vender sus monedas en la red antigua para pasar a la nueva sólo para acabar descubriendo que no todo el mundo lo ha hecho y que ha caído el valor de la moneda en la nueva red. Recapitulando, ningún paso a una nueva implementación con normas de consenso podrá darse a menos que la gran mayoría esté dispuesta a realizar la transición a la vez; y cualquier cambio en el que no cambie de red la mayoría es, casi con toda seguridad, un desastre económico para todos los implicados.

Puesto que tal cambio hacia una nueva implementación podría darle a la parte que propone el cambio un control significativo sobre la dirección futura de Bitcoin, los poseedores de bitcoins, tan necesarios para que dicha transición tenga éxito, mantendrán en gran medida una ideología opuesta a que ningún grupo tenga autoridad sobre Bitcoin, lo cual hará altamente improbable que respalden tal cambio.

La existencia de este grupo convierte el apoyo a una bifurcación en algo muy arriesgado para todos los demás. Este análisis puede ayudar a explicar por qué Bitcoin ha resistido a todos los intentos de cambiarlo de manera notable hasta la fecha. El problema de coordinación que conlleva organizar un cambio simultáneo en grandes grupos de personas con distintos intereses, muchas de las cuales pueden estar fuertemente imbuidas de la noción de inmutabilidad por sí misma, es con toda probabilidad difícil de abordar, a menos que exista alguna razón apremiante que haga que la gente se aleje en masa de las implementaciones actuales.

Por ejemplo, una revisión para incrementar la tasa de emisión monetaria a fin de aumentar las monedas con las que recompensar a los mineros podría atraer a éstos, pero no a los actuales propietarios, de modo que es poco probable que lleven a cabo dicha propuesta. De igual forma, una revisión para aumentar el tamaño de los bloques de la red Bitcoin beneficiaría a los mineros permitiéndoles procesar más transacciones por bloque y posiblemente recaudaría más comisiones de transacción para maximizar el rendimiento de su inversión en el equipamiento de minería. Pero es probable que no atraiga a los poseedores de larga duración de bitcoins, a quienes les preocuparía que los bloques más grandes provocaran que la blockchain creciera mucho más, con lo que sería más caro ejecutar un nodo completo, cayendo así el número de nodos en la red, centralizando más aún la misma y, por ende, haciéndola más vulnerable a los ataques. Los programadores que desarrollan el software para ejecutar los nodos de Bitcoin no tienen poder para imponer cambios a nadie; lo único que pueden hacer es proponer código, y los usuarios tienen la libertad de descargar cualquier código y versión que quieran. Cualquier código que sea compatible con las implementaciones existentes tendrá muchas más posibilidades de ser descargado que uno que no lo sea, porque éste sólo tendría éxito si la mayoría abrumadora de la red también lo ejecutara.

Como consecuencia, Bitcoin presenta una preferencia por el *statu quo* muy fuerte. Hasta la fecha, sólo se han implementado en el código cambios menores o nada polémicos, y cada intento de alterar la red de forma significativa ha terminado en un rotundo fracaso, para deleite de los partidarios incondicionales de Bitcoin, a los que lo que más les gusta de su moneda es su inmutabilidad y resistencia al cambio. Uno de los intentos más destacados de este tipo ha tenido que ver con el aumento del tamaño de los bloques individuales para incrementar la capacidad de transacciones por bloque. Distintos proyectos han reunido los nombres de algunos de los más importantes y veteranos «bitcoiners», y dedicaron mucho tiempo intentando conseguir publicidad para la moneda. Gavin Andresen, una de las personas que más se asocia de manera pública a Bitcoin, ha presionado con agresividad intentando en varias ocasiones bifurcar Bitcoin para que tuviera bloques más grandes, junto con muchos colaboradores, incluidos algunos expertos desarrolladores y acaudalados empresarios.

Al principio, Andresen y un desarrollador de nombre Mike Hearn propusieron Bitcoin XT en junio de 2015, con el objetivo de aumentar el tamaño de bloque de 1 MB a 8 MB. Pero la mayoría de nodos se negaron a actualizar su software y prefirieron quedarse con bloques de un megabyte. A Hearn lo contrató más tarde un «consorcio blockchain de instituciones financieras» para llevar la tecnología blockchain a los mercados financieros, y publicó una entrada en un blog que coincidiría con un brillante perfil sobre su persona en *The New York Times* que lo aclamaba como alguien que trataba desesperadamente de salvar Bitcoin, a la vez que describía la red como algo condenado al fracaso. Hearn declaró «la resolución del experimento Bitcoin», aludiendo que la falta de crecimiento en la capacidad de realizar transacciones era un obstáculo letal para el éxito de Bitcoin, y anunciando que había vendido todas sus monedas. Ese día, el precio del bitcoin era de unos 350 dólares. Durante los siguientes dos años, el precio aumentó más de cuarenta veces, mientras que el «consorcio blockchain» al que Hearn se unió todavía no ha producido ningún producto real.

Sin inmutarse, Gavin Andresen propuso enseguida un nuevo intento de bifurcar Bitcoin con el nombre de «Bitcoin Classic», que habría aumentado el tamaño de bloque a 8 megabytes. Este intento no obtuvo mejores resultados, y, en marzo de 2016, el número de nodos que lo respaldaban empezó a esfumarse. Sin embargo, aquellos que apoyaban el aumento del tamaño del bloque se reagruparon en Bitcoin Unlimited en 2017, una coalición aún mayor que incluía al productor de chips de minería de Bitcoin más importante, así como a la adinerada persona que controla el nombre de dominio «bitcoin.com» y ha empleado una enorme cantidad de recursos en su intento por impulsar bloques más grandes. Se generó un gran ruido mediático, y pudo palparse la sensación de crisis entre aquellos que seguían las noticias sobre Bitcoin en los principales medios de comunicación y redes sociales; aun así, lo cierto es que no se intentó ninguna bifurcación, ya que la mayoría de nodos continuó ejecutando implementaciones compatibles con bloques de 1 MB.

Al final, en agosto de 2017, un grupo de programadores propuso una nueva bifurcación de Bitcoin con el nombre de «Bitcoin Cash», que incluía a muchos de los anteriores defensores del aumento del tamaño de bloque. El destino de Bitcoin Cash es un claro ejemplo de los problemas que enfrenta una bifurcación de Bitcoin que no consigue el apoyo del consenso. Puesto que una mayoría decidió permanecer con la cadena original, y la infraestructura económica de intercambios y negocios que respalda Bitcoin aún se centra principalmente en el Bitcoin original, éste ha mantenido el valor de las monedas de Bitcoin mucho más alto que el de Bitcoin Cash; el precio de Bitcoin Cash siguió cayendo hasta llegar a un ínfimo 5 por ciento del valor de Bitcoin en noviembre de 2017. La bifurcación no sólo es incapaz de adquirir valor económico, también se ve asolada por un serio problema técnico que la hace casi inservible. Al ver que la nueva cadena tiene el mismo algoritmo de *hash* que Bitcoin, los mineros pueden utilizar su capacidad de procesamiento en ambas cadenas y recibir recompensas en las dos. Pero, como las monedas de Bitcoin son mucho más valiosas que las de Bitcoin Cash, la capacidad de procesamiento detrás de Bitcoin sigue siendo mucho más alta que la de Bitcoin Cash. Además, los mineros de Bitcoin pueden pasarse a Bitcoin Cash en cualquier momento en que las recompensas sean altas, lo que suscita a Bitcoin Cash un dilema lamentable: si la dificultad de la minería es demasiado elevada, entonces se producirá un largo retraso a la hora de producir los bloques y procesar las transferencias. Pero si la dificultad es demasiado baja, la moneda es minada con mucha rapidez y el suministro aumenta rápidamente. Esto incrementa la oferta de monedas de Bitcoin Cash más rápido que la cadena de Bitcoin, y conduciría a que la recompensa de moneda para Bitcoin Cash se agotara con rapidez, reduciendo así el interés de futuros mineros por minarla. Muy probablemente, esto tendrá que llevar a una bifurcación dura que ajuste el crecimiento de la oferta para continuar ofreciendo recompensas a los mineros. Este problema es específico de una cadena que se desprende de Bitcoin, pero nunca fue el caso de Bitcoin. La minería de Bitcoin siempre utilizó la mayor cantidad de capacidad de procesamiento para su algoritmo, y el aumento de la misma siempre fue progresivo mientras los mineros empleaban más capacidad de minería. Pero, con una moneda que se desprende de Bitcoin, el valor más bajo de la moneda y la menor dificultad hacen que la moneda sea constantemente vulnerable al minado rápido por la mucho mayor capacidad de minería de la cadena más valiosa.

Tras el fracaso de esta bifurcación a la hora de desafiar la primera posición de Bitcoin, se canceló a mediados de noviembre otro intento de bifurcación para doblar el tamaño del bloque, negociado entre varias startups activas en la economía de Bitcoin, ya que sus impulsores se dieron cuenta de que no tenían muchas opciones de conseguir un consenso para su jugada y por contra probablemente acabarían con otra moneda y otra red. Los fieles partidarios de Bitcoin han aprendido a ignorar estas tentativas al ser conscientes de que no importa la cantidad de publicidad que se genere, y que cualquier intento de cambiar las normas de consenso de Bitcoin conducirá a la creación de otra imitación más de Bitcoin, como las altcoins, que copian los detalles accesorios de Bitcoin pero no tienen su única característica importante: la inmutabilidad. De lo dicho anteriormente debería desprenderse con claridad que las ventajas de Bitcoin no residen en su velocidad, conveniencia o fácil experiencia de uso. El valor de Bitcoin deriva de su política monetaria inmutable, precisamente porque nadie puede cambiarla con facilidad. Cualquier moneda que empiece con un grupo de individuos queriendo cambiar las especificaciones de Bitcoin, posiblemente habrá perdido con su creación la única propiedad que hace valioso Bitcoin por encima de todo.

Bitcoin es muy fácil de utilizar, pero es virtualmente imposible de alterar. Bitcoin es voluntario, así que nadie tiene que usarlo, pero aquellos que quieran hacerlo no tienen más opción que seguir sus reglas. No es posible cambiar Bitcoin de manera significativa, e intentar hacerlo no generaría sino otra absurda imitación a añadir a las miles que ya hay. Bitcoin ha de tomarse como es, aceptarse en sus propios términos y utilizarse por lo que ofrece. A efectos prácticos, Bitcoin es *soberano*: funciona según sus propias normas, y no hay extraños que puedan alterar las mismas. Podría incluso ser útil pensar que los parámetros de Bitcoin son similares a la rotación de la Tierra, el Sol, la Luna o las estrellas, fuerzas ajenas a nuestro control con las que hay que vivir y que no deben ser alteradas.

Antifragilidad

Bitcoin es la encarnación de la idea de «antifragilidad», entendida como el hecho de beneficiarse de la adversidad y del desorden. Bitcoin no sólo es resistente a cualquier ataque, sino que puede afirmarse que es antifrágil tanto en el sentido técnico como en el económico. Si bien los intentos de aniquilar Bitcoin han fracasado hasta el momento, muchos de ellos han contribuido a reforzar la red al permitir a los programadores identificar puntos débiles y solucionarlos. Además, cada ataque frustrado no es más que otra prueba más de su fortaleza, otro testimonio y otro anuncio tanto para los participantes como para las personas ajenas a la seguridad de la red.

Un equipo mundial de desarrolladores de software, revisores y *hackers* voluntarios se han interesado profesional, financiera e intelectualmente en trabajar para mejorar o reforzar el código y la red Bitcoin. Cualquier hazaña o debilidad encontrada en la especificación del código atraerá a varios programadores que ofrecerán soluciones, las debatirán, las probarán y, después, las presentarán a los miembros de la red para su aprobación. Los únicos cambios que se han producido hasta la fecha han sido operacionales y permiten que la red funcione de forma más eficiente; pero no se han producido cambios que alteren la esencia del funcionamiento de la moneda. Estos programadores pueden poseer bitcoins, y contar así con un incentivo económico para tener por objeto garantizar el crecimiento y el éxito de Bitcoin. A cambio, el éxito constante de Bitcoin les recompensa desde el punto de vista financiero y, por consiguiente, les permite dedicar más tiempo y esfuerzo al mantenimiento de la red. Algunos de estos prominentes programadores se han enriquecido lo suficiente al invertir en Bitcoin para convertir la red en su principal fuente de ingresos, sin percibir dinero por parte de nadie más.

Por lo que respecta a la cobertura informativa, Bitcoin parece ser una buena personificación del dicho «toda publicidad es buena». En tanto que nueva tecnología de difícil comprensión, estaba claro que iba a recibir una cobertura en los medios inexacta y directamente hostil, como ocurrió con muchas otras innovaciones. El sitio web 99bitcoins.com ha reunido más de doscientos ejemplos de destacados artículos que han anunciado la muerte de Bitcoin en los últimos años. Algunos de estos autores afirmaban que la red contraviene su concepción del mundo —la cual, por regla general, está relacionada con la teoría del Estado sobre el dinero o la fe keynesiana en la importancia de una oferta de dinero elástica—, y se negaban a considerar siquiera la posibilidad de que pudieran estar equivocados. En cambio, concluían que debía de ser la misma existencia de Bitcoin lo que era erróneo, y, por tanto, predecían que moriría en breve. Otros mostraban la firme convicción de que Bitcoin debía cambiar para mantener su éxito, y, cuando no lograban que cambiara como ellos querían, concluían que debía morir. Los ataques de esta gente a Bitcoin les llevaron a escribir sobre ello, dándolo a conocer a un público cada vez más amplio. Cuanto más se intensificaban los «obituarios», más crecía la capacidad de procesamiento, las transacciones y el valor de mercado de Bitcoin. Muchos «bitcoiners» (este autor incluido) sólo llegaron a entender la importancia de Bitcoin tras advertir cuántas veces se anunciaba su muerte y cómo seguía funcionando con éxito. Los obituarios de Bitcoin no pudieron detenerlo, pero parecen haber ayudado a generar mayor publicidad y a despertar la curiosidad del público ante el hecho de que siga operando a pesar de la hostilidad y mala prensa recibidas.

Un buen ejemplo de la antifragilidad de Bitcoin se dio en otoño de 2013, cuando el FBI arrestó al presunto dueño del sitio web

Silk Road, un auténtico mercado online gratuito que permitía a los usuarios vender y comprar cualquier cosa que quisieran por internet, entre otras, drogas ilegales. Al ser asociada Bitcoin con las drogas y la delincuencia en la mente de los ciudadanos, la mayoría de los analistas predijeron que el cierre de Silk Road destruiría la utilidad de Bitcoin. Ese día, el precio cayó de unos 120 dólares a unos 100 dólares, pero repuntó con rapidez y comenzó un ascenso veloz, alcanzando los 1.200 dólares por bitcoin en unos meses. En el momento de escribir el presente libro, el valor del mismo no había vuelto a caer al nivel en el que se encontraba antes del cierre de Silk Road. Al salir intacto de dicho cierre, Bitcoin demostró que es mucho más que una moneda para delinquir, y en el proceso se benefició de la publicidad gratuita recibida a partir del seguimiento que los medios hicieron al caso Silk Road.

Otro ejemplo de la antifragilidad de Bitocin se dio en septiembre de 2017, después de que el gobierno chino anunciara el cierre de todas las casas de cambio chinas que comerciaran con Bitcoin. Aunque la primera reacción fue de pánico y el precio cayó alrededor de un 40 por ciento, éste sólo tardó unas horas en comenzar a recuperarse, y en unos meses era más del doble que antes de la prohibición del gobierno. Si bien prohibir que las casas de cambio comercien con Bitcoin puede considerarse un impedimento a la adopción de la moneda mediante una reducción en su liquidez, parece haber servido sólo para reforzar la propuesta de valor de Bitcoin. Empezaron a procesarse más transacciones en China, disparando el volumen en sitios web como <localbitcoins.com>. Es posible que la suspensión de las operaciones comerciales en China provocara el efecto contrario al deseado, ya que logró que los chinos se aferraran a sus bitcoins con visión de largo plazo en lugar de comerciar a corto.

¿Puede escalar Bitcoin?

En el momento de escribir este libro, uno de los debates más notorios sobre Bitcoin atañe a la cuestión del escalado, o aumento de la capacidad de transacción. Los bloques de un megabyte de Bitcoin hacen que la capacidad para efectuar transacciones en su forma actual sea algo menos de 500.000 operaciones diarias. Bitcoin ya ha alcanzado este número, y, en consecuencia, los costes de transacción han subido de forma significativa estos últimos meses. La aplicación de una tecnología denominada SegWit (*Segregated Witness*, «Testigo Segregado») podría cuadruplicar dicha capacidad diaria; sin embargo, es cada vez más evidente que se impondrá un estricto límite al número de transacciones que podrán procesarse en la blockchain de Bitcoin, debido a su naturaleza descentralizada y distribuida. Cada transacción queda registrada en todos los nodos de la red, quienes deben conservar una copia del histórico completo de todas las transacciones. Esto significa forzosamente que el coste de registrar transacciones será mucho más elevado que el de cualquier solución centralizada que sólo necesita un registro y varias copias de seguridad. Todos los sistemas de procesamiento de pagos más eficientes están centralizados por un buen motivo: es más barato mantener un registro central que varios distribuidos y tener que preocuparse de que se actualicen en sincronía, un proceso que hasta la fecha sólo se puede lograr mediante la prueba de trabajo de Bitcoin.

Los sistemas de pago centralizado, como Visa y MasterCard, utilizan un registro centralizado en el que se consignan todas las transacciones, así como una copia de seguridad completamente separada. Visa puede procesar unas 3.200 operaciones por segundo, o 100.800 millones de transacciones al año.[138] Los actuales bloques de Bitcoin de un megabyte son capaces de procesar un máximo de cuatro transacciones por segundo, 350.000 por día, o alrededor de 120 millones al año. Para que Bitcoin pudiera procesar los más de 100.000 millones de transacciones de Visa, cada bloque tendría que ser de unos 800 megabytes, lo que significa que, cada diez minutos, cada nodo Bitcoin añadiría unos 42 terabytes, o 42.000 gigabytes, a su blockchain. Tal cifra está

138. Visa Inc. at a glance (Visa, Inc. de un vistazo). Disponible en: <https://usa.visa.com/dam/VCOM/download/corporate/media/visa-fact-sheet-Jun2015.pdf>. [Consulta: 05/06/2018]

totalmente fuera de la esfera de la posible capacidad de procesamiento de los ordenadores disponibles en el mercado, ni en la actualidad ni en un futuro cercano. El ordenador del consumidor medio, o la media de disco duro externo, tiene una capacidad del orden de un terabyte, más o menos el valor de las transacciones de una semana de Visa. Para tener cierta perspectiva, merece la pena analizar la clase de infraestructura computacional que utiliza Visa para procesar dichas operaciones.

Un informe publicado en 2013 mostraba que Visa es dueño de un centro de datos descrito como un «Fort Knox digital» que contiene 376 servidores, 277 switches, 85 routers y 42 cortafuegos.[139] Es cierto que el sistema centralizado de Visa es un punto único de fallo, de modo que utiliza grandes cantidades de redundancia y de sistemas de reserva para protegerse de circunstancias inesperadas, mientras que en el caso de Bitcoin, la presencia de muchos nodos hace que éstos no sean esenciales, por lo que requiere menos seguridad y capacidad. Aun así, un nodo que pudiera agregar 42 terabytes de datos todos los años necesitaría un ordenador muy costoso, y el ancho de banda de red requerido para procesar todas estas transacciones cada día supondría un coste enorme que sería demasiado complicado y caro de mantener por parte de una red distribuida.

Sólo existe un puñado de estos centros en todo el mundo: los utilizados por Visa, MasterCard y algunos otros procesadores de pagos. Si Bitcoin intentara procesar dicha capacidad, no podría competir con estos sistemas centralizados contando con miles de centros distribuidos de una escala similar; tendría que volverse centralizado y utilizar sólo unos cuanto centros semejantes. Para que Bitcoin siga siendo distribuido, cada nodo de la red debe costar algo sensato para que miles de personas lo ejecuten con ordenadores personales disponibles en el mercado, y la transferencia de datos entre los nodos tiene que ser a escalas soportadas por el ancho de banda de consumo más habitual.

139. Tony Kontzer, «Inside Visa's data center», *Network Computing*, 29 de mayo de 2013. Disponible en: <http://www.networkcomputing.com/networking/inside-visas-data-center/1599285558>. [Consulta: 05/06/2018]

Es inconcebible que Bitcoin pueda ejecutar la misma escala de transacciones *on-chain* (es decir, directamente en la blockchain) que pueda soportar un sistema centralizado. Esto explica por qué los costes de transacción van en aumento, y, con toda probabilidad, seguirán haciéndolo si la red continúa creciendo. La mayor posibilidad de que las transacciones de Bitcoin escalen seguramente se dé *off-chain*, fuera de la blockchain, ámbito en el que pueden utilizarse muchas tecnologías más sencillas para efectuar pagos pequeños e intrascendentes. Esto garantiza que no se vean comprometidas dos de las propiedades más importantes de Bitcoin por las que está justificado la utilización de una amplia capacidad de procesamiento: dinero digital sólido y dinero en efectivo virtual. No existen tecnologías alternativas que puedan ofrecer estas dos funciones, pero sí hay muchas que pueden realizar pequeños pagos y gastos de los consumidores a bajo coste; la tecnología para dichas opciones es muy sencilla de aplicar, y con bastante fiabilidad, usando la actual tecnología bancaria. El uso masivo de Bitcoin para pagos a minoristas ni siquiera es muy viable dado que lleva entre uno y doce minutos que una transacción reciba su primera confirmación. Comerciantes y clientes no pueden esperar tanto tiempo para satisfacer un pago; y, aunque el riesgo de un ataque de «doble gasto» no resulta demasiado relevante para un pago pequeño, es lo suficientemente importante para los comerciantes que reciben un gran número de transacciones, como en el ejemplo del ataque a Betcoin Dice, que se examina más adelante, en el apartado de ataques a Bitcoin.

Para las personas que deseen utilizar Bitcoin como depósito de valor digital a largo plazo, o para quienes quieran realizar transacciones importantes sin tener que someterse a un gobierno represor, las altas comisiones por transacción son un precio que bien vale la pena pagar. Por su propia naturaleza, ahorrar en Bitcoin no requerirá muchas transacciones, de modo que merece la pena pagar una comisión elevada. Y para aquellas operaciones que no pueden realizarse a través del sistema bancario regular —como, por ejemplo, cuando la gente intenta sacar su dinero de un país que sufre inflación y control de capitales—, las altas comisiones por transacción de Bitcoin serán un precio que bien valdrá la pena pagar. Incluso con los bajos niveles actuales de adopción, la demanda de dinero virtual y dinero sólido digital ya ha elevado las comisiones por transacción hasta el extremo de que no pueden competir con soluciones centralizadas como PayPal y las tarjetas de crédito para efectuar pagos de cuantías reducidas. No obstante, esto no ha estancado el crecimiento de Bitcoin, lo que indica que la demanda del mercado de Bitcoin obedece a su utilización como dinero virtual y reserva de valor digital, en vez de como moneda para realizar pequeños pagos.

Si la popularidad de Bitcoin continúa creciendo, existen posibles soluciones de escala sin necesidad de recurrir a ningún cambio en la estructura de la red, pero que sacan partido del modo en que se estructuran las transacciones para incrementar el número de pagos posible. Cada transacción de Bitcoin puede contener varias entradas y salidas, y, utilizando una técnica llamada CoinJoin, se pueden agrupar varios pagos en una operación, lo que permite varias entradas y salidas por sólo una fracción del espacio que se necesitaría de otra manera. Esto podría llegar a aumentar el volumen de operaciones de Bitcoin a millones de pagos al día. Es muy probable que, a medida que los costes de transacción suban, esta opción sea cada vez más utilizada.

Otra posibilidad para escalar Bitcoin son las carteras móviles USB, que son físicamente seguras y cuyo saldo se puede verificar en cualquier momento. Estas unidades USB llevarían las claves privadas para cantidades específicas de bitcoins, permitiendo a quienquiera que los tenga retirar el dinero de las mismas. Se podrían utilizar como el dinero en efectivo, y cada titular podría comprobar el valor es estas unidades. Aunque las comisiones han ido aumentado en la red, no ha habido tregua en el incremento de la demanda de Bitcoin, como se desprende de lo mucho que ha subido su precio; lo que indica que los usuarios valoran las transacciones más que el coste de las mismas que tienen que pagar por realizarlas. En vez de que el incremento de las comisiones haya ralentizado la adopción de Bitcoin, lo único que está sucediendo es que las operaciones menos importantes se están llevando a cabo *off-chain*, y las *on-chain* están cobrando cada vez más importancia. Los principales casos de uso de Bitcoin, como reserva de valor y pagos incensurables, bien merecen los gastos de transacción. Cuando la gente compra bitcoins para conservarlos con visión de largo plazo, cabe esperar una pequeña tasa de transacción aislada que suele quedar eclipsada por la comisión y la prima establecidas por los vendedores. Para las personas que buscan escapar al control de capitales o enviar dinero a países que atraviesen dificultades económicas, vale la pena pagar la comisión de la transacción, dado que Bitcoin es la única alternativa. A medida que se extiende la adopción de Bitcoin, y los costes de transacción suben lo suficiente como para que a la gente le importe pagarlos, habrá presiones económicas para utilizar algunas de las soluciones de escala antes mencionadas que pueden incrementar la capacidad de transacción sin realizar cambios que pongan en peligro las normas de la red y fuercen un corte en la cadena. Más allá de estas posibilidades, en la actualidad, la mayoría de las transacciones de Bitcoin ya se llevan a cabo *off-chain*, y solo se recurre a transacciones *on-chain* para consolidarlas. Los negocios basados en Bitcoin, como las casas de cambio, los casinos o los sitios web de apuestas, sólo utilizarán la blockchain de Bitcoin para los depósitos y las retiradas de los clientes, pero, dentro de sus plataformas, todas las transacciones se registran en sus bases de datos locales, expresadas en Bitcoin. No es posible formular estimaciones exactas de estas operaciones debido al elevado número de empresas, la falta de datos públicos sobre las transacciones que se están llevando a cabo en las plataformas de sus propietarios y la dinámica rápidamente cambiante de la economía Bitcoin; pero una estimación prudente sería más de diez veces el número de transacciones realizadas en la blockchain de Bitcoin. De hecho, Bitcoin ya se está utilizando como activo de reserva en la mayoría de las transacciones en la economía Bitcoin. De continuar el crecimiento de Bitcoin, sería lógico ver cómo las transacciones *off-chain* aumentan más rápidamente que las *on-chain*.

Un análisis de este tipo puede contradecir la retórica que ha acompañado el auge de Bitcoin, que lo promociona como la forma de poner fin a los bancos y a la banca. La idea de que millones de personas, por no hablar de miles de millones, puedan utilizar la red Bitcoin directamente para efectuar todas sus transacciones es poco realista, ya que implicaría que cada miembro de la misma tendría que registrar todas las transacciones de los demás miembros. A medida que sube el número, estos registros aumentan de tamaño y suponen una considerable carga computacional. Por otro lado, es probable que las excepcionales propiedades de Bitcoin como reserva de valor continúen incrementando su demanda, lo que dificultará su supervivencia como una red estrictamente *peer-to-peer*. Para que Bitcoin siga creciendo se tendrán que encontrar soluciones al procesamiento de pagos gestionadas fuera de la blockchain de Bitcoin, soluciones que están emergiendo al margen de la rutina de los mercados competitivos.

Otra importante razón por la que no va a desaparecer la banca como institución es la conveniencia de la custodia bancaria. Si bien muchos puristas de Bitcoin valoran la libertad que según ellos supone el ser capaz de custodiar tu propio dinero y no depender de ninguna institución financiera para acceder al mismo, la inmensa mayoría de las personas no quieren disfrutar de libertad semejante y prefieren no guardar su dinero bajo su responsabilidad por miedo al robo o al secuestro. En el contexto de una retórica antibancaria muy generalizada y popular últimamente, sobre todo en círculos bitconianos, es fácil olvidar que la banca de depósito es un negocio lícito que la gente ha exigido durante cientos de años en todo el mundo. Las personas han pagado alegremente por tener su dinero a buen recaudo en condiciones de seguridad, de modo que sólo necesiten llevar consigo una pequeña cantidad y enfrentar un riesgo de pérdida de escasos montos. A cambio, el uso generalizado de tarjetas bancarias en vez de efectivo permite que la gente lleve consigo pequeñas sumas de dinero en todo momento, lo que es probable que haga que nuestra sociedad moderna sea más segura de lo que sería de otro modo, ya que la mayoría de potenciales agresores son conscientes de que, en la actualidad, es improbable encontrarse con una víctima que lleve una cantidad significativa de dinero en efectivo, y el robo de tarjetas es poco probable que les rinda sumas importantes antes de que la víctima pueda cancelarlas.

Incluso si la red Bitcoin pudiera soportar miles de millones de transacciones al día, así como obviar la necesidad de procesamiento en una «segunda capa», muchos «bitcoiners», si no la mayoría de ellos, con cantidades significativas acabarán por recurrir a guardar sus monedas en uno de los crecientes servicios de custodia segura de Bitcoin. Se trata de una industria completamente nueva que es probable que evolucione de forma significativa para proporcionar soluciones técnicas de depósito con diferentes grados de seguridad y liquidez. Sea cual sea la forma que adopte esta industria, los servicios que proporcione y cómo se desarrolle conformarán en el futuro las características de un sistema bancario basado en Bitcoin. No me atrevo a predecir qué forma adoptarán dichos servicios, ni qué capacidades tecnológicas tendrán, salvo para afirmar que es improbable que utilice mecanismos criptográficos, además de que deberá crearse una reputación en el mercado para poder funcionar con éxito. Una posible tecnología para alcanzar este logro se denomina Lightning Network, una tecnología en fase de desarrollo que promete aumentar la capacidad de transacción de forma significativa al permitir que los nodos operen canales de pago *off-chain*, que sólo utiliza el libro mayor de Bitcoin para la verificación de balances vigentes en vez de transferencias.

En 2016 y 2017, a medida que Bitcoin se aproxima al número máximo de transacciones diarias, la red siguió creciendo, como se desprende a partir de los datos del capítulo 8. Bitcoin está escalando mediante un incremento en el valor de las transacciones *on-chain*, no a través de un aumento de sus miembros. Cada vez más operaciones se procesan *off-chain*, liquidadas en casas de cambio o sitios web que gestionan bitcoins, convirtiendo Bitcoin más en una red de liquidación que en una red de pago directo. Esto no supone un abandono de la función de Bitcoin como dinero en efectivo, como se suele creer. Si bien en la actualidad el término «dinero en efectivo» ha pasado a significar el dinero utilizado para realizar transacciones de pequeña cuantía, su significado original se refería al dinero que era un instrumento al portador, cuyo valor puede transferirse de forma directa sin tener que recurrir a la liquidación de terceros, u obligación de terceros. En el siglo XIX, el término «dinero en efectivo» se refería a las reservas de oro de los bancos centrales, y las liquidaciones en efectivo eran la transferencia de oro físico entre bancos. Si este análisis es correcto, y el valor de Bitcoin sigue en aumento, así como siguen haciéndolo las transacciones *off-chain*, mientras que las *on-chain* no lo hacen tanto, Bitcoin se comprendería mejor como efectivo en el antiguo sentido del término, más que en el significado actual de papel moneda para efectuar pequeñas transacciones.

A modo de conclusión, hay muchas posibilidades de incrementar el número de transacciones de Bitcoin sin necesidad de alterar la arquitectura de la red tal como está, y sin que todos los actuales operadores de nodos tengan que actualizarse al mismo tiempo. Las soluciones de escala procederán de los operadores de nodos, que lograrán mejorar el modo en que envían los datos de las transacciones Bitcoin a otros miembros de la red. Esto sucederá a través de la agrupación de transacciones, las operaciones *off-chain* y los canales de pago. Es improbable que las soluciones de escala *on-chain* sean suficientes para satisfacer con el tiempo la creciente demanda de Bitcoin, de modo que es probable que las soluciones de segundo nivel (o capa de aplicación) sigan ganando importancia, lo que dará lugar a la aparición de un nuevo tipo de institución financiera parecida a los bancos de hoy, que utilizará la criptografía y operará sobre todo online.

¿Es Bitcoin para delincuentes?

Una de las ideas erróneas más extendidas sobre Bitcoin desde su creación es que podría ser una gran moneda para criminales y terroristas. Se ha publicado una larga lista de artículos de prensa con afirmaciones infundadas acerca de que hay terroristas y bandas criminales que están utilizando Bitcoin para desplegar sus actividades. Muchos de estos artículos se han retractado,[140] pero no antes de dejar una falsa impresión en la mente de numerosas personas, entre ellas, los delincuentes mal informados. Lo cierto es que el libro mayor de Bitcoin es inmutable y accesible desde el mundo entero. En el mismo quedarán registradas todas las transacciones durante el tiempo que Bitcoin esté operativo. Es inexacto afirmar que Bitcoin es anónimo, ya que más bien es seudónimo. Es posible, aunque no esté garantizado, establecer vínculos entre identidades de la vida real y direcciones Bitcoin, lo que permitiría un completo rastreo de todas las transacciones realizadas por una dirección una vez establecida su identidad. En lo referente al anonimato, resulta positivo pensar que Bitcoin es tan anónimo como internet: depende de lo bien que uno se oculte, y de lo bien que los otros busquen. Aunque la blockchain de Bitcoin hace que esconderse sea mucho más difícil que en la web. Es fácil disponer de un equipo, una dirección de correo electrónico o una IP y no volver a utilizarla nunca, pero resulta más complicado borrar por completo el rastro de fondos de una dirección bitcoin. Por su propia naturaleza, la estructura de la blockchain de Bitcoin no es ideal para proteger la privacidad.

Todo esto significa que sería desaconsejable para cualquier delincuente que realmente tenga una víctima utilizar Bitcoin. Su naturaleza seudónima implica que las direcciones podrían vincularse a identidades del mundo real, incluso muchos años después de cometerse un delito. La policía, las víctimas y cualquier investigador contratado por éstas bien podrían encontrar un vínculo a la identidad del delincuente, aunque hayan pasado muchos años. El mismo rastro de pagos de Bitcoin ha sido el motivo por el que muchos narcotraficantes de internet han sido identificados y pillados al tragarse el cuento de que la red era completamente anónima.

140. Mara Lemos Stein, «The morning risk report: terrorism financing via Bitcoin may be exaggerated», *The Wall Street Journal*, 7 de marzo de 2017. Disponible en: <https://blogs.wsj.com/riskandcompliance/2017/03/07/the-morning-risk-report-terrorism-financing-via-bitcoin-may-be-exaggerated/>. [Consulta: 05/06/2018]

Bitcoin es una tecnología enfocada en el dinero; y el dinero es algo que los delincuentes pueden utilizar en todo momento, pero el registro permanente de Bitcoin lo hace especialmente no apto para delitos con víctimas, que es muy posible que intenten llevar adelante una investigación. Bitcoin puede resultar útil a la hora de propiciar los llamados «crímenes sin víctima», en los que la ausencia de una persona afectada significará que nadie intentará desentrañar la identidad del «delincuente». De hecho, y una vez superada la propaganda anunciada en el siglo xx, no existe nada parecido a un crimen sin víctima. Si una acción no tiene víctimas, no es un delito, pese a lo que algunos votantes engreídos o burócratas quieran hacernos creer sobre su prerrogativa a legislar moralmente de cara a los demás. Para dichas acciones ilegales pero completamente éticas, Bitcoin podría resultar de utilidad porque no hay víctimas que intenten atrapar al autor. La inofensiva actividad llevada a cabo aparece en la blockchain como una transacción individual que podría tener multitud de causas. De modo que es de esperar que los crímenes sin víctima, como las apuestas por internet y la evasión de capitales, utilicen Bitcoin; pero también que asesinos o terroristas no lo hagan. Parece que hay tráfico de drogas en la blockchain de Bitcoin, aunque aparentemente se debe más a las ansias de los adictos que al sentido común, como lo atestigua el gran número de compradores de drogas mediante bitcoins identificados por la policía. Si bien los datos estadísticos al respecto son muy difíciles de encontrar, no me sorprendería descubrir que comprar drogas con Bitcoin es en realidad mucho más peligroso que hacerlo con dinero físico gubernamental.

En otras palabras, es probable que Bitcoin logre que las personas gocen de una mayor libertad, aunque no necesariamente hará que les resulte más fácil cometer delitos. No se trata de una herramienta que deba ser temida, sino aceptada como parte integral de un futuro próspero y pacífico.

Un tipo de delito muy sonado que en efecto ha utilizado mucho Bitcoin es el *ransomware*, o el cibersecuestro de datos: un método no autorizado de acceder a los ordenadores que encripta los archivos de la víctima y que sólo los libera si ésta efectúa un pago al beneficiario, por norma general en Bitcoin. Si bien estas formas de delincuencia ya existían antes de Bitcoin, resulta más fácil llevarlas a cabo desde la invención de esta red. Éste es posiblemente el mejor ejemplo de las formas en que Bitcoin puede facilitar un delito. Pero puede entenderse que estos ataques de *ransomware* se produzcan a raíz del aprovechamiento de una laxa seguridad informática. El problema de una empresa que vea encriptado todo su sistema informático por *hackers* anónimos que exigen unos miles de dólares en Bitcoin va mucho más allá del de sufrir el ataque y la extorsión. El aliciente para estos piratas informáticos pueden ser esos miles de dólares, pero el peligro derivado de que los competidores de la compañía, sus clientes o sus proveedores puedan acceder a dichos datos puede ser mucho mayor. De hecho, lo que han permitido los ataques *ransomware* es la detección y exposición de fallos de seguridad informática. Este proceso está haciendo que las empresas adopten mejores medidas de seguridad, y que la seguridad informática aumente en tanto que industria. Dicho de otro modo, Bitcoin permite el crecimiento del mercado de seguridad informático. Si bien al principio los *hackers* pueden beneficiarse de esto, a la larga habrá empresas productivas al mando de los mejores recursos en materia de seguridad.

Cómo acabar con Bitcoin: guía para principiantes

Muchos «bitcoiners» han desarrollado una convicción cuasirreligiosa en la capacidad de Bitcoin para sobrevivir pase lo que pase. La cantidad de capacidad de procesamiento que tiene la red y el elevado número de nodos distribuidos en todo el mundo y que verifican transacciones son hechos que indican que Bitcoin es muy resistente al cambio, y lo más probable es que continúe así conforme pase el tiempo. A menudo, la mayoría de las personas que no conocen Bitcoin creen que está condenado al fracaso porque será inevitable que sea «hackeado» algún día, como al parecer ocurre con todo lo que es digital. Una vez que se entiende el funcionamiento de Bitcoin, resulta evidente que no es tarea fácil «hackearlo». Planean otras varias amenazas sobre Bitcoin. La seguridad de los sistemas informáticos supone un problema de difícil solución, ya que conlleva agresores impredecibles en busca de nuevos ángulos por los que atacar. No es objeto del presente libro dilucidar todos los posibles peligros para Bitcoin ni evaluarlos. Esta parte sólo revisa alguna de las amenazas más destacadas y las más pertinentes para el propósito de este libro sobre Bitcoin en tanto que dinero sólido.

Hackeo

La resistencia de Bitcoin a sufrir un ataque radica en tres propiedades: su básica simplicidad; su gran capacidad de procesamiento, que no hace sino garantizar la seguridad de su sencillo diseño; y los nodos distribuidos, que tienen que alcanzar el consenso para que cualquier cambio entre en vigor. Para hacerte una idea de lo sumamente fortificado que está Bitcoin, imagina el equivalente digital de colocar toda la infantería y el equipamiento del ejército estadounidense alrededor del patio de un colegio para protegerlo contra una invasión.

En esencia, Bitcoin es un registro de propiedad de monedas virtuales. Sólo hay 21 millones de las mismas, y unos cuantos millones de direcciones que las poseen. Cada día, no más de 500.000 transacciones mueven algunas de estas monedas de un lado a otro. La capacidad de procesamiento necesaria para operar este sistema es mínima. Un portátil de cien dólares podría hacerlo al mismo tiempo que navega por internet. Pero el motivo por el que Bitcoin no opera desde un solo portátil es que esto exigiría confiar en el dueño del mismo, además de ser un blanco relativamente fácil de hackear.

La seguridad de todas las redes informáticas depende de que algunos ordenadores sean infranqueables a atacantes, así como de utilizar éstos como registro definitivo. Bitcoin, por otro lado, adopta un enfoque muy diferente: no se molesta en asegurar ninguno de sus ordenadores por separado, y funciona sobre la hipótesis de trabajo de que todos los nodos informáticos son atacantes hostiles. En lugar de instaurar la confianza en cualquier miembro de la red, Bitcoin verifica todo lo que hacen. Este proceso de verificación, a través de la prueba de trabajo (PoW), es lo que consume grandes cantidades de capacidad de procesamiento; y este procedimiento se ha demostrado muy eficaz, porque hace que la seguridad de Bitcoin dependa de la capacidad de procesamiento bruta y, por consiguiente, invulnerable a dificultades de acceso o credenciales. Si se supone que todo el mundo es deshonesto, todos deben pagar un coste elevado para realizar transacciones en el registro común, y todos pagarán dichos costes si se detecta algún fraude. Los incentivos económicos convierten la deslealtad en algo muy costoso y con muy pocas posibilidades de éxito.

Hackear Bitcoin, en el sentido de corromper el registro de transacciones para mover monedas de forma fraudulenta a una cuenta determinada, o bien de hacerlo inutilizable, exigiría que un nodo publicara un bloque en la blockchain y que la red lo adoptara y siguiera construyendo sobre él. A los nodos les supone un coste muy bajo detectar fraudes, mientras que el gasto de añadir un bloque de transacciones es alto y no deja de incrementarse. Asimismo, la mayoría de nodos en la red está interesada en que Bitcoin subsista, por lo que es muy poco probable que los atacantes ganen esta batalla, algo que les resulta cada vez más difícil a medida que el coste de agregar bloques aumenta.

Un elemento central del diseño de Bitcoin es una asimetría fundamental entre el coste de confiar un nuevo bloque de transacciones y el de verificar la validez de las mismas. Esto significa que, si bien es técnicamente posible falsificar el registro, los incentivos económicos juegan en contra. Por ello, el libro mayor de transacciones constituye hasta ahora un incuestionable registro de operaciones válidas.

El ataque del 51 por ciento

El ataque de 51 por ciento es una forma de utilizar grandes cantidades de tasa de *hash* (*hashrate*) para generar transacciones fraudulentas gastando dos veces la misma moneda, luego se cancela una de las transacciones y se defrauda al receptor. En lo esencial, si logra solucionar rápidamente problemas de la prueba de trabajo (PoW), un minero que controle un gran porcentaje de tasa de *hash* podría gastar un bitcoin en una cadena pública que reciba confirmaciones a la vez que esté minando otra bifurcación de la blockchain con otra transacción del mismo bitcoin en otra dirección, que pertenezca al atacante. El receptor de la primera transacción recibe confirmaciones, pero el atacante intentará utilizar su capacidad de procesamiento para hacer más larga la segunda cadena. Si logra que la segunda cadena sea más larga que la primera, el ataque tiene éxito, y el destinatario de la primera transacción verá desaparecer las monedas que reciba.

Cuanto más tasas de *hash* pueda administrar un atacante, más probable es que logre hacer más larga la cadena fraudulenta que la pública, e invertir luego su transacción y ganancia. Aunque en teoría esto puede parecer fácil, en la práctica ha resultado ser muy difícil. Cuanto más tiempo espere el receptor la confirmación, menos probable es que el atacante se salga con la suya. Si el destinatario está dispuesto a esperar seis confirmaciones, la probabilidad de que el ataque llegue a buen puerto se reduce muchísimo.

En teoría, el ataque del 51 por ciento es factible técnicamente. Pero, en la práctica, los incentivos económicos están en su contra. Un minero que logre ejecutar con éxito un ataque del 51 por ciento socavará gravemente los incentivos económicos para que cualquiera utilice Bitcoin, y, con ello, la demanda de tokens. Si bien el minado en Bitcoin ha crecido hasta convertirse en una industria de capital intensivo con grandes inversiones dedicadas a producir monedas, ha aumentado el interés a largo plazo de los mineros por conservar la integridad de la red, ya que el valor de su recompensa depende de ello. No se ha confirmado ningún ataque de doble gasto en ninguna transacción Bitcoin.

El episodio en que más cerca estuvo Bitcoin de sufrir un ataque de este tipo sucedió en 2013, cuando robaron unos mil bitcoins (valorados en unos cien mil dólares en aquel momento) a una casa de apuestas en Bitcoin llamada Betcoin Dice, y lo hicieron mediante ataques de doble gasto utilizando significativos recursos mineros. Sin embargo, este ataque, sólo triunfó porque Betcoin Dice aceptaba transacciones con cero confirmaciones, lo que motivó que el precio del ataque fuera relativamente bajo. Si hubieran aceptado transacciones con una confirmación, les hubiera resultado mucho más difícil llevar a cabo el mismo. Ésta es otra razón por la que la blockchain de Bitcoin no es la solución ideal para efectuar pagos de bienes de consumo masivo: lleva entre uno y doce minutos generar un nuevo bloque y producir una confirmación para realizar una transacción. Si un gran procesador de pagos acepta el riesgo de aprobar los mismos sin confirmación ninguna, él mismo se constituye en un blanco lucrativo para ataques de doble gasto coordinados que utilicen grandes recursos de minería.

A modo de conclusión, en teoría es posible ejecutar un ataque del 51 por ciento si los destinatarios de los pagos no quieren que algunos bloques confirmen la validez de la transacción. Sin embargo, en la práctica, los incentivos económicos se muestran muy desfavorables a que los dueños de potencia de *hash* utilicen sus inversiones en este sentido; como resultado, no se ha producido ningún ataque del 51 por ciento en nodos que hayan esperado al menos a una confirmación.

Es probable que un ataque del 51 por ciento fracase si se hace con ánimo de lucro; pero éste podría llevarse a cabo sin ninguna finalidad lucrativa, con la sola intención de destruir Bitcoin. Un gobierno u organismo privado podría decidir adquirir capacidad de minería de Bitcoin para incautar una mayoría de la red y proceder a utilizar dicha tasa de *hash* para lanzar continuos ataques de doble gasto, defraudando a muchos usuarios y acabando con la confianza en la seguridad de Bitcoin. Pero la naturaleza económica de la minería se muestra muy desfavorable a que este escenario se materialice. La capacidad de procesamiento es un mercado global muy competitivo, y minar Bitcoin es uno de los usos más grandes, productivos y rápidos en el mundo. Puede que un atacante estudie el coste de requisar el 51 por ciento de la actual potencia de *hash* y esté dispuesto a dedicar ese coste a la compra del hardware necesario para ello. Pero si se movilizara semejante cantidad de recursos para comprar un equipo de Bitcoin, podría conducir a que los fabricantes de estos equipos expandieran su operación, adquirieran más capital para producir mineros, y produjeran más equipos de minería para que cualquiera en el mercado pudiera comprarlos, elevando así de manera inadvertida la dificultad y la tasa de *hash* de Bitcoin y encareciendo el ataque. En tanto que intruso que entra en el mercado, el atacante está en constante desventaja, ya que su adquisición del equipo de minería lleva a un mayor crecimiento de la capacidad de procesamiento para minar no controlado por el mismo. A su vez, cuantos más recursos se destinen a la construcción de la capacidad de procesamiento para atacar Bitcoin, más rápido es el crecimiento de la capacidad de procesamiento de la red y más difícil resulta de atacar. De nuevo, si bien es técnicamente posible, los aspectos económicos de Bitcoin hacen que sea muy poco probable que un ataque de este tipo pueda prosperar.

Un atacante, en particular un Estado, podría intentar atacar Bitcoin haciéndose con el control de la infraestructura de minería existente y utilizarla para socavar la seguridad de la red. El hecho de que la minería en Bitcoin se distribuya ampliamente en sentido geográfico encierra un desafío que exigirá la colaboración por parte de varios gobiernos del mundo. Un mejor modo de implementar este ataque tal vez no sea haciéndose físicamente con el equipo de minería, sino incautándolo a través de puertas traseras.

Puertas traseras

Otra posibilidad para alterar o destruir la red Bitcoin es corrompiendo el hardware que ejecuta el software de Bitcoin para que sea accesible a agentes externos. Por ejemplo, los nodos que minan podrían equiparse con un programa malicioso *(malware)* indetectable que permita a extraños apoderarse del hardware. Este equipo podría entonces ser desactivado o controlado a distancia en el momento en que se lanzase un ataque del 51 por ciento.

Otro ejemplo sería hacerlo a través de tecnología espía instalada en los ordenadores de los usuarios, que permitiría acceder a los bitcoins del usuario tras acceder a sus claves privadas. Estos ataques a gran escala podrían socavar con creces la confianza en Bitcoin como activo y la demanda del mismo.

Ambas clases de ataque son técnicamente viables, y, a diferencia de los dos tipos previos de ataque, no tienen que prosperar por completo para crear la suficiente confusión como para dañar la reputación y la demanda de Bitcoin. Semejante ataque contra el equipo de minería tiene más probabilidades de tener éxito dado que sólo existen unos cuantos fabricantes del mismo; algo que constituye uno de los puntos únicos de fallo más importantes de Bitcoin. No obstante, como la minería de Bitcoin está en auge, es probable que comience a haber cada vez más productores de hardware que fabriquen su equipo, algo que reducirá el catastrófico impacto sobre la red que supone comprometer las operaciones de un fabricante.

Con los ordenadores individuales, este riesgo es menos sistemático para la red porque, en todo el mundo, hay un gran número, prácticamente ilimitado, de fabricantes que producen equipos capaces de entrar en la red Bitcoin. Si alguno acaba por verse comprometido, es igual de probable que los consumidores decidan cambiar de fabricante. Aún más, los usuarios pueden generar las claves privadas a sus direcciones en ordenadores sin conexión que nunca conectarán a internet. Los que sean muy paranoicos pueden incluso generar sus direcciones y claves privadas en ordenadores sin conexión que luego destruyen de inmediato. Las monedas almacenadas en estas claves privadas virtuales sobrevivirán a cualquier clase de ataque en la red.

Las defensas especialmente importantes contra estos tipos de ataque son de «bitcoiners» de tendencia anarquista y cypherpunk, lo cual les lleva a creer mucho más en la verificación que en la confianza. Los «bitcoiners» suelen ser técnicamente mucho más competentes que la población media, y son muy meticulosos a la hora de examinar el hardware y software que utilizan. La cultura de revisión entre pares del software libre también actúa como defensa significativa contra esta clase de ataques. Dada la naturaleza distribuida de la red, es mucho más probable que estos ataques puedan causar gastos y pérdidas a algunas personas, y quizá incluso alteraciones sistémicas de la red, pero será muy difícil provocar que ésta llegue a un punto muerto o destruir por completo la demanda de Bitcoin. La realidad es que son los incentivos económicos de Bitcoin los que la hacen valiosa, no cualquier tipo de hardware. Cualquier elemento individual del equipo es prescindible para el funcionamiento de Bitcoin, y puede ser sustituido por otro. Aun así, la subsistencia y solidez de Bitcoin se verán reforzadas si puede diversificar sus proveedores de hardware para que ninguno de ellos acabe siendo demasiado importante en términos sistémicos.

Internet y ataques a la infraestructura

Una de las ideas equivocadas más difundidas sobre Bitcoin es que puede clausurarse mediante el cierre de importantes infraestructuras de comunicaciones de las que depende Bitcoin, o cerrar el servicio de internet. El problema de estos escenarios es que malinterpretan Bitcoin al verla como una red en el sentido tradicional de un hardware y una infraestructura con puntos críticos que pueden ser atacados y verse comprometidos. Pero Bitcoin es un protocolo de software; se trata de un proceso interno que se puede llevar a cabo en cualquiera de los miles de millones de ordenadores distribuidos por todo el mundo. Bitcoin no tiene un punto único de fallo, ni una única e indispensable estructura de hardware en cualquier lugar del mundo de la que dependa. Cualquier ordenador que ejecute el software de Bitcoin puede conectarse a la red y realizar operaciones en la misma. En este sentido es parecido a internet en que es un protocolo que permite a los ordenadores estar conectados; no es la infraestructura que los conecta. La cantidad de datos que se requiere para transmitir información sobre Bitcoin no es muy grande, y constituye una ínfima parte de la cantidad total del tráfico de internet. Bitcoin no necesita una infraestructura tan amplia como el resto de internet, porque su blockchain sólo puede transmitir un megabyte de datos cada diez minutos. Existen incontables tecnologías alámbricas e inalámbricas de transmisión de datos en todo el mundo, y cualquier usuario sólo necesita que una de ellas funcione para conectarse a la red. Para crear un mundo en que ningún usuario de Bitcoin pueda conectarse con otros usuarios, la clase de daño que habría que infringir a la información, los datos y la infraestructura de conectividad del mundo sería devastadora. La vida de la sociedad actual depende en gran medida de la conectividad, y muchos servicios y cuestiones de vida y muerte dependen de la continuación de estas infraestructuras de comunicación. Tratar de apagar toda la infraestructura de internet al mismo tiempo provocaría daños significativos en cualquier sociedad que lo intentara, y es probable que no consiguiera detener el flujo de Bitcoin, ya que ordenadores dispersos siempre podrían conectarse entre sí utilizando protocolos y conexiones desplegadas por todo el mundo, utilizadas por demasiada gente como para que cualquier fuerza consiguiera hacer que dejaran de funcionar al mismo tiempo. La única hipotética situación en la que esto podría ocurrir sería mediante la clase de escenario apocalíptico tras el que no quedaría nadie para preguntarse siquiera si Bitcoin funciona o no. De todas las amenazas contra Bitcoin que con frecuencia se mencionan, creo que ésta es la menos creíble y válida.

Incremento en los costes de los nodos y disminución en el número

En vez de imaginar futuristas escenarios de ciencia ficción que impliquen la destrucción de la infraestructura de telecomunicaciones de la humanidad en un vano intento de erradicar un programa de software, existen amenazas mucho más realistas para Bitcoin centradas en los principios fundamentales de su diseño. La propiedad del bitcoin en tanto que moneda fuerte cuya oferta no puede alterarse, y como dinero en efectivo virtual incensurable sin posibilidad de que intervengan terceros, dependerá de las normas de consenso de la red difíciles de cambiar, sobre todo en lo referente a la masa monetaria. Lo que logra este *statu quo* estable, como se expuso con anterioridad, es que salirse de las normas de consenso vigentes si los otros miembros no se pasan a las nuevas normas supone dar un paso muy arriesgado y negativo para cualquier miembro de la red. Pero lo que hace que este paso sea arriesgado e improbable es que el número de nodos que ejecutan el software es lo suficientemente grande como para que la coordinación entre ellos no resulte práctico. Si el coste de ejecutar un nodo Bitcoin aumentase de forma significativa, hacerlo resultaría cada vez más difícil para más usuarios, y por consiguiente reduciría el número de nodos en la red. Una red con varias decenas de nodos deja de ser una red realmente descentralizada ya que es muy probable que los pocos nodos que la operasen confabularan para alterar las normas de la misma en su propio beneficio, o incluso que la saboteasen.

Ésta sigue siendo a mi juicio la amenaza técnica más seria para Bitcoin en el medio y largo plazo. En su forma actual, el principal obstáculo para las personas capaces de ejecutar sus propios nodos es el ancho de banda de la conexión a internet. Como los bloques siguen siendo de un megabyte, esto debería ser en términos generales controlable. La bifurcación que incrementase el tamaño del bloque provocaría un aumento en el coste de operar un nodo y llevaría a la reducción del número de nodos operativos. Igual que con las anteriores amenazas, si bien es técnicamente posible, sigue siendo improbable que se materialice, porque los incentivos económicos del sistema actúan en contra, como lo demuestra el rechazo generalizado a los intentos de incrementar el tamaño del bloque, de momento.

La irrupción del algoritmo hash *SHA-256*

La función *hash* SHA-256 es parte integral del funcionamiento del sistema Bitcoin. En resumen, una función *hash* es un proceso que, utilizando una fórmula matemática irreversible, toma datos de entrada de cualquier tamaño, realiza una operación y devuelve datos de salida de un tamaño fijo (conocido como *hash*).

En otras palabras, es común utilizar esta función con el fin de generar un *hash* para cualquier conjunto de datos, pero no resulta posible determinar la cadena de datos original a partir del *hash*. Con las mejoras de la capacidad de procesamiento, podría ser factible que los ordenadores calcularan y revirtieran estas funciones *hash*, lo que se traduciría en que todas las direcciones de Bitcoin serían vulnerables al robo.

No se puede comprobar si podría darse este escenario ni cuándo, pero, si ocurriera, constituiría una amenaza técnica muy grave para Bitcoin. La solución técnica para contrarrestar esto es optar por una forma de cifrado más sólido, pero la parte complicada es coordinar una bifurcación que lleve a que todos los nodos de la red abandonen las antiguas normas de consenso por un nuevo conjunto de reglas con una nueva función *hash*. Todos los problemas previamente examinados sobre la dificultad de coordinar una *hard fork*, o bifurcación dura, se aplican en este caso; pero, esta vez, como la amenaza es real, y como cualquier titular de bitcoins que elija permanecer en la antigua aplicación es vulnerable a ser hackeado, lo más probable es que una abrumadora mayoría de los usuarios participen en la misma. La única cuestión interesante que resta es si este *hard fork* será ordenado y atestiguará cómo todos los usuarios migran a la misma cadena, o si conducirá a que la cadena se divida en varias ramificaciones que utilicen métodos de cifrado diferentes. Si bien no hay duda de que es posible que se rompa el algoritmo de cifrado SHA-256, los incentivos económicos de los usuarios de la red harán que se pasen a otro algoritmo más fuerte, y cambien juntos a un algoritmo.

La vuelta al dinero sólido

Si bien la mayoría de los debates sobre cómo Bitcoin podría fallar o ser destruido se centran en ataques técnicos, un modo de atacar la red mucho más viable sería socavando los incentivos económicos para utilizarla. Intentar atacar o destruir Bitcoin de alguna de las formas señaladas antes es muy improbable porque entra en conflicto con los incentivos económicos que impulsan el uso de Bitcoin. La situación es análoga a intentar prohibir las ruedas o los cuchillos. Siempre y cuando la tecnología resulte útil para la gente, los intentos de prohibirla fracasarán, ya que las personas seguirán encontrando formas de utilizarla, legalmente o no. El único modo en que se puede detener una tecnología no es prohibiéndola, sino inventando un sustituto mejor u obviando la necesidad de su uso. Jamás podría haberse prohibido la máquina de escribir o legislar para acabar con ella, fue el auge del ordenador personal lo que la hizo desaparecer.

La demanda de Bitcoin tiene su origen en la necesidad que tienen personas de todo el mundo de realizar transacciones que sorteen los controles políticos, así como de contar con un depósito de valor resistente a la inflación. Mientras las autoridades políticas impongan restricciones y limitaciones sobre quienes hagan transacciones de dinero, y en la medida en que el dinero gubernamental sea dinero fácil cuya oferta pueda expandirse con facilidad según el capricho de los políticos, seguirá existiendo demanda de Bitcoin; es probable que la reducción del crecimiento de su oferta lleve a que su cotización se aprecie con el tiempo, atrayendo así a un número aún mayor de personas que la utilizará como reserva de valor.

Hipotéticamente, si los sistemas bancarios y monetarios de todo el mundo se sustituyeran por los del patrón oro de finales del siglo XIX, cuando la libertad individual y una moneda fuerte tenían primordial importancia, es probable que la demanda de Bitcoin remitiera de forma significativa. Podría darse el caso de que semejante cambio provocara una reducción de la demanda lo bastante amplia de Bitcoin que hiciera bajar su precio de forma significativa, dañando notablemente a los propietarios actuales, aumentando la volatilidad de la moneda y haciéndola retroceder muchos años. Con la creciente volatilidad y la disponibilidad de un patrón monetario internacional de moneda fuerte y relativamente estable, el incentivo para utilizar Bitcoin caería de manera apreciable. En un mundo en que las restricciones gubernamentales y las tendencias inflacionarias son disciplinadas por el patrón oro, podría suceder que la precursora ventaja y la relativa estabilidad del poder adquisitivo del oro constituyera una infranqueable barrera para Bitcoin, al privarle de un rápido incremento de usuarios e impidiéndole alcanzar un tamaño lo bastante grande con algún viso de estabilidad en el precio.

En la práctica, sin embargo, la posibilidad de una vuelta mundial al dinero sólido y a un gobierno liberal es muy poco probable, ya que estos conceptos son en gran medida ajenos a la inmensa mayoría de políticos y votantes del mundo, que han sido criados durante generaciones para entender el control gubernamental del dinero como algo necesario para el funcionamiento de cualquier sociedad. Incluso si semejante transformación monetaria y política fuera posible, lo más probable es que la menguante tasa de crecimiento de Bitcoin siguiese siendo una atractiva apuesta especulativa para muchos, lo que en sí mismo haría que aumentara aún más y adquiriera un papel monetario más importante. Mi valoración es que un regreso global monetario al oro podría representar la mayor amenaza para Bitcoin; aunque es muy improbable que esto suceda y que acabe con Bitcoin por completo.

Otra posibilidad para malograr Bitcoin sería mediante la invención de una nueva forma de dinero sólido superior a Bitcoin. Mucha gente parece pensar que las otras criptomonedas que imitan Bitcoin podrían conseguirlo, pero tengo la firme convicción de que ninguna de las monedas que copian el diseño de Bitcoin puede competir con ella en ser dinero sólido, por motivos analizados en profundidad en la siguiente sección del capítulo, principalmente: Bitcoin es la única moneda digital descentralizada de verdad que ha crecido de manera espontánea como una simetría perfectamente equilibrada entre mineros, programadores y usuarios, ninguno de los cuales puede controlarla. Sólo fue posible desarrollar una divisa basada en este diseño, porque una vez que resultó evidente su viabilidad, cualquier intento de copiarla ha dado como resultado una red jerárquica y centralmente controlada incapaz de escapar al control de sus creadores.

De modo que, en lo que respecta a la estructura y la tecnología de Bitcoin, es muy improbable que cualquier moneda que la copie pueda sustituir esta red. Un nuevo diseño y tecnología para implementar dinero digital y una moneda fuerte podría producir dicho rival, aunque es imposible predecir la aparición de una tecnología semejante antes de que alguien la cree. Los problemas que se han cernido a lo largo de los años sobre el dinero digital ponen de manifiesto que no se trata de un invento fácil de idear.

Altcoins

Si bien Bitcoin fue el primer ejemplo de dinero electrónico *peer-to-peer* (P2P), sin duda no fue el último. Una vez que el diseño de Nakamoto salió a la luz y la moneda logró adquirir valor y adoptantes, muchos la copiaron para generar divisas parecidas. Namecoin fue la primera de ellas; utilizó el código de Bitcoin y entró en funcionamiento en abril de 2011. Al menos 732 monedas digitales habían sido creadas en febrero de 2017, según coinmarketcap.com.

Aunque es frecuente pensar que estas divisas existen en competencia con Bitcoin, y que puede que alguna de ellas la supere en el futuro, en realidad esto no es así, ya que nunca podrán tener las propiedades que hacen que Bitcoin sea funcional como dinero sólido digital. Para que un sistema digital funcione como dinero virtual, tiene que quedar fuera del control de terceros; su funcionamiento debe ajustarse a la voluntad de sus usuarios según el protocolo, sin posibilidad de que una tercera parte detenga estos pagos. Tras años de ver cómo se originan nuevas *altcoins* (o monedas digitales alternativas), parece imposible que cualquier nueva unidad monetaria recree el contradictorio enfrentamiento entre las partes interesadas de Bitcoin, que impide que cualquier parte controle los pagos en el mismo.

Bitcoin fue diseñada por un programador bajo seudónimo cuya verdadera identidad todavía se desconoce. Publicó el diseño en una desconocida lista de correo para programadores interesados en criptografía, y, tras recibir opiniones sobre la misma durante algunos meses, lanzó la red con el difunto programador

Hal Finney, fallecido en agosto de 2014. Tras unos días efectuando transacciones con Finney y experimentando con el software, más miembros comenzaron a unirse a la red para realizar transacciones y minar. Nakamoto desapareció a mediados de 2010 tras manifestar que «estaba trabajando en otras cosas» y nada se ha vuelto a saber de él desde entonces.[141] Con toda probabilidad, hay alrededor de un millón de bitcoins almacenados en una cuenta que es, o fue, controlada por Nakamoto, aunque dichas monedas no se han movido ni una sola vez. Sin embargo, Nakamoto tomó precauciones para asegurarse de que nadie pudiera identificarlo nunca, y hasta la fecha no hay pruebas convincentes que indiquen quién es en realidad. Si hubiera querido ser identificado, ya habría dado un paso al frente. Si hubiera dejado alguna pista que pudiera llevar a su identificación, lo más probable es que alguien ya lo habría encontrado. Todos sus escritos y comunicaciones han sido estudiados con minuciosidad por investigadores y periodistas en vano. Ha llegado la hora de que los participantes de Bitcoin dejen de preocuparse con el tema de la identidad de Nakamoto y de que acepten de una vez que eso no tiene ninguna importancia de cara al funcionamiento de la tecnología, del mismo modo que la identidad del inventor de la rueda es algo que hace tiempo que dejó de interesar a nadie.

Como Nakamoto y Finney ya no están entre nosotros, Bitcoin no ha tenido ninguna autoridad central o líder que pudiera determinar su dirección o ejercer influencia en el transcurso de su desarrollo. Incluso Gavin Andresen, que mantuvo un estrecho contacto con Nakamoto, y una de las caras más identificables de

141. Es posible que Nakamoto realizara dos nuevas comunicaciones desde entonces. Una para negar que su verdadera identidad fuera la del ingeniero japonés-estadounidense de nombre Dorian Prentice Satoshi Nakamoto, identificado por la revista *Newsweek* como el auténtico Nakamoto basándose en la única prueba de la coincidencia del nombre y los conocimientos en informática. La otra para ofrecer su opinión sobre el modo en que se había desarrollado el debate sobre el escalado de Bitcoin. No queda claro si ambas publicaciones fueron del mismo Nakamoto o si alguien comprometió su cuenta, sobre todo porque se sabe que la cuenta de correo electrónico que había utilizado para comunicarse se había visto de hecho comprometida.

Bitcoin, ha fracasado repetidas veces en su intento de ejercer influencia sobre la dirección de la evolución de Bitcoin. A menudo se cita en la prensa un correo electrónico como el último enviado por Nakamoto, y que dice: «Estoy trabajando en otras cosas. Está en buenas manos con Gavin y el resto».[142] Andresen ha intentado repetidas veces incrementar el tamaño de los bloques de Bitcoin, pero no ha conseguido consolidar ninguna de sus propuestas entre los operadores de nodos.

Bitcoin ha seguido creciendo y progresando en todos los parámetros mencionados en el capítulo 8, mientras la autoridad de algún individuo o grupo se ha reducido hasta la insignificancia. Se puede entender Bitcoin como un código soberano, porque no existe ninguna autoridad fuera del mismo que pueda controlar su comportamiento. Sólo las normas de Bitcoin controlan Bitcoin, y la posibilidad de cambiarlas de alguna manera sustantiva se ha vuelto en realidad inviable ya que el sesgo del *statu quo* continúa configurando los incentivos de todo aquel involucrado en el proyecto.

Es la soberanía del código de Bitcoin, con el respaldo de la prueba de trabajo, lo que hace de la red una solución realmente eficaz al problema del doble gasto, así como un buen sistema de moneda digital. Y es esta falta de necesidad de confianza lo que no pueden replicar otras monedas digitales. Asumir cualquier moneda digital construida después de Bitcoin genera una profunda crisis existencial: dado que ya existe Bitcoin, con mayor seguridad, capacidad de procesamiento y una base de usuarios estable, cualquiera que esté buscando una moneda digital la preferirá de forma natural por encima de otras alternativas más pequeñas y menos seguras. Como la reproducción del código para generar nuevas monedas es prácticamente gratis, y prolifera la imitación de las mismas, no es probable que ninguna alcan-

142. El autor no es capaz de establecer la veracidad de este correo electrónico, pero basta con decir que se cita con frecuencia, a tal punto que la *MIT Technology Review* publicó un extenso artículo sobre Andresen titulado «The man who really built Bitcoin», en el que afirmaba que éste había sido más importante para el desarrollo de Bitcoin que el mismo Nakamoto.

ce un crecimiento o dinamismo significativos a menos que haya un equipo activo dedicado a fomentarla, hacerla crecer, codificarla y asegurarla. Al ser la primera invención semejante, el hecho de que Bitcoin demostrara su valor como moneda digital fuerte fue suficiente para garantizar la creciente demanda, lo que permitió que triunfara cuando la única persona detrás de la misma era un programador anónimo que prácticamente no gastó nada en promocionarla. Siendo básicamente imitaciones muy fáciles de recrear, ninguna altcoin disfruta del lujo de la demanda del mundo real, por lo que deben construirla e incrementarla de forma activa.

Ésta es la razón por la que prácticamente todas las altcoins tienen un equipo encargado de la gestión de las mismas; comienzan el proyecto, la comercializan, diseñan el material de marketing y enchufan comunicados de prensa a los medios como si fueran noticias, al mismo tiempo que cuentan con la ventaja de minar un gran número de monedas en un primer momento, antes de que nadie haya oído hablar de la moneda. Estos equipos están formados por personas públicamente conocidas, las cuales, independientemente de lo mucho que se esfuercen, no pueden demostrar de manera creíble que no ejercen control sobre la dirección de la moneda, lo que socava cualquier alegación que puedan realizar de ser una forma de dinero digital que no puede ser editado o controlado por una tercera parte. Dicho de otro modo, después de que el genio de Bitcoin saliera de la botella, cualquiera que intente configurar una alternativa a Bitcoin sólo lo conseguirá haciendo una inversión sustancial en la moneda, lo que de manera efectiva le coloca al mando de la misma. Y mientras haya una parte con facultades soberanas sobre la moneda digital, dicha moneda no podrá entenderse como una forma de dinero virtual, sino más bien como una forma de pago intermediado; y una muy ineficaz.

Esto presenta un dilema al que se enfrentan los diseñadores de monedas alternativas: sin la gestión activa de un equipo de desarrolladores y profesionales del marketing, ninguna moneda digital atraerá ninguna atención ni capital en un mar de más de mil monedas. Pero, con la gestión activa, el desarrollo y el marketing por parte de un equipo, la moneda no puede demostrar de manera creíble que no está controlada por estas personas. Con un grupo de desarrolladores que controlan tanto la mayoría de las monedas como la capacidad de procesamiento y los conocimientos especializados en programación, la moneda es prácticamente una divisa centralizada cuyo modelo de desarrollo es dictado por los intereses del equipo. No hay nada malo en una moneda digital centralizada, y bien podemos encontrar competidores semejantes en el libre mercado sin restricciones gubernamentales. Pero hay algo profunda y fundamentalmente errado respecto a una moneda centralizada que adopta un diseño muy engorroso e ineficaz cuya peculiar ventaja es la supresión de un punto único de fallo.

Este problema es más acusado en el caso de las monedas digitales que comienzan con una oferta inicial de moneda (conocidas como ICO) y que genera un grupo muy visible de desarrolladores que se comunican públicamente con los inversores, lo cual convierte todo el proyecto en centralizado. Las dificultades y tribulaciones de Ethereum, la mayor moneda por lo que respecta a valor de mercado después de Bitcoin, ilustra a las claras este punto.

La organización autónoma descentralizada (DAO, por sus siglas en inglés) fue la primera aplicación de contratos inteligentes en la red Ethereum. Tras invertirse 150 millones de dólares en este contrato inteligente, un atacante fue capaz de ejecutar el código de forma que desvió una tercera parte de todos los activos de la DAO a su propia cuenta. Sin duda, resultaría inexacto describir este ataque como un robo, porque todos los depositantes habían aceptado que el código, y nada más, controlara su dinero, y el atacante no hizo otra cosa más que ejecutarlo tal como habían aceptado los titulares de los depósitos. En el período subsiguiente al hackeo de la DAO, los desarrolladores de Ethereum crearon una nueva versión donde este inoportuno error nunca había ocurrido, confiscando los fondos del atacante y distribuyéndolos entre sus víctimas. Esta reinyección de gestión humana subjetiva contraviene el objetivo de convertir el código en ley, y cuestiona la razón de ser de los contratos inteligentes.

Si la segunda mayor red en cuanto a capacidad de procesamiento puede ver alterado el registro de su blockchain cuando las transacciones no siguen el camino que se adecua a los intereses del equipo encargado del desarrollo, entonces la idea de que cualquiera de las altcoins está realmente regulada por la capacidad de procesamiento es insostenible. La concentración de la tenencia de monedas, la capacidad de procesamiento y la capacidad de programación en manos de un grupo de personas, que en realidad son socios de una empresa, contradice el objetivo de utilizar una estructura blockchain.

Resulta muy difícil augurar que semejantes monedas, emitidas por el sector privado, puedan crecer hasta alcanzar el estatus de divisas mundiales teniendo detrás un equipo visible. Si las monedas se apreciasen de forma significativa, un pequeño grupo de creadores se volvería extremadamente rico, y contaría con el poder de ingresar por señoreaje, papel reservado para los Estados nación en el mundo actual. Los bancos centrales y los gobiernos nacionales no van a aceptar de buen grado este menoscabo de su autoridad. A los bancos centrales les resultaría relativamente fácil acabar con cualquiera de los equipos que hubiera detrás de dicha moneda, o alterar su funcionamiento de modo que le impidiera competir con las divisas nacionales. Ninguna altcoin ha demostrado tener ni de cerca la notable resiliencia al cambio de Bitcoin, que se debe a su verdadera naturaleza descentralizada y a los importantes incentivos para que todos se atengan a las normas de consenso. Bitcoin sólo puede formular esta alegación tras crecer en las profundidades de internet durante nueve años sin el control de ninguna autoridad, así como de repeler con gran habilidad algunas campañas coordinadas y bien financiadas para alterarlo. En comparación, las altcoins tienen la inequívoca y amigable cultura de gente simpática y encantadora que trabaja junta en un proyecto en equipo. Si bien esto sería genial para una moderna startup, es anatema para un nuevo proyecto que quiera demostrar un compromiso creíble con una política monetaria fija. Si los equipos que hay detrás de una determinada moneda alternativa decidieran cambiar su política monetaria, eso sería algo relativamente sencillo de lograr. Por ejemplo, Ethereum aún no tiene una clara visión sobre cómo quiere que sea su política monetaria en el futuro, y ha dejado la cuestión al arbitrio del debate comunitario. Si bien esto puede funcionar de maravilla para el espíritu comunitario de Ethereum, no es forma de construir una moneda fuerte global, lo que, para ser justo, Ethereum no aduce hacer. Ya sea porque son conscientes de ello, para evitar encontronazos con las autoridades políticas o como ardid publicitario, la mayoría de altcoins no se anuncian como competidoras de Bitcoin, sino como monedas que desempeñan funciones diferentes a Bitcoin.

No hay nada en el diseño de Bitcoin que sugiera que sería bueno para ninguno de los múltiples casos de uso que otras monedas afirman poder llevar a cabo. A su vez, ninguna moneda ha ofrecido ninguna capacidad o característica diferenciadora que no tenga Bitcoin. Sin embargo, todas tienen una moneda de cambio que de algún modo resulta indispensable para que su complejo sistema realice algunas aplicaciones online.

Pero la idea de que nuevas aplicaciones web necesitan su propia moneda descentralizada es la desesperada e ingenua esperanza de que de alguna manera podría ser económicamente rentable aun sin resolver el problema de la falta de coincidencia de deseos. Hay una razón por la que los negocios del mundo real no emiten su propia moneda, y es que nadie quiere tener dinero que sólo se pueda utilizar en una empresa en particular. El objetivo de disponer de dinero es tener liquidez que se pueda gastar de la forma más fácil posible. Atesorar formas de dinero que sólo se pueden utilizar en ofertas de determinados vendedores ofrece muy poca liquidez y no sirve para nada. La gente preferirá tener un medio de pago líquido, y cualquier negocio que insista en que los pagos se efectúen en su propia moneda de cambio no hace más que introducir importantes costes y riesgos a sus potenciales clientes.

Incluso en los negocios que requieren usar algún tipo de ficha de carácter operativo, como los parques de atracciones o los casinos, esa ficha siempre tiene un valor fijo en comparación con el dinero líquido, de modo que los clientes sepan con exactitud qué están adquiriendo y puedan realizar cálculos precisos. Si alguna de estas monedas descentralizadas supuestamente revolucionarias ofreciera una valiosa aplicación práctica, resulta del todo inconcebible que se pagase por la misma con su propia moneda de cambio.

En realidad, tras examinar dicho espacio durante años, todavía tengo que identificar alguna moneda digital que ofrezca un producto o servicio que tenga demanda de mercado. No parece que estemos cerca de las tan cacareadas aplicaciones descentralizadas del futuro, pero los tokens que se supone son indispensables para su funcionamiento siguen proliferando por centenares cada mes. No podemos más que preguntarnos si el único uso de estas revolucionarias monedas es el enriquecimiento de sus creadores.

Ninguna moneda, excepto Bitcoin, puede reivindicar con credibilidad ser ajena al control de nadie, y, por consiguiente, el objetivo de utilizar la complejísima estructura en que se basa Bitcoin resulta irrelevante. No hay nada original ni difícil en copiar el diseño de Bitcoin y producir una imitación un tanto diferente, algo que hasta la fecha ya han hecho miles de personas. Con el tiempo, cabe esperar que cada vez accedan al mercado más monedas de este tipo, diluyendo la marca de todas las demás altcoins. Excepto Bitcoin, las monedas digitales son, en su conjunto, dinero fácil (no sólido). No se puede considerar ni una sola altcoin por sus propios méritos, ya que son, todas ellas, indistinguibles en lo que desempeñan, y que a su vez es lo que realiza Bitcoin, pero se diferencian de esta última en que se puede alterar con facilidad su oferta y su diseño, mientras que la política monetaria de Bitcoin es a todas luces inamovible.

Es una incógnita si alguna de estas monedas logrará ofrecer un servicio que demande el mercado y que sea distinto del que ofrece Bitcoin, pero parece evidente que no pueden competir con Bitcoin, ya que son dinero digital de poca confianza. Que todas hayan decidido imitar los rituales de Bitcoin bajo la apariencia de solucionar alguna cosa adicional no inspira confianza en que lleguen a alcanzar algo más que a enriquecer a sus creadores. Las miles de imitaciones del diseño de Nakamoto son quizá la muestra de admiración más sincera, pero su persistente incapacidad de producir algo más de lo que ya hizo Nakamoto es un testimonio de lo singular de su consecución. Las únicas incorporaciones en todo el mundo al diseño de Bitcoin fueron realizadas por los competentes y desinteresados voluntarios desarrolladores que dedicaron largas horas a mejorar su código. Muchos programadores menos competentes se han vuelto sumamente ricos mediante la reformulación del diseño de Nakamoto con mucho marketing y expresiones en boga sin sentido, pero ninguno de ellos ha sido capaz de añadir ninguna funcionalidad que cuente con una demanda en el mundo real. No se puede entender el aumento de estas altcoins al margen del dinero gubernamental fácil en busca de una plausible inversión, dando lugar a grandes burbujas en malas inversiones enormes.

Tecnología blockchain[143]

A resultas del sorprendente incremento del valor de Bitcoin, así como de la dificultad para comprender su procedimiento operativo y sus tecnicismos, alrededor de esta red se ha suscitado una gran cantidad de confusión. Puede que la confusión más persistente y destacada sea la idea de que un mecanismo que forma parte del funcionamiento de Bitcoin —colocar transacciones en bloques que se encadenan para formar un registro— puede de algún modo utilizarse para solucionar o mejorar problemas económicos y sociales, e incluso para «revolucionarlos», como acostumbra a pasar con cada nuevo y extravagante juguete que se inventa en nuestros días. «Bitcoin no es importante; lo verdaderamente prometedor es la tecnología blockchain subyacente.»[144]

143. Este apartado se basa en gran medida en mi artículo: «Blockchain technology: what is it good for?», publicado en el *Banking and Finance Law Review*, n.º 1, vol. 33.3, 2018.

144. En español se usa indistintamente «blockchain» o «blockchain» para referirse al libro mayor donde se registran las transacciones. Sin embargo, es más habitual encontrarlo en su forma anglosajona cuando se usa lexicalizado en la expresión «tecnología blockchain», muy en boga en los últimos años. *(N. de la e.)*

Éste es un mantra repetido hasta la saciedad entre 2014 y 2017 por ejecutivos de banca, periodistas y políticos, que comparten algo en común: su incomprensión de cómo funciona en realidad Bitcoin. (Véase el gráfico 22.)

GRÁFICO 22 **Árbol de decisión de Bitcoin**

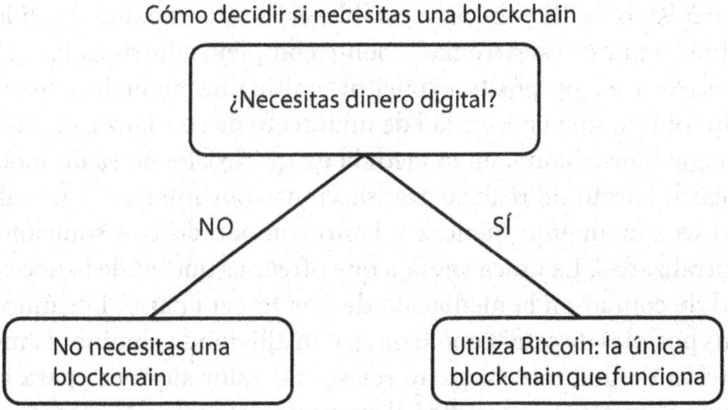

La obsesión por la tecnología blockchain es un gran ejemplo de «ciencia del culto a la carga», idea popularizada por el físico Richard Feynman. Cuenta la leyenda que, durante la segunda guerra mundial, el ejército estadounidense estableció pistas de aterrizaje en algunas islas del sur del océano Pacífico para apoyar las operaciones militares. Con frecuencia, los aviones llevaban regalos a los lugareños de las islas, que los disfrutaban muchísimo. Después de que finalizara la guerra y los aviones dejaran de aterrizar en las pistas, los isleños se esforzaron por hacer que los aviones y su cargamento volvieran a la isla. En su desesperación, imitaron el comportamiento de los desaparecidos controladores de tierra militares creyendo que si colocaban a un hombre en una barraca con una antena y encendían un fuego, como solían hacer los controladores de tierra, los aviones regresarían con los regalos. Es evidente que dicha estrategia no podía funcionar, porque los procedimientos de los controladores de tierra no creaban aviones por arte de magia; no eran más que una parte integral de un complejo proceso tecnológico, que comenzaba con la fabricación de los aviones y el despegue de sus bases, y que los isleños del Pacífico sur no alcanzaban a comprender.

Como ellos, los que pregonan que la tecnología blockchain es un método que podría generar beneficios económicos por sí misma no entienden el proceso más amplio del que forma parte. El mecanismo de Bitcoin para establecer la autenticidad y validez del libro mayor es extremadamente complejo e intrincado, pero obedece a un propósito explícito: emitir una moneda y mover valor online sin la necesidad de un tercero de confianza. «La tecnología blockchain», en la medida en que existe, no es un modo eficaz o barato de realizar transacciones por internet. En realidad es sumamente ineficaz y lento comparado con soluciones centralizadas. La única ventaja que ofrece es que elude la necesidad de confiar en la mediación de una tercera parte. Los únicos usos posibles de esta tecnología se dan allí donde eliminar la mediación de una tercera parte reviste tal valor supremo para los usuarios finales que justifica el aumento del coste y la pérdida de eficacia. Y el único procedimiento en el que en realidad puede tener éxito en eliminar la mediación de un tercero es el de mover el token nativo de la propia red, ya que el código de la blockchain no tiene control integrado sobre nada de lo que tiene lugar fuera de la misma.

Una comparación ayudará a dar una idea de lo ineficiente que es Bitcoin como método para efectuar transacciones. Si elimináramos los adornos de la descentralización, la verificación de la prueba de trabajo, la minería y la falta de necesidad de confianza en terceros y ejecutáramos una versión centralizada de Bitcoin, básicamente ésta consistiría en un algoritmo para generar monedas, y en una base de datos para el registro de la propiedad de las mismas que procese unas 300.000 transacciones al día. Dichas funciones son triviales, y cualquier ordenador personal actual podría realizarlas con suficiente fiabilidad. De hecho, se puede hacer que un portátil estándar procese 14.000 operaciones por segundo, o todo el volumen de transacciones diarias actuales de Bitcoin en veinte segundos.[145] Para procesar el volumen anual de transacciones de Bitcoin, un portátil necesitaría poco más de un par de horas.

No obstante, el problema de ejecutar tal moneda en un portátil es que hay que confiar en el dueño del portátil, así como en su sistema de seguridad y protección contra ataques externos. Para lograr que este banal sistema informático funcione, sin requerir confianza en una sola parte y no defraudar el registro de transacciones o alterar la tasa de emisión de la moneda, el único diseño encontrado es la red descentralizada *peer-to-peer* con verificación de prueba de trabajo de Bitcoin. No se trata de un insignificante problema de software; y llevó décadas de intentos fallidos por parte de programadores informáticos antes de encontrar un diseño que pudiera demostrar ser capaz de ello. Mientras que hoy día un buen portátil tiene una tasa de *hash* de unos diez megahashes por segundo, la red Bitcoin procesa en conjunto unos veinte exahashes por segundo, o el equivalente a dos billones de portátiles. En otras palabras, para eliminar la necesidad de confianza, se debe aumentar en una proporción de dos billones la capacidad de procesamiento para ejecutar una simple moneda y un programa de base de datos. No es la moneda y sus transacciones las que necesitan tanta capacidad de procesamiento; pero sí lo es conseguir que todo el sistema prescinda de un tercero de confianza. Para ejecutar cualquier otro proceso informático utilizando tecnología blockchain, éste tendría que satisfacer dos criterios.

El primer criterio es que los beneficios derivados de la descentralización tienen que ser lo bastante convincentes como para justificar los costes adicionales. Todo proceso que siga necesitando alguna forma de confianza en una tercera parte para implementar cualquier pequeña parte del mismo no puede justificar los costes añadidos de la descentralización. Para la aplicación de

145. Véase la entrada de blog de Peter Geoghegan donde explica cómo lo consiguió en su ordenador personal. Disponible en: <http://pgeoghegan.blogspot.com/2012/06/towards-14000-write-transactions-on-my.html>. [Consulta: 05/06/2018]

contratos relativos a negocios del mundo real bajo jurisdicciones legales, todavía seguirá habiendo supervisión jurídica correspondiente a la implementación en el mundo real de estos contratos que pueden prevalecer sobre el consenso de la red, lo que haría inútiles los sobrecostes de la descentralización. Lo mismo es válido para la descentralización de las bases de datos de las instituciones financieras que seguirán siendo terceros de confianza en sus propias operaciones entre sí o con sus clientes.

El segundo criterio es que el mismo proceso inicial tiene que ser lo suficientemente simple como para garantizar la capacidad de operar el registro distribuido en muchos nodos, sin que la blockchain se vuelva muy pesada, para que se pueda distribuir. A medida que el proceso siga repitiéndose en el curso del tiempo, el tamaño de la misma aumentará y será cada vez menos manejable para que los nodos distribuidos tengan una copia íntegra de la blockchain, garantizando que sólo algunos ordenadores grandes puedan operarla y convertir en obsoleta la descentralización. Nótese aquí la distinción entre los nodos que llevan el libro mayor y los mineros especializados que solucionan la prueba de trabajo, analizada en el capítulo 8: los mineros tienen que dedicar una enorme capacidad de procesamiento para confirmar las transacciones en el registro conjunto, mientras que los nodos necesitan una pequeña capacidad para conservar una copia del mismo con la que verificar la exactitud de las transacciones de los mineros. Ésta es la razón por la que los nodos pueden ejecutarse en ordenadores personales, mientras que los mineros necesitan contar con la capacidad de procesamiento de cientos de ordenadores personales. En caso de que la gestión del libro mayor se volviera demasiado compleja, los nodos necesitarían tener grandes servidores en vez de ordenadores personales, lo que acabaría con la posibilidad de descentralización.

La blockchain de Bitcoin ha fijado un límite del tamaño de cada bloque en un megabyte, lo que ha reducido el ritmo de crecimiento de la misma. Este límite permite que ordenadores sencillos puedan mantener y ejecutar un nodo. En caso de que se incrementara el tamaño de los bloques, de que la blockchain se utilizara para llevar a cabo procesos más complejos como los pregonados por los fanáticos de las mismas, pasaría a ser demasiado grande como para ser ejecutada en ordenadores individuales. Centralizar la red a lo largo de varios nodos grandes, propiedad de grandes instituciones y gestionados sólo por ellas, sólo frustra el sentido de la descentralización.

El dinero digital que no necesita un tercero de confianza ha sido hasta la fecha la única buena implementación de la blockchain debido precisamente a que se trata de un proceso tecnológico limpio y simple de operar, que da lugar a un registro que crece con relativa demora con el tiempo. Esto significa que es posible para un ordenador y conexión doméstica ser miembro de la red Bitcoin en casi todo el mundo. Una contención previsible de los niveles de inflación también necesita poca capacidad de procesamiento, pero se trata de un procedimiento cuya descentralización y falta de necesidad de confianza ofrece un valor inmenso a los usuarios finales, tal como se explica en el capítulo 8. En la actualidad, todos los demás medios monetarios están controlados por partes que pueden inflar la oferta para beneficiarse del incremento de la demanda. Esto se aplica a las monedas fíat y a los metales no preciosos, pero también al oro, que los bancos centrales custodian en grandes cantidades, listos para venderlo en el mercado e impedir así que se aprecie demasiado rápido desplazando a las monedas fíat. Por primera vez desde la supresión del patrón oro, Bitcoin ha logrado que una moneda sólida sea fácil de conseguir para quien la quiera en todo el mundo. Esta combinación sumamente improbable de ligera carga computacional y fuerte trascendencia económica es el motivo por el que ha tenido sentido hacer crecer el volumen de la capacidad de procesamiento de la red Bitcoin hasta convertirse en la mayor del mundo. En ocho años, ha resultado imposible encontrar otro caso de uso que sea lo suficientemente valioso como para justificar ser distribuido entre miles de miembros, además de ser lo suficientemente liviano como para permitir dicha descentralización.

La primera consecuencia de este análisis es que es harto improbable que acaezca cualquier cambio en el protocolo de Bitcoin que incremente el tamaño de la blockchain, no sólo por los motivos de inmutabilidad mencionados antes, sino porque es probable que impidiera a la mayoría de los operadores de nodos administrar sus propios nodos; y como éstos son quienes deciden qué software ejecutar, cabe suponer que una significativa minoría intransigente de operadores de nodos seguirá ejecutando el software actual, conservando así sus actuales bitcoins y haciendo que cualquier intento de actualizar de manera eficaz el software de Bitcoin acabe por ser otra de las tantas insignificantes altcoins ya existentes.

La segunda consecuencia es que todas las aplicaciones de «tecnología blockchain» de las que se pregona que son una banca o una tecnología de base de datos revolucionarias están del todo abocadas al fracaso a la hora de alcanzar algo más que ser elegantes demostraciones que nunca se trasladarán al mundo real, porque, para los terceros de confianza que los operan, siempre supondrán una forma ineficaz de llevar a cabo sus actividades. Queda fuera de toda posibilidad que una tecnología diseñada en concreto para eliminar la mediación de una tercera parte pueda acabar siendo de alguna utilidad para los intermediarios a los que se supone tienen que hacer desaparecer.

Hay muchas formas más fáciles y menos engorrosas de registrar transacciones, pero éste es el único método que elimina la necesidad de un tercero de confianza. Se confían las transacciones a la blockchain porque muchos verificadores compiten para verificar con fines lucrativos. Pero no depende de ninguno de ellos, ni se confía en los mismos, para que la transacción tenga lugar. Al contrario, el fraude es detectado de inmediato y revertido por otros miembros de la red que tienen fuertes incentivos para garantizar la integridad de la misma. Dicho de otro modo, Bitcoin es un sistema construido en su totalidad sobre la base de una engorrosa y costosa verificación, por lo cual puede eliminar la necesidad de confianza en un tercero o de rendición de cuentas entre todas las partes: es ciento por ciento verificación y cero por ciento confianza.

En contra del gran despliegue publicitario que rodea Bitcoin, el hecho de eliminar la necesidad de confianza en un tercero no es incuestionablemente algo bueno para todas las vicisitudes de los negocios y hasta de la vida misma. Una vez que comprendemos el mecanismo de funcionamiento de Bitcoin, resulta obvio que hay contrapartidas a la hora de pasarse a un sistema que no depende de terceros de confianza. Las ventajas radican en la soberanía individual sobre el protocolo y la resistencia a la censura, así como en la inmutabilidad del crecimiento de la masa monetaria y los parámetros técnicos. Los inconvenientes residen en la necesidad de una inversión mucho mayor en capacidad de procesamiento para desempeñar la misma cantidad de trabajo. No hay motivo, aparte del ingenuo bombo publicitario futurista, para creer que esta contrapartida merezca mucho la pena. Bien podría ser que para lo único que esta contrapartida merecería la pena fuera para la gestión de una moneda sólida mundial, homogénea y supranacional, y ello por dos importantes motivos. El primero, los excesivos gastos de funcionamiento del sistema se pueden recuperar captando poco a poco partes del mercado mundial de divisas, que presenta un valor de unos ochenta billones de dólares. El segundo, la naturaleza de una moneda sólida, como ya se ha explicado, estriba precisamente en el hecho de que ninguna persona puede controlarla, y, por lo tanto, un algoritmo previsible e inmutable es especialmente idóneo para esta labor. Tras pasar años pensando en esta cuestión, no he podido encontrar un proceso similar en ningún otro asunto tan importante como para que merezca la pena correr con los gastos adicionales de permitir la desintermediación, al mismo tiempo que tan transparentemente simple como para que eliminar toda facultad discrecional supusiera una enorme ventaja.

Resulta instructivo aquí realizar una analogía con el automóvil. En 1885, cuando Karl Benz añadió un motor de combustión interna a un carruaje para fabricar el primer vehículo propulsado de manera autónoma, la finalidad expresa de esta innovación fue la de eliminar a los caballos de los carruajes y liberar a la gente de tener que lidiar en todo momento con excrementos equinos. Benz no intentaba hacer que los caballos fueran más rápido. Sobrecargar a un caballo con un pesado motor de metal no haría que éste fuera más rápido; sólo lo ralentizaría sin hacer nada por reducir la cantidad de excrementos que produce. De mismo modo, como se ha explicado en el capítulo 8, la colosal capacidad de procesamiento que se necesita para operar la red Bitcoin suprime la necesidad de un tercero de confianza para procesar pagos o determinar la oferta de dinero. Si el tercero permanece, entonces toda esa capacidad de procesamiento no es más que un despilfarro inútil de electricidad.

Sólo el tiempo dirá si este modelo de Bitcoin seguirá aumentando en popularidad y en número de usuarios. Puede que Bitcoin crezca y desplace a muchos intermediarios financieros. También es posible que se estanque o incluso que fracase y desaparezca. Lo que no puede suceder es que la blockchain de Bitcoin beneficie a la intermediación para cuya sustitución fue diseñada.

Para cualquier tercero de confianza que realice pagos, comercie o registre operaciones, la blockchain es una tecnología muy costosa e ineficiente para ser utilizada. Una blockchain fuera de Bitcoin combina lo peor de ambos mundos: la complicada estructura de la blockchain, por un lado, y el coste y el riesgo en materia de seguridad de terceros de confianza, por el otro. No es de extrañar que, ocho años después de su invención, la tecnología blockchain no haya conseguido abrirse paso en alguna exitosa aplicación comercial lista para entrar en el mercado aparte de para la que fue especialmente diseñada: Bitcoin.

En cambio, se ha generado una gran cantidad de publicidad, conferencias y sonados debates en los medios de comunicación, los gobiernos, el mundo académico, la industria y el Foro Económico Mundial sobre el potencial de la tecnología blockchain. Gobiernos y organizaciones seducidos por el bombo publicitario, han invertido millones de dólares en capital de riesgo, investigación y marketing, sin resultados prácticos.

Los consultores de blockchain han fabricado prototipos para operaciones bursátiles, registro de bienes, emisión de votos y liquidación de pagos. Pero no se ha comercializado ninguno porque resultan más costosos que métodos más simples que dependen de determinadas bases de datos y de sistemas de software, como hace poco concluyó el gobierno del estado de Vermont (Estados Unidos).[146]

146. Stan Higgins, «Vermont says Blockchain record-keeping system too

Por su parte, los bancos no tienen un brillante historial en la temprana aplicación de adelantos tecnológicos para uso propio. Si bien el presidente de J. P. Morgan Chase, Jamie Dimon, promocionó en enero de 2016, en Davos, la tecnología blockchain, las interfaces de su banco Open Financial Exchange —una tecnología de 1997 para proporcionar a los agregadores una base de datos con información sobre los clientes— llevan dos meses fuera de servicio.

En cambio, la red Bitcoin nació a partir del diseño blockchain dos meses después de que Nakamoto presentara la tecnología. Hasta la fecha, lleva funcionando y creciendo de forma ininterrumpida hasta superar el valor de los 150.000 millones en bitcoins. La blockchain fue la solución al problema del dinero electrónico. Como funcionó, creció rápidamente mientras Nakamoto trabajaba de forma anónima y se comunicaba brevemente a través del correo electrónico durante unos dos años. No necesitó ninguna inversión, capital de riesgo, conferencias ni publicidad.

Como se pondrá de manifiesto a partir de esta exposición, la idea de que existe una «tecnología blockchain» y de que ésta se puede implementar para resolver cualquier problema específico resulta muy dudosa. Es mucho más necesario comprender la estructura blockchain como una parte integral del funcionamiento de Bitcoin y de sus testnets[147] e imitaciones. Aun así, la expresión «tecnología blockchain» se utiliza para simplificar. La próxima sección de este capítulo examina los casos de uso pregonados con mayor frecuencia para la tecnología blockchain, mientras que la siguiente identifica los impedimentos principales en su aplicación a estos problemas.

---

costly», Coindesk.com, 20 de enero de 2016. Disponible en: <https://www.coindesk.com/report-blockchain-record-keeping-system-too-costly-for-vermont/>. [Consulta: 05/06/2018]

147. Se denomina *testnet* a la red de pruebas donde tanto desarrolladores como usuarios pueden probar funcionalidades sin arriesgar monedas reales, antes de desplegar dichos cambios en la red en producción (conocida como *mainnet*). (*N. de la e.*)

Posibles aplicaciones de la tecnología de blockchain

Tras un vistazo general a startups y proyectos de investigación relacionados con la tecnología blockchain, se concluye que se pueden dividir las posibilidades de aplicación de la misma en tres ámbitos principales: pagos digitales, contratos y bases de datos y gestión de registros.

Pagos digitales

Los actuales mecanismos comerciales para la liquidación de pagos dependen de registros centralizados donde se consignan todas las transacciones y se mantienen los saldos de las cuentas. Básicamente, desde las partes que intervienen en la transacción, se transmite una vez la misma al intermediario, se comprueba su validez y, en consecuencia, se ajustan ambas cuentas. En una blockchain, la transacción se transmite a todos los nodos de la red, lo que comprende muchas más transmisiones y mayor capacidad de procesamiento y tiempo. La transacción también pasa a ser parte de la blockchain, copiada en los ordenadores de todos los miembros. Esto es más lento y costoso que el despacho centralizado, y contribuye a explicar por qué Visa y MasterCard efectúan unas dos mil operaciones por segundo mientras que Bitcoin puede, como mucho, realizar cuatro. Bitcoin no cuenta con una blockchain porque ello permita realizar operaciones más rápidas y baratas, sino porque elimina la necesidad de confiar en la intermediación de terceros: las transacciones se aprueban porque los nodos compiten para verificarlas, pero no hace falta confiar en ningún nodo. Es inviable para terceros intermediarios imaginar que podrían mejorar su rendimiento mediante la utilización de una tecnología que sacrifica eficiencia y rapidez justamente para eliminar terceros intermediarios. Para cualquier moneda controlada por una parte central, siempre será más eficaz registrar transacciones de forma centralizada. Lo que se puede apreciar con claridad es que, en las aplicaciones de pago que utilicen blockchain, los pagos tendrán que efectuarse en la propia moneda descentralizada de la cadena, y no con monedas controladas de forma centralizada.

Contratos

En la actualidad, los contratos los redactan los abogados y los juzgan los tribunales, y es la policía la que se encarga de que se cumplan. Los sistemas criptográficos de los contratos inteligentes, como Ethereum, cifran contratos en una blockchain para que tengan carácter inmediato, no se puedan apelar ni anular y queden fuera del alcance de los tribunales y la policía. «El código es la ley» es la divisa utilizada por los programadores de contratos inteligentes. El problema de esta idea es que el lenguaje que los abogados utilizan para redactar contratos lo entiende mucha más gente que el lenguaje codificado utilizado por los redactores de los contratos inteligentes. Es probable que sólo existan unos cuantos centenares de personas en todo el mundo con suficientes conocimientos técnicos especializados como para comprender plenamente las implicaciones de un contrato inteligente, e incluso ellas podrían pasar por alto flagrantes errores de software. Aunque cada vez hay más gente competente en lenguajes de programación necesarios para operar dichos contratos, por definición, las pocas personas que más los dominen continuarán teniendo ventaja sobre el resto. La capacidad de codificar siempre ofrecerá cierta prerrogativa estratégica a los más expertos, por encima de los demás.

Todo esto se hizo evidente con la primera implementación de los contratos inteligentes en la red Ethereum, la Organización Autónoma Descentralizada (DAO). Después de invertir más de 150 millones de dólares en este contrato inteligente, un atacante pudo ejecutar el código de modo que desvió más o menos un tercio de todos los activos de DAO a su propia cuenta. Sin duda, sería inexacto describir este ataque como un robo, porque todos los titulares de los depósitos habían aceptado que su dinero estuviera controlado por el código y nada más, y el atacante no hizo otra cosa más que ejecutarlo tal como habían aceptado los depositantes. Con posterioridad al hackeo de DAO, los desarrolladores de Ethereum crearon una nueva versión donde este inoportuno error nunca había ocurrido. Esta reinyección de gestión humana subjetiva contraviene el objetivo de convertir el código en ley, y cuestiona la razón de ser de los contratos inteligentes.

Ethereum es la segunda mayor blockchain después de Bitcoin en cuanto a capacidad de procesamiento, y, mientras que la de Bitcoin no puede dar marcha atrás de manera efectiva, que la de Ethereum sí pueda hacerlo significa que todas las blockchains menores que la de Bitcoin son en realidad bases de datos centralizadas bajo el control de sus gestores. Resulta que, en verdad, el código no es la ley, porque los administradores de estos contratos pueden anular aquello que ejecuta el mismo. Los contratos inteligentes no han sustituido a la justicia por el código, sino que han reemplazado a los órganos judiciales por desarrolladores de software con poca experiencia, conocimiento o gestión responsable en arbitraje. Queda por ver si tribunales y abogados se mantendrán al margen a medida que las ramificaciones de estas bifurcaciones siguen estudiándose.

DAO fue la primera, y hasta el momento la única, compleja aplicación de un contrato inteligente en una blockchain. La experiencia sugiere que una implementación más generalizada queda todavía muy lejos, si es que se lleva a cabo alguna vez. En la actualidad, todas las demás aplicaciones sólo existen como prototipos. Es posible que, en un hipotético futuro en el que los conocimientos en materia de codificación sean mucho más comunes y el código sea más previsible y fiable, tales contratos puedan ser más frecuentes. Pero si el hecho de operar semejantes contratos sólo añade requisitos a la capacidad de procesamiento a la vez que siguen sometidos a la edición, a la bifurcación y a poder ser anulados por los ingenieros de la blockchain, entonces el conjunto del proceso no sirve para nada, excepto como generación de nuevas palabras de moda y publicidad. Un futuro mucho más probable para los contratos inteligentes es que terceros de confianza con capacidad para anularlos los operarán desde ordenadores centralizados y garantizados. Esto formaliza la realidad editable de los contratos inteligentes en una blockchain, al mismo tiempo que se reducen los requisitos de capacidad de procesamiento, así como los posibles vectores de ataque que puedan comprometerlo.

Para blockchains operativas reales, es probable que sólo haya demanda de contratos simples cuyo código pueda verificarse y entenderse con facilidad. La única justificación para utilizar tales contratos en una blockchain en vez de en un sistema informático centralizado sería que los contratos utilizaran de algún modo la moneda nativa de la blockchain, ya que todos los demás contratos se aplican y supervisan mejor sin la carga adicional de un sistema distribuido blockchain. Las únicas verdaderas aplicaciones de contratos blockchain son para pagos a tiempo programado y monederos multifirmas, todos ellos realizados con la moneda de la misma blockchain, sobre todo en la red Bitcoin.

Bases de datos y gestión de registros

Una blockchain es una base de datos, fiable y segura, y un registro de activos, pero sólo para la moneda nativa de la misma y sólo si ésta es lo suficientemente valiosa para que la red cuente con una capacidad de procesamiento lo bastante potente como para resistir ataques. Para cualquier otro activo, físico o virtual, la blockchain es tan fiable como los responsables de establecer el vínculo entre el activo y lo que remite al mismo en la blockchain. No se gana en eficacia ni en transparencia por el hecho de utilizar una blockchain autorizada, ya que ésta sólo es tan fiable como la parte que concede autorización para escribir en ella. Introducir una blockchain al registro de esa parte sólo conseguirá ralentizarlo sin añadir seguridad ni inmutabilidad, porque no hay prueba de trabajo; deberá mantenerse la confianza en terceros intermediarios, si bien aumentará la capacidad de procesamiento y el tiempo necesario para ejecutar la base de datos. Una blockchain securizada con un token se podría utilizar como servicio de notaría, donde los contratos y documentos se almacenan en forma de *hash* en un bloque de transacciones, permitiendo así que cualquier parte pueda acceder al contrato y asegurándose de que la versión que se muestra es la misma que se guardó en forma de *hash* en su momento. Tal servicio proporcionará un mercado para la escasez de espacio de bloque, pero es inviable para cualquier blockchain sin moneda.

Los inconvenientes en el plano económico de la tecnología blockchain

Del examen de las tres potenciales aplicaciones previas de la tecnología blockchain, se identifican cinco obstáculos principales para una adopción más amplia.

1. Redundancia
Tener todas las transacciones registradas con cada miembro de la red es una redundancia muy costosa cuyo único propósito es eliminar la intermediación. Para ningún intermediario, ya sea financiero o legal, tiene sentido agregar esta redundancia sin dejar de ser un intermediario. No existe un solo motivo para que un banco quiera compartir un registro de todas sus transacciones con todos los bancos, ni por la que quiera dedicar cuantiosos recursos en electricidad y capacidad de procesamiento a registrar las operaciones de otras instituciones financieras entre sí. Esta redundancia supone un incremento de los costes a cambio de ningún beneficio concebible.

2. Escalado
Una red distribuida en la que todos los nodos registran todas las transacciones verá crecer de forma exponencial su registro de transacciones con mayor rapidez que el número de miembros de la red. El almacenamiento y carga computacional sobre los miembros en una red distribuida será mucho mayor que en una red centralizada del mismo tamaño. Las blockchains siempre enfrentarán esta barrera a la hora de escalar de manera eficaz, lo que explica por qué, cuando buscan soluciones de escalado, los desarrolladores de Bitcoin se alejan del modelo de blockchain descentralizada hacia la tramitación de pagos de segunda capa, como Lightning Network, o fuera de la blockchain con intermediarios. Hay una clara

solución intermedia entre escalado y descentralización. En el caso de que una blockchain intente dar cabida a importantes volúmenes de transacciones, tendrá que hacer los bloques más grandes, lo que incrementará el coste de unirse a la red y se traducirá en menos nodos. La red tenderá hacia la centralización a consecuencia de ello. La manera más rentable de tener un gran número de transacciones es la centralización en un nodo.

3. Cumplimiento de la normativa
Las blockchains con su propia moneda, como Bitcoin, existen ortogonalmente a la ley; no hay casi nada que puede hacer una autoridad gubernamental para afectar o alterar su funcionamiento. El presidente de la Reserva Federal ha manifestado que carece de autoridad para regular Bitcoin.[148] Aproximadamente cada diez minutos se libera un bloque en la red Bitcoin que contiene todas las transacciones válidas realizadas en esos diez minutos, y nada más. Las transacciones se harán efectivas si son válidas, y no se abonarán en cuenta si no lo son, y no hay nada que las autoridades reguladoras puedan hacer para acabar con el consenso de la capacidad de procesamiento de la red. La aplicación de la tecnología blockchain en sectores muy regulados, como el legal o el financiero, con monedas distintas a Bitcoin dará lugar a problemas regulatorios y a complicaciones jurídicas. Se concibieron disposiciones para una infraestructura muy distinta de la de blockchain y no resulta fácil adaptar las normas para que se ajusten a su funcionamiento, con la apertura radical de tener todos los registros distribuidos a todos los miembros de la red. Una blockchain funciona online en todas las jurisdicciones con diferentes normas reguladoras, de modo que es difícil asegurar la conformidad con todas las reglas.

4. Irreversibilidad
Con pagos, contratos o bases de datos gestionadas por intermediarios, los errores humanos o de software se pueden revertir

148. S. Russolillo, «Yellen on Bitcoin: Fed doesn't have authority to regulate it in any way», *The Wall Street Journal*, 27 de febrero de 2014.

con facilidad recurriendo al intermediario. En una blockchain, las cosas son muchísimo más complicadas. Una vez que se ha confirmado un bloque y se unen nuevos bloques, sólo será posible revertir alguna de sus transacciones reuniendo el 51 por ciento de la capacidad de procesamiento de la red y haciéndola retroceder hasta donde todos estos nodos acuerdan pasarse al mismo tiempo a una blockchain modificada, y esperando que el otro 49 por ciento no quiera poner en marcha su propia red y se una a la nueva. Cuanto mayor sea la red, más difícil resulta revertir una transacción incorrecta. Después de todo, se supone que la tecnología blockchain quiere replicar las transacciones en efectivo online, que comprenden la irreversibilidad de las mismas y ninguna de las ventajas de la intermediación de la custodia. Los errores humanos y de software se dan constantemente en la banca, y el uso de una estructura blockchain sólo desembocará en que éstos serán mucho más costosos de solucionar. El incidente DAO pone de manifiesto lo caro y dilatado que sería semejante reversión en una blockchain, requiriendo semanas de codificación y campañas de relaciones públicas para conseguir que los miembros de la red accedan a adoptar el nuevo software. E incluso después de eso, la antigua cadena siguió existiendo y se llevó consigo una cantidad significativa del valor y de la potencia de *hash* de la antigua red. Esta pérdida generó una situación en la que existían dos registros de las transacciones previas, una en la que el ataque DAO había triunfado y otra en la que no.

Si la segunda mayor red en cuanto a capacidad de procesamiento puede ver alterado su registro blockchain cuando las transacciones no van de un modo que se adecúe a los intereses del equipo de desarrollo, entonces no es sostenible la idea de que cualquier otra blockchain está ciertamente regulada por la capacidad de procesamiento. La concentración de tenencia de moneda, capacidad de procesamiento y conocimientos de programación en manos de un grupo de personas que son de hecho colegas que han emprendido una aventura privada contradice el objetivo de implementar esta compleja estructura.

Semejante revocación es muy poco práctica por las razones expuestas en el capítulo 9, sobre todo la de que, en la red Bitcoin, cada parte sólo puede unirse a la misma mediante la aceptación de las actuales normas de consenso. Los intereses contradictorios de diferentes miembros del ecosistema siempre han supuesto que la red creciera mediante la atracción de contribuciones voluntarias de personas dispuestas a aceptar normas de consenso. En Bitcoin, éstas son constantes, y los usuarios pueden elegir entrar y salir. Para cualquier otro proyecto blockchain establecido a imitación del diseño de Bitcoin, siempre hubo un grupo único responsable de fijar las reglas del sistema y, por tanto, con la capacidad de cambiarlas. Si bien Bitcoin creció en torno al conjunto de normas de consenso establecidas por la acción humana, el resto de proyectos creció mediante acciones de diseño y gestión humana. Bitcoin se ha granjeado la reputación de ser inmutable tras años de resistir a su modificación. Ningún otro proyecto blockchain puede afirmar lo mismo.

Una blockchain que sea alterable es un absurdo ejercicio de sofisticación técnica desde el punto de vista funcional: utiliza un complejo y costoso método de autorización para eliminar a los intermediarios y establecer inmutabilidad, pero luego concede a un intermediario la capacidad de revocar dicha inmutabilidad. Las mejores prácticas actuales en este ámbito incluyen la reversibilidad y supervisión por parte de autoridades jurídicas y reguladoras, pero utiliza métodos más baratos, rápidos y eficientes.

5. Seguridad

La seguridad de una base de datos blockchain depende de manera absoluta del gasto de capacidad de procesamiento en la verificación de las transacciones y en realizar las pruebas de trabajo. La mejor manera de comprender la tecnología blockchain es considerarla como la conversión de electricidad en registros de propiedad y transacciones verificables e indiscutibles. Para que este sistema sea seguro, se debe compensar a los verificadores que utilizan su capacidad de procesamiento en la moneda de pago del sistema, a fin de alinear su incentivo con la salud y longevidad de la red. Si el pago por la capacidad de procesamiento se hace en una moneda diferente, entonces la blockchain no es más que un registro privado mantenido por quien quiera que pague por la capacidad de procesamiento. La seguridad del sistema descansa en la seguridad de la parte central que financia a los mineros, pero se ve comprometida por operar en un registro compartido, que abre muchas posibilidades a que se den brechas de seguridad. Un sistema abierto y descentralizado, construido sobre la verificación por parte de la capacidad de procesamiento es más seguro cuanto más abierto sea el sistema y mayor el número de miembros de la red que gasten capacidad de procesamiento en la verificación. Un sistema centralizado dependiente de un punto único de fallo es menos seguro con un mayor número de miembros de la red capaces de escribir en la blockchain ya que cada nuevo miembro de la red supone una potencial amenaza a su seguridad.

Tecnología blockchain como mecanismo para producir dinero electrónico

Por el momento, la única aplicación comercialmente viable de la tecnología blockchain es el dinero electrónico y, en particular, Bitcoin. Las posibles aplicaciones más comunes publicitadas para tecnología blockchain —pagos, contratos y registro de archivos— son factibles sólo en la medida en que utilicen la moneda descentralizada de la blockchain. Todas las blockchains sin moneda no han pasado de la fase de prototipo a su implementación comercial porque no pueden competir con las mejores prácticas actuales en sus mercados. El diseño de Bitcoin lleva nueve años libremente disponible online , y los desarrolladores pueden copiarlo y mejorarlo para introducir productos comerciales, aunque todavía no ha aparecido ningún producto.

La prueba de mercado indica que las repeticiones de los registros de las transacciones y las pruebas de trabajo sólo pueden justificarse con el fin de producir dinero electrónico y una red de pago sin intermediación de terceros. La propiedad y las transacciones de dinero electrónico se pueden comunicar en mínimas cantidades de datos. Otros casos económicos que tienen mayores requisitos en materia de datos, como pagos en masa y contratos, se vuelven inviables por engorrosos en el modelo blockchain. Para cualquier aplicación que envuelva intermediarios, la blockchain ofrecerá una solución poco competitiva. No puede darse una adopción generalizada de una tecnología blockchain en industrias dependientes de la confianza en intermediarios, porque la mera presencia de los mismos convierte en superfluos todos los costes asociados con ejecutar una blockchain. Cualquier aplicación de tecnología blockchain sólo tendrá sentido desde un punto de vista comercial si su funcionamiento depende de la utilización de dinero electrónico, y sólo si la desintermediación del mismo brinda beneficios económicos que superen los del uso de monedas habituales y canales de pago.

La buena práctica de la ingeniería comienza con un problema evidente, y procura encontrar la solución óptima al mismo. Una solución óptima no sólo resuelve el problema, sino que, por definición, no lleva implícito ningún exceso superfluo o irrelevante. El creador de Bitcoin estuvo motivado a crear un sistema de «dinero electrónico *peer-to-peer*», y construyó un diseño con ese fin. No hay motivo, excepto por ignorancia de su mecánica, para suponer que pueda ser adecuado para desempeñar otras funciones. Después de nueve años y de lograr millones de usuarios, se puede afirmar con certeza que su diseño ha conseguido generar dinero electrónico y, como era de esperar, nada más. Esta moneda digital puede tener aplicaciones comerciales y virtuales, pero carece de sentido analizar la tecnología blockchain en tanto que innovación tecnológica de pleno derecho con aplicaciones en diversos ámbitos. La blockchain, se entiende mejor como parte integrada del engranaje de un mecanismo que genera dinero digital *peer-to-peer* con una inflación previsible.

Agradecimientos

Este libro se ha beneficiado inmensamente de la ayuda, la orientación y los conocimientos técnicos especializados del desarrollador de Bitcoin David Harding, que tiene un admirable don para comunicar complejos temas técnicos de manera eficaz. He tenido la suerte de trabajar en Wiley con un editor que creía en mi libro y que me ayudó sin descanso a mejorarlo; por ello, mis más sinceras gracias a Bill Falloon, así como a todo el equipo de Wiley por su profesionalidad y eficacia. También agradezco a Rachael Churchill su meticulosa y rápida corrección de galeradas.

Varios amigos leyeron borradores previos de este libro y me ofrecieron magníficos comentarios para mejorarlo, por lo que les doy las gracias. En especial, a Ahman Ammous, Stefano Bertolo, Afshin Bigdeli, Andrea Bortolameazzi, Michael Byrne, Napoleon Cole, Adolfo Contreras, Rani Geha, Benjamin Geva, Michael Hartl, Alan Krassowski, Russell Lamberti, Parker Lewis, Alex Millar, Joshua Matettore, Daniel Oliver, Thomas Schellen, Valentin Schmit, Omar Shams, Jimmy Song, Luis Torras y Hachem Yassine.

Este texto es consecuencia de un proceso formativo de muchos años durante el cual he tenido la suerte de aprender de algunas mentes brillantes. En concreto, gracias a Tuur Demeester, Ryan Dickherber, Pete Dushenski, Michel Fahed, Akin Fernandez, Viktor Geller, Michael Goldstein, Konrad Graf, Stacy Herbert, Max Keiser, Pontus Lindblom, Mircea Popescu, Pierre Rochard, Peter Šurda, Nick Szabo, Kyle Torpey y Curtis Yarvin por escritos y debates que fueron fundamentales a la hora de elaborar mi comprensión de Bitcoin.

La investigación y redacción de este libro se han beneficiado de la labor de mis competentes ayudantes de investigación, Rebecca Daher, Ghida Hajj Diab, Maghy Farah, Sadim Sbeity y Racha Khayat, a quienes estoy profundamente agradecido. El catedrático George Hall tuvo la gentileza de ofrecerme datos de su trabajo de investigación, por lo cual le doy las gracias. La reimpresión de 2021 de este libro se ha beneficiado de los sagaces comentarios de Ross Ulbricht, David Killion y Angelino Desmet, así como de la exhaustiva corrección de Alexander Bradbury.

Por último, ni este libro ni Bitcoin serían posibles sin la infatigable labor de los desarrolladores voluntarios que han dedicado su tiempo al desarrollo y mantenimiento del protocolo. Les agradezco su abnegación y dedicación a este proyecto.

Bibliografía

Ahamed, Liaquat, *Lords of finance: the bankers who broke the world*, Penguin Press, Nueva York, 2009. Hay versión castellana de Jorge Paredes, *Los señores de las finanzas: los cuatro hombres que arruinaron el mundo*, Deusto, Barcelona, 2010.

Ammous, Saifedean, «Blockchain technology: what is it good for?», *Banking & Finance Law Review*, vol. 33, n.º 3, 2018.

Banco de Pagos Internacionales (BIP), Triennial central bank survey. Foreign exchange turnover in april 2016, 2016.

Barzun, Jacques, *From dawn to decadence: 500 years of Western cultural life*, HarperCollins, Nueva York, 2000. Versión castellana de Jesús Cuéllar y Eva Rodríguez Halffter, *Del amanecer a la decadencia: 500 años de vida cultural en Occidente*, Taurus, Madrid, 2001.

Bernanke, Ben S., «Deflation: making sure "it" doesn't happen here», declaraciones previas al encuentro del National Economists Club, Washington, D. C., 21 de noviembre de 2002.

Bly, Nellie, *Around the world in seventy-two days*, The Pictorial Weeklies, Nueva York, 1890. Hay versión castellana de Rosa M. Salleras Puig, *La vuelta al mundo en 72 días*, Buck, Barcelona, 2010.

Böhm-Bawerk, Eugen von, *Capital and interest: a critical history of economical theory*, vol. 1, Macmillan and Co., Londres y Nueva York, 1890. Hay versión castellana de Juan Marcos de la Fuente, *Valor, capital, interés: el manuscrito de 1876*, Unión Editorial, Madrid, 2009.

Brown, Malcolm y Shirley Seaton, *Christmas truce: the Western Front, December 1914*, Macmillan, Londres, 2014.

Buchanan, James M. y Gordon Tullock, *The calculus of consent: logical foundations of constitutional democracy*, University of Michigan Press, Ann Arbor (Míchigan), 1962.

Bunch, Bryan y Alexander Hellemans, *The history of science and technology: a browser's guide to the great discoveries, inventions, and the people who made them from the dawn of time to today*, Houghton Mifflin Harcourt, Boston, 2014.

Coase, Ronald H., «The nature of the firm», *Economica*, vol. 4, n.° 16, noviembre de 1937, pp. 386-405.

Courtois, Stéphane, Nicolas Werth, Karel Bartosek, Andrzej Paczkowski, Jean-Louis Panné y Jean-Louis Margolin, *The black book of communism: crimes, terror, repression*, Harvard University Press, Cambridge (Massachusetts), 1997. Hay versión castellana de César Vidal *et al.*, *El libro negro del comunismo*, Ediciones B, Barcelona, 2010.

Davidson, James y William Rees-Mogg, *The sovereign individual: the coming economic revolution*, Macmillan, Londres, 1997.

Diamond, Douglas W. y Philip H. Dybvig, «Bank runs, deposit insurance, and liquidity», *Journal of Political Economy*, vol. 91, n.° 3, junio de 1983, pp. 401-419.

Fekete, Antal, *Whither gold?*, ensayo ganador del International Currency Prize, patrocinado por Bank Lips, 1997. Disponible en: <www.professorfekete.com/articles/AEFWhither Gold.pdf>. [Consulta: 13/09/2021]

Felix, David, *Keynes: a critical life*, ABC-CLIO, Santa Bárbara (California), 1999.

Ferguson, Adam, *An essay on the history of civil society*, T. Cadell, Londres, 1782. Hay versión castellana de María Isabel Wences Simon, *Ensayo sobre la historia de la sociedad civil*, Akal, Tres Cantos (Madrid), 2010.

Friedman, Milton y Anna Schwartz, *A monetary history of the United States, 1867-1960*, Princeton University Press, Princeton (Nueva Jersey), 2008.

Gilder, George, *The scandal of money: why Wall Street recovers but the economy never does*, Regnery Publishing, Washington D. C., 2016.

Glubb, John, *The fate of empires and search for survival*, Wil liam Blackwood and Sons, Edimburgo, Escocia, 1978.

Graf, Konrad, «On the origins of Bitcoin: stages of monetary evolution», *Konrad S. Graf*, 2013. Disponible en: <http://www.konradsgraf.com>. [Consulta: 27/04/2018]

Grant, James, *The forgotten depression: 1921, the crash that cured itself*, Simon & Schuster, Nueva York, 2014.

Greaves, Bettina Bien, *Ludwig von Mises on money and inflation: a synthesis of several lectures*, Ludwig von Mises Institute, Auburn (Alabama), 2010.

Greenberg, Andy, *This machine kills secrets: Julian Assange, the cypherpunks, and their fight to empower whistleblowers*, Plume (Penguin Group), Nueva York, 2012.

Halévy, Élie y May Wallas, «The age of tyrannies», *Economica* (nuevas series), vol. 8, n.º 29, febrero de 1941, pp. 77-93.

HALL, GEORGE, «Exchange rates and casualties during the First World War», *Journal of Monetary Economics*, vol. 51, n.º 8, 2004, pp. 1711-1742.

HANKE, STEVE H., Y CHARLES BUSHNELL, «Venezuela enters the Record Book: the 57th entry in the Hanke-Krus World Hyperinflation Table», *Studies in Applied Economics*, n.º 69, diciembre de 2016.

HASLAM, PHILIP y RUSSELL LAMBERTI, *When money destroys nations*, Penguin, Johannesburgo, 2014.

HAYEK, FRIEDRICH A. VON, *Monetary theory and the trade cycle*, Jonathan Cape, Londres, 1933. Hay versión castellana de Luis Olariaga, *La teoría monetaria y el ciclo económico*, Espasa-Calpe, Madrid, 1936.

—, *Monetary nationalism and international stability*, Green and Company, Longmans, Londres, 1937. Versión castellana de José Antonio de Aguirre, *El nacionalismo monetario y la estabilidad internacional*, Aosta, Madrid, 1996.

—, «The use of knowledge in society», *American Economic Review*, vol. 35, n.º 4, 1945, pp. 519-530.

—, «The intellectuals and socialism», *The University of Chicago Law Review*, vol. 16, n.º 3, 1949, pp. 417-433.

—, *A tiger by the tail*, 3.ª ed., compilado por Sudha Shenoy, Institute of Economic Affairs y Ludwig von Mises Institute, 2009, p. 126.

—, *Denationalization of money*, Institute of Economic Affairs, Londres, 1976. Versión castellana de Carmen Liaño, *La desnacionalización del dinero*, Unión Editorial, Madrid, 1983.

HAZLITT, HENRY, *The failure of the «new economics»*, D. Van Nostrand Company, Princeton (Nueva Jersey), 1959. Hay versión castellana de Jesús Ruiz de Cenzano, *Los errores de la «nueva ciencia económica»*, Aguilar, Madrid, 1961.

Higgs, Robert, «World War II and the triumph of keynesianism», artículo de investigación, Independent Institute, 2001. Disponible en: <http://www.independent.org/publications/article.asp?id=317>. [Consulta: 27/04/2018]

Holroyd, Michael, *Lytton Strachey: the new biography*, W. W. Norton & Co., Nueva York, 2005.

Hoppe, Hans-Hermann, *Democracy: the god that failed*, Transaction Publishers, Rutgers, Nueva Jersey, 2001, p. 6. Versión castellana de Jerónimo Molina, *Monarquía, democracia y orden natural*, 2.ª ed., Unión Editorial, Madrid, 2012.

—, «How is fiat money possible?», *Review of Austrian Economics*, vol. 7, n.º 2, 1994.

Huebner, Jonathan, «A possible declining trend for worldwide innovation», *Technological Forecasting and Social Change*, vol. 72, n.º 8, Elsevier, octubre de 2005, pp. 980-986.

Huerta de Soto, Jesús, *Money, bank credit, and economic cycles*, Ludwig von Mises Institute, Auburn (Alabama), 2009. Edición original castellana, *Dinero, crédito bancario y ciclos económicos*, 6.ª ed., Unión Editorial, Madrid, 2016.

Ibn Jaldún, Abd al-Rahman bin Muhammad, *Al-Muqaddima*, 1377. Hay versión castellana de Francisco Ruiz Girela, *Introducción a la historia universal: (al-Muqaddima)*, Almuzara, Córdoba, 2008.

Jastram, Roy W., *The golden constant: the English and American experience, 1560-2007*, Edward Elgar, Cheltenham (Inglaterra), 2009.

Kent, Roland G., «The Edict of Diocletian fixing maximum prices», *University of Pennsylvania Law Review*, vol. 69, n.º 1, noviembre de 1920, pp. 35-47.

Keynes, John Maynard, *A tract on monetary reform*, Macmillan, Londres, 1923. Hay versión castellana de Carlos Rodríguez Braun en *Breve tratado sobre la reforma monetaria; Escritos (1910-1944)*, Fundación ICO y Síntesis, Madrid, 2009.

—*The general theory of employment, money, and interest*, Macmillan, Londres, 1936. Hay versión castellana de Eduardo Hornedo, *Teoría general de la ocupación, el interés y el dinero*, Ciro, Barcelona, 2011.

—*Essays in persuasion*, W. W. Norton & Co., Nueva York, 1963. Hay versión castellana de Jordi Pascual, «El fin del *laissez-faire*», en *Ensayos de persuasión*, Crítica, Barcelona, 1988.

Komlos, John, Patricia Smith y Barry Bogin, «Obesity and the rate of time preference: is there a connection?», *Journal of Biosocial Science*, vol. 36, n.º 2, 2004, pp. 209-219.

Kremer, Michael, «Population growth and technological change: one million B.C. to 1990», *The Quarterly Journal of Economics*, vol. 108, n.º 3, agosto de 1993, pp. 681-716.

Levy, David y Sandra Peart, «Soviet growth and American textbooks: an endogenous past», *Journal of Economic Behavior & Organization*, vol. 78, n.os 1-2, abril de 2011, pp. 110-125.

Lips, Ferdinand, *Gold wars: the battle against sound money as seen from a Swiss perspective*, Foundation for the Advancement of Monetary Education, Nueva York, 2001. Hay versión castellana de Isabel Pérez Garmendia, *Las guerras del oro: una visión detrás de los hilos del poder de un banquero privado de Suiza*, Unión Editorial, Madrid, 2012.

Mallery, Otto Tod, *Economic union and durable peace*, Harper & Brothers, Nueva York, 1943.

May, Timothy C., «Crypto anarchy and virtual communities», Satoshi Nakamoto Institute, 1994. Disponible en: <http://nakamotoinstitute.org/virtual-communities/>. [Consulta: 09/09/2021]

McConnell, Campbell, Stanley Brue y Sean Flynn, *Economics: principles, problems, and policies*, McGraw-Hill/Irwin, Nueva York, 2012, p. 535.

Mencken, H. L. y Malcolm Moos (eds.), *A carnival of buncombe*, editado por Malcolm Moos, Johns Hopkins Press, Baltimore, MD, 1956.

Menger, Carl, «On the origins of money», *The Economic Journal*, vol. 2, n.º 6, 1892, pp. 239-255.

Merkle, Ralph, «DAOs, democracy and governance», *Cryonics*, vol. 37, n.º 4, julio-agosto de 2016, pp. 28-40. Disponible en: <http://alcor.org/cryonics/Cryonics2016-4.pdf>. [Consulta: 14/05/2018]

Mischel, Walter, Ebbe B. Ebbesen y Antonette Raskoff Zeiss, «Cognitive and attentional mechanisms in delay of gratification», *Journal of personality and social psychology*, vol. 21, n.º 2, 1972, pp. 204-218.

Mises, Ludwig von, *Human action: a treatise on economics*, Ludwig von Mises Institute, Auburn (Alabama), 1998. Hay versión castellana de Joaquín Reig Albiol, *La acción humana: tratado de economía*, 11.ª ed., Unión Editorial, Madrid, 2015.

—, *Profit and loss*, Ludwig von Mises Institute, Auburn (Alabama), 2008.

—, *Socialism: an economic and sociological analysis*, Ludwig von Mises Institute, Auburn (Alabama), 1922. Versión castellana de Luis Montes de Oca, *El socialismo: análisis económico y sociológico*, Unión Editorial, Madrid, 2009.

—, *The theory of money and credit*, 2.ª ed., Foundation for Economic Education, Irvington-on-Hudson (Nueva York), 1971. Hay versión castellana de Juan Marcos de la Fuente, *La teoría del dinero y del crédito*, Unión Editorial, Madrid, 2012.

NAKAMOTO, SATOSHI, «Bitcoin: a peer-to-peer electronic cash system», artículo de trabajo (no publicado), 2008. Disponible en: <https://bitcoin.org/bitcoin.pdf>. [Consulta: 27/04/2018]

NARAYANAN, ARVIND *et al.*, *Bitcoin and cryptocurrency technologies: a comprehensive introduction,* Princeton University Press, Princeton (Nueva Jersey), 2016.

PAAR, CHRISTOF, BART PRENEEL y JAN PELZL, *Understanding cryptography: a textbook for students and practitioners*, Springer, Heidelberg (Nueva York), 2009.

PHILIPPON, THOMAS y ARIELL RESHEF, «An international look at the growth of modern finance», *Journal of Economic Perspectives*, vol. 27, n.° 2, 2013, pp. 73-96.

POPPER, NATHANIEL, *Digital gold: Bitcoin and the inside story of the misfits and millionaires trying to reinvent money*, HarperCollins, Nueva York, 2015.

RAICHO, RALPH, *The costs of war: America's pyrrhic victories*, Transaction Publishers, Nueva Jersey, 1999.

ROTHBARD, MURRAY, *America's Great Depression*, 5.ª ed., Ludwig von Mises Institute, Auburn (Alabama), 2000, p. 186. Versión castellana de Iván Carrino, *La gran depresión*, Unión Editorial, Madrid, 2020.

—, «The Austrian theory of money», *The foundations of modern Austrian economics*, editado por Edwin G. Dolan Sheed and Ward, Kansas City, 1976, pp. 160-184.

—, «A conversation with Murray Rothbard», *Austrian Economics Newsletter*, vol. 11, n.° 2, Mises Institute, Auburn, AL, verano de 1990, pp. 1-5. Versión castellana de Nicolás Cachanosky, «La ciencia de la libertad: una entrevista con Murray Rothbard», *La Escuela Austríaca en el Siglo XXI*, Fundación F. A. Hayek, revista digital, n.° 8, 2008, pp. 3-14.

—, *Economic depressions: their cause and cure*, Ludwig von Mises Institute, Auburn (Alabama), 2009.

—, «The end of socialism and the calculation debate revisited», *The Review of Austrian Economics*, vol. 5, n.° 2, 1991.

—, *The ethics of liberty*, New York University Press, Nueva York, 1998, p. 43. Versión castellana de J. Marciano Villanueva Salas, *La ética de la libertad*, Unión Editorial, Madrid, 2009, pp. 79-80.

—, *Man, economy, and state*, Ludwig von Mises Institute, Auburn (Alabama), 2009. Hay versión castellana, *El hombre, la economía y el Estado: tratado sobre principios de economía*, Unión Editorial, Madrid, 2015.

SALERNO, JOSEPH, *Money: sound and unsound*, Ludwig von Mises Institute, Auburn (Alabama), 2010, pp. XIV–XV.

SAMUELSON, PAUL ANTHONY, «Full employment after the war», en Harris, Seymour, *Postwar economic problems*, McGraw-Hill, Nueva York, 1943.

SAUNDERS, FRANCES STONOR, *The cultural cold war: the CIA and the world of arts and letters*, The New Press, Nueva York, 2000.

SCHUETTINGER, ROBERT L. y EAMONN F. BUTLER, *Forty centuries of wage and price controls: how not to fight inflation*, Ludwig von Mises Institute, Auburn (Alabama), 1979.

SCHUMPETER, JOSEPH A., *Capitalism, socialism and democracy*, Routledge, Londres, 2013. Hay versión castellana de Roberto Ramos Fontecoba, *Capitalismo, socialismo y democracia*, Página Indómita, Barcelona, 2015.

SIMON, JULIAN LINCOLN, *The ultimate resource*, Princeton University Press, Princeton (Nueva Jersey), 1981. Hay versión castellana de J. Manuel Casas Torres, *El último recurso*, Dossat, Madrid, 1986.

SINGH, SIMON, *The code book: the science of secrecy from ancient Egypt to quantum cryptography*, Anchor Books, Nueva York, 2000. Hay versión castellana de José Ignacio Moraza, *Los códigos secretos: el arte y la ciencia de la criptografía, desde el antiguo Egipto a la era Internet*, Debate, Barcelona, 2000.

SKOUSEN, MARK, «The perseverance of Paul Samuelson's economics», *Journal of Economic Perspectives*, vol. 11, n.° 2, 1997, pp. 137-152.

SMITH, VERNON, *Rationality in economics*, Cambridge University Press, Nueva York, 2008.

STEIL, BENN, *The battle of Bretton Woods: John Maynard Keynes, Harry Dexter White and the making of a new world order*, Princeton University Press, Princeton (Nueva Jersey), 2013. Hay versión castellana de Iván Barbeitos, *La batalla de Bretton Woods: John Maynard Keynes, Harry Dexter White y cómo se fraguó un nuevo orden mundial*, Deusto, Barcelona, 2016.

STEIN, MARA LEMOS, «The morning risk report: terrorism financing via Bitcoin may be exaggerated», *The Wall Street Journal*, 2017.

SUTTON, ANTONY, *Wall Street and the Bolshevik Revolution*, Crown Publishing Group, 1974.

SZABO, NICK, «Trusted third parties are security holes», Satoshi Nakamoto Institute, 2001. Disponible en: <http://nakamotoinstitute.org/literature/trusted-third-parties/>. [Consulta: 09/09/2021]

—, «Shelling out: the origins of money», Satoshi Nakamoto Institute, 2002. Disponible en: <nakamotoinstitute.org/shelling-out/>. [Consulta: 13/09/2021]

TALEB, NASSIM NICHOLAS, *Antifragile: how to live in a world we don't understand*, Allen Lane, Londres, 2012. Hay versión castellana de Genís Sánchez Barberán y Albimo Santos Mosquera, *Antifrágil: las cosas que se benefician del desorden*, Paidós, Barcelona, 2013.

—, *Fooled by randomness: the hidden role of chance in life and in the markets*, Random House, Nueva York, 2005. Hay versión castellana de Yago Moreno López, *¿Existe la suerte?: las trampas del azar*, Paidós, Barcelona, 2009.

—, *The black swan: the impact of the highly improbable*, Random House, Nueva York, 2007. Hay versión castellana de Roc Filella, *El cisne negro: el impacto de lo altamente improbable*, Paidós, Barcelona, 2011.

Thiel, Peter, *From zero to one: notes on start-ups, or how to build the future*, Crown Business, 2014. Hay versión castellana de María Maestro, *De cero a uno: cómo inventar el futuro*, Gestión 2000, Barcelona, 2015.

Zweig, Stefan, *The world of yesterday: memoirs of a European*, Pushkin Press, Londres, 2009. Hay versión castellana de J. Fontcuberta y A. Orzeszek, *El mundo de ayer: memorias de un europeo*, Acantilado, Barcelona, 2012.

Referencias de internet

bitcoin.org
Dominio original utilizado por Nakamoto para anunciar Bitcoin, compartir el libro blanco y distribuir el código. Continúa estando dirigido por varios colaboradores, y constituye un buen recurso para hallar información.

en.bitcoin.it/wiki/
Una enciclopedia abierta para obtener información sobre Bitcoin, la cual contiene información útil y usualmente actualizada sobre Bitcoin.

nakamotoinstitute.org
Página del Instituto Satoshi Nakamoto, que gestiona las principales fuentes bibliográficas sobre criptografía y sociedad, con un enfoque en los aspectos históricos y económicos de Bitcoin. También mantiene un archivo de todos los escritos conocidos de Nakamoto: el libro blanco de Bitcoin, los correos electrónicos que ha enviado y las publicaciones que hizo en el foro.

http://lopp.net/bitcoin.html
Página excelente, completa y regularmente actualizada que ofrece numerosos recursos de Bitcoin y está mantenida por Jameson Lopp.

Índice de gráficos

Índice de tablas

booket